高等院校旅游专业"互联网+"创新规划教材

旅游服务礼仪（第 2 版）

主　编　张　萌

副主编　罗艳玲　徐真真

内 容 简 介

本书共分为 12 章，较为详细地介绍了旅游服务礼仪，阐述了旅游服务工作人员需要关注的职业形象设计、仪态举止礼仪、旅游服务用语规范等，并以酒店、旅行社、旅游景区等旅游相关机构为例，介绍了具体的礼仪应用规范，罗列了不同岗位的服务要求，最后讲述了涉外服务礼仪和我国主要客源国和地区的习俗礼仪。

本书立足旅游服务礼仪，在体例上有所创新，紧跟时代增加了拓展课堂、实训项目和课后阅读。本书的特点是坚持学以致用的原则，突出案例分析和实践操作，增强了实用性、可操作性，在扎实理论知识的基础上，注重模拟训练。

本书案例分析精辟，版式图文并茂，不仅适合旅游院校本科、专科学生学习提升，也适合热爱、从事旅游服务行业的相关人员作为参考。

图书在版编目（CIP）数据

旅游服务礼仪 / 张萌主编. -- 2 版. -- 北京：北京大学出版社，2025.1. --（高等院校旅游专业"互联网+"创新规划教材）. -- ISBN 978-7-301-35749-1

Ⅰ. F590.63

中国国家版本馆 CIP 数据核字第 20243PU248 号

书　　　名	旅游服务礼仪（第 2 版）
	LÜYOU FUWU LIYI (DI-ER BAN)
著作责任者	张　萌　主编
策划编辑	刘国明
责任编辑	毛文婕
数字编辑	金常伟
标准书号	ISBN 978-7-301-35749-1
出版发行	北京大学出版社
地　　　址	北京市海淀区成府路 205 号　100871
网　　　址	http://www.pup.cn　新浪微博：@北京大学出版社
电子邮箱	编辑部 pup6@pup.cn　总编室 zpup@pup.cn
电　　　话	邮购部 010-62752015　发行部 010-62750672　编辑部 010-62750667
印 刷 者	河北文福旺印刷有限公司
经 销 者	新华书店
	787 毫米×1092 毫米　16 开本　21 印张　490 千字
	2025 年 1 月第 1 版　2025 年 1 月第 1 次印刷
定　　　价	63.00 元

未经许可，不得以任何方式复制或抄袭本书之部分或全部内容。

版权所有，侵权必究

举报电话：010-62752024　电子邮箱：fd@pup.cn

图书如有印装质量问题，请与出版部联系，电话：010-62756370

前　言

礼仪是人类文明的一个重要组成部分，也是世界进步的重要标志。我国具有五千年文明史，素有"礼仪之邦"的美称。礼仪作为中华文化的精髓之一，在中华民族的传统中占有重要的位置，自古就是衡量个人品德的重要标尺。

随着时代的更迭和全球化步伐的加快，礼仪更是人类社会生活中不可或缺的一部分。礼仪不仅关系到个人的素质修养和生活幸福，更关系到一个行业，乃至一个民族、一个国家的精神风貌。

旅游业是自 21 世纪以来发展极为迅速的行业之一，旅游业所涉及的人员和地区涵盖了整个世界。伴随旅游业的发展，服务礼仪成为旅游服务工作人员的行为准则和制胜关键。旅游服务礼仪是使旅游服务工作人员具备基本素质、提高服务质量、传播礼仪知识的一门课程，也是培养学生认识旅游业各部门、学会处理人际关系、进行对客服务的一门学问。孔子曰："不学礼，无以立。"在经济迅猛发展、旅游业蓬勃发展的今天，旅游服务礼仪所包含的内容越来越丰富。学习好旅游服务礼仪，不仅可以提高自身的言谈举止，还能通过优雅的待人接物来塑造良好的职业形象，增进与各国、各地区人民之间的沟通和互信，从而不断加深友谊。

随着我国高等教育改革步伐的不断加大，为培养出高质量的实用型旅游业从业人才，编者通过不断学习探索、多方咨询调研，在探索实践教学改革方法、积累礼仪教学经验的基础上，确定了本书的框架和内容。本书结合党的二十大精神，根据旅游业对从业人员综合素质的要求，以及有关部门对"十四五"职业教育国家规划教材的编写要求，为适应行业发展，满足市场对管理类创新型应用人才的需求，采用了全新的设计编排，突出了应用案例、拓展课堂和实训项目，强化了学生的实践能力。本书还安排了简短、生动的阅读材料，有助于学生自学和知识扩展。同时，本书选取了与文字内容相辅相成的图片，增强了内容的可视性，图文并茂，使教学生动形象。

本书根据旅游业各个主要部门、岗位的具体需求编选内容，符合旅游业相关岗位的要求，实用周到。本书从礼仪的起源开始介绍，不仅涉及个人形象、仪态、语言等基本礼仪元素，还分析了良好礼仪的养成途径。本书重点对具体旅游业相关岗位礼仪进行了详细的介绍，规范了工作中的服务应用，还较为详细地介绍了我国主要客源国和地区的习俗礼仪。本书将理论与实践相统一，是一本内容丰富精准、通俗易懂的专业教材，对旅游业的发展具有一定的指导和规范作用，重点服务一线的旅游服务工作人员和即将踏入一线的旅游专业学生。

本书由旅游管理国家级一流本科专业建设点——洛阳师范学院旅游管理系的前系主任张萌副教授担任主编，信阳师范大学罗艳玲副教授和河南科技大学徐真真博士担任副主编。参编人员及编写章节具体为：张萌编写第 2、8、11、12 章，罗艳玲编写第 1、4、7、10 章，徐真真编写第 3、5、6、9 章。

编者在编写本书的过程中，参阅了大量相关书籍资料，在此一并向相关作者致谢。同时，书中存在问题在所难免，恳请诸位专家学者和广大读者不吝赐教，以便此书可以不断完善。

资源索引

编　者
2024 年 12 月

目录 Contents

第 1 章　旅游服务礼仪概述 1

1.1　礼仪的概念 2
1.1.1　礼貌 3
1.1.2　礼节 3
1.1.3　仪表 3
1.1.4　仪式 3

1.2　中国礼仪的起源与发展 4
1.2.1　萌芽时期（公元前 5 万年—公元前 1 万年） 4
1.2.2　礼仪的形成时期（公元前 1 万年—公元前 771 年） 4
1.2.3　礼仪的变革时期（公元前 770 年—公元前 222 年） 4
1.2.4　礼仪的强化时期（公元前 221 年—公元 1635 年） 4
1.2.5　礼仪的衰落时期（公元 1636—1911 年） 5
1.2.6　现代礼仪时期（公元 1912—1948 年） 5
1.2.7　当代礼仪时期（1949 年至今） 5

1.3　西方礼仪的起源与演进 7

1.4　旅游服务礼仪的特点 7
1.4.1　规范性 7
1.4.2　灵活性 8
1.4.3　时代性 8
1.4.4　差异性 8

1.5　旅游服务礼仪的原则 10
1.5.1　平等尊重原则 10
1.5.2　严于律己原则 10
1.5.3　宽容他人原则 10
1.5.4　入乡随俗原则 10
1.5.5　诚实守信原则 11
1.5.6　谦恭适度原则 11

1.6　旅游服务礼仪的功能 11
1.6.1　提高自身内在修养 11
1.6.2　塑造个人和企业的良好形象 11
1.6.3　建立和谐的人际交往关系 12
1.6.4　促进社会文明发展 12

1.7　旅游服务工作人员的基本素质要求 13

    1.7.1 具备良好的思想品德和职业道德 13
    1.7.2 具有良好的工作态度 13
    1.7.3 具有高雅、亲切、自然、和谐的仪态 13
    1.7.4 具有丰富的文化知识和较强的语言表达能力 14
    1.7.5 熟悉旅游业务，具有组织接待能力 14
  1.8 旅游服务礼仪的学习方法 14
    1.8.1 提升内在修养 14
    1.8.2 增强文化底蕴 15
    1.8.3 提高审美能力 15
    1.8.4 培养礼仪习惯 15
本章小结 15
复习思考题 15
实训项目 16
拓展课堂 16
课后阅读 17

第 2 章　职业形象设计 19

  2.1 职业形象设计的内涵和原则 21
    2.1.1 职业形象设计的内涵 21
    2.1.2 职业形象设计的原则 21
  2.2 旅游服务工作人员的仪容礼仪 21
    2.2.1 面容修饰 22
    2.2.2 化妆修饰 22
    2.2.3 化妆的礼规 24
    2.2.4 旅游服务工作人员化妆的注意事项 24
    2.2.5 发部修饰 25
    2.2.6 其他肢体部位修饰 29
  2.3 旅游服务工作人员的着装礼仪 30
    2.3.1 着装的基本原则 30
    2.3.2 女士着装礼仪 32
    2.3.3 男士着装礼仪 33
  2.4 旅游业制服礼仪规范 36
    2.4.1 旅游业制服选择规范 36
    2.4.2 旅游业制服穿着规范 37
  2.5 饰品礼仪 39
    2.5.1 饰品佩戴原则 39
    2.5.2 饰品佩戴方法 39
本章小结 41
复习思考题 41
实训项目 42

拓展课堂 43
　　课后阅读 44

第 3 章　仪态举止礼仪ㅤㅤㅤㅤㅤㅤㅤㅤㅤㅤㅤㅤ47

3.1　旅游服务工作人员的站姿规范 49
　　3.1.1　基本站姿 49
　　3.1.2　服务性站姿 49
　　3.1.3　站姿禁忌 50
　　3.1.4　正确站姿的训练 50

3.2　旅游服务工作人员的坐姿规范 51
　　3.2.1　正确的坐姿 51
　　3.2.2　几种典型的坐姿 52
　　3.2.3　坐姿的注意事项 52
　　3.2.4　正确坐姿的训练 52

3.3　旅游服务工作人员的蹲姿规范 53
　　3.3.1　正确的蹲姿 53
　　3.3.2　蹲姿的注意事项 53

3.4　旅游服务工作人员的走姿规范 54
　　3.4.1　基本走姿 54
　　3.4.2　工作中的走姿特例 56
　　3.4.3　工作中行走姿态的风度要求 58

3.5　旅游服务工作人员的手势规范 59
　　3.5.1　手势的基本原则 59
　　3.5.2　旅游服务工作中的常用手势 60
　　3.5.3　手势使用禁忌 62

3.6　旅游服务工作人员的表情神态规范 63
　　3.6.1　脸色 63
　　3.6.2　面部肌肉 63
　　3.6.3　眉语 63
　　3.6.4　眼神 64
　　3.6.5　微笑 66

本章小结 69
复习思考题 70
实训项目 70
拓展课堂 73
课后阅读 74

第 4 章　旅游服务用语规范ㅤㅤㅤㅤㅤㅤㅤㅤㅤㅤ77

4.1　旅游服务用语的特点、原则及要求 79
　　4.1.1　旅游服务用语的特点 79
　　4.1.2　旅游服务用语的原则 80

  4.1.3 旅游服务用语的要求 81
 4.2 旅游服务用语的分类 82
  4.2.1 从情境上分类 82
  4.2.2 从旅游行业上分类 87
 4.3 培养良好旅游服务用语习惯的途径及禁忌 88
  4.3.1 培养良好旅游服务用语习惯的途径 88
  4.3.2 旅游服务用语禁忌 89
 4.4 倾听礼仪 90
  4.4.1 倾听的意义 90
  4.4.2 倾听的技巧 91
本章小结 92
复习思考题 92
实训项目 93
拓展课堂 94
课后阅读 94

第 5 章 人际交往礼仪 96

 5.1 见面礼仪 97
  5.1.1 握手礼 98
  5.1.2 鞠躬礼 100
  5.1.3 亲吻礼 101
  5.1.4 致意礼 102
  5.1.5 拥抱礼 104
  5.1.6 合十礼 104
  5.1.7 碰脚礼 105
  5.1.8 碰肘礼 106
  5.1.9 抱拳礼 106
  5.1.10 拱手礼 106
 5.2 接待与拜访礼仪 108
  5.2.1 接待礼仪 108
  5.2.2 拜访礼仪 109
 5.3 递接名片礼仪 110
  5.3.1 递送名片礼仪 110
  5.3.2 接受名片礼仪 111
  5.3.3 递接名片的禁忌 111
 5.4 谈话礼仪 111
  5.4.1 谈话的表情 111
  5.4.2 谈话的语言 112
  5.4.3 谈话的内容 112
  5.4.4 谈话的体态 112

5.4.5 谈话的禁忌 113
5.5 馈赠礼仪 113
　　5.5.1 赠送礼仪 113
　　5.5.2 受礼礼仪 115
　　5.5.3 送花礼仪 117
5.6 聚会礼仪 120
　　5.6.1 茶会礼仪 120
　　5.6.2 舞会礼仪 121
　　5.6.3 生日聚会礼仪 122
　　5.6.4 社交禁忌 123
5.7 公共礼仪 125
　　5.7.1 公共场所礼仪 125
　　5.7.2 公共交通礼仪 128
5.8 呼吸道传染病防控礼仪 131
　　5.8.1 正确佩戴口罩 131
　　5.8.2 保持安全距离 131
　　5.8.3 养成良好卫生习惯 132
　　5.8.4 分批乘坐电梯 132
　　5.8.5 使用公筷公勺分餐 132
　　5.8.6 注意饮食安全 133
　　5.8.7 遵守防控准则和规定 133
本章小结 133
复习思考题 134
实训项目 134
拓展课堂 138
课后阅读 139

第6章　宴会酒水、茶水礼仪 140

6.1 宴会礼仪 141
　　6.1.1 宴会的定义、特点、规则及常见形式 141
　　6.1.2 组织宴会 147
　　6.1.3 正式宴会的桌席排列 149
　　6.1.4 宴会服务的礼仪 153
　　6.1.5 出席宴会的礼仪 156
6.2 酒水礼仪 160
　　6.2.1 我国酒水礼仪 160
　　6.2.2 西餐酒水礼仪 163
6.3 茶水礼仪 165
　　6.3.1 准备礼仪 165
　　6.3.2 泡茶礼仪 166

6.3.3　奉茶礼仪 166
　　　6.3.4　敬茶礼仪 167
　　　6.3.5　饮茶礼仪 167
　本章小结 168
　复习思考题 168
　实训项目 169
　拓展课堂 172
　课后阅读 174

第 7 章　商务仪式礼仪　176

　7.1　剪彩仪式 177
　　　7.1.1　剪彩仪式物品准备 177
　　　7.1.2　剪彩仪式人员准备 178
　　　7.1.3　剪彩仪式的程序 179
　7.2　开业典礼 179
　　　7.2.1　开业典礼的准备 179
　　　7.2.2　开业典礼的程序 182
　　　7.2.3　开业典礼人员礼仪 182
　7.3　商务谈判礼仪 183
　　　7.3.1　商务谈判人员的礼仪 183
　　　7.3.2　商务谈判的原则 184
　　　7.3.3　商务谈判的过程 185
　7.4　签字仪式 186
　　　7.4.1　签字仪式的准备工作 186
　　　7.4.2　签字仪式的程序 187
　本章小结 189
　复习思考题 189
　实训项目 189
　拓展课堂 191
　课后阅读 192

第 8 章　旅游酒店服务礼仪　194

　8.1　酒店前厅部服务礼仪规范 196
　　　8.1.1　迎宾服务礼仪要点及训练 196
　　　8.1.2　总服务台服务礼仪的要点及训练 198
　　　8.1.3　大堂副理服务礼仪要点及训练 203
　8.2　酒店客房部服务礼仪规范 205
　　　8.2.1　迎客服务礼仪要点及训练 205
　　　8.2.2　住宿服务礼仪要点及训练 206
　8.3　酒店餐厅服务礼仪规范 208

   8.3.1 酒店餐厅服务人员的个人形象礼仪 … 208
   8.3.2 酒店餐厅不同岗位服务礼仪 … 209
   8.3.3 值台服务礼仪 … 210
   8.3.4 西餐服务礼仪 … 211
  8.4 **酒店康乐部服务礼仪规范** … 213
   8.4.1 康乐部通用服务礼仪 … 213
   8.4.2 游泳池服务礼仪 … 214
   8.4.3 健身教练服务礼仪 … 214
   8.4.4 桑拿浴服务礼仪 … 215
 本章小结 … 216
 复习思考题 … 216
 实训项目 … 217
 拓展课堂 … 220
 课后阅读 … 221

第 9 章 旅行社服务礼仪 … 224

  9.1 **旅行社办公室咨询服务礼仪** … 226
   9.1.1 办公室服务礼仪 … 226
   9.1.2 电话服务礼仪 … 227
   9.1.3 特殊团队服务礼仪 … 229
  9.2 **旅行社导游服务礼仪** … 229
   9.2.1 导游的基本礼仪规范 … 230
   9.2.2 导游的准备工作礼仪 … 230
   9.2.3 导游的迎送服务礼仪 … 232
  9.3 **旅行社商务接待与拜访礼仪** … 241
   9.3.1 旅行社商务接待礼仪 … 241
   9.3.2 旅行社商务拜访礼仪 … 242
   9.3.3 旅行社国际商务洽谈礼仪 … 243
 本章小结 … 245
 复习思考题 … 245
 实训项目 … 246
 拓展课堂 … 249
 课后阅读 … 250

第 10 章 旅游景区服务礼仪 … 252

  10.1 **旅游景区接待服务礼仪** … 253
   10.1.1 旅游景区接待人员服务礼仪 … 254
   10.1.2 旅游景区接待服务礼仪与训练 … 254
  10.2 **旅游景区讲解服务礼仪** … 256
   10.2.1 旅游景区讲解的目的 … 256

　　　　10.2.2　讲解的方式 258
　　　　10.2.3　讲解技巧与礼仪 259
　　10.3　旅游景区质量管理 261
　　　　10.3.1　旅游景区工作人员的素质管理 261
　　　　10.3.2　旅游景区配套设施管理 263
　　　　10.3.3　旅游景区环境质量管理 264
　　　　10.3.4　旅游景区服务质量管理 265
　　10.4　旅游景区对游客失礼行为的管理 268
　　　　10.4.1　提倡健康有益的旅游活动 268
　　　　10.4.2　保护旅游资源和公共设施 268
　　　　10.4.3　旅游安全管理 268
　　本章小结 270
　　复习思考题 270
　　实训项目 271
　　拓展课堂 272
　　课后阅读 272

第 11 章　涉外服务礼仪 274
　　11.1　国际交往礼仪的原则 275
　　11.2　涉外接待的礼宾规格 279
　　11.3　涉外接待的礼宾次序 281
　　11.4　国旗礼仪与国歌礼仪 283
　　11.5　涉外迎宾礼仪 285
　　本章小结 287
　　复习思考题 287
　　实训项目 288
　　拓展课堂 288
　　课后阅读 289

第 12 章　主要客源国和地区的习俗礼仪 291
　　12.1　亚洲主要国家和地区的习俗礼仪 292
　　　　12.1.1　日本 292
　　　　12.1.2　韩国 294
　　　　12.1.3　泰国 296
　　　　12.1.4　新加坡 297
　　12.2　欧洲主要国家和地区的习俗礼仪 298
　　　　12.2.1　英国 299
　　　　12.2.2　法国 300
　　　　12.2.3　德国 302
　　　　12.2.4　意大利 303

	12.2.5 俄罗斯	305
12.3	**美洲主要国家和地区的习俗礼仪**	**306**
	12.3.1 美国	306
	12.3.2 加拿大	308
12.4	**大洋洲主要国家和地区的习俗礼仪**	**310**
	12.4.1 澳大利亚	310
	12.4.2 新西兰	311
12.5	**非洲主要国家和地区的习俗礼仪**	**312**
	12.5.1 埃及	312
	12.5.2 南非	314
本章小结		**315**
复习思考题		**316**
实训项目		**316**
拓展课堂		**317**
课后阅读		**318**

参考文献 320

第1章
旅游服务礼仪概述

教学要点

知识要点	学习程度	相关知识
中西方礼仪的起源和发展	了解	中国礼仪文化源远流长，西方礼仪对于我国现代礼仪有明显的影响，中西方礼仪既有差异也有共性
礼仪的概念	掌握	礼仪是指人们在长期的社会交往和生活实践中形成的向他人表示尊重、友好的规范和准则，具体表现为礼貌、礼节、仪表、仪式四个方面
旅游服务礼仪的原则	了解	旅游服务工作人员要遵守平等尊重、严于律己、宽容他人、入乡随俗、诚实守信、谦恭适度等原则
旅游服务礼仪的特点、功能	熟悉	旅游服务礼仪具有规范性、灵活性、时代性和差异性，有助于提高自身内在修养、塑造个人和企业的良好形象、建立和谐的人际交往关系、促进社会文明发展
旅游服务工作人员基本素质要求	熟悉	旅游服务工作人员要具备良好的思想品德和职业道德，良好的工作态度，高雅、亲切、自然、和谐的仪态，丰富的文化知识和较强的语言表达能力，要熟悉旅游业务，具有组织接待能力
旅游服务礼仪的学习方法	掌握	提升内在修养、增强文化底蕴、提高审美能力、培养礼仪习惯是旅游服务工作人员学习礼仪的主要途径

技能要点

技能要点	学习程度	应用方向
明确礼貌、礼节、仪式、仪表之间的不同与联系	掌握	在不同的仪式场合，能够自信大方地运用适当的礼仪，向客人表达尊重，并展现良好的个人和企业形象

导入案例

以古风礼仪当好新时代文明使者

"好汉！大庭广众之下，请提履穿之。""好汉！悠悠草木皆生命，请勿踩踏……"在古老的西安城墙上，高大威武、身着仿古铠甲的"金甲武士"们列队巡城，不时停下来劝导游客的不文明行为，引得众多游客点赞。

西安城墙始建于隋代，扩建于明代，是中国现存规模最大、保存最完整的古代城垣。人们漫步于历经千年风雨的西安城墙，仿佛行走在历史与现代的交错中。在文化遗产保护方面，西安城墙景区创新文物保护、文化传承和文明引导方式，组建了城墙礼仪方队——"金甲武士"文明志愿服务队，将古代礼仪和传统文化融入文明劝导，让独具历史韵味的西安文明之风以创意互动的形式体现，让文明引导变得有趣而自然，并且成为社交媒体上的"流量担当"，由此更好、更大范围地传播文明旅游风尚。"这些帅哥一身古代武士装扮，还使用古人的话语，让人觉得很新奇，很有沉浸感。被劝的人也不觉得生硬，挺有意思。"来自山东的游客陈女士表示，这不但营造了良好的文明氛围，还成为一道风景，很有特色。

据了解，"金甲武士"文明志愿服务队创建于2006年，原为西安城墙管理委员会旗下的一支礼宾仪仗队伍，主要承担"大城致礼"武士开城仪式、"皇城羽林卫"武士换岗仪式等系列"城墙武士"文化IP展演任务。后来，这支队伍组成文明志愿服务队，开展"金甲武士"文明行为引导活动。

"金甲武士"是西安城墙主要的文化IP之一，能让文物"活"起来。该景区这些年一直在深挖西安城墙的历史军事文化，推出了许多具有特色的文化体验项目。2023年，该景区还通过挖掘城墙历史文化内涵，增加了"大唐女将军""鸿胪寺卿"等IP，兼顾"波斯客""唐小妃""李小白"等成熟IP形象的深度开发，通过多样互动形式，不断扩大文明志愿服务队的体量，擦亮西安城墙文明旅游的金字招牌。

作为西安的标志性景区，历经岁月沧桑的西安城墙以其独特的魅力向世人讲述中国故事。每天，"金甲武士"们列队在景区仗剑巡城，他们仿佛从盛世长安走来，并且在时光流转、历史传承、文化自信中，当好新时代的文明使者，让古今交融，绽放文明之花。

资料来源：https://baijiahao.baidu.com/s?id=1781605716489468043&wfr=spider&for=pc（2023-11-04）[2023-12-07]. （有改动）

1.1 礼仪的概念

中国历代学者从不同的角度阐述"礼仪"的含义和内容，归纳起来，大体上可分为以下三个层次：一是指封建社会的等级制度、法律规定和伦理规范的总称；二是指社会的道德规范和伦理准则；三是指礼节仪式和待人接物的方法。在现代社会中，礼仪是指人们在长期的社会交往和生活实践中形成的向他人表示尊重、友好的规范和准则，具体表现为礼貌、礼节、仪表、仪式四个方面。

1.1.1 礼貌

礼貌是指人们在社会交往过程中相互表示敬重和友好的行为准则，它体现了时代的风尚和人们的道德品质、精神风貌、文化内涵和个人修养。礼貌是一个人在待人接物时的外在表现，人们通过言谈、表情、姿态等来表示对他人的尊重和关心。《孟子·告子章句下》有云："礼貌未衰，言弗行也，则去之。"东汉经学家赵岐进一步注释："礼者，接之以礼也；貌者，颜色和顺，有乐贤之容。礼衰，不敬也；貌衰，不悦也。"在现代社会，我们要努力践行社会主义核心价值观，尊重他人、态度和蔼、举止优雅、言谈恰当、行为得体，这些应成为人们日常的言行规范。礼貌包括礼貌行动和礼貌语言两个部分。礼貌行动是一种无声的语言，如微笑、点头、欠身、鞠躬、握手、双手合十、拥抱、亲吻等。礼貌语言是一种有声的行动，如使用"请您指教""欢迎光临"等敬语；"对不起，打扰您了""请稍后""这边请"等雅语；"我能为您做点什么""服务不周，敬请谅解"等谦语。

1.1.2 礼节

礼节是指人们在社会交往过程中表示尊重、问候、祝愿等的惯用形式，如握手、拥抱、拱手、鞠躬等。礼节是人类文明的重要组成部分之一，具有一定的地域性和时代性。在不同国家、不同民族、不同地区，人们在各自生存发展的历史文化环境中形成了各自的价值观、世界观和风俗习惯，其礼节从形式到内容都不尽相同。例如古代中国的作揖、跪拜，当今世界通用的点头、握手，东南亚国家的双手合十，欧美国家的拥抱、亲吻，少数国家和地区的吻手、吻脚、拍肚皮、碰鼻等。

1.1.3 仪表

仪表是指人的外表，包括容貌、服饰、表情、体态等。仪表美是一个人外在美和内在美的和谐统一。《大戴礼记·劝学》有云："野哉！君子不可以不学，见人不可以不饰。不饰无貌，无貌不敬，不敬无礼，无礼不立。"在初次见面的过程中，人们往往会从仪表来判断一个人的身份、地位、职业、学识及个性等，良好的仪表有助于给别人留下良好的第一印象。

1.1.4 仪式

仪式是指在特定场合举行、具有特定程序和规范的礼仪活动。仪式是一种较为正式的礼节形式，在举办时要遵循严格的规范和程序。人们在社会交往过程中，常常要举办各种各样的仪式，以体现出对某人或某事的重视或纪念。按照举办的目的不同，可以分为迎送仪式、签字仪式、开幕式、闭幕式、颁奖仪式等，如大型工程的奠基和竣工活动、交易会或展览会的开幕式、轮船下水的剪彩仪式，以及迎接国家元首而鸣放礼炮等均属仪式的范畴。随着时代的发展和审美观念的变化，仪式也日趋精练和简化。

1.2 中国礼仪的起源与发展

1.2.1 萌芽时期（公元前 5 万年—公元前 1 万年）

礼仪起源于原始社会中、晚期（约旧石器时期），至今有一百多万年的历史，此时出现了早期礼仪的萌芽。生活在距今约 3 万年前的北京周口店山顶洞人，就懂得打扮自己。他们把兽骨、贝壳、野花戴在头上或者挂在脖子上，去装饰或炫耀自己。他们在去世的族人身旁撒放赤铁矿粉，举行原始宗教仪式，这是迄今为止在中国发现的最早的葬仪。

公元前 1 万年前后，人类进入新石器时期，不仅能制作精细的磨光石器，并且诞生了农业和畜牧业。在此后的数千年的岁月里，原始礼仪渐具雏形。例如在仰韶文化时期的遗址及有关资料表明，当时人们已经注意尊卑有序、男女有别。长辈坐上席，晚辈坐下席；男子坐左边，女子坐右边等礼仪日趋明确。

1.2.2 礼仪的形成时期（公元前 1 万年—公元前 771 年）

新石器时期，精致打磨的石器（后来又发现了金属）取代了旧石器时期笨重的石器和木棍，使农业、畜牧业、手工业生产跃上一个新台阶。随着生活水平的提高及生产力的提高，劳动者拥有了更多的剩余消费品，由此诞生了阶级。公元前 21 世纪，夏朝建立，标志着中国正式进入了奴隶制社会。商朝、西周也实行奴隶制。

1.2.3 礼仪的变革时期（公元前 770 年—公元前 222 年）

西周末期，王室衰微，诸侯纷起争霸。公元前 770 年，周平王东迁洛邑，史称东周。承继西周的东周王朝已无力全面恪守传统礼制，于是出现了所谓"礼崩乐坏"的局面。

春秋战国时期是我国的奴隶制社会向封建制社会转型的时期。在此期间，孔子、孟子、荀子等思想巨人相继涌现，发展并革新了礼仪理论。

《仪礼》详细记录了战国以前贵族生活的各种礼节仪式。《仪礼》与《周礼》和孔门后学编著的《礼记》，合称"三礼"。

孟子是战国时期儒家思想的主要代表人物。在政治思想上，孟子把孔子的"仁学"思想加以发展，提出了"王道""仁政"的思想和"民贵君轻"说，主张"以德服人"。在道德修养方面，他主张"舍生而取义"。

1.2.4 礼仪的强化时期（公元前 221 年—公元 1635 年）

公元前 221 年，秦王嬴政吞并六国，统一中国，被尊称为"秦始皇"。他建立起中国历史上第一个中央集权的封建王朝。秦始皇在全国推行"书同文""车同轨""行同伦"。秦朝制定的中央集权制度，成为后来延续两千余年的封建制的基础。

西汉初期，叔孙通协助汉高帝刘邦制定了朝礼之仪，突出发展了礼的仪式和礼节。而西汉思想家董仲舒把儒家礼仪具体概况为"三纲五常"。"三纲"即"君为臣纲，父为子纲，夫为妻纲"。"五常"即"仁、义、礼、智、信"。盛唐时期，《礼记》由"记"上升为"经"，成为"三礼"之一。

宋代出现了以儒家思想为基础，兼容道学、佛学思想的理学，程颐、程颢（简称"二程"）和朱熹为其主要代表。二程认为："父子君臣，天下之定理，无所逃于天地之间。"家庭礼仪研究硕果累累，是宋代礼仪发展的一个特点。在大量家庭礼仪著作中，著名的有以撰《资治通鉴》而名垂青史的北宋史学家司马光的《涑水家仪》和以《四书章句集注》名扬天下的南宋理学家朱熹的《朱子家礼》。明代，交友之礼更加完善，而忠、孝、节、义等礼仪日趋丰富。

1.2.5 礼仪的衰落时期（公元1636—1911年）

1636年，清朝建立，满族逐渐接受了汉族的礼制，并使其复杂化，导致一些礼仪显得虚浮、繁琐。例如清代的品官相见礼，当品级低者向品级高者行拜礼时，动辄一跪三叩，重则三跪九叩。清朝后期，政权腐败，民不聊生。古代礼仪盛极而衰。而伴随着西学东渐，一些西方礼仪传入中国。一些大城市中的知识分子、涉外工作人员等，在见面时开始使用脱帽致敬代替传统的跪拜礼仪。

1.2.6 现代礼仪时期（公元1912—1948年）

1912年，清朝土崩瓦解。孙中山先生于1912年1月1日在南京就任中华民国临时大总统。1912年2月12日，宣统帝溥仪颁布退位诏书。孙中山先生和战友们破旧立新，用民权代替君权，用自由、平等取代宗法等级制；普及教育，废除祭孔读经；改易陋俗，剪辫子、禁缠足等，从而正式拉开现代礼仪的帷幕。民国期间，由西方传入中国的握手礼开始流行于上层社会，后逐渐普及民间。20世纪30至40年代，中国共产党领导的苏区、解放区，重视文化教育事业及移风易俗，进而谱写了现代礼仪的新篇章。

1.2.7 当代礼仪时期（1949年至今）

1949年10月1日，中华人民共和国宣告成立，中国的礼仪建设从此进入一个崭新的历史时期。此间，摒弃了昔日束缚人们的"三纲五常""愚忠愚孝"以及严重束缚妇女的"三从四德"等封建礼教，确立了同志式的合作互助关系和男女平等的新型社会关系。而尊老爱幼、讲究信义、以诚待人、先人后己、礼尚往来等中国传统礼仪中的精华，则得到继承和发扬。

知识链接 1-1

礼的起源

在中国源远流长的历史长河中，礼仪是调整人们行为的重要准则和维持社会秩序的基本道德规范，是中华传统文化的主体，是中国作为四大文明古国之一的重要特征。在中国古代社会中，上至朝廷军国大政，下至民间日常饮食，无不是在礼的规范下进行的，礼仪成为当时社会生活中最具权威的制衡因素。然而，关于礼的起源，学术界有多种说法，其中具有代表性的观点有以下三点。

一、饮食说

人类的生存必须依靠物质来维系，其中以饮食最为重要。《礼记·礼运》记载："夫礼之初，始诸饮食，其燔黍捭豚，污尊而抔饮，蒉桴而土鼓，犹若可以致其敬于鬼神。"原始社会的人们把黍米和劈开的猪肉块放烧石上烤炙而食，在地上凿坑作为酒樽用手掬捧而饮，并且用茅草茎捆扎成鼓槌敲击筑地而成的土鼓，以此来表示对鬼神的祭祀。他们认为让鬼神吃饱喝足，鬼神就能保人平安。这段话告诉我们礼的始端，源于早期人类的饮食及以饮食为主的献祭活动。

二、祭祀说

远古时代，人类的生存环境极其恶劣，生产力水平低下，人们无法用科学的方法解释各类自然现象，便形成了对日月星辰、风雨雷电、山川丘陵、凶禽猛兽的崇拜。在崇拜中，人们创造了神话，如女娲补天、大禹治水等，有了神话，便创造了祭神仪式，于是，礼仪便产生了。《说文解字》中有："礼，履也，所以事神致福也。"由此可见，礼的最初含义是敬神。礼的繁体字是"禮"，左边"示"字旁有祭祀、祈福之意，右边"豊"为祭祀行礼之器。王国维根据卜辞"礼"字的象形，认为"礼"字像是用两块玉盛在器皿中去作供奉，表示对先祖与神灵的敬意。郭沫若对礼的起源与形成过程也进行了清晰的表述："礼之起，起于祀神，其后扩展而为对人，更其后扩展而为吉、凶、军、宾、嘉等各种仪制。"这清楚地表明，礼最初是祭祀神的活动，后来扩展到人，最后扩展到社会，逐步成为严格的社会行为规范，具有了"经国家，定社稷，序民人，利后嗣"的重要作用。这种祭祀形式慢慢渗透到人们的日常生活中。在生活中，人们常使用一些象征性的动作来表达他们的友善和感情。古人的一些生活习惯后来就成为人类社会共同的生活习惯，并且被用作维护社会秩序、巩固社会组织并加强不同地区和阶层间联系的手段。这些生活习惯便是礼仪的雏形。

三、宗法说

所谓宗法，是指一种以血缘关系为基础，标榜尊崇共同祖先，维系亲情，而在宗族内部区分尊卑长幼，并规定继承秩序以及不同地位的宗族成员各自不同的权利和义务的法则。它的具体内容在有关西周、春秋时期社会情况的文献记载中有比较详细的说明。其起源则可追溯到原始社会。

在原始社会末期，形成了以父系血缘氏族为主体的农耕社会，许多原始礼仪在此基础上产生。例如，氏族内的父权独尊、以崇神保丰为目的的祭祀制度等。进入阶级社会后，父系血缘氏族并未解体，逐步衍变为宗法制度。

这一制度构建了中国人意识形态中有关"礼"的两个基本精神："亲亲"和"尊尊"。"亲亲"要求按血缘关系确定亲疏长幼，其衍生的行为规范是"孝"；"尊尊"要求按宗法等级确定政治上的贵贱尊卑，其衍生的行为规范是"忠"。以"忠""孝"为核心建立了宗族制度、道德规范、社会秩序、祭祀礼仪、称谓习惯等，故而宗法制度是中国传统礼仪产生的深层土壤。

资料来源：胡爱英. 礼仪文化[M]. 北京：中国旅游出版社，2018.（有改动）

1.3 西方礼仪的起源与演进

我们习惯上说的西方通常是指欧美国家,西方礼仪对于我国现代礼仪有着显著的影响。西方礼仪的形成及发展非常复杂,有着博采兼收而又协调融合的特点。这些国家的文化源流和宗教信仰都比较接近,尽管由于各种复杂因素的影响而在礼俗方面有所差别,但是共性较多。

古希腊是西方文明的发源地。在古希腊和古罗马时期,一些有关礼仪的问题已经开始引起人们的重视,如古希腊的人们非常注重谦恭有礼、诚实守信。古希腊先哲苏格拉底、柏拉图、亚里士多德等人的著作中都有很多关于礼仪的论述,古罗马的思想家、教育家们也对一些礼仪问题进行了初步探讨。

西方礼仪形成于17—18世纪的法国,其间深受古希腊、古罗马等文化的影响。当时的统治者极力宣扬世界上的一切都是由上帝创造的,上等人统治、下等人服从统治是天经地义的。在这种理论指导下,形成了严格的封建等级制度,进而形成了严格、繁琐的贵族礼仪和宫廷礼仪。

"文艺复兴"以后,西方资产阶级登上历史舞台,这一时期的西方礼仪有了重大的发展,属于少数贵族专利品的礼仪,逐步被社会文明规范的礼仪所取代。如今国际上通行的一些外交礼节,绝大部分都是在这个时期形成并延续下来的,如鸣放礼炮礼仪起源于英国。当时英国是世界航海业最发达的国家,英国海军舰队在驶入别国海域之前,为了表示对对方没有敌意,就把军舰上火炮内的炮弹放空;在遇到别国的航船时,也同样把炮内的炮弹放空,以示友好。后来鸣放礼炮变成了国际上接待国家元首和政府首脑的礼节。礼炮鸣放多少,要根据受礼人的身份而定。过去战舰的火炮多为7门,鸣炮时放7响,英国最大的战舰有21门炮,海军司令登舰时鸣21响,海军司令以下的将官登舰时鸣19响。之后,鸣礼炮21响就成了最高规格的致礼礼节,用于国家大典或迎送国家元首的仪式;19响为二级规格,用于迎送外国政府首脑的仪式;17响为三级规格,用于迎送外国政府首脑副职的仪式。

如今,西方礼仪已经在世界众多国家中通行,成为国际礼仪的重要组成部分。虽然中、西方礼仪植根的文化土壤不同,但它们都植根于人类历史文明,并伴随着文明不断发展。因此,尽管西方礼仪与中国礼仪的形式有所不同,但相同之处也很多,比如都倡导彬彬有礼、衣冠整齐、尊老爱幼等。

1.4 旅游服务礼仪的特点

1.4.1 规范性

规范性是指人们在待人接物时必须遵守一定的行为准则。规范性不仅约束人们在一切公共场合的言谈话语、行为举止,并且是在旅游服务场合中必须采用的一种"通用语言",还是衡量他人、判断自己是否自律、敬人的一种尺度。虽然不同领域的服务程序和规范存在着差异,但礼仪的基本准则都是一致的。商务礼仪有共同遵循的准则,如礼貌用语的使用,各种庆典仪式、签字仪式的流程等。旅游服务工作人员不仅要按照一定的礼仪规范做好服务工作,而且在服务过程中的言谈举止都要合乎礼仪。"宾客至上""把尊贵让给客人"等应该是全体旅游服务工作人员应该共同遵守的行为准则。需要注意的是,当所处场合不同或所具有的身份、文化背景不同时,所要应用的旅游服务礼仪往往会因此而不同,有时甚至还会差异巨大。以座次礼仪为例,在国际礼仪中,以右为尊;但在我国国内的政务礼仪中,则是以左为尊。因此,在座次安排时,需要分清场合,区别对待。

1.4.2 灵活性

旅游服务礼仪的规范虽然是具体的,但它不是死板的教条,是灵活的、可变的。在旅游服务工作中,旅游服务工作人员应该根据服务场合、服务对象等因素的不同,灵活地运用旅游服务礼仪。例如,在面对来自不同国家、地区、民族的顾客时,要注意其在文化背景、风俗习惯,甚至宗教信仰上的差异,充分尊重他们的礼俗禁忌,从而更加体贴周到地为每一位客人提供优质的旅游服务。

1.4.3 时代性

拓展视频 1-2

世界上任何一种事物都有其产生、形成、发展和演变的过程,礼仪也是如此。《礼记·礼器》中指出:"礼,时为大。"礼仪是人类社会历史发展的产物,也会随之产生变革。随着全球一体化的发展,不同国家之间的交往也越来越频繁,不同文化背景中的礼仪交往的影响也更加深远,礼仪就需要顺应时代的发展趋势,随之发生改变。

1.4.4 差异性

礼仪的形式和内容都是由文化决定的。不同的文化背景产生不同的礼仪文化。由于各个国家、地区和民族的文化传统、宗教信仰、地理环境、交通条件普遍存在着差异,礼仪也就具有了差异性。例如,中国人请客时习惯先说:"没有什么好菜"以示谦虚,如果菜肴被客人全部吃光会使主人很没面子,因为这意味着主人准备的菜肴不够;但是西方人请客时,主人习惯自己夸赞食物的精美,而且以菜肴被客人一扫而光为荣,因为这说明菜肴味道极好。

礼仪的差异性除了地域性的差异外,还表现在等级差别上。礼仪规范要求对不同身份地位的对象采用不同的礼仪形式。身份地位高的人一般会受到较高规格的礼遇,而身份地位低的人所受到的礼遇则相对来说低一些。例如,师生相遇时,学生应向老师行鞠躬礼,而老师对学生则不必以鞠躬礼相还,只要向学生微笑致意并问候就可以了。

礼仪的这种差异性要求我们在社交和礼仪活动中,既要注意各个国家、地区和民族文化的共同之处,又要谨慎地处理相互间的文化差异及身份差异。

■ 应用案例 1-1

以中国传统礼仪文化丰富社会主义核心价值体系

当今世界正经历百年未有之大变局,我国发展环境面临深刻复杂的变化,以社会主义核心价值观指导先进文化建设乃固本之策。习近平总书记指出:"牢固的核心价值观,都有其固有的根本。抛弃传统、丢掉根本，就等于割断了自己的精神命脉。"中国传统文化中的优秀成分是培育和弘扬社会主义核心价值观的根基，践行社会主义核心价值观的伟大实践也赋予了中国传统文化新的生命力与时代内涵。

礼仪是国民日常行为的规范与准则。中国是礼仪之邦，然而，自近代以来，中国经历了一段山河破碎、硝烟弥漫的历史，中国传统文化受到了强烈冲击。随着西方礼仪的强势进入，中国传统礼仪文化一度从主流中淡出，中国人民在社会生活中对传统的礼仪传承与使用越来越少。

礼仪展现人格、影响国格。顺应社会经济转型发展新需求，实现中国传统礼仪文化的创造性转化和创新性发展，使其融入社会主义核心价值观，更好服务于文化强国建设与中华民族伟大复兴，是当前亟须关注的重要命题。社会主义核心价值观基本内容——"富强、民主、文明、和谐，自由、平等、公正、法治，爱国、敬业、诚信、友善"分别从国家价值目标、社会价值取向与公民价值准则三个维度刻画了国家发展目标与国民行为规范，将中国传统礼仪文化融入社会主义核心价值观应着重从以下三方面下功夫。

在国家层面，以社会主义核心价值观为指导，秉持扬弃原则，深入发掘中国传统礼仪文化的合理内核与现实价值。由于中国传统礼仪文化根植于历史土壤之中，因此难免有尊卑等级观念与封建迷信色彩等消极因素，须进行"去粗取精、去伪存真"的提炼；又由于中国传统礼仪文化主要停留在民俗文化、道德文化、政治文化层面，将其提高到价值观层面，因此须进行"由此及彼、由表及里"的逻辑梳理。由此可见，在新时代，应通过挖掘和阐发中国传统礼仪文化的价值取向，提炼其跨越时光、具有永久魅力的内涵，将其与社会主义核心价值体系中的"富强、民主、文明、和谐"相结合，大力推进中国传统礼仪文化的分类梳理与标准建设工作，制定国家礼仪规程；通过强化教育引导、舆论宣传、文化熏陶、实践养成与制度保障等，推动中国传统礼仪文化的创造性转化和创新性发展。

在社会层面，以文化建设与文化生产为重要路径，营造敬礼、懂礼、守礼社会氛围，支持社会主义核心价值观的社会价值取向。习近平总书记指出，我们倡导的社会主义核心价值观，体现了古圣先贤的思想。中国传统礼仪文化是古圣先贤思想的形式表达。我们应挖掘其中包含的"自由、平等、公正、法治"思想，立足于我国现代礼仪发展现状和目标差异、不同群体的礼仪文化需求差异并加以补充、拓展与完善；提供多维度、多类型、差异化的方式方法，用以指导社会各界的礼仪实践；形成与社会主义核心价值观相契合的行为取向，用以规范公民社会行为，助推社会建设与管理。与此同时，将中国传统礼仪文化融入文化产业当中，通过文创产品开发、文化演艺、文化展览、文旅融合等多样化的文化业态与产品，实现中国传统礼仪文化的活化和经济化运用，满足人民日益增长的美好生活需要。

在公民层面，将礼仪教育纳入我国公民教育体系，在社会、学校和家庭中加强礼仪素质教育，积极提升公民爱国主义精神、敬业精神、诚信水平与友善程度。习近平总书记强调，在社会主义核心价值观中最深层、最根本、最永恒的是爱国主义。应将传统礼仪文化中的积极要素融入爱国主义教育实践，将礼遇国家、礼遇社会、礼遇公民作为爱国主义的基本要求，提升践行社会主义核心价值观的参与性与体验感；通过完善市民公约、乡规民约、学生守则等行为准则，规范公民的社会行为，对不符合礼仪规范的行为进行调整，培育健康向上的生活方式，构建和谐包容的社会氛围；把"礼"作为重要内容纳入模范评选表彰、文明城市评比等实践活动中，以礼促文明，继而丰富礼仪文化的表现形式与时代内涵，使礼仪文化和社会行为规范互促融合，使社会主义核心价值观真正落到实处。

（作者系长沙理工大学副校长，教授，湖南省公民礼仪素质研究基地首席专家蒋璟萍）

资料来源：https://baijiahao.baidu.com/s?id=1699511057622534316&wfr=spider&for=pc（2021-05-12）[2023-03-27].（有改动）

1.5 旅游服务礼仪的原则

1.5.1 平等尊重原则

孔子曰："礼者，敬人也。"《孟子·离娄章句下》中也有云："仁者爱人，有礼者敬人。爱人者，人恒爱之；敬人者，人恒敬之。"平等是人际交往的基础，尊重是礼仪的核心。在旅游服务过程中，旅游服务工作人员要自尊、自爱、维护自己的形象和人格，尊重客人的爱好、习俗，互谦互让，平等友好相待，和睦相处，不能依据客人的国籍、经济条件、受教育背景、外貌等区别对待，厚此薄彼。

1.5.2 严于律己原则

严于律己就是严格按照一定的道德标准和社交礼仪规范自己的言行举止。旅游服务工作人员要通过对礼仪知识的学习、对照和比较，自我约束，自我控制，发现自身的不足，提升自身素养和人际交往能力。

1.5.3 宽容他人原则

《论语·颜渊》中有云："己所不欲，勿施于人。"这也是人际交往中的重要原则。人应当以对待自身的行为为参照物来对待他人，待人接物之时切勿心胸狭窄，而应宽宏大量，宽恕待人。宽容他人原则的基本含义，是要求人们在人际交往中多体谅他人、理解他人，不要求全责备、斤斤计较。在旅游服务中，旅游服务工作人员要尊重客人的个人选择，不把自身的意见和经验强加于人，对于客人的不同行为要耐心宽容，多体谅和关怀客人。

1.5.4 入乡随俗原则

拓展视频 1-3

《礼记·曲礼上》中指出："入竟而问禁，入国而问俗，入门而问讳。"地域、民族、文化的不同，使各国、各地区、各民族的礼仪习俗也存在巨大的差别。入乡随俗，可以使双方在交往时对遵从何种礼仪规范有一个共同认可的标准，从而可以减少盲目性和无序性。面对"千里不同风，百里不同俗"的局面，旅游服务工作人员要将所在地区的文化背景、生活习惯、礼仪习俗等作为依据，适当地改变自己的礼仪习俗，这样才能更好地融入当地的社会和文化，更好地做好旅游服务工作。

1.5.5 诚实守信原则

诚实守信是友好交往的前提,也是人际交往的基本条件。旅游服务工作人员在人际交往中,务必诚心诚意、信守承诺、言行一致,不能虚情假意、表里不一。只有秉承诚实守信的原则,才能更好地被客人信任和接受。

1.5.6 谦恭适度原则

凡事过犹不及,在人际交往过程中,旅游服务工作人员一定要掌握好谦恭适度的原则。为了更好地与客人沟通和交流,旅游服务工作人员往往会十分热情,以期望客人能够更好地接受自己。但如果过度热情,就会给人过分谦卑之感,还有可能会打扰到客人。因此,要谦恭适度、把握分寸,做到恰到好处,既要让客人感受到热情和关怀,又要维护好旅游服务工作人员自身的自信和自尊。

1.6 旅游服务礼仪的功能

1.6.1 提高自身内在修养

礼仪是一种高尚而美好的行为,它教人取义、向善、向美,纠正人们不良的行为习惯,倡导人们按照礼仪规范去协调人际关系。学习礼仪可以强化旅游服务工作人员对自身的道德要求,使其遵纪守法、遵守社会公德。礼仪使旅游业中的规章制度、规范和道德具化为一些固定的行为模式,通过言行举止和人际交往表现出来,让旅游服务工作人员明白应该怎样做,不应该怎样做,哪些可以做,哪些不可以做。对于企业来说,市场竞争最终是人员素质的竞争,旅游服务工作人员的素质就是其个人修养的表现。旅游服务工作人员通过学习和运用礼仪,可使内心得到净化、情操得到陶冶、缺点得到匡正,从而使个人修养得以提高。

1.6.2 塑造个人和企业的良好形象

个人形象就是个人在公众印象中的总体反映和评价。旅游服务工作人员在与来自不同地域和不同行业的客人接触中,其仪容、仪表、仪态、谈吐和教养不仅反映个人形象,更代表着企业的形象。依据旅游服务工作人员的形象,往往能够推断出其所在企业的实力和信誉状况。良好的企业形象是企业的无形资产,可以为企业带来直接的经济效益。在激烈的市场竞争环境中,旅游服务工作人员通过热情真诚的商务接待、拜访、谈判、宴请等活动,可以为企业树立高效、讲信誉、易于交往、善待合作伙伴的形象。

1.6.3 建立和谐的人际交往关系

礼仪是一种人际交往方式，通过礼仪可以向他人表达尊敬、友善、真诚等感情。从心理学的角度讲，在初次交往中，由于双方之间还不是十分了解，因此会不可避免地对对方产生某种戒备心理和距离感。在初次交往中，真诚的微笑、热情的问候、得体的沟通等恰当的礼仪，能使对方感到温暖，进而获得对方的好感、信任，消除双方的心理隔阂，拉近双方的距离，促进建立和发展良好的人际关系。

1.6.4 促进社会文明发展

党的二十大报告指出，在新时代我们应该坚守中华文化立场，提炼展示中华文明的精神标识和文化精髓，加快构建中国话语和中国叙事体系，讲好中国故事、传播好中国声音，展现可信、可爱、可敬的中国形象。礼仪是中华优秀传统文化的重要组成部分，反映了社会的精神面貌和文明程度，同时也能提高人们的修养，规范人们的行为，形成一种具有约束力的道德力量。学习礼仪，能够促使人们自觉遵守公共秩序和社会规范，做到待人有礼，助人为乐，弘扬社会主义核心价值观，防止和减少各种丑恶现象的发生。旅游服务工作人员展现良好的礼仪，可以营造一个文明、和谐的工作环境，并端正自身行为、增强文明意识，进而促进整个社会文明程度的提高。

▶ 应用案例 1-2

哈尔滨旅游"火出圈" "花式宠客"成硬招牌

"这个冬天，哈尔滨火了。"

冻梨摆盘、甜豆腐脑、企鹅鸵鸟巡游、飞马踏冰、人造月亮、气垫大飞船、冰面热气球、冻梨咖啡……机场新增更衣室、广场增设温暖驿站、地铁推出免费摆渡、鄂伦春族人巡游中央大街，交响音乐会搬进商场，为中央大街地下通道铺防滑地毯等，在"南方小土豆""马铃薯公主""金土豆""广西砂糖橘"等社交网络热梗的加持下，哈尔滨凭借得天独厚的冰雪旅游资源和铺天盖地的"花式宠客"模式，在2024年元旦假期成功"火出圈"，让人们隔着屏幕都能感受到这份宾至如归的舒心。哈尔滨市文化广电和旅游局提供的数据显示，2024年元旦假期共计3天，哈尔滨市累计接待游客304.79万人次，实现旅游总收入近60亿元，游客接待量与旅游总收入达到历史峰值。

宠客，意味着以优化消费体验为关键点。在这些关于"尔滨"的热梗在社交平台上出现以前，围绕冰雪旅游，哈尔滨维护旅游市场秩序和游客合法权益由来已久。2023年11月，为打造冰雪旅游"无忧地"，哈尔滨相关部门就召开了全市冬季冰雪旅游"百日行动"推进会议暨旅游从业人员培训班。在哈尔滨冰雪大世界的"退票"风波中，该景区及时通过领导现场办公、及时退票、写致歉信、整改、提供伴手礼、不推诿扯皮的担当，获得了第一波好感，为哈尔滨的爆火奠定了基础。此后，有市民发视频称，旧的公交车站牌太破旧影响市容，担心游客看不清字。第二天，哈尔滨连夜撤掉了旧站牌，换上了全新站牌。

宠客，意味着以提升旅游服务质量为突破口。经过几十年的发展，旅游消费成为扩大内需的有效途径，也成为国民经济可持续发展的重要动力。旅游业是综合性服务业，业界有"100-1=0"的服务共识，服务质量的高低直接影响着游客的满意度。为满足激增的游客需求，除加班加点强化优质供给，哈尔滨通过直接补贴的方式，为各地游客创造宾至如归的体验。哈尔滨从推出免费往返的"地铁摆渡票""爱心车队"到增设游客温暖驿站，从提升餐饮和住宿行业服务质量到建立处置问题"不隔夜"机制，以真心换真心，用心宠客。不少网友表示，哈尔滨拿出了本地人都没有见过的大阵仗，这些服务也为哈尔滨赢得了赞誉。

更进一步说，宠客，助推旅游业高质量发展。在新的消费形势下，旅游消费市场的需求呈现品质化、丰富化、个性化、体验化等特征，对旅游供给和服务质量提出了更高要求。在旅游业的发展过程中，提升旅游服务质量，建立以游客为中心的质量评价体系，创新监管和服务手段，营造良性运营的市场环境，从品质消费视角持续提升游客消费体验；健全服务质量标准，在全行业形成基础性、统一性的服务要求，提升旅游业的服务水平；打造旅游消费品牌，构建以旅游服务质量为基础的品牌发展战略，培育旅游服务精品，充分发挥旅游服务品牌对旅游服务质量的带动作用，引导形成优质优价的旅游消费意识，促进旅游消费品质全面提升，助推旅游业高质量发展。

资料来源：https://baijiahao.baidu.com/s?id=1787237562702655016&wfr=spider&for=pc（2024-01-05）[2024-03-23].（有改动）

1.7　旅游服务工作人员的基本素质要求

旅游服务的对象来自天南海北、四面八方，因此旅游服务工作人员不仅要有过硬的文化知识、语言功底、组织能力和公关能力，还应具备较高的礼仪水平，这样才能使旅游服务工作尽善尽美。

1.7.1　具备良好的思想品德和职业道德

旅游服务工作人员首先应具有强烈的民族自尊心和个人自尊心，能将"全心全意为人民服务"的思想和"游客至上""服务至上"的服务宗旨紧密结合起来，热情地为海内外游客服务。同时，认真学习礼仪规范，并严格要求自己，树立高度的法治意识，以确保旅游服务工作顺利完成。

1.7.2　具有良好的工作态度

良好的工作态度主要表现在：不管在哪个工作岗位，平凡的或重要的，喜欢的或不喜欢的，都应尽心尽力、脚踏实地，对职责范围内的事不推脱、不拖拉，认真地完成每一项任务，这是对旅游服务工作人员的基本要求。对于旅游服务工作人员而言，良好的工作态度是其应具备的基本条件。

1.7.3　具有高雅、亲切、自然、和谐的仪态

旅游服务工作人员在做旅游服务工作时，要面带微笑、充满自信，具体要求如下。
（1）"站如松，行如风"，应给人以挺拔、优美的感觉，而不是疲软、精神不饱满的印象。

（2）眼神应保持坦然、和善、亲切，以促进人际关系的和谐。"眼睛是心灵的窗户"，从眼神交流中，游客可以感受到旅游服务工作人员的个人修养、职业修养、工作态度等。因此旅游服务工作人员应合理、恰当地运用眼神，以帮助自己表达情感、促进沟通。

（3）手势要自然、得体、到位、有力。手势除了在人际沟通时能辅助语言表达一定的思想内容，还能表现出旅游服务工作人员的职业素质与修养。手势美是一种动态美，在工作中或交际中，要适当运用手势辅助语言传情达意，为交际增辉。

1.7.4 具有丰富的文化知识和较强的语言表达能力

旅游服务是知识密集型、高智能的工作，导游的工作更是如此。游客总希望他们的导游是一位"万事通"，因此，作为一名导游，不仅知识面要广，而且能把各种知识融会贯通，这样才能在更大程度上满足游客的要求。

旅游服务工作人员每天和形形色色的人打交道，每一件工作的完成、每一件事情的处理都必须以语言为沟通媒介，因此是否具备语言修养是检验旅游服务工作人员专业素质高低的一个重要标准。事实证明语言能力强的旅游服务工作人员常常可以在工作中从容应对、游刃有余，让游客满意甚至赏识，可以说在某种程度上旅游服务工作人员职业素养的高低取决于其语言素养的高低。

1.7.5 熟悉旅游业务，具有组织接待能力

拓展视频 1-4

旅游服务工作人员要有扎实的业务基础，能够认真履行自身的职责，在服务时间内、工作范围内尽一切可能为游客提供尽善尽美的服务。旅游服务工作人员要具有协调能力，具有合理安排、组织接待活动的能力，讲究方式、方法并及时掌握不断变化着的客观情况，灵活地采取相应措施，临危不惧，遇事不乱，有高度的责任感和较强的独立工作能力，以保证旅游服务工作的顺利完成。

近年来，旅游服务工作的标准越来越高、难度越来越大，旅游业正面临着更为严峻的挑战。每一位爱岗敬业、热心为游客服务的旅游服务工作人员，都应该把服务无止境和人生追求无止境结合起来，面对竞争与时俱进，不断超越自己，不断取得新的成绩。

1.8 旅游服务礼仪的学习方法

1.8.1 提升内在修养

礼仪是一个人道德品质、文化素养、内在修养与审美品位的集中反映。礼仪与个人的内在修养密不可分，一个人的内在修养水平直接影响甚至决定其礼仪水平。礼仪水平的高低可以反映一个人内在修养水平的高低，而内在修养水平的高低决定着一个人能否在礼仪方面达到较高的造诣。因此，旅游服务工作人员想要有较高的礼仪水平，必须提高内在修养，因为这样才能对礼仪有深刻的理解，从而自觉地展示出较高的礼仪水平。

1.8.2 增强文化底蕴

礼仪涉及多个学科，涵盖的知识面十分宽广，要想学好礼仪、学懂礼仪、学透礼仪，必须持续地进行学习。只有储备大量的知识，才能真正理解礼仪及其核心——尊重，否则，对礼仪的理解只会停留在表面。旅游服务工作人员运用礼仪的场合较多，经常会接触来自不同国家、不同民族的游客，只有具备渊博的文化知识，了解不同场合的礼仪规范，掌握不同国家、不同民族的礼仪禁忌，才能在不同的场合或者面对不同游客时，恰当自如地运用礼仪。因此，要提高礼仪素养，旅游服务工作人员还必须努力学习文化知识，增强文化底蕴。

1.8.3 提高审美能力

礼仪是外在美和内在美的综合统一。得体优雅的服饰打扮、言行举止、待人接物是一种美，能够给人带来美的享受。旅游服务工作人员在服务过程中，不仅要学会如何打造自身良好的职业形象，提升外在美，还要培养自身的人格之美。只有加强对美的认知，提高审美标准和审美能力，才能更好地做好旅游服务工作，展示礼仪的风貌和风采。

1.8.4 培养礼仪习惯

良好的行为习惯有助于人的职业发展，而不良的生活习惯会损害自己的健康与形象，对个人起到负面作用。旅游服务工作人员要按照礼仪规范和要求，养成良好的礼仪习惯，并进行长期的练习，把学到的礼仪知识在生活中不断加以实践，把礼仪规范变成自身个性中的稳定成分，使其成为个人的行为模式，最终形成习惯，才能在各种交际场合中自然而然地遵守礼仪要求，自觉地表现出较高的礼仪素养。

本 章 小 结

本章主要介绍了礼仪的产生、发展，明确讲述了礼仪、礼貌、礼节、仪表和仪式的概念，并介绍了中外礼仪的起源、发展，强调了作为旅游服务工作人员学习礼仪的重要性和意义，阐述了礼仪的特点，指出了旅游服务礼仪的原则、功能、学习方法及旅游服务工作人员的基本素质要求。

复习思考题

一、判断题

1．《仪礼》《周礼》和《礼记》，合称"三礼"。（　　）
2．礼仪需要顺应时代的发展趋势，随之发生改变。（　　）

3. 礼仪的差异性要求我们在社交活动中，既要注意各国家、地区、民族文化的共同之处，又要谨慎地处理相互之间的文化差异及身份差异。（   ）

4. 现代国际上通行的外交礼仪，大部分都源自中国古代的礼仪。（   ）

5. 一个无礼的人自然会受到法律的制裁。（   ）

6. 得体优雅的服饰打扮、言行举止、待人接物是一种美，能够给人带来美的享受。（   ）

二、简答题

1. 什么是礼貌、礼节、仪表、仪式？
2. 旅游服务礼仪有哪些特点？
3. 旅游服务工作人员应该如何学习礼仪？

实 训 项 目

一、教师提出问题："你认为礼仪是从什么时候开始萌芽的？请举例说明，封建社会礼仪体现在哪些方面。"

1. 步骤和要求：学生5人一组，进行问题讨论；每组汇报讨论成果，教师进行点评。
2. 实训地点：教室。
3. 实训课时：0.5课时。

二、教师提出问题"举例说明现代礼仪和传统礼仪的区别。""你知道哪些关于东方礼仪的差异？"

1. 步骤和要求：学生5人一组，进行问题讨论；每组汇报讨论成果，教师进行点评。
2. 实训地点：教室。
3. 实训课时：0.5课时。

三、学生之间自测

1. 步骤和要求：将学生进行分组，每2人一组；要求每组学生依据旅游服务工作人员的基本素质要求互相评价，使对方认识到自己是否具备一名合格的旅游服务工作人员所应具备的素质，找出自己的不足，明确今后努力的方向；教师进行随机抽查，检查和验收讨论结果。
2. 实训地点：教室。
3. 实训课时：0.5课时。

拓 展 课 堂

北京冬奥会颁奖礼仪志愿者
用最美姿态呈现运动员高光时刻 展现中国青年的风采

在北京冬奥会的颁奖广场上，有一群身着中国传统颁奖服饰的礼仪志愿者们，他们的一颦一笑、一步一动都是经过严格训练的。用礼仪志愿者们的话说，他们要用最美的姿态呈现运动员的高光时刻，展现中国青年的形象和风采。在张家口颁奖广场，每天傍晚六点是礼仪志愿者们最忙的时候。虽然在颁奖仪式上，他们要戴着口罩，但女性礼仪志愿者们化起妆来非常用心，保证妆容的精致、漂亮，男性礼仪志愿者们也着装整洁，大方自信。礼仪志愿者们的服装主题是"唐花飞雪",既有雪花元素,也充满着浓浓的中国风。最多的时候,他们一天晚上要保障五场颁奖仪式顺利完成。虽然每一场只有短短的九分钟,但在张家口寒冷的天气里,他们每天下午都要对当天的颁奖仪式进行细致的走位训练。张家口颁奖广场一共有26名礼仪志愿者,他们大部分来自北京和河北的高校。在保障颁奖仪式顺利完成的同时,他们还利用自己的特长,给颁奖嘉宾书写书法送"福"字,教获奖运动员说中国话,尽自己所能传播中国文化。

北京冬奥会能让全世界看到中国人的精神面貌,看到东方的优雅。礼仪志愿者们端庄、美丽、大方地走向奖台,展示出东方之美。由于新冠疫情的影响,礼仪志愿者们在执行任务时需佩戴口罩,因此礼仪志愿者的眼部以下至嘴部的位置会被遮挡住,那么如何让运动员和观众感受到礼仪志愿者的笑容呢?这就要求礼仪志愿者即使戴口罩也需要保持笑容,通过眼神传达高兴和祝贺的情绪。对着镜子练习笑容,成为礼仪志愿者们每天的"必修课",甚至要让笑容贯穿训练的始终。

拓展视频 1-5

资料来源:根据相关网络资料整理。

课 后 阅 读

网络时代,社交有了新礼仪

"现如今,要证明自己在笑,真的需要好努力。"不少网友这样感慨。的确,在网络社交环境中,许多词语表达有了特殊的含义。就拿"笑"来讲,在网络社交中,有且不局限于以下几种引申义:"哈哈哈"表示"好无聊","呵呵"则表示"懒得理你"……这些"潜规则"引起了很多网友的共鸣,为此,还有人特意整理发布了《新世纪社交礼仪》,让不少网友无比赞同。这种社交平台上的礼仪被专家称为"泛社交",其发展变化会对网友们的社交心理和社交模式产生更深层次的影响。

一、重构社交礼仪

很多时候,多打一个字,会产生完全不同的效果。比如,"好"表示"我同意了","好哒"表示"我开心地同意了";"嗯"代表"我知道了","嗯呐"则意味着"我愉快地知道了"。在网络社交中,词语被重新定义,礼仪被重新构建。以前普遍遵循的礼貌和规范,在使用的过程中被人们有意或无意地添加了新含义。《新世纪社交礼仪》从词语、标点、表情包等使用方面总结了在网络社交中,哪些话不该说、哪些事情不该做、如何避免尴尬,重新界定了人与人交往的规则和界限。比如,"我去吃饭了"的意思是"这个话题聊得差不多了,我觉得已经稍显尴尬了"。再比如,一句话结尾加句号会显得很生硬,可以选择用"~"、表情符号或者什么都不加来代替。而使用表情包,则是化解尴尬的绝佳办法。

一方面,网络社交也在影响着人与人的交流方式,改变着社交规则。比如,打语音电话时,应先与对方确认是否方便通话;朋友圈若有多条评论,有共同好友的,都要回复;不回别人微信前最好不要向朋友圈发其他信息……另一方面,从前被认为是没礼貌的举动,因为时代的变化,也变得可以被接受。比如,辅以表情可以轻松地表达拒绝,网络聊天可以随时开始和结束,没有正式的招呼和再见,这在网络聊天中就是常态。

其实,不管是在现实社交中还是在网络社交中,每个人心中都有一套不断更新着的规则和界限,而我们,需要在这些变化中彼此触碰,了解什么可以做,什么不可以做,共同遵守大家所认同的社交礼仪。

二、拓展社交边界

有心理专家认为,当对方向你说了很多话,你却只有"嗯""哦"等回复时,可以说这是冷暴力行为。这也在一定程度上解释了在网络社交中"一字之差,语义相差万里"的原因。社交媒体对我们的影响不再是技术性的,它也在不断地改变我们的社交行为,拓展我们的社交边界。英国牛津大学的人类学家邓巴在20世纪90年代提出了"150定律",该定律根据猿猴的智力推断出:人类智力将允许个人拥有稳定社交网络的人数是148人,四舍五入大约是150人。而网络社交的应用,极大地提高了这一数字。一家社会关系调查研究机构通过对QQ和微信的对比分析发现,我们曾经在QQ上约陌生人一起玩游戏、聊天,但是微信从开始起步就定位于熟人社交,陌生人进不了朋友圈。发展到今天,微信朋友圈扩大了,很多人的微信好友从熟人往"半熟人区域"甚至"三分熟""一分熟"延展,这是网络社交圈扩大的必然趋势。然而,近期微信也在不断推出更新版本,对网络好友加以区分。早前发布的版本中,用户可以设置允许朋友查看朋友圈的范围增加到了三种选项:"最近3天""最近半年"和"全部",曾引起一片哗然。而微信近期推出的最新版本,"批量管理不常联系好友"功能正在"灰度"上线中。使用这一功能,可以批量管理半年内无单聊、无共同小群、没有回复过朋友圈的微信好友。有网友尝试这个功能后发现,微信中60%的好友竟然都成了陌路。

三、影响社交行为

网络社交礼仪的形成有其特殊的社交环境。随着网络在人们生活中的延伸,人类的基本社交需求都可以通过网络满足,这就催生了一系列新的社会现象。麻省理工学院教授特克尔在其著作《群体性孤独》中描述了当下常见的一种现象:我们为了连接而牺牲了对话;家人在一起,不是交心,而是各自看电脑和手机;朋友聚会,不是叙旧,而是拼命刷新社交网络;课堂上,老师在讲,学生偷偷在网上聊天;会议中,别人在作报告,听众在收发信息……她把所有这些现象都可以归结为"群体性孤独",人们更乐于通过社交网站连线到其他人,我们对技术寄予厚望,对身边的人却视若无睹。从一方面来讲,早在网络兴起之初的1998年,在《美国心理学家》期刊上发表的一篇文章称,经研究发现,网络的使用对被试者产生了许多不利的影响。比如,缩小了他们的社交圈,减少了他们与家庭的交流,增加了个体的孤独与抑郁水平。在网络上维系友谊也有不少风险。澳大利亚塔斯马尼亚大学的心理学家格里夫指出:"受电子通信的本质所限,人际交往中的种种细微之处可能在网络上遗失。本来在喝咖啡时和朋友随口说的一句话,就算朋友误解也能当面及时澄清。可是一旦到了网络上,那句话就会永远存在下去,许多人都会看到并产生误会。"从另一方面来讲,网络对维持"弱人脉"很有效。有学者发现,网络扩展了我们的社交圈,原本那些分开之后不会再保持联系的所谓"弱人脉",现在也可以通过网络保持联系。

资料来源:王萌. 网络时代,社交有了新礼仪[N]. 人民日报海外版,2017-09-27(8).

第2章
职业形象设计

教学要点

知识要点	学习程度	相关知识
职业形象设计的内涵和原则	了解	认识职业形象设计的内涵，理解不同职业和岗位对形象的要求，了解职业形象设计的原则
仪容礼仪	了解	了解面容修饰、化妆修饰、发部修饰和其他肢体部位修饰的基本程序及要点
着装的基本原则	熟悉	熟悉TPO原则、协调性原则、整洁性原则、文雅性原则的具体内容，并在日常生活中注重实践
女士、男士的着装礼仪	掌握	分别明确女士与男士的着装礼仪，根据不同的体型和场合选择适合的服饰，掌握旅游服务工作人员的着装礼仪
饰品礼仪	熟悉	区分不同饰品，不同场合下饰品搭配的注意事项和禁忌

技能要点

技能要点	学习程度	应用方向
仪容修饰	了解	做到"化妆上岗"和"淡妆上岗"
制服礼仪规范	掌握	女士套裙的选择、选配和正确穿法，男士西服的选择、选配和正确穿法，以及配饰的辅助
男士、女士的职业形象设计差异	了解	了解男士、女士的仪容礼仪、着装礼仪、饰品礼仪差异，并能在生活和服务工作中打造适合自己的职业形象

> 导入案例

首个《民航客舱乘务员职业形象规范》正式发布

2021年5月17日,由中国航空运输协会编制的《民航客舱乘务员职业形象规范》正式发布,这是中国民航业首个关于乘务员职业形象的团体标准,被认为将进一步助力提升整个行业的知名度、美誉度及社会公众对该行业的信赖度。

自1955年至今,中国的民航客舱乘务员队伍经历了从无到有、从小到大的发展历程,从"十八姐妹"到今天的10万民航客舱乘务员,民航客舱乘务员服务着广大的国内外旅客,职业形象也在日益提升,展现了"真情服务""民航形象"。《民航客舱乘务员职业形象规范》是民航客舱乘务员职业形象管理工作的规范,旨在为民航客舱乘务员职业形象提供基础性和通用性规范,为促进中国的民航客舱乘务员队伍整体建设,强化队伍"真情服务"意识,"立足小客舱,服务大世界",为提升民航客舱乘务员职业形象和促进客舱安全做出努力。

相关负责人介绍,职业形象是指在公众面前树立的专业形象,民航客舱乘务员的职业形象不仅代表民航企业的形象,也是民航行业形象的重要组成部分。民航客舱乘务员的职业形象规范上升到行业层面的团体标准尚属首次,在世界范围内也处于领先水平。这一标准关注客舱安全的同时,贯彻落实了"真情服务"理念,为民航企业制定客舱乘务员职业形象标准提供依据和规范,也为相关院校在培训客舱乘务员方面提供了重要参考,对其他服务行业的职业形象建设也具有一定的借鉴意义。

该规范有很多民航特色的要求,如民航客舱服务具有安全限制、特情限制和空间限制,因此制服剪裁应合体,套装穿着以方便客舱乘务员工作为主,以最大限度地降低不安全因素;在进入候机楼隔离区域或上下飞机时,应规范佩戴空勤登机证;着制服期间不应喧哗打闹等。该规范还有很多符合时代要求的新内容,如做好自媒体管控,不泄露旅客隐私;仅在工作值勤期间穿着制服,不穿着制服乘坐公共交通工具或进行私人活动等。图2.1和图2.2分别为中国东航乘务组与中国南航乘务组女客舱乘务员的制服。

图2.1 中国东航乘务组

图2.2 中国南航乘务组

资料来源:https://www.sohu.com/a/468537801_699029(2021-05-25)[2023-03-28].(有改动)

拓展视频 2-1

党的二十大报告提出:"全面建设社会主义现代化国家,必须坚持中国特色社会主义文化发展道路,增强文化自信,围绕举旗帜、聚民心、育新人、兴文化、展形象建设社会主义文化强国。"在当前中国展示文化自信、增强文化软实力的背景下,我们提升个人的仪容仪表礼仪,不仅帮助我们自己修身养性,塑造个人形象,更是助力我们中华民族在国际舞台展示中国的光辉形象。

2.1 职业形象设计的内涵和原则

2.1.1 职业形象设计的内涵

形象是个人的精神面貌、性格特征等的具体表现,并以此引起他人的思想或感情活动。每个人都通过自己的形象让他人认识自己,而他人也会通过形象对你做出认可或不认可的判断。职业形象设计就是将从业者的个人形象职业化,把职业的构成元素、养成方法和设计理念等进行整合,系统性地从职业气质、职业素养等方面设计出从业者的整体形象,以期达到职业的要求,进而辅助其职业发展,展示从业者的特点,助力职场成功。这对旅游服务工作人员而言是至关重要的。

2.1.2 职业形象设计的原则

1. 保持整洁

整洁是职业形象设计的首要条件,也是最好的修饰。无论男士还是女士,在生活中都应保持干净清新的形象,讲究个人卫生;在工作中,按照相关职业和岗位要求,在保持个人卫生的前提下,进行适当修饰打扮,做到精神焕发,热情而富有朝气。

2. 强调和谐

职业形象设计是一种整体的美的设计,无法与周围环境割裂开来。真正懂得美的人,就会综合考虑自身的相貌、身材、职业,使其与所处环境相称,这样才有可能塑造出美的形象。

3. 崇尚自然

奇装异服的装扮,会使人觉得刺眼,令人反感,也会破坏人的自然美。"清水出芙蓉,天然去雕饰"是人们注重自然美的表现。但应注意,自然大方绝不等同于过分随便、不修边幅。

4. 注重修养

真正的美,应该是个人修养的自然流露。要想有好的形象,要想在人际交往中给人以良好的印象,就必须从文明礼貌、文化修养、道德情操、知识才能等方面来不断提高个人修养。

2.2 旅游服务工作人员的仪容礼仪

在旅游服务中,旅游服务工作人员的个人仪容是最受游客重视的。旅游服务实践证明,当游客选择旅游企业时,旅游服务工作人员的个人仪容会对其产生重要的心理影响。如果旅游服务工作人员容貌端庄、秀丽,看上去赏心悦目,往往就会给游客留下好印象,甚至有可能增进其进一步消费的欲望。反之，则很可能令游客望而却步。旅游业虽然不必要求每一位旅游服务工作人员都是俊男靓女，但至少其应当做到整洁、自然、优雅、得体等。

2.2.1 面容修饰

面容是仪容之首，是在旅游服务中游客所关注的重点。整洁、简约、端庄、大方是面容修饰的基本礼仪要求。面容修饰有以下 4 点原则。

1．洁净

旅游服务工作人员在进行面容修饰时首先必须关注面容洁净问题。面容洁净的标准是使之无灰尘、无泥垢、无汗渍，即无一切被人们视为不洁之物的杂质。

2．卫生

旅游服务工作人员在进行面容修饰时要注意自己面部的健康状况。旅游服务工作人员的面部一旦出现了明显的过敏症状，或是长出了痱子、痤疮、疱疹等，务必及时前去医院求治，切勿任其自然发展或自行处理。

3．美化

在面容修饰时，一方面要突出面容上最美的部分，使其更加美丽动人；另一方面要掩盖或矫正缺陷或不足的部分。

4．自然

自然是指旅游服务工作人员要特别注意自己的面容是否呆板、另类。一定要牢记，面容的修饰不仅讲究美观，还要合乎常情。任何标新立异、追求前卫的修饰风格都与旅游服务工作人员的身份不符，不应尝试。

2.2.2 化妆修饰

化妆是为了对自己面容上的某种缺陷加以弥补，以期扬长避短，使自己更加美丽，更为光彩照人。适度得体的妆容可以展现个人风采，礼敬他人。化妆是一门技术，也是一门艺术，"美丽自然""妆成若有无"是化妆的精髓。女士面部化妆的操作要求和步骤具体请见表 2-1 和图 2.3。

表 2-1 女士面部化妆的操作要求和步骤

步骤	目的	操作要求	注意事项
1.清洁面部	通过清洁使皮肤尽可能处于干净的状态	先清洗干净手部；使用洗面奶或去角质洁面膏，在面部打圈按摩；用水将面部冲洗干净	根据不同的面部肤质选择洁面产品，避免面部油水不平衡；最好温水洁面
2.打粉底	调整面部肤色使之柔和美化	选择粉底；用粉扑或化妆刷取适量粉底，细致均匀地涂抹	粉底与肤色的色差不宜过大；一定要在脖子部位打上粉底，以免脖子与面部的色差太大

续表

步骤	目的	操作要求	注意事项
3.描眉形	突出或改善个人眉形以烘托容貌	修眉,拔除杂乱无序的眉毛;逐根对眉毛进行描眉形	眉形要具有立体感;注意两头淡、中间浓,上边浅、下边深
4.画眼影	强化面部立体感,使双眼明亮传神	选择适合个人肤色的眼影;由浅入深,突出眼影的层次感	眼影色彩不宜过分鲜艳;工作妆应选择浅咖啡色的眼影
5.画眼线	使眼睛生动有神并更富有光泽	笔法先粗后细,由浓而浅;上眼线由内眼角向外眼角画,下眼线由外眼角向内眼角画	一气呵成,生动而不呆板;上下眼线不可在眼角处交会
6.涂睫毛膏	使眼睛大而有神	打开睫毛膏,将睫毛膏慢慢拉出来,在开口处旋转一下将多余的睫毛膏去掉;从睫毛根部由内往外涂睫毛膏	打开睫毛膏时,不要将睫毛刷直接拉出来;涂睫毛膏不要从睫毛中间开始涂;涂睫毛膏时尽量上、下睫毛都涂到
7.上腮红	使面颊更加红润,轮廓更加优美,显示健康活力	选择适宜的腮红;延展晕染腮红;扑粉定妆	使腮红与眼影或口红属于同一色系;腮红与面部肤色应过渡自然
8.画口红	改变不理想唇色,使双唇更加红润	以唇线笔描好唇形;涂好口红;用纸巾擦去多余的口红	先描上唇,后描下唇,从左右两侧沿唇部轮廓向中间画;描完后检查一下牙齿上是否有口红的痕迹
9.喷香水	掩盖不雅体味,使之清新宜人	选择适宜的香水类型;喷涂于腕部、耳后、颌下,膝后等适当之处	切勿过量使用;香水应选气味淡雅清新型

(a) 清洁面部　　(b) 打粉底　　(c) 描眉形

(d) 画眼影　(e) 画眼线　(f) 涂睫毛膏　(g) 上腮红　(h) 画口红　(i) 喷香水

图2.3　女士面部化妆的步骤

2.2.3 化妆的礼规

1．勿当众化妆

化妆，应在无人之处，或是在专用的化妆间进行。当众化妆，有卖弄、表演或吸引异性之嫌，还可能令人觉得身份可疑。

2．勿在异性面前化妆

一般而言，请不要在异性面前化妆。对关系亲密者而言，这样做会使其发现自己素面朝天的样子；对关系普通者而言，这样做不是很雅观。无论如何，都会使自己的形象失色。

3．勿使化妆妨碍他人

有人将自己的妆化得过浓、过重，香气四溢，令人窒息。此种"过量"的化妆，实际上就是对他人的妨碍。

4．勿使妆面出现残缺

若妆面出现残缺，应及时避人补妆。若不及时补妆，往往会让人觉得自己仪容不整，有损形象。

5．勿借他人化妆品

众所周知，借用他人的化妆品很不卫生，故应予以避免。

6．勿评论他人的妆容

化妆纯系个人之事，因此对他人的妆容不应自以为是地加以评论。

2.2.4 旅游服务工作人员化妆的注意事项

化妆能起到修饰面容的作用，但也需要掌握相关的要求和常识，否则就可能产生适得其反的不良效果。旅游服务工作人员在化妆时有以下3点注意事项。

1．少而精

化妆要少而精。强调和突出自身具有的自然美部分，减弱或掩盖面容上的缺陷，一般以淡妆为宜，避免使用气味浓烈的化妆品。餐厅服务工作人员不能涂抹指甲油。

2．讲究科学性

对于任何一种化妆品，都要先了解其成分、特点、功效，然后根据自己皮肤的特点，合理地选择使用，这样既起到了美容的作用，又能避免化妆品对皮肤的伤害。

3．化妆上岗，淡妆上岗

"化妆上岗"即旅游服务工作人员在上岗之前，应当根据岗位及旅游服务礼仪的要求进行化妆；"淡妆上岗"则是要求旅游服务工作人员上岗时的妆容，应以淡雅为主要风格。

实训操作 2-1

我们一起来化妆

部分在校学生没有化妆的经验，组织学生进行一次化妆实训，可以帮助学生掌握面容修饰和化妆的礼仪要求。根据旅游服务工作人员的职业特点，借助此次实训，也鼓励学生在学校和院系活动中尝试着淡妆，更好地展现自己。

在上课之前，请学生做好相关的训练准备。第一，男生女生分开组队，5人一组，进行讨论分享；第二，实训前准备好所需化妆基本用品，包括粉底、眉笔、睫毛膏、口红或唇彩、眼影、眼线笔、腮红（可自行加化妆水、上妆气垫、隔离霜等）；第三，实训地点可以选择在教室或礼仪实训室，一组学生围坐在一起，便于大家互相讨论、建议。

开始化妆实训后，教师要管理好课堂，注意训练步骤。第一步，介绍一下各种类型的化妆品，并阐述化妆的步骤，男生和女生的化妆要点；第二步，教师选择一位男生和一位女生，进行一定的化妆演示，说明日常化妆的要领；第三步，让学生尝试开始化妆，教师注意指导；第四步，给学生20分钟的时间进行自我化妆修饰，先让学生进行讨论和自我评价，然后教师对实训结果进行评讲。

借助此次实训活动，充分发挥学生的积极性，可以让学生分组上台进行展示，台下的学生根据所学理论知识和实践对展示的学生进行点评，以加深理论知识印象并能够真正将理论与实践结合在一起。

2.2.5 发部修饰

头发是人们脸面之中的脸面，良好的发型可使人仪表端庄，显得彬彬有礼。旅游服务工作人员的头发要清洁、整齐、柔软、光亮，要根据自己的脸型、体型、年龄、发质、气质选择与职业和个性相配合的发型，以增强人体的整体美。发部修饰不应被忽略，它也非常重要。

1．发部的整洁

头发要勤于清洗，每周至少要清洗两到三次。在下述情况中应自觉梳理自己的头发：一是出门上班前；二是换装上岗前；三是摘下帽子时；四是下班回家时。梳理头发时还要注意：一是不宜当众进行，应避开外人；二是不宜直接用手，最好随身带一把梳子；三是要将头上、身上，特别是肩背衣服上的落发、头屑认真清理干净。任何人的头发都必须定期进行修剪，男士应半月左右剪一次头发，女士可根据个人情况而定，如果是短发型，则每次修剪间隔时间最长不应超过一个月。

2．发型的选择

发型的选择要与脸型、体型、年龄、职业、气质和谐统一。常见脸型有以下7种（图2.4）。

(a) 菱形脸　(b) 圆形脸　(c) 椭圆形脸　(d) 正三角形脸　(e) 长形脸　(f) 方形脸　(g) 倒三角形脸

图 2.4　常见脸型

(1) 菱形脸。

特点：比较立体，在镜头上比较容易讨巧，但现实生活并非镜头，菱形脸的人大多面部中段较宽、双颊凹陷，颧骨是面部最宽处，下巴较窄。

造型要点：宽颧骨是菱形脸最大的特点，可以利用较长的前发来修饰较宽的颧骨，前发分量要足，同时要避免在发型中修出纵长的线条或者直线条，最好是在侧面烫出发卷或波浪。宽颧骨会让人看起来生硬，而富有蓬松感的形状则会带来可爱的感觉，搭配一下会更好。

避免在头发中画出中分线，中分线会使菱形脸显得更加细长，更加生硬，要尽可能用稍长的刘海遮住额头，根据自己头发的流向在左侧或右侧做出偏分发线，斜向梳理，这样可使视线随着发丝的流向移向侧面，将菱形脸修饰得圆润一些。

(2) 圆形脸。

特点：脸颊会比较圆，下巴线条不够明显，颧骨区偏宽，腮红位置的脸颊丰满，下巴较短。

造型要点：圆形脸比较适合梳垂直向下的直发，这是因为卷发会增加脸两侧的体积，圆形脸便显得更圆，直发的纵向线条则会在视觉上减弱圆形脸的宽度，发型对圆形脸的修饰也体现在耳前的直发上，它可以达到修饰圆形脸的效果。要想破坏圆形脸的轮廓性，便要在改造其长度上想办法，让它看起来不再是圆的。最好的方法是让头发更丰盈，增加发顶的高度和饱满度，这样在视觉上可以将圆形脸拉长。

在发旋的相反一侧做出分发线的，可以增加发顶的高度，突出纵长的轮廓，从而修饰圆形脸。在刘海的位置注意做好分法，对圆形脸来说，偏分可以突出脸部的纵向线条，是最佳分法。

(3) 椭圆形脸。

椭圆形脸是大多数东方女性的标准脸型，其脸颊较为丰满，下巴虽细长，但比倒三角形脸的下巴圆润，看起来更具亲和力。

特点：是一种比较标准的脸型，可以适合很多发型，并能达到很和谐的效果。

造型要点：对于颧骨较明显的椭圆形脸，可把头发卷成或烫成波浪状；也可把头发修剪成半长发或短发，以突出成熟感；还可以剪短耳朵以下的头发，让碎发来点缀出古灵精怪的感觉。

脸盘儿较大、额头较宽的大椭圆形脸的人，可利用刘海来修饰额头部分，同样会给人一种清爽的感觉。

(4) 正三角形脸。

特点：形似梨，又称梨形脸。正三角形脸的特点是下颌骨凸显，头顶及额头偏窄，额头鬓发较长，下颌部较宽。

造型要点：刘海可削成垂下的薄薄一层，额头被遮住又有隐约闪现，可以使窄额头在视觉上不那么明显；不宜留长直发。

如果不喜欢短发的话，应首先把窄瘦的额头用刘海掩饰起来，再留齐肩的中长发，避免将头发中分。但齐刘海是禁忌，因为这样露出的是全脸中最没有优点的部分，并且整齐且看不见额头的齐刘海会使正三角形脸显得很沉闷。

（5）长形脸。

特点：长形脸相较于别的脸型纵向距离长，横向距离又短，且额头较宽。

造型要点：齐刘海可以修饰额头，但要将齐刘海吹出一个完美的弯度，才能让脸型线条看上去更饱满，服帖且丰盈的秀发让脸部线条圆滑。将刘海的长度剪短，并且做一些纹理丰富的造型，然后做出两侧蓬松卷曲的头发，突出强调下颌的蓬松发卷，可以让长形脸更加圆润。

长形脸最忌讳在脸部有过多的垂直线条，打理时要制造出自然的线条，避免往上延伸，在两侧的头发要做出微微的弯度，制造出蓬松的效果，这样才能增加亲切感。

（6）方形脸。

特色：方形脸也称"国字脸"，这种脸型头围较长，双颊偏丰满，整体上看脸型较宽，腮骨明显与额头宽度近似，下巴又比较短。

造型要点：方形脸可以利用大侧分流海和左右不等长的轮廓，制造出不对称的重量感，这样可以破除方形形状，也能使脸型更加立体，腮骨处则以内弯的发束来修饰脸型。在形状上减少棱角感，塑造圆润的外形轮廓。

刘海要侧分，让线条柔和一些。别剪太短的头发，要侧分并长过腮帮，这样会使方形脸变得柔和。侧分头发可偏向漂亮的一侧脸，将头发尽量往一侧梳，造就不平衡感，可缓解方形脸的缺陷。

（7）倒三角形脸。

特点：倒三角形脸的长度较宽度更为明显，下巴较尖，头围比较宽，容易给人严肃感。

造型要点：可以修剪出短且宽的圆润刘海，以突出头部的纵深感，使头部两侧突出的部分不至于过分明显。做出纵长轮廓的同时，剪短颈部头发，突出秀气的尖下巴，塑造俏皮可爱的形象。

脸部周围如果是直发，就会更加突出长长的脸型和尖尖的下巴。因此用圆润的曲线将脸部包围起来，使整体轮廓呈椭圆形。

3. 发型选择的注意事项

（1）长短适度。

对旅游服务工作人员而言，女士的头发一般不应长于肩部，如果长于肩部，最好要在上岗之前将头发盘起来、束起来或编起来，或是置于工作帽之内，绝不可以披头散发。男士的头发，应前发不过额头、后发不及领口、两侧不遮挡耳朵。

（2）风格庄重。

旅游服务工作人员通常不宜使自己的发型过分时髦，尤其不要为了标新立异而有意选择新潮前卫的发型。

（3）发型应与脸型协调。

发型的好坏，关键在于与人的脸型是否匹配。例如，圆形脸的人应避免齐耳的内卷式发型，可采用直发或轻柔的大波浪，将头发分层削剪，使脸颊旁的头发紧贴，盖住脸颊，或将头前部或顶部的头发吹高，使脸部有延长的感觉。方形脸要尽量用发型缩小脸部的宽度，脸颊两侧的头发要尽量垂直，使头部形态显得清秀一些。

（4）发型应与体型、年龄协调。

发型的选择与体型、年龄相匹配，会增添个人魅力。就女士而言，体型高瘦的姑娘，宜选择较长的发型。体型矮胖的姑娘，则以有层次的短发为佳。年长者适宜的发型是大花型短发或盘发，给人以精神饱满、温婉可亲的印象。而年轻人适合选择活泼、简单、富有青春活力的发型。

（5）发型应与服饰协调。

发型必须根据服饰的变化而变化。例如女士穿着礼服时，可选择盘发或短发，以显得端庄、秀丽、典雅；穿着轻便服装时，可选择适合自己脸型的轻盈发式。

4．发部的美化

（1）护发。

护发的基本要求是：必须经常保持头发健康、秀美、干净、清爽、整齐的状态。要遵循"三不"原则，即"不能有味，不能凌乱，不能有头皮屑"。而要真正达到以上要求，就必须在头发的洗涤、梳理、养护等几个方面做到：长期坚持；选择好护发用品；采用正确的护发方法。

（2）染发。

一般不提倡旅游服务工作人员染发，但若有白发或杂色的头发，将其染成黑色，通常是有必要的。但若为追求时尚，将头发染成其他颜色，甚至染成多种颜色，一般是不太合适的。

（3）烫发。

经过修饰之后的头发，必须以庄重、简约、典雅、大方为主导风格。切忌将头发烫得过于复杂、华丽、美艳，以免在游客面前造成喧宾夺主的不良影响。

（4）发饰。

不管为自己选定了何种发型，旅游服务工作人员在工作岗位上都不允许在头发上滥加装饰之物。在一般情况下，不宜使用彩色发胶、发膏。男士不宜使用任何发饰。女士在有必要使用发卡、发绳、发带或发箍时，应使之朴实无华。其色彩宜为蓝、灰、棕、黑，并且不带任何花饰。绝不要在工作岗位上佩戴彩色、艳色或带有卡通、花卉图案的发饰。

实训操作2-2

不同发型的修饰

1．训练目的

（1）了解不同脸型适合的不同发型。

（2）了解不同体型适合的不同发型。

（3）梳理出精神大方的发型，掌握旅游服务工作中发型的修饰礼仪。

2．训练准备

（1）教师和学生一起对主要脸型所适合的发型进行小组讨论。最后总结，不同脸型适合的发型如下所述：菱形脸，可以做出偏分发线；圆形脸，应尽量从两侧鬓角向下拉长；椭圆形脸，可利用刘海修饰；正三角形脸，适合短发，头发尽量梳高，并覆盖前额和太阳穴；长形脸，可适当地用刘海遮盖前额，使脸看上去丰满些；方形脸，侧重于以圆破方，以发型来增长脸型；倒三角形脸，额角覆盖些长发，头发可在耳后散下。

（2）教师和学生一起对不同体型所适合的发型进行讨论。最后总结，不同体型适合的发型基本可以得出以下结论：高瘦型，比较适宜于留长发、直发，且要使发型显得厚实、有分量；高大型，以大方、简洁为基础，一般以直发或者大波浪卷发为宜；矮小型，以秀气、精致的发型为主，适宜短发和盘发；矮胖型，适合有生气的健康美，如运动式发型。

（3）各个小组进行梳理发型的实操练习。

3．训练步骤

（1）每个学生为自己设计出最合适的发型。

（2）学生互相帮助梳理发型。

（3）找出各自发型的优缺点。

4. 训练评价

（1）学生互相评价打分。

（2）教师给予点评。

2.2.6 其他肢体部位修饰

1．口部的修饰

坚持每天早晚刷牙，消除口腔异味，维护口腔卫生，是非常必要的。对牙齿应实行"三三"制护理法，每天漱洗三次牙床，每天叩齿三次，每天刷牙三次；要经常采用漱口水、牙线、洗牙器等方法保护牙齿；在重要应酬之前要忌烟、酒、葱、蒜、韭菜等。如果临时有社交活动，可以吃口香糖或者嚼一些茶叶，以清除口腔异味。

2．颈部修饰

颈部是人体中最容易显现一个人年龄的部位，平时要和脸部一样注意保养，保持颈部皮肤的清洁，并加强颈部运动与营养按摩，这样就会使颈部皮肤绷紧，光洁动人。颈部的营养按摩一般从20～25岁开始为宜，如果年龄增大，皮肤衰老，待出现皱纹以后再寻找消除妙法，恐怕会事倍功半。尽早预防，尽早护理，才能延缓颈部皮肤衰老。

3．手部修饰

"手部是人的第二张脸""手部是人的第二张名片"，手部也是能显露人体高雅气质的器官。手部的美体现在手指的外形、指甲的外形、皮肤的状况等方面。要经常保持手部的清洁，养成勤洗手部、勤剪指甲的良好习惯。在寒冷、干燥的季节，要及时使用护手霜或乳液，防止手部干裂粗糙。

旅游服务工作人员不宜留长指甲。若指甲过长，会给人一种手部不清爽的感觉。要经常修剪指甲，指甲的长度不应超过手指指尖。出于保护指甲的目的，允许旅游服务工作人员平时使用无色指甲油（餐饮服务工作人员除外）。但对于在指甲上绘画、刻字等行为，在服务岗位上是不适宜的。

4．脚部修饰

脚部虽然不是常年裸露在外的部位，但也一样要注意适时适度地保养与修饰。

一是做到"三勤"。对于脚部修饰的"三勤"，主要指勤洗脚部、勤换袜子、勤换鞋子。这是旅游服务工作人员做好脚部清洁的基本要求。

二是不要光脚。光脚穿鞋，虽然很舒服，但是让人感觉不太正式。因此，在上岗时，通常是不允许光脚穿鞋的，一定要穿上袜子，这既是出于自身美观的要求，也是在整体上塑造旅游服务工作人员的形象。

三是不要露脚趾和脚跟。旅游服务工作人员在选择鞋子时，不仅要注意尺寸，还必须特别注意鞋子最好不要露脚趾和脚跟，否则会给人一种过于散漫的感觉。

四是忌涂彩色指甲油。旅游服务工作人员要经常注意脚趾甲的修剪，但有人在修剪之后，为了追求时尚，往往把自己的脚趾甲涂成各种颜色，这在旅游业中一般是不被允许的。

5. 腿部修饰

在正式场合，男士的着装不允许暴露腿部，女士可以穿长裤、裙子，但不得穿短裤或是暴露大腿的超短裙。越是正式的场合，女士的裙子应该越长。在庄严、肃穆的场合，女士的裙长一般应在膝部以下。在非正式场合，特别是在休闲活动中，则无此规定。有些女士的汗毛过重，穿裙装时应适当清理。

6. 遮掩腋毛

成年人的腋窝里一般长着一丛又黑又浓的腋毛。从视觉上来讲，它很不美观。如有工作的特殊需要，旅游服务工作人员须穿着肩部外露的服装上岗服务时，则切记：此前最好剃去自己的腋毛。另外，如手臂或其他部位长有较为浓密的汗毛时，可以采取行之有效的方法将其去除，如使用脱毛剂等。

2.3 旅游服务工作人员的着装礼仪

英国著名作家莎士比亚曾说，一个人的着装就是其教养、品位、地位的最真实的写照。在一些重要场合，得体的着装是必不可少的，着装应用到位的话，会提升个人的形象。

拓展视频 2-2

1986年，当时在位的英国女王伊丽莎白二世访华时的着装给人们留下了深刻的印象。当伊丽莎白二世乘坐的专机徐徐降落在北京机场后，走出舱门的伊丽莎白二世高贵典雅的气质就引起了人们的关注，伊丽莎白二世一身艳红色的套裙，在阳光下显得非常绚丽、典雅。红色是中国人的文化图腾和精神皈依，中国红象征着热忱、奋进、团结的民族品格。伊丽莎白二世身着红色裙装，既体现了自己高贵的气质，也表现出尊重中国传统文化习俗的友好姿态。这就是着装礼仪的效果。

2.3.1 着装的基本原则

1. TPO 原则

TPO 原则是目前国际上公认的着装标准。遵循这一着装原则，才能更好地体现着装礼仪。TPO 原则的概念是由日本男装协会于 1963 年提出的。TPO 是英语中的 Time、Place、Object 三个单词的首字母缩写。T 指时间，P 代表地点、场合和职位等，O 代表目的、目标和对象等。该原则的基本含义是要求人们弄清着装的时间、地点和目的，使着装与环境气氛相协调，与不同国家、地区、民族的不同习惯相吻合，与不同交往对象和不同交往目的相适合，以展示服饰搭配得体、文明大方的整体美和协调美。

（1）时间。

时间泛指早晚、季节、时代等。在不同的时间里，着装的类别、式样、造型应有所变化，应切实做到顺应自然。例如，当人们在工作之余，身穿一套牛仔服、足蹬一双旅游鞋前去风景区观光旅游，或是头扎发带、身着洁白短小的网球裙，在网球场上奋力挥拍击球，都同环境非常协调一致，让人无可挑剔。然而，要是穿牛仔服或网球裙出席正式场合，尤其是代表单位外出执行公务，绝对是不合适的。

(2)地点。

当人们置身于室内或室外、驻足于闹市或乡村、身处于单位或家中时,因这些场合的变化,着装的款式理当有所不同,切忌以不变应万变。根据TPO原则,将人们所涉及的场合分为三种情况,即上班、社会交往和休闲,然后依此来穿衣打扮。例如,上班时的着装要正式,社会交往的着装可以展现时尚和个性,而在休闲场合,着装的基本要求是舒适、自然。

(3)目的。

目的是指出席活动的意图。服饰是给人看的,功能是遮挡与展现个人或职业形象。你要遮挡什么,展现什么,应具体情况具体分析。例如,我们不应当在别人的婚礼上争奇斗艳,也不能穿着近似丧服的服装去赴喜宴。服饰的款式、颜色、质地在表现服饰的目的性方面发挥着一定的作用。

2. 协调性原则

服饰是一种艺术,除了御寒防暑、遮羞护体的实用功能外,还具有极强的修饰功能和审美功能,且风格各异,个性鲜明。女士着装应扬长避短,具体见表2-2。

表2-2 女士着装扬长避短举例

体型	宜穿	忌穿
身材丰满者	应选择小花纹、直条纹的衣料,最好是冷色调;款式上,力求简洁,中腰略收,以"V"形领为佳	不宜穿百褶裙、喇叭裙;质地不宜太薄和太厚;不宜选择大花纹、横条纹、大方格图案;不宜穿着修饰复杂和花边过多的服饰
高而瘦者	应选择色彩鲜明、大花图案以及方格、横格的衣料;应当选上下分割花纹、有变化、较复杂的服饰	不宜穿竖条纹;质地不宜过薄;不宜穿窄腰或领口很深的连衣裙;不宜穿紧身衣裤
身材矮小者	应选择浅色的套装;款式以简单直线为宜,上下颜色应保持一致;上衣短些,腿会显得长些	不宜穿大花图案或宽格条纹的服饰

就服饰本身而言,没有不美的服饰,只有不美的搭配。着装的协调性原则要求:在选择服饰的造型、色彩、质地时都要符合自己年龄、体型、肤色和气质,隐丑扬美,体现个性。肤色白净者,适合穿各色服装;肤色偏黑或发红者,忌穿亮粉色、暖橘色的服装;肤色黄绿或苍白者,则宜穿浅色服装。若肤色与着装色彩不协调,展示的效果通常不好。

3. 整洁性原则

着装不一定追求高档时髦,但必须端庄整洁,避免邋遢。整洁性原则要求:一是整齐,不折不皱;二是清洁,勤换勤洗,不允许存在明显的污垢和体臭;三是完好,无破损、无补丁。

4. 文雅性原则

服饰是人类文明生活不可缺少的内容,是人的内在美与外在美的统一。文雅性原则要求着装文明大方,符合社会的传统道德和常规做法。忌穿过露过透的服饰,不应穿能透视内衣内裤的服饰,也不能穿袒胸露背、暴露大腿和腋窝的服饰,更不能当众光脖子、打赤膊。忌穿过短的服饰;不能为了展示自己的线条,选择过于紧身的服饰,打扮得过于性感。更不能不修边幅,使自己的内衣内裤的轮廓显示出来。

2.3.2 女士着装礼仪

女士的服饰比男士的服饰更具有个性特色，但女士要注意自己的身份、职业，不要过分性感、过分艳丽、过分奢华。服饰价格不求很高，但是要协调、合理搭配，无论是颜色、质地还是饰品、手包等，都要注意细节，体现高雅、大方、端庄的风度。着装要适合自己的年龄、身材和职业，切不可盲目追求新潮时髦。

1．女士着装规范要求

（1）布料的选择。

女士套装应选用质量上乘的面料，而且上衣与裙子所使用的面料应该一致。薄花呢、人字呢等纯毛料的面料最佳，高档丝绸、亚麻、府绸、毛涤也可供选择，但必须匀称、平整、光滑、柔软、挺括，并且弹性要好，不易起皱。

（2）色彩的选择。

套装的色彩主要以冷色调为主，因为冷色调才能体现出着装者典雅、端庄、稳重的气质。女士的服饰色彩应清新、雅致而稳重，不应选鲜亮抢眼的色彩以及跟着时尚走的流行色。

■ 实训操作 2-3

个人整体色彩训练

1．训练目的

（1）掌握服饰穿着技巧。

（2）使学生发挥自己的审美鉴赏力，塑造个性的、美好的旅游业不同岗位的服饰形象，从而提高其对旅游业各个岗位的认知水平，为综合形象增添魅力。

2．训练准备

（1）物品准备：镜子、凳子和其他配饰。

（2）学生可以自由结合成 2 人小组。装饰自己，观察他人。

3．训练步骤

（1）从头开始，设计发型。

（2）身材确认及个案搭配练习。

（3）建立自己的色彩档案。不仅要了解色相，即红黄蓝三原色（间色、复色、调和色），了解色性（缩扩、远近、冷暖、轻重），还要了解色彩搭配法，如统一法、点缀法、对比法、呼应法、超常法等。

（4）装饰自己。

（5）学会化妆（生活妆、职业妆）。

4．训练评价

（1）学生可以先进行自评，然后互评。

（2）结合学生实际练习情况，教师和其他学生指出其着装误区。

2．合理搭配

女士套装不仅要成套着装，还要合理搭配。主要应注意以下 3 个方面。

(1)鞋袜的搭配。

穿套装一定要配穿纯色的丝袜,丝袜的颜色要与裤、裙和鞋的颜色相协调,以肉色为佳。一般情况下多色、亮色、有图案花纹、过于繁杂的丝袜均不宜穿着。穿丝袜时,袜边不能外漏,穿一双明显跳纱破损的丝袜是不雅和失礼的。

要根据穿着舒适、方便、协调而又不失优雅的原则选择不同款式的鞋子。鞋子应是船式或盖式的皮鞋,以黑色牛皮鞋为最佳。不能穿鲜艳颜色或浅色的皮鞋,更不能穿布鞋、旅游鞋、凉鞋等。一般个矮的人可以选择高跟、中跟皮鞋,个高的人可以选择低跟皮鞋,但一般不穿平跟皮鞋。

(2)饰品的搭配。

为了使套装在稳重中透着生动,在保守中显出活泼,可以采用领花、丝巾、胸针、围巾等饰品加以点缀,但不可过多,有点睛效果即可。

(3)职业女士着装禁忌。

第一,不准穿黑色皮裙。尤其在涉外交往中,此装暗示不是良家妇女。第二,不准光腿。正式的场合要穿丝袜,是不成文的规定。第三,丝袜不能出现残破。丝袜被称为"腿上时装",穿裙子时丝袜出现残破会影响腿部美感。丝袜如有洞、跳丝等均应立即更换。第四,不准西服裙子配穿凉鞋。第五,不准在西服裙子和袜子之间露一截腿肚子,国外认为这是没有教养的表现。

2.3.3 男士着装礼仪

西装是一种国际性服装,它起源于欧洲,目前是世界上最流行的一种服装,也是商界人士在正式场合的首选服装。

1. 男士的西装

男士在选择西装时,要充分考虑到自己的身高、体型,如身材较胖的人最好不要选择瘦型短西装;身材较矮者也最好不要穿上衣较长、肩较宽的双排扣西装。作为正式礼服用的西装可采用深色如藏蓝色、深灰色、棕色、黑色等单色,质地须选用无图案的纯羊毛、纯羊绒、毛涤混纺等,它们具有轻、薄、软、挺四个特点。日常穿的西装颜色可以有所变化,质地也可以不讲究,但必须熨烫挺括。

2. 领带的搭配

领带是西装的灵魂,一条打得漂亮的领带,在穿西装的人身上会发挥画龙点睛的作用。领带要注意与西装颜色、款式的搭配,如果西装和衬衫看上去比较平淡,可以系一条有图案的领带,但不要太过花哨。领带的长度要适当,以达皮带扣处为宜。系领带时,衬衫的第一粒纽扣一定要扣好(如果穿西装不系领带,第一粒纽扣要解开)。如果佩戴领带夹,一般应夹在衬衫的第三、四颗纽扣之间,领带结要饱满有形。

拓展视频 2-3

下面介绍5种常见的领带的打法。

(1)平结。

平结(图2.5)为大多数男士选用的领结打法之一,几乎适用于各种材质的领带。要注意领结下方所形成的凹洞,需要两边显得均匀且对称。

图 2.5　平结

（2）交叉结。

交叉结（图 2.6）是对于单色素雅且质料较薄领带适合选用的领结，对于喜欢展现流行感的男士不妨多加使用。

图 2.6　交叉结

（3）双环结。

一条质地细致的领带再搭配上双环结（图 2.7）颇能营造时尚感，适合年轻的职业男士选用。该领结完成后的特色就是第一圈会稍露出于第二圈。

图 2.7　双环结

（4）温莎结。

温莎结（图 2.8）适用于宽领型的衬衫，该领结应多往横向发展。采用该领结时应避免材质过厚的领带，领结也勿打得过大。

图 2.8　温莎结

（5）双交叉结。

双交叉结（图 2.9）很容易让男士有种高雅且隆重的感觉，适合正式场合选用。该领结应多运用在素色且丝质领带上，若搭配大翻领的衬衫不但适合，而且有种尊贵感。

图 2.9 双交叉结

3．男士西装的着装规范

（1）少装东西。

为保证西装在外观上不走样，就应当在西装的口袋里少装东西，最好不装东西，对待上衣、背心和裤子均应如此。内侧的胸袋，可用来别钢笔、放钱夹或名片夹，但不要放过大过厚的东西。西装外侧下方的两只口袋，原则上以不放任何东西为佳，也建议不将这两个口袋的缝线拆开。

（2）穿长袖衬衫。

穿西装必须穿长袖衬衫，衬衫最好不要过旧，领口一定要硬扎、挺括，外露的部分一定要平整干净。衬衫下摆要掖在裤子里，领子不要翻在西装外。衬衫领口和袖口分别高于、长于西装领口、袖口 1~2 厘米。净白色或白色带清爽蓝条纹的长袖衬衫是必不可少的。衬衫的领口和袖口一沾上污渍就不应该再往身上穿，洗得干干净净、熨烫得笔挺的衬衫才悦目。

（3）内衣不可过多。

衬衫内除了背心之外，最好不要再穿其他内衣。如果天气较冷，衬衫外面还可以穿上一件毛衣或毛背心，但毛衣（"V"形领的）一定要紧身，不要过于宽松，不要选择毛衣开衫，以免影响穿西装的效果。男性在选择、购买、穿着内衣时建议以白色、黑色、灰色为主。

（4）打好领带。

在比较正式的场合，穿西装应系好领带。领带的长度要适当，以达到皮带扣处为宜。系好后，两端自然下垂，宽的一片略长于窄的一片，如果穿西装背心，领带尖不要露出背心。如果佩戴领带夹，一般应在衬衫的第三、第四粒纽扣之间。

男士着装搭配技巧见表 2-3。

表 2-3 男士着装搭配技巧

西装颜色	气质	衬衫颜色	领带颜色
黑色	庄重大方，沉着素净	淡色衬衫	银灰色、蓝色调、黑红条纹对比色调
中灰色	格调高雅，端庄稳健	白色或淡蓝色衬衫	黑色、深灰色、浅灰色
暗蓝色	格外精神	白色或淡蓝色衬衫	蓝色、深玫瑰、褐色、橙黄色
乳白色	文致风雅	白色、淡灰或淡粉色衬衫	红色、黑色、米黄色、灰色
米黄色	风度翩翩	白色或海蓝色衬衫	褐色、海蓝色
藏青色	沉稳大方	白色或淡蓝色衬衫	青蓝色并带有条纹
墨绿色	典雅华贵，恬淡生辉	白色或银色衬衫	银灰色、浅黄色

(5) 穿好西裤。

西裤的两个侧袋严格禁止装沉重或体积大的物品，正式场合甚至不能将双手放入其中。两个尾兜就不一样了，右边尾兜可以放钱夹，但钱夹不宜过长；左边尾兜可以放手帕，能充分体现穿西装的人彬彬有礼的风度和对西装文化的领悟。

(6) 鞋袜整齐。

皮鞋的颜色要与西装相配套。黑色皮鞋是万能鞋，它能配任何一种深颜色的西装。黑、棕色皮鞋可以搭配深色西装，夏天穿白色皮鞋可以搭配浅色西装。最正式的皮鞋款式是传统的有系带的皮鞋。

穿皮鞋还要配上合适的袜子，袜子的颜色要比西装稍深一些，使它在皮鞋与西装之间体现一种过渡。

(7) 扣好纽扣。

西装的上衣如果是双排扣，不管在什么场合都应把纽扣全部扣上以示庄重；单排两粒扣的西服上衣，可只系上边那粒纽扣或者全部不扣；单排三粒扣西装上衣可以系上边两粒纽扣也可以只系中间那粒纽扣。在非正式场合，西装敞开既潇洒自由，又不失礼，但参加宴会、婚礼等正式场合必须扣上纽扣。

(8) 插袋巾装饰。

插袋巾是锦上添花的装饰品，颜色不一定要跟领带一样，只要质料不太软，插在袋里服服帖帖挺括自然即可，即使是一条白手帕也照样能胜任，但不能把它折得死死板板地插在袋里，否则容易使人感觉"老土"。另外常用鲜花做"插袋巾"来装饰西装。

2.4　旅游业制服礼仪规范

2.4.1　旅游业制服选择规范

旅游服务工作人员在选择制服的过程中，不仅要考虑制服本身材质的选择、色彩的选择和款式的选择，同时，还要考虑以下2个因素。

1. 制服的选择需要与整体环境风格相协调

旅游服务工作人员的制服，只有做到与环境和谐呼应、高度统一才是好的制服选择的体现。在选择的过程中，首先要考虑到整个企业的风格，要保持一致。例如某一酒店主要运用突出中国传统韵味的装修手法，那么该酒店的服务工作人员的服饰也应该大胆运用中国传统元素；而在一个装修简约、主打快捷的商务型酒店内，该酒店的服务工作人员的服饰应该突出的是干练、简约、利落的风格，以突出整个酒店的简明气质。

2. 制服可以选择系列服饰

所谓系列服饰，即指在服饰造型风格、色彩组合和面料搭配等因素上较为一致的多套服饰。统一中有变化、变化中有统一是系列服饰的基本原则。例如在制服选择中，不同部门的服饰在色彩和面料上是统一的，但是为了突出部门的特征，在设计款式上可以稍作修改。在色彩设计上，为了突出酒店大堂的富丽堂皇，酒店大堂服务工作人员的制服可以设计成金色系、紫色系；为了突出中式餐厅的传统，中式餐厅服务工作人员的制服可以设计成月白色、宫廷红等。

应用案例 2-1

瘦西湖导游换春装

随着天气转暖，瘦西湖导游换上了新版导游服（图2.10），以崭新的面貌迎接八方游客。

瘦西湖的导游服为传统中式式样，典雅大气。整套服饰采用蚕丝缎面料，运用缎面数码印花技术，上衣以湖绿色为主基调，在领口、右肩及袖口位置均绘制了扬州市花——琼花的图案，展现出瘦西湖导游所特有的古典优雅韵味。下身着白色过膝长裙，裙摆上的兰花图案，由扬州著名国画艺术家张宽手绘。

换上新装的瘦西湖导游美得像初绽放的春花，不仅在视觉上令人赏心悦目，而且与瘦西湖的独特人文内涵相得益彰。成为扬州旅游一道靓丽的风景线。

资料来源：根据相关网络资料整理，图片来自视觉中国。

图2.10 瘦西湖导游服装

2.4.2 旅游业制服穿着规范

在穿着制服时，旅游服务工作人员必须注意以下4个方面的问题。

1．要保持干净整洁

在游客面前，旅游服务工作人员所穿的制服必须无异味、无异物、无异色、无异迹。制服应定期或者不定期地进行换洗，这应当成为旅游服务工作人员用以维护自我形象的自觉而主动的行为。

2．要保持整齐挺括

穿着制服时，不仅要求外观整洁，还要保持制服的整齐挺括，即要忌皱。为了防止制服产生褶皱，必须注意，脱下来的制服应当挂好或叠好；洗涤过后，应当熨烫好；穿着时，不要乱靠、乱坐等。

3．要保持外观完整

制服穿着的时间久了，也会发生一些破损，例如开线、磨毛、磨破、纽扣丢失等。在此情况之下，就不宜在工作岗位上继续穿着，而应该采取一些措施修补。

4．要保持外观协调

旅游业的制服，一般是上下两件，配套穿着，如果搭配随意，则制服的功效将无法发挥。同时，如在穿着制服时出现了敞胸露怀、不系领扣、高卷袖筒、挽起裤腿、乱配鞋袜、不打领带等行为，不仅有损制服的整体造型，还会影响整个旅游业的形象。

实训操作 2-4

制服和衬衫的穿着训练

1. 训练目的

（1）正确穿着工作时的制服和衬衫。

（2）俗话说,"七分在做,三分在穿",实训学习得体穿着西装。

2. 训练准备

（1）物品准备：工作时的制服、衬衫及衣架。

（2）场地准备：设置穿衣镜、更衣橱等设施的实训室。

（3）分组安排：同性别学生3～4人一组，1人实训，其余学生参照技能考评标准进行互评，而后轮换。

（4）学时安排：1学时。

3. 训练步骤

（1）检查。制服和衬衫在穿着之前必须经过仔细检查，首先需要确认是不是自己工作时的制服，是不是适合自己的尺码；然后对服饰的整洁程度、完好程度、型号尺码等方面进行检查，重点检查领口和袖口是否洁净、纽扣是否齐全、服饰上是否有油污沉积、是否有漏缝或破边。

（2）穿着。首先从衣架上取下衬衫并穿好，然后从衣架上取下制服并穿好。要注意衬衫下摆必须在裤子或套裙里面，穿着完毕后应对着更衣镜检查整理，注意检查衬衫的袖扣、纽扣是否全部扣齐，是否符合穿着规范。换下的日常衣物要挂在衣架上，而后挂入个人更衣橱。

4. 训练评价

（1）教师对学生进行点评，特别是制服和衬衫的穿着要符合要求，例如，制服口袋不许装与工作无关的任何物品等。

（2）制服和衬衫穿着训练活动评价表，见表2-4。

表2-4　制服和衬衫穿着训练活动评价表

考评对象					
考评地点					
考评内容		制服和衬衫穿着训练			
考评标准	内容	分值/分	自我评价/分	小组评议/分	实际得分/分
	检查服饰（重点是尺码、领口和袖口、纽扣等）	25			
	衬衫、制服规划穿着	40			
	对镜自我检查	20			
	日常衣物规划放置	15			
	合计	100			

注：1. 实际得分=自我评价×40%+小组评议×60%。

2. 考评满分为100分，60～74分为及格；75～84分为良好；85分以上为优秀（包括85分）。

2.5 饰品礼仪

这里所讲的"饰品"是指人们在着装的同时所佩戴的装饰性物品，它对人的穿衣打扮起着辅助、烘托和美化作用，在个人整体形象的塑造中起画龙点睛的作用。

饰品在社交场合发挥的交际功能也不可忽视，这主要体现在两个方面：第一，它是一种象征性符号，可用来暗示使用者的地位、身份、财产和婚恋现状；第二，它是一种无声的语言，可借其表达使用者的知识、教养、阅历和审美品位。

2.5.1 饰品佩戴原则

1．符合身份

旅游服务工作人员在工作岗位上佩戴饰品时，一定要使之符合身份。在工作岗位上，旅游服务工作人员的工作性质主要是服务于人，即一切要以自己的服务对象为中心，尽心竭力地为其提供优质的服务。在佩戴可以美化自身、体现品位、反映财力、区分地位的饰品时，广大旅游服务工作人员尤其要注意恪守自己的本分，万万不可在佩戴饰品时无所顾忌。

2．以少为佳

旅游服务工作人员在工作岗位上佩戴饰品时，应以少为佳，一般不宜超过两个品种；佩戴某一种具体品种的饰品，则不应超过两件。

3．区分品种

饰品种类繁多，旅游服务工作人员除了允许佩戴一些常见饰品，社会上流行的脚链、鼻环、等不宜在工作时佩戴，因为它们大多前卫而张扬，对于旅游服务工作人员而言显然是不合适的。

4．佩戴有方

在佩戴饰品时，旅游服务工作人员除了要对以上各点多加注意，还应同时注意掌握一些基本的佩戴技巧，通过适宜的方式和方法，来突出自己的优点，只有这样，才有可能弥补自己明显的不足与缺陷，让自己充满自信，又被他人所欣赏。

5．习俗规则

不同的国家、地区、民族，佩戴首饰的习惯多有不同。作为旅游服务工作人员，对此一要了解，二要尊重。如果不懂佩戴首饰的寓意，就会使自己处于尴尬境地。

2.5.2 饰品佩戴方法

1．首饰

（1）戒指。

戒指，又叫指环，它佩戴于手指之上，男女老少皆宜。戴戒指时，一般讲究戴在左手之上，而且最好仅戴一枚。如果想多戴，至多可戴两枚，只有新娘方可例外。戴两枚戒指时，可在一只手上戴在两个相邻的手指上，也可以分别戴在两只手对应的手指上。拇指通常不戴戒指，一个指头上不应戴多枚戒指。

戒指戴在不同手指上暗示的意义是不同的。戴在食指上，表示想结婚，即求偶；戴在中指上，表示已在热恋中；戴在无名指上，表示已订婚或结婚；戴在小拇指上，则表示独身，暗示自己是独身主义。

（2）项链。

项链，是戴于颈部的环形首饰，男女均可佩戴，但男士所戴的项链一般不应外露。通常，所戴的项链不应多于一条，但可将一条长项链折成数圈佩戴。

项链的粗细，应与脖子的粗细成正比。从长度上区分，项链可分为四种。第一种，短项链。它长约40厘米，适合搭配低领上装。第二种，中长项链。它长约50厘米，可广泛使用。第三种，长项链。它长约60厘米，适合女士在社交场合佩戴。第四种，特长项链。它长70厘米以上，适合女士在隆重的社交场合佩戴。

（3）耳饰。

耳饰俗称耳环，分为耳环、耳链、耳钉、耳坠等。耳环的形状各异，有圆形、方形、三角形、菱形等。耳饰讲究成对使用。由于耳饰显露在人体的重要部位，直接吸引他人的注意力，因此，美观大方的耳饰对人的风度和气质影响很大。

在国外，男士戴耳饰的习惯做法是左耳上戴一只，右耳不戴。双耳都戴者，会被视为同性恋。

选择耳饰主要应当考虑自己的脸型、头型、发型、服饰等。例如，长形脸，特别是下颌较尖的脸型应佩戴面积较大的扣式耳环，以便使脸部显得圆润丰满。而方形脸，宜选佩面积较小的耳环。

服饰色彩比较艳丽，耳饰的色彩也应艳丽，同时，要考虑两者间色彩的适当对比。

（4）手镯和手链。

手镯和手链都是佩戴在手腕上的环状或链状饰物。

戴手镯一般是女士的专利，突出的是手腕和手臂的美。戴一只手镯通常戴在左手腕，如有两只手镯可一只手腕戴一只，也可都戴在左手腕上，一般不在一只手腕上戴三只以上的手镯。

手链是男女都可使用的饰物，普遍情况下，只在左手腕上戴一条手链。一只手腕上戴多条手链、两只手腕同时戴手链、手链与手镯同时佩戴，一般在商务场合中是不允许的。手链和手镯不应与手表同戴于一只手腕上。有些国家用所戴手镯、手链的数量和位置来表示婚否。旅游服务工作人员若走出国门，应首先熟悉当地的首饰佩戴习惯，并尊重当地的首饰佩戴习惯。

2．衣饰

（1）胸饰。

胸饰包括胸针和胸花。

佩戴胸针的部位多有讲究。穿西装时，应将胸针别在左侧领口上。若上衣无领，应别在左胸前，大致在第一、二粒衬衫纽扣间的位置。一枚亮丽别致的胸针能让庄重的服饰变得生动起来。色调较深暗的胸针别在衣领上，显得妩媚俏丽。要注意的是，胸针一般不宜和纪念章、企业徽章、奖章等同时佩戴。

胸花是指佩戴在女性胸、肩、头等部位的各种花饰。胸花有鲜花与人造花两种。相比之下，鲜花更显奢侈与高雅。最常见的是将胸花佩戴在左胸部位，也可按照服饰设计要求和服饰整体效果将其佩戴在肩部、腰部、前胸或发际等处。选择胸花时应考虑一下自己的身高。身材矮小者适宜选用小一点的花并将其佩戴得稍微高一些；相反，身材高大者可以选用大一些的花，佩戴位置亦可稍低一些。

（2）围巾。

围巾是女士常用的衣饰。围巾对服饰起着重要的烘托和美化作用。一条色泽鲜亮的围巾能让暗淡色调的服饰熠熠生辉，一条别致的围巾能让服饰变得别致生动。

从质地上分类，围巾有丝质、棉质、羊绒质地等；从形状上分，主要有正方形、长方形、三角形；从大小上看，有小方巾，也有大披肩。根据一般规律，款式复杂、花色较多的服饰不宜再用太艳丽或花色的围巾来进行装饰。

本 章 小 结

本章所介绍的职业形象设计主要分三大块，即仪容礼仪、着装礼仪及制服礼仪、饰品礼仪。其中，仪容礼仪分为面容修饰、化妆修饰、发部修饰、其他肢体部位修饰。通过该部分的学习让学生对仪容礼仪的常识有了充分的认识，同时也对自我仪容有了清晰的判断。在着装礼仪及制服礼仪这部分内容中，一方面，介绍了着装的基本原则，为旅游服务工作人员在着装上提供了一个基本的规范；另一方面，对女士套装的选择和穿着、男士西装的选择和穿着、旅游业制服的穿着进行了详细的阐述。在饰品礼仪这部分内容中，主要介绍了饰品佩戴原则和饰品佩戴方法。

复习思考题

一、判断题

1. 女士出席宴会、舞会等场合，妆可以化得浓一些。（   ）
2. 女士工作时间可以化妆。（   ）
3. 身材矮小者适宜留短发或盘发。（   ）
4. 穿着要与年龄、职业、场合等相协调。（   ）
5. 穿冷色、深色服装使人感觉更苗条，这是因为冷色、深色属于收缩色的缘故。（   ）
6. 穿的是两粒纽扣的西装，一般只扣下面的纽扣。（   ）
7. 原则上不提倡旅游服务工作人员佩戴饰品，如果在特定场合需要佩戴，则不宜超过三件。（   ）
8. 酒店服务工作人员在工作场所，可以佩戴耳饰、戒指、手镯、项链等饰品。（   ）
9. 穿西装打领带时，衬衫的第一粒纽扣系或不系可随意。（   ）
10. 在正式场合，如果天气较热，那么可以不穿西装外套只穿衬衫打领带。（   ）

二、简答题

1. 面容修饰的原则和礼仪有哪些？
2. 化妆的原则是什么？
3. 什么是服饰的 TPO 原则？
4. 女士着装的要求是什么？
5. 简述女士套装的着装规范。
6. 男士西装的选择要注意哪些问题？
7. 简述男士西装的着装规范。

8. 西装的搭配涉及哪些方面？如何正确进行这些方面的搭配？
9. 饰品佩戴的原则是什么？
10. 如何正确佩戴项链、戒指、耳饰？

实 训 项 目

一、男士领带选择和服饰搭配实训
1. 训练目的
（1）理解"领带是西装的灵魂"，一条打得漂亮的领带，搭配衬衫、西装，可以使穿着的人提升气质。
（2）诠释仪表美的内涵，认识仪表美对男士的重要性。
2. 训练准备
（1）物品准备：领带、对应工作岗位的制服或西装、衬衫及衣架。
（2）场地准备：设置穿衣镜、更衣橱等设施的实训室。
（3）分组安排：同性别学生3～4人一组，1人实训，其余学生参照技能考评标准进行互评，而后轮换。
3. 训练步骤
（1）教师先边讲边演示系领带要领，学生跟着学习系领带，教师给予指导。
（2）学生穿戴好服饰后可轮流上台展示，由台下学生根据课堂所学理论知识对台上学生的着装进行点评，从而加深对理论知识的印象，并能够真正将理论与实践结合在一起。
4. 训练评价
（1）教师对学生们进行点评。
（2）实训评价表见表2-5。

表2-5 领带选择和服饰搭配实训评价表

考评对象					
考评地点					
考评内容		领带的选择和服饰搭配			
考评标准	内容	分值/分	自我评价/分	小组评议/分	实际得分/分
	选择领带（重点是颜色、花纹和宽窄等）	20			
	一分钟系好领带	15			
	对镜自我检查、整理领带是否整齐	20			
	检查服饰（重点是尺码、领口和袖口、纽扣等）	15			
	选择搭配其他服饰	15			
	服饰搭配整体效果	15			
	合计	100			

注：实际得分=自我评价×40%+小组评议×60%。

二、服饰搭配的实训

1. 训练目的

（1）培养旅游服务工作人员注重着装细节的意识，把握整体着装的协调性。

（2）女士特别要注意饰品应搭配得优雅、得体，从而体现女士美好的仪表风范。

2. 训练准备

（1）物品准备：与所着服饰相匹配的系带皮鞋、袜子（女士为丝袜）、拖鞋。

（2）场地准备：设置穿衣镜、矮条凳、更衣橱等设施的实训室。

（3）分组安排：同性别学生 3~4 人一组，1 人实训，其余学生参照技能考评标准进行互评，而后轮换。

3. 训练步骤

（1）换好工作衬衫和制服。

（2）检查鞋袜的完好程度。

（3）在座位上穿着鞋袜，自我检查是否符合规范。

（4）着裙装者穿好裙子。

（5）整理好换下的鞋袜，放进个人更衣橱。

（6）穿好制服。

4. 训练评价

（1）教师根据学生穿着的鞋子给予点评。例如，不论穿何种鞋子，都不可拖地或踩地；女士最好穿高跟或者中跟的皮鞋，因为有跟的皮鞋更能令其体态优美；夏天最好不要穿露脚趾的凉鞋，更不适合在办公室内穿凉拖，容易给人一种懒散的感觉。

（2）在服饰搭配中，注意袜子的搭配。例如，鞋与袜子是否完好；男士鞋与袜子的颜色是否协调；女士袜子是否合适；男士是否系好鞋带。应特别注意，袜子的颜色应比制服的颜色深，但是暗色和花色长袜不适合与制服套裙搭配。

拓 展 课 堂

翻译人员个人形象的重要性

2021 年 3 月 18 日至 19 日，中美高层战略对话在美国阿拉斯加州安克雷奇举行。在这场全球瞩目的对话中，美方的一位现场翻译引发外界关注，其灰紫色的头发"出了圈"，职业形象受到质疑，并遭到美国网友诟病甚至群嘲。据外媒报道，这位翻译名叫钟岚，曾是特朗普的"御用翻译"。

而中方的资深翻译张京，落落大方、专业得体。在会议期间，美国国务卿布林肯也不禁赞叹："应该给中方翻译加薪。"因为同美方的翻译对比，张京的翻译不但语句通顺流畅，语法准确无误，更是在翻译中体现了我国的谦虚和礼节。

"职业道德"是指从业人员在职业中应当遵循的道德规范。它通过公约、守则、条例、誓言等形式制定，要求从业人员忠于职守，提高技术业务水平，讲究工作效率，服从秩序和领导，团结协作，以推动事业的发展。翻译的职业道德，不仅要在知识、理论、艺术、思想等方面达到一定的水平，同时在对外交往中，严格遵守外事礼仪，在对外交往中做到"外事无小事，事事是大事，事事须重视，事事有规矩"。所谓外事人员的个人礼仪，是指外事人员个人行为的具体规范，主要涉及外事人员仪容修饰、行为举止等方面。由于自身职业所限，在上述方面，外事人员并无多少"个性"可言，而是一定要严格遵守有关的外事礼仪规范。因此，作为一名翻译，在职业形象的塑造上也要用心，既要大方利落，又不能喧宾夺主。特别是在严肃的外交场合中，形象更是不能太过于标新立异，最好是既朴素低调，又不失大方干练。一个国家的公务人员，在涉外公共场合的举止，不仅是私人行为，还会产生一定的对外影响。作为一名外事活动的翻译，在涉外公共场合的言谈举止，不仅关系到本国、本企业的形象，还会影响到外交、商务活动的成败，有时甚至会影响到国家的荣誉。

资料来源：根据相关网络媒体报道整理。

课 后 阅 读

五星级酒店员工仪容仪表标准

五星级酒店的服务一经开始就无法中止，这就要求每位员工必须要注意自己的行为举止，要拥有仪容端庄、仪表得体、举止文雅、语言文明的服务礼仪（图2.11）。参考国际礼仪惯例、我国服务礼仪惯例和民族风俗习惯，制定了以下五星级酒店员工仪容仪表标准。

一、仪容

1. 员工在岗时应精神饱满，表情自然，面带微笑。

图2.11 五星级酒店员工仪容仪表展示

2. 说话时应语气平和，语调亲切，不可过分夸张。

3. 眼睛应有神，体现出热情、礼貌、友善、诚恳。

4. 遇事从容大方、不卑不亢。

5. 与客人交谈时，目光应自然平视，不应上下打量客人。

二、仪表

（一）服饰

1. 全体员工按规定统一着制服，并穿戴整齐。

2. 制服应得体挺括，不应有皱褶、破损、污渍，领子、袖口、裤脚要保持整洁，不应挽袖口或裤腿。

3. 男员工着单排扣西服时，两粒纽扣扣上面的第一粒，三粒纽扣扣上面的两粒，女员工着西装时，应将纽扣全部扣上。

4. 工号牌要佩戴在上衣的左胸上方，工号牌应呈水平状，不得歪斜。

5. 制服纽扣应齐全、无松动。

6. 不应在制服上佩戴与规定不符的饰品，如胸花、钥匙链等。

7. 除制服配套用腰带外，一律系黑色腰带。

8. 男员工着深色袜子、女员工着肉色丝袜，袜子或丝袜不应有破洞或抽丝，应每天换洗。

9. 皮鞋应保持干净、不变形、无破损，不得有污点、灰尘；皮鞋每天要擦拭，保持光泽度，鞋带要系好，不可拖拉于地面。

10. 非工作需要不得将制服穿出酒店区域外。

（二）发型

应保持头发的清洁、整齐，不得有头垢、头屑，头发应光滑柔软，要有光泽。色泽统一，发干和发尾不能出现两截颜色，不得将头发染成自然色以外的颜色。要稳重大方，忌个性张扬。部门内员工的发型要相对统一。

1. 男员工发型标准

分缝要齐，不得留大鬓角，前发不盖额、侧发不盖耳、后发不盖领。

2. 女员工发型标准

（1）长发应盘起，发髻不宜过高或过低。
（2）短发不能过领，虚发应定型。
（3）额前头发不可遮挡视线，不得留刘海。
（4）头部不得佩戴规定以外的饰品。

（三）修饰

在工作岗位上的员工应注意修饰，正确得当的修饰能给人以愉悦，得到客人的认同，提升酒店的层次与形象，提高员工的气质与修养。修饰可分为以下几点。

1. 面部

（1）员工应保持面部的整洁，上岗前应做好面部检查。
（2）男员工应养成每天刮胡子的习惯，不得留有胡须。
（3）鼻毛、耳毛要经常修剪不得外露。
（4）要保持口腔和牙齿的清洁与卫生，不应吃容易造成异味的食物（比如：大蒜、大葱、洋葱、臭豆腐等食品）。

2. 手部

（1）经常保持手部干净卫生，常洗手，特别是指甲缝一定要清理干净，不得有残留物。
（2）男女员工均不得留长指甲，指甲应经常修剪，经常修剪指甲，指甲长度以不超过1毫米为标准，不得在岗上或客人面前修剪指甲。
（3）女员工如用指甲油，应选用与肤色统一或透明的指甲油（餐饮部门员工除外）。不应使用其他颜色的指甲油，或在指甲上描绘图案。

3. 饰品

（1）男女员工均不佩戴耳环、鼻环、手镯、手链、脚链、别针等饰品。
（2）女员工可戴简洁一点的耳针一对（直径不应超过2毫米）。
（3）已婚男女员工可佩戴一枚结婚戒指（戒面宽度不应超过5毫米，饰品高度不应超过5毫米）。
（4）在颈部佩戴饰品不得外露。
（5）不得佩戴过分张扬的手表。

4. 化妆

（1）女员工应统一化淡妆，不得浓妆艳抹，选择眉笔、眼影、唇膏的颜色应协调自然，粉底不宜过厚，颜色不宜过深或过浅。
（2）不得在皮肤外露处文身。
（3）香水的味道不宜刺鼻，要清新淡雅。
（4）要避人化妆，不得在客人面前或在对客服务区域内照镜子、描眉、画唇、施粉等。

5. 个人卫生

（1）每次上岗前都必须自行检查一次，以树立大方得体、干净利落、温文尔雅的五星级酒店员工良好的形象。
（2）应经常保持个人的清洁卫生，要勤洗澡、勤换衣。

6. 注意事项

（1）在岗时或在客人面前不应打领带、提裤子、整理内衣。

（2）不可做检查裤裙拉链是否拉好，拉直下滑的袜子等不雅的动作。

（3）在岗时或在客人面前不应抠鼻子、剪鼻毛、剔牙齿。

（4）在岗时不可打哈欠、打喷嚏、咳嗽，当控制不住时应回避客人。

资料来源：http://www.canyin168.com/glyy/yg/ygpx/fwly/201202/38842.html（2012-02-06）[2023-04-01].（有改动）

第3章 仪态举止礼仪

> **教学要点**

知识要点	学习程度	相关知识
旅游服务工作人员需要注意的仪态举止礼仪	了解	在工作岗位上各种仪态举止的灵活应用
站姿、坐姿、蹲姿、走姿、手势和表情神态的准确、规范表达	熟悉	不同仪态举止有不同的要求和要领，在工作中的仪态举止更要得体、大方
不同仪态举止的使用禁忌	掌握	工作岗位上错误的仪态举止传递的是不良信息，掌握如何避免错误的仪态举止很重要

> **技能要点**

技能要点	学习程度	应用方向
站姿、坐姿、蹲姿、走姿、手势和表情神态的正确使用	掌握	在旅游服务工作中，不同的仪态举止在不同场合针对不同对象的使用有着不同的含义，准确应用，可以塑造旅游服务工作人员的良好形象并提高服务质量

导入案例

出错的无声语言

小刘是某国际旅行社的英语导游员，对英语的运用相当熟练，已经独立带团有近一年的时间，其工作能力也是全社有目共睹的，但是，游客对他的评价却往往不尽如人意，这让小刘很是纳闷。为了找出问题所在，在小刘接待一个英国旅行团时，旅行社的李总跟团观察，来帮他分析问题的原因，以提高工作业绩。在带领游客参观时，小刘思路清晰，语言表达熟练，解说词中不仅包含了大量的知识信息，同时还融入了小刘自己的感受和评论。在游览的过程中，他也随时随地关心游客们的动向，给予他们帮助。这样看来，小刘的表现还不错。

但同时，李总也注意到了小刘有意无意间的一些小动作。例如，在旅游车上清点人数、在景点讲解时，小刘都喜欢伸出食指，通过"指指点点"的方法来辅助表达；在景区参观时，遇到坎坷不平的道路，小刘没有征得他人的允许就去搀扶。而且，小刘的语言虽然很生动，但他的表情却很严肃，一路下来，基本上没有微笑过。这些，可以说是小刘的问题所在了，难以让游客充分感受到礼貌和友好。在工作中，导游不仅需要注意掌握和运用"有声"语言，还需要注意与游客交往时的各种"无声"语言。图 3.1 为 2019 年"第四届全国导游大赛"冠军张晓旭的服务性站姿，她落落大方，阳光自信，展示了专业导游的良好仪态，拉近了与游客的距离。

图 3.1　2019 年"第四届全国导游大赛"中冠军张晓旭的服务性站姿

文字来源：孙艳红，徐真真，祖恩厚. 旅游服务礼仪[M]. 北京：电子工业出版社，2016.

图片来源：https://baijiahao.baidu.com/s?id=1720354614464184569&wfr=spider&for=pc（2021-12-28）[2023-08-27].

仪态是指人在行为举止中的姿势和风度。姿势是指身体所呈现的样子，例如：站立、行走、起身、就座、手势、表情神态等。而风度则属于内在气质的外化，是人际交往中个人素质修养的一种外在表现，例如道德品质、学识修养、社会阅历、专业素质与才干、个人的情趣与爱好等。

美国语言学家梅瑞宾认为，一条信息的表达=7%的语言+38%的声音+55%的人体动作。社会心理学家很早就通过观察分析得出结论：在人际交往中，人们的每个动作都能影响到他人的情绪，都会给他人一定的感染力，这对从事服务业的人来讲尤为重要。一举一动、一言一行，可以说直接关系到服务质量和企业形象。旅游服务工作人员的仪态主要是指在旅游服务工作中的行为举止，如站立、行走、手势和表情神态等，在实践中它们往往比语言更真实、更富有魅力，因此练就优雅的仪态对旅游服务工作人员来说是十分必要的。

3.1 旅游服务工作人员的站姿规范

站立姿势又称站姿或立姿，是人最基本的姿势之一，是一种静态的身体造型。优美、典雅的站姿是展示人的不同形态美的基础和起点，是培养一个人所有仪态的基础。优美的站姿能展示个人的自信，衬托出美好的气质和风度，并给他人留下美好的印象。站姿是旅游服务工作人员尤为重要的基本功之一。

3.1.1 基本站姿

1．要求

抬头，颈挺直，下颌微收，嘴唇微闭，双目平视前方，面带微笑；双肩放松，气向下压，身体有向上的感觉，自然呼吸；挺胸收腹，立腰、平肩；两臂放松，自然下垂于体侧，虎口向前，手指自然弯曲；两腿并拢立直，提胯，膝和两脚跟靠紧，脚尖分开呈"V"字形（图3.2）。

2．要领

挺胸、收腹、颈挺直。又可以总结为：上提下压、前后相夹、左右向中。上提下压，即下肢躯干肌肉线条伸长为上提，两肩保持水平、放松下压；前后相夹，指臀部向前发力，而腹部肌肉收缩向后发力；左右向中，指人体对称的器官向正中线用力。

身体重心放在两脚中间，从正面看，重心线应在两腿中间向上穿过脊柱及头部。要防止重心线偏左或偏右。

图 3.2 基本站姿要求

3.1.2 服务性站姿

旅游服务工作人员在工作中，为客人服务的站姿一定要合乎规范，严格按照要求去做，以下是 3 种旅游服务工作人员在工作中的站姿规范。

1．前腹式站姿

男士在基本站姿的基础上，左脚向左横迈一小步，两脚打开与肩同宽，约 20 厘米。两脚脚尖与脚跟距离相等。两手在腹前交叉，左手握成拳头状，右手握左手于手腕部位。身体立直，身体重心放在两脚上。

女士在基本站姿的基础上，两脚脚尖略展开，左脚在前，将右脚跟靠于左脚内侧前端，呈左丁字步。两手在腹前交叉，身体重心在两脚上，也可以于一脚上，通过两脚重心的转移减轻疲劳（图 3.3）。

2．后背式站姿

双目平视，下颌微收，挺胸立腰，两手在身后交叉。男士两脚脚跟并

图 3.3 前腹式站姿

拢，两脚脚尖展开呈 60°至 70°，而女士则呈左丁字步。

3. 单臂式站姿

两脚脚尖展开呈 90°，左脚向前，将脚跟靠于右脚内侧中间位置，呈左丁字步。左手单臂后背，右手下垂。身体重心在两脚上。

两脚脚尖展开呈 90°，右脚向前，将脚跟靠于左脚内侧中间位置，呈右丁字步。右手单臂后背，左手下垂。身体重心在两脚上。

两脚脚尖展开呈 90°，右脚向后，将脚内侧贴于左脚跟处，左手手臂下垂，右臂肘关节弯曲，右前臂抬至横膈膜处，右手心向里，手指自然弯曲。

两脚脚尖展开呈 90°，左脚向后，将脚内侧贴于右脚跟处，右手手臂下垂，左臂肘关节弯曲，左前臂抬至横膈膜处，左手心向里，手指自然弯曲。

3.1.3 站姿禁忌

在工作岗位上，旅游服务工作人员要力争做到"立如松"。忌身躯歪斜、弯腰驼背；忌双手抱胸或叉腰；忌半坐半立、趴伏倚靠；忌身体在站立时频繁地变动体位，或是手位、脚位不当；在正式场合站立时，忌双手插在裤袋里，显得过于随意。

3.1.4 正确站姿的训练

1. 五点靠墙

两腿并拢，身体背着墙站好，使后脑勺、两肩、臀部、小腿及脚后跟都紧贴墙壁，这时的站姿是正确的，假若上述部位无法接触到墙壁，那么需要及时调整。同时由下往上逐步确认姿势要领：第一，女士脚跟并拢，两脚脚尖分开不超过 45°，两膝并拢；男士两脚分开站立与肩同宽。第二，立腰、收腹，使腹部肌肉有紧绷的感觉；第三，收紧臀肌，使背部肌肉也同时紧压脊椎骨，感觉整个身体在向上延伸；第四，挺胸，双肩放松、打开，两臂自然下垂于身体两侧；第五，使脖子也有向上延伸的感觉，两眼平视前方，下巴往里收，脸部肌肉自然放松。

2. 双腿夹纸

站立者在两大腿间夹上一张纸，保持纸不松、不掉，以训练腿部的控制能力。

3. 顶书训练

站立者按要领站好后，把书本放在头顶中心，为使书不掉下来，头、躯体自然会保持平稳，否则书本将滑落下来。这种训练方法可以纠正低头、仰脸、头歪、头晃及左顾右盼的毛病，训练头部的控制能力。

4. 背靠背训练

两人一组，背靠背站立，两人的头部、肩部、臀部、小腿、腿跟紧靠，并在两人的肩部、小腿部相靠处各放一张卡片，不能让其滑动或掉下。这种训练方法可使后脑勺、两肩、臀部、小腿、脚后跟保持在一条线上。

5．对镜训练

每人面对镜面，检查自己的站姿及整体形象，看是否歪头、斜肩、含胸、驼背、弯腿等，发现问题及时调整。

进行站姿训练时，训练时间可设为 10～20 分钟。可以配上轻松愉快的音乐，调整心境，以减轻疲劳感，在美的熏陶下接受训练。

3.2 旅游服务工作人员的坐姿规范

坐姿是静态的，更是旅游服务中的人体姿态美的重要内容，有着美与不美、优雅与粗俗的区别。正确的坐姿可以给人以稳重、文雅、端庄的印象，坐姿如果不正确，会使人看起来没精神，给人一种无精打采的感觉，从而留下不好的印象。

应用案例 3-1

被"抖掉"的合同

有一位美国华侨到中国洽谈合资业务，洽谈了好几次，最后一次来之前，他曾对朋友说："这是我最后一次洽谈了，我要跟他们的最高领导谈，谈得好，就可以拍板。"过了两个星期，这位华侨又回到了美国，朋友问："谈成了吗？"他说："没谈成。"朋友问其原因，他回答："对方很有诚意，洽谈也很顺利，就是跟我谈判的这位领导坐在我的对面，当他跟我谈判时，不时地抖动他的双腿，我觉得还没有跟他合作，我的财都被他抖掉了。"

资料来源：https://easylearn.baidu.com/edu-page/tiangong/composition?id=aececdfecdcae1726724991381173564&fr=search（2022-12-27）[2023-04-06]．（有改动）

3.2.1 正确的坐姿

正确坐姿的要求是"坐如钟"，要端正、大方、自然、稳重，还应时刻保持上半身挺直的姿势，两肩要放松，下巴要向内微收，脖子挺直，胸部挺起，并使背部和臀部呈直角状，两膝并拢，两手自然放在膝盖上，两腿自然弯曲，小腿与地面基本垂直，两脚平落地面。男士两膝可分开，但不可过大，女士两膝应并拢。（图 3.4）。

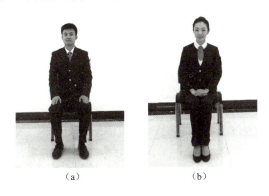

（a） （b）

图 3.4 旅游服务工作人员的正确坐姿

3.2.2 几种典型的坐姿

坐姿要根据凳面的高低以及有无扶手与靠背进行调整，注意两手、两腿、两脚的正确摆法。

1．两手摆法：有扶手时，两手轻搭或一搭一放；无扶手时，两手相交或轻握或呈"八"字形置于腿上；或左手放在左腿上，右手搭在左手背上。

2．两腿摆法：凳高适中时，两腿相靠或稍分，但不能超过肩宽；凳面低时，两腿并拢，自然倾斜于一方；凳面高时，一腿略搁于另一腿上，脚尖向下。

3．两脚摆法：脚跟、脚尖全靠或一靠一分；也可以一前一后（可靠拢也可稍分）或右脚放在左脚外侧。

除上述坐姿外，还有"S"形坐姿和叠膝式坐姿："S"形坐姿即上体与腿同时转向一侧，面向对方，形成一个优美的"S"形；叠膝式坐姿即两腿膝部交叉，一脚内收与前腿膝下交叉，双手稍微交叉并置于腿部。

须强调的是，女士在乘坐轿车的时候还应注意乘车的姿势。要想在上轿车时显得稳健、端庄、大方，做起来并不难。上轿车前应首先面对车门，款款坐下，待坐稳后，头和身体进入车内，最后将并拢的两腿一并收入车内。然后转身，面对行车的正前方向，同时调整坐姿，整理衣裙。坐好之后，两脚亦应靠拢。下轿车的姿势也不能忽略，一般应待车门打开后，转身面对车门，同时将并拢的两腿慢慢移出车外，等两腿同时落地踏稳，再缓缓将身体移出车外。

3.2.3 坐姿的注意事项

第一，入座时，走到座位前，转身后右脚向后撤半步，从容不迫地慢慢坐下，然后把右脚与左脚并齐。女士入座要娴雅，用手把裙子向前拢一下。起立时，右脚先向后收半步，起身，向前走一步离开座位。在社交场合，入座要轻柔和缓，离座时要端庄稳重，不可猛起猛坐，弄得座椅乱响，造成紧张气氛，更不能带翻桌上物品，以免尴尬被动。

第二，坐在椅子上时，应根据座位调整坐姿，一般坐在椅子前端的2/3处。如果是沙发，座位较低，又比较柔软，应注意身体不要陷在沙发里，这样看起来很不雅观。

第三，与人面对面会谈时，前十分钟左右不可松懈，刚开始会谈就放松地靠在椅背上是不礼貌的。正面与人对坐会产生压迫感，应当稍微偏斜，显得更轻松自然。

拓展视频 3-1

第四，坐在椅子上时，勿将两手夹在两腿之间，这样会显得胆怯害羞、没有自信，也显得不雅。

第五，就座时，两腿叉开过大，或两腿过分伸张，或两腿呈"4"字形，或把腿架在椅子、茶几、沙发扶手上，都不雅观，同时，忌用脚打拍子。

第六，就座时不要两脚尖朝内，脚跟朝外，内"八"字的做法粗俗、不雅；当两腿交叠而坐时，悬空的脚尖应向下方，切忌脚尖朝天，并不可上下抖动。

3.2.4 正确坐姿的训练

对镜练习，在镜子中从正、侧面找自己的不足。两人练习，找一个搭档，面对面，观察对方的不足。视频练习，找搭档帮自己录制视频，通过回放视频进行坐姿纠正。

3.3 旅游服务工作人员的蹲姿规范

蹲姿与坐姿都是由站立姿势变化而来的相对静止的姿势。蹲是由站立的姿势转变为两腿弯曲和身体高度下降的姿势。在旅游服务过程中，只有遇到整理工作环境、提供必要服务、捡拾地面物品等比较特殊的情况，才允许旅游服务工作人员酌情采用蹲姿。一般来讲，旅游服务中的蹲姿在时间上不宜过久。

3.3.1 正确的蹲姿

下蹲拾物时，应自然、得体、大方，不遮遮掩掩。具体要求如下。下蹲时，两腿合力支撑身体，使头、胸在一个平面上，使蹲姿优美。女士无论采用哪种蹲姿，都要将腿靠紧，臀部向下。

1．高低式蹲姿

其要求是：下蹲时，两腿不并排放置，而是左脚在前，右脚在后。左脚应完全着地，右脚则应脚掌着地，脚跟提起。此时，右膝须低于左膝，右膝内侧可靠于左小腿的内侧，形成左膝高、右膝低的姿态。女士应靠紧两腿，男士则可以适度地将其分开。

这种蹲姿的特征就是两膝一高一低，旅游服务工作人员选用这种蹲姿甚为方便［图3.5（a）］。

（a） （b）

图3.5 正确的蹲姿

2．交叉式蹲姿

其要求是：下蹲时，右脚在前，左脚在后，全脚着地。右腿在上，左腿在下，两腿交叉重叠。左膝由后下方伸向右侧，左脚脚跟抬起，并且脚掌着地。两腿前后靠近，合力支撑身体。上身略向前倾，臀部朝下。

这种蹲姿通常适用于女士，尤其是身着裙装的女士。它的优点是造型优美典雅。其基本特征是蹲下后两腿交叉在一起［图3.5（b）］。

3.3.2 蹲姿的注意事项

第一，下蹲的时候，切勿速度过快。并注意与他人保持一定的距离，避免彼此迎头相撞。

第二，在他人身边下蹲时，最好是与之侧身相向。正面面对他人或是背对着他人下蹲，通常都是不礼貌的。

第三，在公共场合下蹲时，身着裙装的女士一定要避免个人的隐私暴露在外。

第四，蹲姿是在特殊情况下的姿势，因此，不能随意使用。另外，不可蹲在椅子上，也不可蹲着休息。

第五，弯腰捡拾物品时，两腿叉开，臀部向后撅起，都是不雅观的姿态（图3.6）。

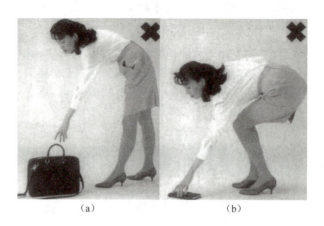

图 3.6　不雅的蹲姿

3.4　旅游服务工作人员的走姿规范

行走是生活中的主要行为举止，呈现一种动态的美。人在行走的时候总比站立的时候多，而且一般又都是在公共场合进行的，因此，拥有矫健轻快、从容不迫的优美走姿，就显得尤为重要。旅游服务工作人员在行走时，务必要既优雅稳重，又保持正确的节奏，体现动态之美。

3.4.1　基本走姿

1. 要求

上身正直不动，两肩相平不摇，两臂自然摆动，两腿直而不僵，步度适中均匀，步伐从容，步态平稳，两脚落地一线。

2. 要点

（1）步度适中。

所谓步度，是指在行走时，两脚之间的距离。步度的一般标准是一脚踩出落地后，脚跟离未踩出一脚的脚尖的距离，约等于脚长。

这个标准与身高有关，身材高者则脚略长些，步度自然大些；身材矮者，则步度小些。这里的脚长是指穿了鞋子的长度，而非赤脚脚长。同时，穿不同的服装和鞋子也会影响一个人的步度。假如女士穿的是旗袍，脚下又穿的是高跟鞋，那么步度肯定就比平时穿长裤和平底鞋要小些，这是因为旗袍的下摆小，而且高跟鞋从鞋尖到鞋跟的长度也比平底鞋短。

（2）步位标准。

所谓步位，就是脚落地时应放置的位置。行走时最好的步位是：男士两脚脚跟交替前进并保持在一条线上，两脚脚尖稍微外展；女士两脚要踏在一条直线上。

（3）步韵优美。

步韵是指行走的韵律。走路时的步韵很重要，要求膝盖和脚腕不要僵硬，两臂自然轻松地摆动，前摆约35°，后摆约15°，手掌朝向体内，手指自然弯曲，端庄大方，使自己走在一定的韵律中。男士步韵应矫健、稳重、刚毅、洒脱，具有阳刚之美；女士步韵应轻盈、柔软、玲珑、贤淑，显得秀丽端庄。

（4）步速均匀。

步速是可以变化的，但在某一特定的场合，一般应当保持相对稳定的步速，不宜忽快忽慢。在正常情况下，旅游服务工作人员每分钟走60步至100步。

（5）重心准确。

正确的做法是，行走时身体向前微倾，重心落在前脚脚掌上。在行走过程中，应注意使身体的重心随着脚步的移动不断地向前转移，切勿让身体的重心停留在自己的后脚上。

（6）身体协调。

行走时要脚跟先着地，膝盖在脚跟着地时应当伸直，腰部要成为重心移动的轴线，双臂在身体两侧一前一后地自然摆动（图3.7）。

同时，行走时要注意使用腰力。腰部松懈了，会有吃重的感觉，不美观；拖着脚走路，更显得难看。

图3.7　身体协调

3．注意事项

第一，行走时，应大臂带动小臂自然摆动。幅度不可太大，前后摆动的幅度为30°～45°，切忌做左右式的摆动。

第二，行走时，应保持身体的正直，切忌左右摇摆或弯腰驼背。

第三，行走时，务必要使膝盖向后方伸直，并保持膝盖和脚踝轻松灵活，以免显得浑身僵硬。脚尖应略微展平，切忌呈外"八"字或内"八"字。

第四，多人一起行走时，不要排成横队，勾肩搭背，这些都是不美观的表现。有急事要超过前面的行人，不得跑步，可以大步超过，并转身向被超越者致意道歉。

在日常生活中，人与人不同，走姿不可能呈现出同一种模式。个人的走姿在很多情况下，与年龄、背景、职业、着装以及所处场合有关。例如，穿着西装要注意挺拔，保持后背平正，两腿直立，步度可以略大些，手臂放松，伸直摆动，行走时男士不要晃肩，女士的肩膀不要左右摇动。以女士为例，穿着旗袍能显出女士柔美的风韵，要求身体挺拔、挺胸、收腹、下颌微收，忌塌腰翘臀，同时，穿着旗袍无论是配以高跟鞋还是平底鞋，行走的幅度都不应该过大，两脚脚跟前后要走在一条线上，呈现"柳叶步"的走姿，手臂在体侧摆动，幅度也不应过大，肩部和胯部可以随着脚步和身体重心的转移稍微左右摆动。这也就是说，穿着旗袍走路，每一处都要展示出轻柔、高雅的身体姿态。以男士为例，若想给他人留下沉稳威严的印象，就应挺起腰板，摆平头部，步度大而稳健；若想给他人留下儒雅、谦和的印象，则可以放慢、放轻脚步；如希望自己显得年轻一些，富有活力，就尽可能提升步伐的节奏感。

在工作中的不同场合，走姿的要求也随着地点的不同，发生着变化。以酒店为例，前厅的空间较大，酒店员工的仪态尽收客人眼底，酒店员工一定要以优美的走姿示人，步度、步速适中，步位标准；客房是客人休息的地方，酒店员工的脚步落地一定要轻；餐厅的酒店员工在使用托盘上菜时，要注意走姿规范，不可有大幅度的身体摆动，步伐也要平稳、沉着；酒店康乐部是客人休闲放松的地方，酒店员工的走姿就可以显得轻盈灵活一些。

4. 正确走姿的训练

（1）摆臂练习。

摆臂练习，就是原地不动有节奏地摆动两臂的练习。身体直立，以肩关节为轴，两臂前后自然摆动，摆幅在 10°～30°。该练习可纠正行走时两臂摆动姿势不正确的问题，比如夹肩走路、两肩过于僵硬、两臂左右摆动不均或不能自然摆动等，使两臂摆动优美自然。

（2）走直线练习。

在地上画一条直线，沿直线行走，检查自己的步位和步度是否符合要求。该练习可以规范走姿，还可以纠正内"八"字步、外"八"字步、"O"形腿，以及步度过大或过小的问题，保持行走时的节奏感。

（3）顶书行走练习。

顶书行走练习，就是顶着书本进行走路的练习。在规范走姿的基础上，头顶上放一本书走路，保持脊背伸展和头正、颈直、目不斜视。该练习可以纠正行走时身体摇摆、平衡性不好、摇头晃脑、东张西望、前俯后仰或者左旋右转等问题，从而保持行走时头正、颈直、目不斜视。

拓展视频 3-2

最好选择大小为 16 开本，质量为 300 克左右的纸质书。不能选择太小或者太轻的书本，因为太小太轻的话，身体再怎么晃动，书本也不会掉下来，达不到训练效果。当然，书本也不能太大太重。

（4）综合协调练习。

该练习的目的是训练行走时全身的协调统一性。可以配以节奏感强的音乐，行走时注意掌握好速度、节奏，保持身体平衡，两臂对称摆动，动作协调一致。

3.4.2 工作中的走姿特例

在具体的实践工作中，旅游服务工作人员的走姿有着许多特殊之处，需要给予关注。

1. 迎面相遇

如果在行走过程中，客人从对面走来，旅游服务工作人员需要向客人行礼。首先，放慢步伐，在离客人大约 2 米处，目视客人，面带微笑，轻轻点头致意，并且伴随"您好""早上好"等礼貌问候语言。在与客人擦肩而过时，不能用眼睛斜视别人，而应伴随着头和上身的转动。在路面较窄的地方，或是在楼道上与客人相遇时，应面向客人行走，而不是将后背转向客人行走。

2. 陪同引导

在旅游服务工作中，陪同指的是陪伴客人一同行走。引导指的是在行走中带领客人，又可以称为引领、引路、带路。旅游服务工作人员在进行陪同引导时，要注意以下四点。

第一，双方并排行走时，旅游服务工作人员应处

图 3.8 陪同引导

在左侧。双方单行行走时，旅游服务工作人员应居于客人左前方一米左右的位置。当客人不熟悉行走方向时，一般不应请其先行，同时也不应让其走在外侧（图3.8）。

第二，陪同引导客人时，旅游服务工作人员的行走速度需要与客人的速度相协调，切勿走得太快或太慢，显得我行我素。

第三，陪同引导客人时，旅游服务工作人员一定要处处以客人的速度为中心，对客人及时给予关照和提醒。在经过拐角、楼梯或道路坎坷、昏暗之处时，须请客人加以留意。

第四，陪同引导客人时，旅游服务工作人员有必要采取一些特殊的体态，这时切记要体态优雅端庄。请客人开始行走时，旅游服务工作人员应面向客人，稍微欠身；在行进中与客人交谈，或回答其询问时，头部和上身应略微转向客人。

3．上下楼梯

作为旅游服务工作人员，尤其是酒店员工一定要走指定的楼梯，并且要减少在楼梯上的停留时间。在上下楼梯时，应坚持"右上右下"原则，以方便对面上下楼梯的人。另外还要注意礼让客人，上下楼梯时，出于礼貌，可以请对方先行。

在陪同引导中，如果是一位男士和一位女士同行，则应上楼梯时男士行在后，下楼梯时男士行在前。如果是旅游服务工作人员和客人，则应为旅游服务工作人员上楼梯时行在后，下楼梯时行在前（图3.9）。

图3.9　上下楼梯

4．进出电梯

在乘坐电梯时应遵循的基本原则是"先出后进"，即里面的人先出来之后，外面的人方可进去，这样秩序井然，不至于混乱。进出电梯时，应侧身而行，以免碰撞、踩踏他人，进入电梯后，应尽量站在里边。

如果酒店有专门的员工专用电梯，则不要与客人混用一部电梯。如果酒店电梯没有专门的划分，则应牢记照顾客人的原则，在乘坐无值班员的电梯时，旅游服务工作人员应有意识地先进先出，以便为客人控制电梯；在乘有值班员的电梯时，旅游服务工作人员应后进后出。

5．出入房门

旅游服务工作人员在出入房门时，尤其是进入酒店客房时，一定要先叩门或按门铃向房内客人通报。在得到允许可以进门之后，务必要用手轻轻开门，而不可以用身体的其他部位，如用肘部顶、用膝盖拱、用臀部撞、用脚尖踢、用脚跟蹬等不良方式开门。

出入房门时，特别是在出入一个较小的房间，而房内又有客人时，最好反手关门、反手开门，并且始终注意面向客人，而不可以用背部冲向客人。

与他人一起出入房门时，旅游服务工作人员一般应自己后进门、后出门，而请对方先进门、先出门。特别是在陪同引导客人的时候，旅游服务工作人员有义务在出入房门时替客人开门、关门。

6．搀扶帮助

在生活中，特别是在旅游服务工作中，旅游服务工作人员往往要对一些老、弱、病、残、孕等行动不方便的客人主动给予搀扶帮助，以示体贴与照顾。搀扶指的是在行进中，用自己的两手或一只手,去轻轻架着行动不方便的客人。

在为客人提供搀扶帮助时,要注意以下3个方面。

(1)注意选择对象。

在帮助客人时,应区分对象,给那些真正需要帮助的客人以搀扶,而不是对任何人都主动搀扶,这样难免会令客人觉得奇怪,适得其反。

(2)征得客人同意。

在发现需要搀扶帮助的客人时,一定要预先征得其同意,以免造成误会,同时注意照顾到客人的自尊心。

(3)步速适当。

在搀扶客人时,注意步速不宜过快,而应主动和客人的步调保持一致。同时,考虑到客人的身体因素和身体状况,在搀扶客人的行走过程中,应适当地"暂停几次",以便被搀扶的客人缓一口气,得以稍作休息。

7. 变向行走

(1)侧行。

当侧行时与客人交谈,上身应注意正面转向客人,身体与客人保持一定的距离。在与客人狭路相逢时侧行,应使两肩一前一后,胸部正面朝向客人。

(2)后退。

在与客人结束交谈后退时,应先面向客人后退几步,再转身离去。通常面向客人至少后退两三步,对客人越尊重,后退的步数则越多。后退时的步度宜小,脚应轻擦地面。切记,转体时宜先转身体,后转头部。

(3)前行转身。

即在向前行进中转身而行。一是前行右转,以左脚掌为轴心,在左脚落地时,向右转体90°,同时迈出右脚。二是前行左转,这个与前行右转相反,在前行中向左转身,应以右脚掌为轴心,在右脚落地时,向左转体90°,同时迈出左脚。

(4)后退转身。

即在后退中转身而行。一是后退右转,先退行几步,以左脚掌为轴心,向右转体90°,同时向右迈出右脚。二是后退左转,这个与后退右转相反,在后退中向左转身,应以右脚掌为轴心,向左转体90°,同时向左迈出左脚。

3.4.3 工作中行走姿态的风度要求

第一,行走中,要有意避开人多的地方,切忌在人群中乱冲乱撞,甚至碰撞到客人的身体,这是极其失礼的。

第二,在行走中,特别是在人多路窄的地方,要注意方便和照顾他人,讲究"先来后到"。对客人更应该礼让三分,让客人先行,而不应抢道先行,若有急事,则应该向客人声明,说声"对不起"。

第三,旅游服务工作人员要有意识地使行走悄然无声。一是行走时要轻手轻脚,不要在落脚时过分用力,走得"咚咚"直响;二是工作时不要穿带有金属鞋跟或钉有金属鞋掌的鞋子;三是在工作时,所穿的鞋子一定要合脚,否则走动时会发出"啪嗒啪嗒"的噪声。

第四,旅游服务工作人员在走路的时候一定要显得稳重大方,保持风度,不宜使自己的情绪过分显现,更要避免情绪激动,走路上蹿下跳,甚至产生连蹦带跳的失态状况。如有急事要办，旅游服务工作人员可以在行走中适当加快步伐。除非遇上了紧急的情况，否则最好不要在工作的时候跑动，尤其是不要当着客人的面突如其来地狂奔，这样通常会令客人感到莫名其妙，产生猜测，甚至还有可能造成过度紧张的气氛。

第五，在道路狭窄的地方，旅游服务工作人员务必要注意避免悠然自得地缓步而行，或是走走停停。走在路上也应注意避免多人并排而行。在路上一旦发现自己阻挡了他人的道路，务必马上让开，请他人先行。

3.5 旅游服务工作人员的手势规范

手势通常指的是人们在运用手臂时所展示的具体动作与体位。在旅游服务工作中，手势起着重要作用。每名旅游服务工作人员都应予以足够重视，手势应规范适度，不宜过多，显得落落大方、明确而热情，与全身动作配合协调。手势幅度不宜过大，要给人一种优雅、含蓄而彬彬有礼的感觉。

3.5.1 手势的基本原则

手势是由速度（快慢程度）、力度（轻重程度）、幅度（空间活动范围）和弧度（手指、手掌、手臂共同挥出的空间轨迹）四个部分构成的，运用手势时要注意以下5点。

1．自然得体

自然得体的手势可以增加感情的表达，在旅游服务中起到锦上添花的作用。

首先，手势速度要适中。手势过快，会给人杂乱无章、不稳重、不和谐的感觉，而且难以让人有一个心理过渡，反而造成紧张感。

其次，手势力度要适宜。手势力度过大或伸张无度，会给人造成惊异感，也缺乏美感和艺术感，会令人烦躁不安，心神不宁。手势力度轻重适宜才能产生"柔中带刚"的美感。

再次，手势动幅要适度。手势动幅过大，不但会妨碍自己思想感情的表达，而且会显得张扬浮躁；动幅过小则会显得暧昧不堪。手势生硬则会使人敬而远之。一般来说，无论两臂如何挥动，两腋都要微微夹住，手肘尽量靠近自身，两臂横动不可过大。若要表达理想、希望等积极肯定的思想感情，动幅可高于肩部。若要表达比较平静的思想，动幅应该控制在肩部至腰部之间。若要表达否定的意思，动幅应在腰部以下。

最后，手势弧度要优美。手势弧度越优美，越能体现出对他人的敬意。手势要如水一般流畅，似风一样自然，手势的运动轨迹要柔和协调。

2．符合规范

手势的使用应符合国际规范、国情规范、大众规范和服务标准，符合对象、场合的需要，不要刻意模仿别人的手势，以免妨碍自己思想感情的表达，引起他人的误解。

3．简单明确

手势宜少不宜多。在常规情况下，旅游服务工作人员的手势应尽量少而精，避免手势过多，给人指手画脚的感觉。手势过多毫无美感可言，还会喧宾夺主，有画蛇添足之感。

4. 和谐统一

人体是一个有机整体，各个部位是相互配合、相互协调的，同时也是变化多端的。手势要和面部表情、语言表达和谐一致，在实践中综合掌握，坚决避免出现下意识的动作。

5. 注意区域性差异

在不同的文化背景下，不同国家、不同地区、不同民族手势的含义也有很大差别，甚至同一手势表达的含义也不尽相同。因此，在使用手势时，还需要了解不同国家、不同地区、不同民族的手势习惯，了解不同手势表达的含义，避免闹出笑话或误会，应做到合乎礼仪。

3.5.2 旅游服务工作中的常用手势

1. 自然搭放

在站立服务中，如果靠近桌面或柜台，应上身挺直，两臂稍弯曲，肘部朝外；两手的手指部分放在桌面或柜台上，指尖朝前，拇指与其他四指稍分开，并轻搭在桌面或柜台边缘。应注意不要距离桌面或柜台过远，同时还要根据桌面或柜台高矮来调整手臂弯曲的程度，尽量避免将上半身趴伏在桌面或柜台上，或将整个手掌支撑在桌面或柜台上。

以坐姿服务时，将手部自然搭放在桌面或柜台上。身体趋近桌面或柜台，尽量挺直上身；除采取书写、计算、调试等必要动作时，手臂可以摆放在桌面或柜台上，其余时间最好仅将两手手掌平放于其上；将两手放在桌面或是柜台上时，两手可以分开、叠放或相握，但不要将胳膊支起来，或是将两手放在桌面或是柜台下面。

2. 递接物品

一般来讲，递接物品时用两手最佳，如果不方便两手并用时，也应该尽量使用右手。用左手递接物品，通常被视为是失礼之举。

将带尖、带刃或是其他易于伤人的物品递给他人时，切忌以尖、刃直指对方。合乎服务礼仪的做法是，应使尖、刃朝向自己，或是朝向他处。

递接物品时，如果双方相距过远，应主动走近对方，假如自己是坐着的话，还应该尽量在递接物品时起身站立。

递给对方的物品，应直接交到对方手中为好。不到万不得已，最好不要将所递物品放在别处。同时，在递给对方物品时应为对方留出便于接取物品的位置，不要让其感到无从下手。在将带有文字的物品递交给对方时，还须使之正面朝向对方。

3. 手持物品

（1）卫生。

在为客人服务的过程中，如遇到取拿食物的情况，切忌直接下手。敬茶、斟酒、送汤、上菜时，千万不要把手指搭在杯、碗、碟、盘的边沿，更不能无意之间使手指浸泡在汤水中。

（2）到位。

手持物品应到位，比如，提箱子时应当拎其提手，拿杯子时应当握其杯耳，持炒锅时应当持其手柄。手持物品时若手不能到位，不但不方便、不自然，而且容易导致失误。

（3）自然。

手持物品时，旅游服务工作人员可依据自己的能力与实际的需要，斟酌采用不同的手势，但一定要避免在手持物品时手势夸张、小题大做，失去自然美。

（4）稳妥。

手持物品时，可根据物体的重量、形状及易碎程度来采取相应的手势，切记确保物品的安全，尽量轻拿轻放，防止伤人或伤己。

4．展示物品

（1）手位正确。

在展示物品时，应使物品在身体一侧展示，不宜挡住本人的头部。具体来讲，一是将物品举至高于眼部之处，这一手位宜在被人围观时采用；二是将两臂横伸将物品向前伸出，活动范围自肩至肘处，其上不过眼部，下不过胸部，这一手位易给人以安定感。

（2）便于观看。

在展示物品时，一定要方便客人观看。因此，一定要将被展示的物品正面朝向客人，举到一定的高度，并注意展示的时间以便能让客人充分观看。当四周皆有客人时，展示还须变换不同角度。

（3）操作标准。

旅游服务工作人员在展示物品时，无论是口头介绍还是动手操作，均应符合有关的标准。解说时，应口齿清晰，语速缓慢；动手操作时，则应手法干净利索，速度适宜。

5．致意服务

第一，在表示"请"的时候，可以用右手，五指并拢伸直，掌心不可凹陷，女士为优雅起见，可微微压低食指。手与地面呈45°，手心斜向上方，肘关节微屈，腕关节要低于肘关节。动作时，手从腹部抬起至横膈膜处，然后以肘关节为轴向右摆动，到身体右侧稍前的地方停住。注意不要把手摆到体侧或是体后。

第二，给客人指引方向时，不能仅用手指，而应采用全手掌，以肘关节为轴，指向目标，同时眼睛要看着目标并用余光注意客人是否看到指示的目标。

第三，在请客人入座时，手要以肘关节为轴自上而下摆动，指向斜下方。注意前臂不要下摆至紧贴身体。

第四，招呼客人的时候，要使用手掌，而不能仅用手指。

第五，当旅游服务工作人员忙于手头的工作，而又看到面熟的客人，并且无暇分神时，向客人致意可以消除客人的被冷落感，具体的做法是：举手致意时，应全身直立，面向客人，至少上身与头部要朝向客人，在目视客人的同时，应面带微笑；手臂自下而上向侧上方伸出，手臂既可略有弯曲，也可全部伸直；这时的掌心应向外，即面对客人，指尖朝向上方，同时切记伸开手掌。

第六，在工作中，旅游服务工作人员一般不宜主动伸手和客人握手，但遇到客人先伸出手，则应给予回应。握手应以右手与客人相握，双方互相握住对方的手掌，大体上包括自手指至虎口处；握手时的力度应当适中，用力过轻与过重，都不合礼仪要求；握手的时间，一般把握在3秒钟至5秒钟即可，没有特殊的情况，不宜长时间地与对方相握。

第七，在欢迎客人到来，或是其他时刻，会用到鼓掌这一手势。使用时应用右手手掌拍左手手掌，但要注意避免时间过长，用力过度。

3.5.3 手势使用禁忌

手势是一种无声语言,要注意使用得当,在与人相处时,不要以手势来做"评论"的工具,这样是很不礼貌的。

1．手指指点

谈话时,伸出手的食指向他人指指点点是一种很不礼貌的举动,这表示对他人的轻蔑与瞧不起。如若手腕举得再高些,指向他人的脸,那问题就更严重了。

在公共场合,遇到不相识的人,不应当指指点点,尤其是不应当在其背后这样做。这种动作通常会被理解为对他人进行评头论足,是非常不友好的。

2．双臂环抱

双臂环抱,端在胸前这一姿势,往往会被人理解为孤芳自赏、自我放松,或是置身事外、看他人笑话之意。在旅游服务工作中这么做,会给客人以高傲、目中无人的感觉。

3．双手抱头

这一状态是很随意的,会显得很自我放松。在旅游服务工作中这么做,会给客人留下目中无人的感觉。

4．摆弄手指

在旅游服务工作中,无聊时反复摆弄自己的手指、活动关节,或是手指动来动去,或是莫名其妙地攥拳松拳,很容易给客人歇斯底里的感觉,而使客人望而却步。

在工作中捻指也是应该避免的。捻指就是用手的拇指和食指或中指弹出"叭叭"的声音,它所表达的含义比较复杂,有时表示高兴,有时表示对客人所说的话很感兴趣或完全赞同,有时则表示某种轻浮的动作。为了避免在旅游服务工作中让客人产生误解,就需要尽可能少地使用无谓的手势。

5．手势放任

有些旅游服务工作人员习惯时不时地抚摸自己的身体,如摸脸、擦眼、搔头、挖鼻、剔牙、抓痒、搓泥等。这些手势会给客人留下缺乏公德意识、不讲究卫生、个人素质极其低下的印象。更不能搔首弄姿,容易产生当众表演的嫌疑,影响恶劣。

▎应用案例 3-2

左手服务惹人恼

小顾是某星级大酒店的餐厅服务员,她对待客人热情友好,服务出色,因而颇受重用。有一天,酒店接待了一个东南亚某国的经贸代表访问团,餐厅专门派她进行 VIP 厅的餐饮服务工作。举止大方、动作得体的小顾,竟因行为不慎,招惹了一场不大不小的麻烦。

小顾在为客人分派菜点的时候,因一时疏忽,竟用左手将盘子递出。见此情景,该客人神色骤变,非常不高兴地将盘子重重放在桌子上,一脸阴沉。

原来，在东南亚的某些国家，人们是很忌讳用左手递东西和握手的。小顾就是因为服务时的大意而造成了这次服务的不愉快。

资料来源：徐兆寿. 旅游服务礼仪[M]. 北京：北京大学出版社，2013.（有改动）

3.6 旅游服务工作人员的表情神态规范

表情是指一个人通过面部形态变化所表达的内心的思想感情。它是心情的体现，也是内心的镜子。人的脸被称为"第一表情"，而手、腕、肩并列第二，躯干和脚并列第三。人的表情是一种世界通用语言，可以给他人以最直接的感受和情绪体验。

说一个人的表情怎么样，并不是指他的长相美丑。一个人的长相是天生的，但表情却不是天生的，表情是我们每个人可以掌握的。林肯在就任美国总统的时候，他的一位朋友曾向他推荐让某人做内阁成员，但林肯没有接受他朋友的推荐，为什么呢？林肯说："我不喜欢他的面孔。"他的朋友疑惑道："哦？可是，这不是太苛刻了吗？他不能为他自己天生的面孔负责啊！"林肯说："不，一个人到了40岁，就该为自己的面孔负责。"为什么这样说？因为长相虽然是天生的，但每个人的表情，是自己内心思想感情在脸上的流露，所以，人的表情是可以熏陶和改变的，每个人的生活经历、学识修养、气质特征造就了表情给别人的感觉。如果先天不漂亮，那么就用愉快而亲切的表情造就自己，这样依然美丽动人。

这里所讲的表情主要是指由脸色的变化、肌肉的收缩以及眉、目、嘴的动作所组成的，表现在面部上的思想感情。在旅游服务过程中，每个人要控制好自己的表情，努力通过自己的表情展现出良好的个人形象。

3.6.1 脸色

人的脸色不仅是健康状况的尺度，也是心理状态的展露。例如：红光满面、容光焕发是兴高采烈的表露；面红耳赤是激动或羞涩的反映；脸色铁青是生气或愤怒的表示；脸色苍白可能是紧张或身体不适的体现；黑里透红则是健康的标志。

3.6.2 面部肌肉

人的面部肌肉大致可以分为以眼睛为中心的上半部和以嘴巴为中心的下半部。生物学家认为，人类表情变化的重心随着进化逐渐由嘴巴四周转移到眼睛四周。这也就是说，现在人类主要靠眼睛四周的肌肉来做表情，故有"眼睛就像嘴巴一样会说话""眼睛是心灵的窗户"之说。例如："眉开眼笑"是心情愉快的象征；"愁眉锁眼"是忧虑不安的反映；"怒目圆睁"说明不高兴或生气。

3.6.3 眉语

眉语是表情的重要组成部分，眉毛能表达人们丰富的情感。眼睑、眉毛要保持自然的舒展，说话时不宜牵动眉毛，要给人以庄重、自然、典雅的感觉。眉毛的不同动作和状态，代表了不同的信息。

皱眉型：双眉紧皱，多表示困窘、不赞成、不愉快。
耸眉型：眉峰上耸，多表示恐惧、惊讶或欣喜。
竖眉型：眉角下拉，多表示气恼、愤怒。
挑眉型：单眉上挑，多表示询问。
动眉型：眉毛上下快动，一般用来表示愉快、同意或亲切。

3.6.4 眼神

眼神是表情的核心，指的是人们在注视时，眼部所进行的一系列活动以及所呈现的神态。旅游服务工作人员的眼神应该是热情、礼貌、友善和诚恳的，不能是涣散呆滞的，也不能死盯着客人。为了能通过眼神更好地焕发出自己仪态美的魅力，需要注意以下5点。

1．正确的眼神

在与人交流时，宁和而亲切的眼神，既不咄咄逼人，又绝无怠慢之意。做到这一点的要领是：彻底放松精神，把自己的眼神放虚一些，不要聚焦于对方脸上的某个部位，而是好像在用自己的眼神笼罩住对方整个人。

有教养的一个重要的体现就是能够控制自己的情感，不轻易让它流露出来影响周围的其他人。因此，一个人对于自己不喜欢的人或事物，轻易地做出鄙夷或不屑的眼神，实际上并不能显示他的高尚，相反倒是反映出他的狭隘和无礼。应注意，斜视、瞟视、瞥视的眼神还是少用为妙。

同时，我们应注意不同国家、地区和民族的人，在某些相同的场合，会使用不同的眼神表达方式。比如，日本的小孩在受到责骂时必须低下头，目光低垂，表示谦卑和羞耻，而在美国却恰恰相反，小孩必须把头抬得高高的，注视着大人，以表示他们在虚心聆听教诲。这种眼神表达方式由来已久，难以改变，容易被具有与自己不同文化背景的人误会。又如在会议桌上，日本人会把美国人的四目对视看作不礼貌和感觉迟钝，而美国人却容易把日本人不正视别人当作一种狡诈的象征。为此，熟悉其他国家、地区和民族的文化和习惯，并给予充分的尊重和理解，是相当必要的。

2．特殊的眼神

（1）盯视。

盯视是一种不太礼貌的眼神。盯视的规则是不盯视人，只盯视物。我们可以长久地盯视一棵树、一张照片，但若把这种目光放到一个人的身上，他马上就会感到不安、难受，因此尽量不要盯视他人，以免他人困扰。

（2）眯眼。

眯眼是最意味深长的眼神。对于不太熟悉的人，最好不要做这种表情。在西方，对异性眯起一只眼睛，并夹两下眼皮，是一种调情的动作，因此，在工作中一定要慎用，否则，轻者闹出笑话，重者引起误会。

3．注视的部位

在服务的时候，可以注视客人的常规部位有以下4个。

(1)客人的双眼。

注视客人的双眼,既可表示自己全神贯注,又可表示对客人所讲的话正在洗耳恭听。问候客人、听取诉说、征求意见、强调要点、表示诚意、向客人道贺或与客人道别时,皆应注视客人双眼,但时间上不宜过久。

(2)客人的面部。

与客人进行较长时间的交谈时,可以以客人的整个面部为注视区域。最好是注视客人的眼鼻三角区,而不要集中在一个区域,以散点柔视为宜。

目光的使用区域可以分为三个区域。第一个是商务注视区,注视范围是以对方双眼为底线,额头中点为顶点的三角形区域。主要用于较为正式的场合,可以体现严肃和真诚的态度;第二个是社交注视区域,注视范围是以对方双眼为上线,唇心为下顶角形成的倒三角形区域。主要用于一般社交场合,能让对方产生平和轻松的感觉,从而营造良好的沟通氛围;第三个是亲密注视区域,注视范围是从对方双眼到胸部之间的区域,一般用于家人、恋人之间(图3.10)。

(a)商务注视区 (b)社交注视区 (c)亲密注视区

图3.10 注视区域

(3)客人的全身。

同客人相距较远时,旅游服务工作人员一般应当以客人的全身为注视点,在站立服务中,更是如此。

(4)客人的局部。

在服务工作中,旅游服务工作人员往往会因为实际需要,而对客人身体的某一部位多加注视。例如,在递接物品时,应注视客人的手部。

4. 注视的角度

旅游服务工作人员在工作中,既要方便服务工作,又不至于引起客人的误解,就需要有正确的注视角度。

(1)正视客人。

在注视客人的时候,与之正面相向,同时还须将上身前部朝向客人。正视客人是基本礼貌,其含义为重视客人。

(2)平视客人。

在注视客人的时候,身体与客人应保持基本一致的高度。在服务工作中平视客人,可以表现出双方地位平等,和自己不卑不亢的精神面貌。

(3)仰视客人。

在注视客人的时候,旅游服务工作人员所处的位置比客人低,而需要抬头向上仰视客人。在仰视客人的情况下,往往可以给客人留下信任、重视的感觉。

(4)按先来后到顺序注视。

在工作岗位上,旅游服务工作人员为互不相识的多位客人服务时,需要按照先来后到的顺序对每个客人多加注视,又要同时以略带歉意、安慰的眼神,去环视等候在身旁的客人。巧妙地运用这种兼顾多方的眼神,可以对每一位客人给予照顾,表现出优秀的服务水准。

拓展视频3-3

5．眼神的训练

要使眼睛"炯炯有神"，可以从以下 2 个方面加强训练。

（1）盯视训练法。

眼睛盯住 2～3 米远的某一物体。首先进行大范围盯视，如该物体的外形，盯住几分钟不眨眼睛。其次逐渐缩小范围，将目光集中于该物体的某一部分。最后再缩小到某一点。这种训练方法可以达到集中眼神，明亮眼睛的目的。

（2）香火训练法。

点上一炷香，眼神集中于香头一点，并随其燃烧变化来转移视线。这种方法也可达到集中眼神、明亮眼睛的目的。眼神训练中若感到疲劳，就将眼神及时收回，也可将眼神转移或闭目休息一下，然后再反复练习几次。每天坚持训练，就会达到由"目中无神"至"目中有神"的变化。

3.6.5 微笑

嘴巴是一个人面部中比较显露的突出部位，是生动多变的感情表达器官。嘴巴传达信息的功能仅次于眼睛。我们应该了解并掌握不同嘴部动作的确切含义：嘴角上扬，微微露出牙齿的双唇，给人以热情、友好、诚恳、和蔼、可亲的感觉；紧闭双唇，表示严肃或专心致志；撅起双唇，表示不高兴；努努嘴，表示着怂恿或揶揄；撇撇嘴，表示轻蔑或讨厌；咂咂嘴，表示赞叹或惋惜。

毋庸置疑，微笑的双唇会给对方留下温暖的感觉，它是最富有吸引力、最有价值的表情。微笑是友善的象征，体现着人际关系中诚信、谦恭、融洽等最为美好的感情因素。不同职业和身份的人，如充分意识到微笑的价值，并在各种场合恰如其分地运用微笑，就可以传递情感、沟通心灵、征服对手。在服务工作中，初次与客人见面，给客人一个亲切的微笑，在一瞬间就拉近了双方的心理距离，使客人有宾至如归的感觉，相反，客人向旅游服务工作人员报以微笑，就显示了尊重和理解。

俗话说："没有笑颜不开店。"微笑可以赢得高朋满座，产生最大的经济效益。世界上不少著名企业家也深谙微笑的作用，奉其为治店的法宝，企业的成功之道。美国一家旅行社总裁曾衷心告诫东航的空姐们："Smile，Smile，Smile 等于成功。"希尔顿酒店的创始人康拉德·希尔顿视微笑为效益的先导，酒店成功之宝。"希尔顿的微笑"不仅挽救了美国经济大萧条时代的希尔顿酒店，还造就了现今遍及世界五大洲、一百多个国家的希尔顿酒店集团。康拉德·希尔顿曾经指出，酒店的第一流设备重要，而第一流的微笑更为重要，如果没有微笑，就好比花园失去了春日的阳光和微风。有鉴于此，在许多国家的旅游服务工作人员的岗前培训中，微笑被列为最重要的培训科目之一。

1．微笑的要求

笑，是七情中的一种情感，是心理健康的一个标志。人人都会笑，但应该用什么样的微笑来赢得客人呢？从旅游服务的实际出发，甜美而真诚的微笑是最有价值、最值得推崇的。

所谓甜美，应该是笑得温柔友善、亲切自然、恰到好处，能给人一种愉快、舒适、幸福的好感与印象。所谓真诚，应该是发自内心的喜悦的自然流露。需要注意的是，微笑一定要自然坦诚，切不可故作笑颜、假意奉承。

甜美而真诚的微笑，是旅游服务工作人员的基本功之一，它贯穿于旅游服务过程的始终。在了解正确的微笑方法之后，再来看看应该避免的笑。例如，在正式场合不能放声大笑，在各种场合都不能没头没脑地边看别人边哈哈大笑，倘若哪个人的身上真有什么可笑的，就更不应该大笑，否则会被视为失礼。除非在私下场合或娱乐场合，否则都不可以笑得前仰后合、抚腹捧胸。至于勉强敷衍地笑、机械呆板地笑、尴尬地笑，以及皮笑肉不笑等，也是必须注意和防止的。甚至有下列情况时，微笑是不被允许的：进入气氛庄严的场所时；客人满面哀愁时；客人有某种先天的生理缺陷时；客人出了洋相而感到极其难堪时……此时，如果面带微笑，往往会使自己陷入十分不利、被动的处境。

应用案例 3-3

希尔顿的微笑服务

希尔顿酒店集团（以下简称希尔顿）是国际知名的酒店管理企业，旗下拥有十九大卓越酒店品牌，在全球 122 个国家和地区拥有 7200 多家酒店，超过 110 万间客房。希尔顿一直致力于实现"让世界充满阳光和温暖，让客人感受到'热情好客'"的创始愿景，在其百余年发展历程中，为超过 30 亿位客人提供服务。

1919 年，康拉德·希尔顿把父亲留给他的 1.2 万美元连同自己挣来的 3000 美元投资出去，开始了他雄心勃勃的经营酒店的生涯。当他的资产从 1.5 万美元奇迹般地增值到 5100 万美元的时候，他欣喜自豪地把这一成就告诉母亲，母亲却淡然地说："依我看，你跟以前根本没有什么两样……事实上你必须把握比 5100 万美元更值钱的东西：除了对客人忠诚，还要想办法使住过了希尔顿酒店的人还想再来住，你要想出这样一种简单、容易、不花本钱而行之久远的办法来吸引客人。这样你的酒店才有前途。"

母亲的忠告使康拉德·希尔顿陷入迷惘，究竟什么办法才具备母亲指出的这四大条件呢？他冥思苦想不得其解。于是他逛商店、住旅店，以自己作为一个客人的亲身感受，得出了"微笑服务"这一答案。它同时具备了母亲提出的四大条件。

从此，康拉德·希尔顿实行了微笑服务这一独创的经营策略。每天他对员工说的第一句话是："你今天对客人微笑了没有？"他要求每位员工不论如何辛苦，都要对客人投以微笑。

1929 年美国爆发经济大萧条，随后席卷世界，全美酒店倒闭了 80%。希尔顿也一家接一家地亏损不堪，曾一度负债 50 亿美元。康拉德·希尔顿并不灰心，而是充满信心地对酒店员工说："目前正值酒店亏空，靠借债度日的时期，我决定强渡难关，请各位记住，千万不可把愁云挂在脸上，无论酒店本身遭遇的困难如何，员工的微笑永远是属于客人的阳光。"因此，在美国经济大萧条中纷纷倒闭后幸存的 20% 的酒店中，只有希尔顿的员工面带微笑。美国经济大萧条刚过，希尔顿便率先进入了繁荣时期，跨入了黄金时代。

康拉德·希尔顿成功的秘诀是什么呢？研究发现，其成功的秘诀就在于牢牢树立自己的企业理念，并把这个理念上升为品牌文化，贯彻到每一位员工的思想和行为之中。希尔顿创造"宾至如归"的文化氛围，注重员工礼仪的培养，并通过员工的"微笑服务"体现出来。他每天至少到一家旗下酒店与员工接触，向各级员工（从总经理到服务员）问得最多的一句话，必定是："你今天对客人微笑了没有？"

资料来源：徐兆寿. 旅游服务礼仪[M]. 北京：北京大学出版社，2013.（有改动）

2. 微笑的方法

我们所推崇的微笑，是甜美而真诚的，其方法如下。

首先，微笑来自旅游服务工作人员敬业、乐业的思想与感情。即其心灵深处对自己的职业有正确的认识及情感与情绪上的体验。正如一位旅游服务工作人员所说："对旅游服务工作的爱，对客人的爱，是我们甜美、真诚微笑的源泉。"这种微笑，包含着民族的尊严和自豪感与热情助人、乐于服务的高尚职业情操，以及勤奋进取、勇于奉献的精神。

其次，加强心理素质的锻炼，努力增强自控力，克服不良情绪的外露，保持心境的喜悦。微笑，是旅游服务工作人员内心情感的自然流露，烦心事、不愉快乃至伤心事都会通过表情显露出来，它将有损于旅游服务工作人员的专业形象。因此，在上岗前，应全力排除一切心理障碍和外界的干扰，全身心地进入角色，从而把甜美真诚的微笑与友善热忱的目光、训练有素的举止、亲切动听的话语融为一体，以最完美的神态，出现在客人面前。

再次，加强必要而严格的训练。除上述思想、心理素质的培养，还可以适当地借助某些技术上的指导。例如，默念英文单词"Cheese"、英文字母"g"、普通话的"钱""茄子"，均可以收到一定的效果。当我们默念这些字、词的时候，形成的口型，正好是微笑的最佳口型。必须强调的是，微笑一定要有一个良好的心境与情绪作为前提，否则，将会陷入勉强、尴尬的境地。

最后，微笑服务的实现，还得有一个内外部环境。以酒店为例，就酒店内部而言，管理者要关心员工，打造一个团结、和谐的环境，使员工对酒店有信赖感和归属感，以增强酒店的凝聚力，就酒店外部而言，要形成真正的市场竞争机制，立于不败之地，并与经济效益挂起钩来，那么，优质服务和甜美而真诚的微笑之花，将会开得更加鲜艳。

3. 微笑的训练

（1）情绪引导法。

情绪引导法是一种设法寻求外界的引导、刺激，以求引起情绪的愉悦和兴奋，从而唤起微笑的方法。例如，打开你喜欢的书页，翻看使你高兴的照片、画册，回想过去幸福生活的片段，放送你喜欢的音乐等，以期在欣赏和回忆中引发微笑。有条件，最好用摄像机或手机摄录下来。

（2）镜子练习法。

这是一种常见、有效和最具形象趣味的训练方法。端坐镜前，衣装整洁，以轻松愉快的心情，调整呼吸；静心3秒钟，开始微笑；双唇轻闭，使嘴角微微翘起，面部肌肉舒展开来；同时注意眼神的配合，使眉目舒展。如此反复多次，自我对镜微笑训练的时间长度不限，为了使效果明显，可以放背景音乐。

（3）咬筷子训练法。

① 用上下两颗门牙轻轻咬住筷子，看看自己的嘴角是否已经高于筷子。

② 继续咬着筷子，嘴角最大限度地上扬。也可以用两手食指按住嘴角向上推，上扬到最大限度。

③ 保持上一步的状态，拿下筷子。这时的嘴角就是微笑的基本形态。能够看到上排8颗牙齿就可以了。

④ 再次轻轻咬住筷子，发出"Yi"的声音，同时嘴角向上向下反复运动，持续30秒。

⑤ 拿掉筷子，观察自己微笑时的基本表情。两手托住两颊从下向上推，并要发出"Yi"的声音反复数次。

⑥ 放下手,同上一个步骤一样数"1、2、3、4",也要发出"Yi"的声音。持续30秒。

(4) 拇指训练法。

两手四指轻握,两拇指伸出,呈倒"八"字形,以食指关节轻贴颧骨附近;两拇指肚向下,放于嘴角两端一厘米处,轻轻向斜上方拉动嘴唇两角;反复多次,观察寻求满意的微笑感觉状态。也可以两手手指轻握,两拳手背向外放于唇下方;两拇指伸出,两拇指指肚放在唇角处,斜上方向内轻轻拉动。反复动作,寻找满意的位置。

拓展阅读 3-4

应用案例 3-4

微笑也要有分寸

某日华灯初上,一家饭店的餐厅满座,服务员来回穿梭于餐桌和厨房之间,一派忙碌气氛。这时一位服务员跑去向餐厅经理汇报,说客人投诉有盘海鲜菜中的蛤蜊不新鲜,吃起来有异味。这位餐厅经理自信颇有处理问题的本领和经验,于是不慌不忙地向投诉的那桌客人的餐桌走去。一看,那不是老食客张经理嘛!他不禁心中有了底,于是迎上前去一阵寒暄:"张经理,今天是什么风把您给吹来了,听服务员说您老觉得蛤蜊不大对胃口……"这时张经理打断他说:"并非对不对胃口,而是我请来的香港客人尝了蛤蜊后马上讲这道菜千万不能吃,有异味,变了质的海鲜,吃了非出毛病不可!我可是东道主,自然要向你们提意见。"

餐厅经理接着面带微笑,向张经理进行解释,蛤蜊不是鲜货,虽然味道有些不纯正,但吃了不会要紧的,希望他和其余客人谅解包涵。不料此时,在座的那位香港客人突然站起来,用手指指着餐厅经理的鼻子指责:"你居然还笑得出来,我们拉肚子怎么办?你应该负责任,不光是为我们配药、支付治疗费而已。"这突如其来的兴师问罪,使餐厅经理一下子怔住了!他脸上的微笑一下子变成了哭笑不得。到了这步田地,他揣摩着如何下台阶,他在想,总不能让客人误会刚才我面带微笑的用意吧,又何况微笑服务是首先应该做到的。于是他仍旧微笑着准备再作一些解释,不料,这次的微笑更加惹恼那位香港客人,甚至于流露出想动手的架势,幸亏张经理及时拉拉餐厅经理的衣角,示意他赶快离开现场,否则简直难以收场了。

资料来源:孙艳红,徐真真,祖恩厚. 旅游服务礼仪[M]. 北京:电子工业出版社,2016. (有改动)

本 章 小 结

本章主要介绍了旅游服务工作中的几种主要的仪态举止礼仪,包括站姿、坐姿、蹲姿、走姿、手势以及表情神态等,同时重点阐述了各种仪态举止的基本要求和所应注意的事项。通过对本章的学习,旅游服务工作人员不仅可以掌握最基本、规范的服务仪态,还可以养成落落大方的神情举止。

复习思考题

一、单项选择题

1. 正式场合入座时,最佳的方式是（　　）。
   A．坐满椅子的 1/4　　　　　　　B．坐满椅子的 1/3
   C．坐满椅子的 2/3　　　　　　　D．随意
2. 在旅游服务接待场所,要按规定路线行走,一般而言,（　　）。
   A．靠左行走　　　　　　　　　　B．靠右行走
   C．走中间　　　　　　　　　　　D．无所谓
3. 将视线停留在对方双眼与嘴之间的区域的注视是（　　）。
   A．亲密注视区　　　　　　　　　B．社交注视区
   C．严肃注视区　　　　　　　　　D．禁止注视区

二、多项选择题

1. 下列选项中属于仪态的内容有（　　）。
   A．化妆　　　　B．坐姿　　　　C．手势　　　　D．着装
2. 走姿的基本要求包括（　　）。
   A．步度适中　　　　　　　　　　B．步位标准
   C．手臂大幅度摆动　　　　　　　D．步速均匀
3. 手势运用的基本原则有（　　）。
   A．使用规范的手势　　　　　　　B．注意区域性的差异
   C．牢记手势宜少忌多　　　　　　D．表达时尽可能使用更多的手势

三、简答题

1. 站、坐、蹲、走等姿势有哪些要求,个人的这些基本行为举止有哪些需要改进的地方？
2. 旅游服务工作人员不能滥用的手势有哪些？
3. 旅游服务工作人员的走姿中有哪些特例需要注意？
4. 微笑的主要特征与基本方法是什么？

实 训 项 目

一、站姿训练

1. 在教师的指导下,学生分组练习,并互相纠正不良站姿。
2. 具体方法。
（1）基本站姿；
（2）各种服务性站姿；

（3）模拟情景进行不同站姿的灵活运用。

3. 站姿训练评价标准（表3-1）。

表3-1　站姿训练评价标准

内容	技能标准	评价结果			
		优秀	良好	合格	不合格
站立	头正；肩平；躯挺；两眼目视前方；身体重心主要支撑于脚掌、脚弓上；从侧面看，头部肩部、上体与下肢应在一条垂直线上				
手位	两手置于身体两侧，右手搭在左手上叠放于体前，两手叠放于体后，一手放于体前一手背在体后				
脚位	男士两腿微微分开，两脚与肩同宽；女士两脚脚跟并拢，两脚脚尖张开呈45°，或两脚呈小"丁"字步站立				
综合印象	男士站姿要求刚毅挺拔，女士站姿要求亭亭玉立				

二、坐姿训练

1. 在教师的指导下，学生分组练习，并互相纠正不良坐姿。
2. 具体方法。
（1）基本坐姿；
（2）女士在穿着裙装时正确的坐姿。
3. 坐姿训练评价标准（表3-2）。

表3-2　坐姿训练评价标准

内容	技能标准	评价结果			
		优秀	良好	合格	不合格
入座	入座时要轻稳；入座后上体自然挺直，挺胸，两膝自然并拢，两腿自然弯曲，两肩平整放松，两臂自然弯曲，两手自然放在腿或椅子、沙发扶手上，掌心向下；头正、嘴角微闭，下颌微收，平视前方，面容平和自然；坐满椅子的2/3，脊背轻靠椅背				
上身	挺胸收腹，精神饱满，平视前方，两肩齐平，两臂自然下垂，两手轻放于两膝上				
双手	两手平放在两膝上；两手叠放，放在一条腿的中前部；一只手放在扶手上，另一只手放在腿上或两手叠放在侧身一侧的扶手上，掌心向下				
双腿	两腿并拢，两膝并拢；腿同时侧向一方，两膝并拢，两脚脚跟相靠，两脚脚尖略分开；一脚叠在另一腿上，但不要翘得太高，一定注意翘起的腿的腿尖要朝向地面；两膝并拢，右脚从左脚外侧伸出，使两脚外侧相靠				
起身	起身要轻，上身保持直立				

三、蹲姿训练

1. 在教师的指导下，学生分组练习，并互相纠正不良姿势。
2. 具体方法。
（1）高低式蹲姿；
（2）交叉式蹲姿。
3. 蹲姿训练评价标准（表3-3）。

表3-3　蹲姿训练评价标准

内容	技能标准	评价结果			
		优秀	良好	合格	不合格
选位站立	保持正确的蹲姿前站位，两腿并拢，若用右手捡东西，可以先走到东西的左边，右脚向后退半步后再蹲下来				
下蹲	下蹲时一定不要有弯腰、臀部向后撅起的动作；切忌两腿叉开，应两腿展开平衡下蹲				
高低式蹲姿	左脚在前，右脚稍后；左脚应完全着地；右脚则应脚掌着地，脚跟提起；女士应靠紧两腿，男士则可以适度地将其分开				
交叉式蹲姿	右脚在前，左脚在后，两膝交叠，全脚着地；右腿在上，左腿在下，两者交叉重叠；左膝由后下方伸向右侧，左脚脚跟抬起，并且脚掌着地				
起身	起身站立要轻缓、稳重				
综合印象	迅速、美观、大方				

四、走姿训练

1. 在教师的指导下，学生分组练习，并互相纠正不良走姿。
2. 具体方法。
（1）正确的走姿；
（2）在镜子面前进行训练；
（3）在地上放一长绳进行步姿训练；
（4）头顶物品（如书本等）进行平衡训练。
3. 走姿训练评价标准（表3-4）。

表3-4　走姿训练评价标准

内容	技能标准	评价结果			
		优秀	良好	合格	不合格
正方向行走	根据自己的习惯迈脚，用胯部的力量带动腿前进；步位呈一条直线；步度大小合适；步速平稳；两手随身体自然摆动，摆动幅度为30°；目视前方，面带微笑				
后退步行走	先向后退两三步，再转身离去；退步时，脚要轻擦地面，不可高抬小腿，后退的步度要小；转体时要先转身体，头稍后再转				

续表

内容	技能标准	评价结果			
		优秀	良好	合格	不合格
侧身步行走	走在客人的左前方；上身稍向右转体，侧身向着客人，居于客人左前方约一米的位置；当在较窄的路面或楼道中与人相遇时，采用侧身步，两肩一前一后，并将胸部转向客人，不可将后背转向客人				
手臂摆动	在原地进行摆臂，身体直立，以肩关节为轴，两臂前后自然摆动，摆幅在 $10°\sim30°$				
步位步度	步位标准，步度适中				
行走的稳定性	沿直线行走，步伐保持一致，不可忽快忽慢				

五、表情神态训练

1. 由教师进行示范，学生可先按 6～8 人一组先进行训练，再按 2 人一组进行训练。
2. 具体方法。
（1）在教师指导下，进行不同表情神态的训练；
（2）在镜子面前进行训练；
（3）学生之间相互训练，并纠正错误。
3. 表情神态训练评价标准（表 3-5）。

表 3-5　表情神态训练评价标准

内容	技能标准	评价结果			
		优秀	良好	合格	不合格
眉语	眉毛要保持自然舒展，说话时不宜牵动眉毛，给人以庄重、自然、典雅的感觉				
眼神	在不同的场合对不同关系的人要注视对方不同的部位；注视角度正确，体现出友好、亲切、宁和；注视时间是交谈时间的 30%～60%，连续注视对方时间控制在 1～2 秒				
微笑与表情	笑不出声，避免露出牙龈；肌肉放松，嘴角向上微微提起，面含笑意；发自内心地微笑，表情自然，恰到好处				

拓 展 课 堂

凝聚青春正能量　礼仪志愿者实操演练开训

2019 年 5 月，第二届全国青年运动会（以下简称"二青会"）太原赛区礼仪志愿者实操演练首场培训在太原旅游职业学院拉开帷幕，来自该校及太原学院的 80 名礼仪志愿者参训。

据了解，二青会太原赛区礼仪志愿者通过层层筛选，共有330名在校大学生通过面试选拔。为确保礼仪志愿者服务质量，展现新时代大学生的青春风貌，二青会太原市执委会志愿者服务部在完成礼仪志愿者通用知识培训的基础上，结合G20杭州峰会、福州一青会志愿服务工作的先进经验，聘请曾担任G20杭州峰会和APEC会议礼仪志愿者督导，主要围绕礼仪基础、服务意识植入、仪容仪表、静态礼仪、动态礼仪共计五大模块18项内容开展进一步培训。

在培训现场，80名礼仪志愿者正在认真训练。为给二青会带来更高效、优质的服务，展现出礼仪志愿者最优美的姿态，每一名礼仪志愿者都做好了充分的准备。"虎口打开，握在腰最细的位置，手腕下沉，面带微笑……"在老师的指导下，礼仪志愿者慢慢体会正确站立时身体各部位的感觉。

礼仪志愿者实训指导老师荣丽婷介绍，礼仪培训内容包括站姿、走姿、蹲姿、引导手势以及托盘姿势等，每一个动作、每一个眼神，都不能马虎且要达到标准。要先从站姿开始练起，为了能显得更挺拔一点，训练的时候，需要在膝盖之间夹上一张A4纸、在头上顶一本书。而站姿只是基本功，要练的动作还有很多，比如颁奖时笑容要求尽量露出6到8颗牙齿。

"为了达到这个要求，姑娘们在训练微笑时，还会咬着一根筷子，以达到最好的效果。"荣丽婷说。"每一节培训课都有不一样的收获，虽然训练很累，但想到能在二青会颁奖仪式中展现出自己最美的姿态，再累也值得。经过训练，姿态美了，人也更自信了。"礼仪志愿者陈佳媛说。

"想成为二青会礼仪志愿者，就意味着姑娘们要将自己的假期与课余时间'贡献'出来，还要学会在颁奖现场解决遇到的各类突发情况，这对于大学生来说是一次锻炼，更是一次挑战。在实训结束后，学校还会组织大家进行定期演练，确保每一名礼仪志愿者圆满完成工作任务。"相关负责人介绍道。

拓展视频3-5

"紧接着我们还会实训山西工商学院、山西财经大学、山西大学的200余名礼仪志愿者。虽然时间紧、任务重，但是能够为山西在新中国成立后首次举办的大型综合性运动会贡献自己的力量，感觉还是无比荣耀和自豪的。"荣丽婷说道。

资料来源：https://baijiahao.baidu.com/s?id=1633040784372961700&wfr=spider&for=pc（2019-05-09）[2023-04-09].（有改动）.

课后阅读

手势在不同国家和地区的不同含义

手势是人际交往中使用最广泛的一种肢体语言，人们往往借助手势来表达思想，在说话时也常常用手势来加强语气，使话语变得有声有色。手势极富表现力的特点，就使得同一动作在不同的国家、地区、民族表示不同的含义。

（1）竖大拇指。

在中国竖大拇指是表示赞赏、夸奖的，暗示某人真行；在美国、英国、澳大利亚等国，这种手势往往有搭便车、表示OK，或是骂人的含义；在希腊，这种手势意味着"够了""滚开"，是侮辱人的信号；日本人使用大拇指表示男人；而韩国则是表示父亲、首领。在一些国家，其意是表示数字，如意大利人从"一"数到"五"时，他们用拇指表示"一"，食指就是"二"；而大多数的澳大利亚人、英国人和美国人则用食指当"一"，中指当"二"，这样，大拇指就代表了"五"。

（2）OK手势。

OK手势起源于美国，是用大拇指和食指构成一个圈，再伸出其他三指，往往表示同意、赞扬和欣赏对方。这一手势在欧洲也被普遍采用，在学生中间更为流行，潜水员在水下也使用。但在有些地区它的含义就发生了变化，如在法国南部、希腊、意大利撒丁岛等地，其意为劣等品；在韩国、缅甸表示金钱；在印度尼西亚表示"不成功"。

（3）伸出食指和中指。

在中国该手势表示数字"二"，若手臂放平，则表示剪刀。若微伸手臂，就成了"V"字形手势，通常表示胜利，暗示对工作或某项活动充满了信心。在第二次世界大战中，时任英国首相丘吉尔曾在一次演说中伸出右手的食指和中指，构成"V"字形来表示胜利，此后这一手势就广为流传。使用表示"胜利"的手势要求手掌向外，如果手掌向内，就变成了侮辱人的信号。但在希腊，手掌向外或是手掌向内，都不可使用，如果使用就会引来麻烦。

（4）"右手握拳伸出食指"手势。

在中国该手势表示数字的概念，表示"一"或"一次（个）"，或是"提醒对方注意"的意思；在日本、韩国、菲律宾、印度尼西亚、斯里兰卡、沙特阿拉伯、墨西哥等国家只表示"一次（个）"的意思；在美国，表示请对方稍等；在法国，这是学生请求回答问题时的手势；在缅甸表示"拜托"；在新加坡表示"最重要"。

（5）向上伸出中指。

在中国有些地方该手势表示"胡说"，四川等地用这个手势来表示对对方的侮辱；在菲律宾，表示愤怒、憎恨、轻蔑和咒骂；在美国、法国、新加坡，表示愤怒和极度的不快；在墨西哥表示"不同意"。

（6）向上伸出小指。

在中国，该手势表示小、微不足道、拙劣、最差的等级或是名次，还可以表示轻蔑；在日本表示女人、女孩子、恋人；在韩国，表示妻子、女朋友，或是打赌；在菲律宾表示小个子、年轻，或指对方是个小人物；在泰国或沙特阿拉伯表示朋友、交朋友；在缅甸和印度则表示想去厕所；在美国，表示懦弱的男人或打赌。

（7）大拇指向下。

在中国，该手势表示向下、下面；在英国、美国、菲律宾表示不同意、不能结束，或是对方输了；在法国、墨西哥表示运气坏、死亡、无用；在澳大利亚表示讥笑。

（8）伸出弯曲的食指。

在中国，该手势表示数字"九"；在日本表示小偷；在泰国、菲律宾表示钥匙、上锁；在韩国表示有错误、度量小；在新加坡、马来西亚表示死亡；在缅甸表示数字"五"；英美人用这一手势来招呼某人。

（9）叫人的手势。

在美国呼唤服务员时，手掌向上伸开，伸屈手指数次；而在亚洲一些国家，这种手势对服务员则不可使用，这是因为人们常常以此来叫一条狗或者别的动物；在日本，招呼服务员时把手臂向上伸，手指向下并摆动手指，对方就领会了；在非洲餐厅吃饭时，叫服务员通常是轻轻敲打餐桌；而在中东各国，叫人时轻轻拍手，对方即可会意而来。

（10）告别的手势。

在许多国家，人们告别时都是举起右手臂挥手表示再见；而一些亚洲国家，如印度、缅甸、巴基斯坦、马来西亚及中国部分地区，人们告别时，常常举手向上伸开并向自己一侧摇动，这往往容易同一般招呼人的手势相混淆;在意大利,人们习惯伸出右手,掌心向上,不停地一张一合,表示告别。

(11)表达忧愁。

一些亚洲国家的人,遇到伤脑筋或是不顺心的事情,习惯举起右手挠头,而在日本,这种手势表示愤怒和不满;西方大多数国家,常用挠头表示不懂或不理解。

(12)打招呼的手势。

欧洲人习惯用手与人打招呼,方式是伸出胳膊,手心向内,上下摆动手指;而美国人则摆动整只手,然而摆动整只手的动作对大多数欧洲人来说是表示"不"或"没有"的意思;对希腊人和尼日利亚人来说,向前摆动整只手是对人的极大侮辱。

资料来源:徐兆寿. 旅游服务礼仪[M]. 北京:北京大学出版社,2013.(有改动)

第4章 旅游服务用语规范

教学要点

知识要点	学习程度	相关知识
旅游服务用语的特点、原则及要求	了解	旅游服务用语具有情感性、语境化、繁简适当等特点，在使用时要尊重客人，注意态度和措辞
旅游服务用语的分类	熟悉	酒店、旅行社、交通等相关行业的服务用语包括称呼语、问候语、迎送语、请托语、祝福语、征询语、应答语、致谢语
培养良好旅游服务用语习惯的途径及禁忌	掌握	旅游服务工作人员应树立良好的旅游服务用语意识，培养丰富的个人感情，博览群书，丰富知识；在工作中禁止使用俚语、行话、性别歧视语、敌视语、厌烦语
倾听礼仪	掌握	注重倾听礼仪，能够帮助旅游服务工作人员更好地了解人和事、增长自己的知识、提高工作效率、融洽人际关系

技能要点

技能要点	掌握程度	应用方向
旅游服务用语的使用	掌握	导游、酒店、旅游交通、旅游景区等服务场合
专注倾听	掌握	酒店、景区、导游服务投诉、对客交流等场景

 导入案例

善用语言的力量

生活中，有人喜欢高谈阔论，有人习惯低声细语，有人说话绵里藏针……无论是日常攀谈还是正式发言，语言都是交流的工具、思维的载体。重视语言、善用语言，让语言释放智慧与力量，往往能达到事半功倍的效果。

语言的力量，重在言之成理。"言贵于有物，无物，非言也。"就拿公开发言来说，一个人的讲话之所以能振奋人心、引起共鸣，关键在于相关语言都找到了恰当的支点，在事实和逻辑层面无懈可击，有说服力。

语言的力量，贵在言之有德。同样一句话，不同的人讲往往会产生不一样的效果。纵观历史长河，誓言"舍身为国"、发出惊人之语者不在少数，他们终能流芳千古，为民族精神注入生动元素。反观那些"两面人"、投机者，纵然信誓旦旦、巧舌如簧，但由于没有人格的光亮、缺少修养的支撑，因此说出来的话自然无法令人信服。

语言的力量，亦在言之共情。《文心雕龙》有言："故情者文之经，辞者理之纬；经正而后纬成，理定而后辞畅。"这是行文的典范，又何尝不是语言的真义？话语真情充沛、逻辑严谨，自然能生发出直抵人心的力量。穆青采访焦裕禄事迹时挥洒热泪，多年后，其采访日记上仍依稀可见斑斑泪痕。有了真情的灌注，那么语言和作品就都有了永不枯竭的活力，可以抵御时光而历久弥新。

反过来看，轻视语言的力量、忽视沟通的艺术，往往容易言不由衷、表意不明，甚至造成误解、触发矛盾。在现实中，有的领导一讲话，大家便皱眉摇头，原因何在？问题就在于这些讲话内容干瘪、细咽无味，要么是脱离实践的空话套话，要么是违背情理的废话假话。例如，有的乡村动员植树，长篇累牍都是绿化的道理，对大家最关心的树苗供应等现实议题只字不提。再如，发生安全事故，大家最关切的是伤亡情况和救援进展动态，个别地方的新闻发布却大篇幅着墨于"领导重视"，缺少事件本身的信息。凡此种种，消解的都是大家的信任。

"口能言之，身能行之，国宝也。"当然，强调善用语言，也并不是提倡夸夸其谈，更不是否定行动的力量、实践的价值。语言是行动的影子，行动是语言的土壤。挖掘语言的宝藏，品味语言的艺术，有助于更好地传递信息、交流意见、沟通情感，也必将行之有恒、行之有格、行之有效。从这个角度来说，从真理中汲取营养，在信仰中涵养定力，于情感中激发共鸣，有利于激发语言的力量，最终做到知行合一、言行并举。

资料来源：http://www.wenming.cn/wmpl_pd/zmgd/201904/t20190417_5079900.shtml（2019-04-17）[2023-04-13].（有改动）

请思考：旅游服务工作人员应当如何运用语言的力量做好旅游服务工作？

4.1 旅游服务用语的特点、原则及要求

4.1.1 旅游服务用语的特点

从语言运用的内容和形式来看,旅游服务用语的内容和形式是互相关联、相辅相成的:一是规范旅游服务工作人员(以下简称"服务人员")"说什么""写什么",力求实现"内容美";二是规范服务人员"怎样说""怎样写",力求实现"形式美"。这两个方面的紧密结合,使旅游服务用语带有浓厚的行业特色,具有情感性、语境化、繁简适当三个主要特征。

1. 情感性

使用旅游服务用语的目的就是通过语言建立起情感的纽带,使用轻松、诙谐、明快、委婉、的语言营造自然、愉悦的氛围,为客人提供优质服务,赢得客人的满意。情感是语言传递的重要内容,而语言也是表现情感的重要形式。其情感性体现在以下3个方面。

(1)词语的情感色彩。

词语按情感色彩一般可分为褒义、贬义、中性三种类型。在旅游服务工作中要求多用褒义情感色彩的词语,少用中性情感色彩的词语,避免使用贬义情感色彩的词语,以达到与客人愉悦互动,营造一种良好的情感交际氛围的目的。例如选用"您""您好""请""谢谢""再见""对不起"等最具情感性的"礼貌十一字"。

(2)语言的情感色彩。

语言是以声传意、以声传情的。语调的高低、语速的快慢、语音的轻重、音量的大小、语气的徐疾等变化,均能够传达出说话人丰富变化的感情。

(3)体态语的情感色彩。

体态语是指交谈时以姿态、表情、手势、动作等传递信息的无声语言,如"微笑语"就是情感的直接表现,它往往给人以友善、温和、美好的感觉。

2. 语境化

语境化是指语言运用要适合语言表达时所处的客观环境。服务人员的语言必须符合自己的身份地位,根据客人的社会背景以及个人经历和性格特点等因素,选择合适的说话内容,采取适当的形式,注意禁忌和避讳。

3. 繁简适当

繁简适当是指词语的繁简和表达的详略,要根据不同的语境、目的和客人的不同需要而定,当简则简,该繁则繁。例如:客人兴奋时,可适当多言;客人疲惫、厌倦时,要尽量少说为妙。现代人讲究效率,一般情况下语言要尽可能简洁明了。

4.1.2 旅游服务用语的原则

交谈是人与人之间最迅速、最直接的一种沟通方式，交谈也是一门艺术，它在旅游服务工作中对增进对客人需求的了解、加深客人联系方面起着十分重要的作用。旅游服务用语的基本原则是尊重客人和自我谦让，具体要注意以下 4 个方面。

1．态度诚恳亲切

态度是决定交谈圆满与否的重要因素，因为双方在交谈时会始终观察对方的表情、神态，反应极为敏感。双方在交谈时，要眼神交会，带着真诚的微笑。微笑能增强感染力，会给对方认真、和蔼、诚恳的感觉。

2．措辞谦逊文雅

措辞的谦逊文雅体现在两个方面：其一，对他人应多用敬语、敬辞；其二，对自己则应多用谦语、谦辞。谦语和敬语是一个问题的两个方面，前者为内，后者为外，内谦外敬，礼仪自行。

3．谈话要尊重对方

服务人员在工作中会遇到形形色色的客人，交谈的双方可能身份、地位有所不同，但在任何人面前，服务人员交谈的态度都应该是坦然、平等的。面对达官贵人、名流权威不能唯唯诺诺、手足无措、畏首畏尾；面对比自己社会地位低的人也不应该趾高气扬、盛气凌人。在交谈时，要把客人作为平等的交流对象，在心理上、用词上、语调上，体现出对客人的尊重。

4．心中铭记为客人服务

（1）客人不是评头论足的对象。

年龄、婚姻、住址、收入、经历、健康、信仰、所忙何事等，都属于个人隐私，不要好奇询问客人。与客人交谈的内容，一般不要涉及疾病、死亡、灾祸等不愉快的事情。

（2）客人不是比高低、争输赢的对象。

不要为鸡毛蒜皮的小事与客人比高低、争输赢，因为即使赢了，也得罪了客人，使客人对服务人员和所属公司或组织不满，实际上还是输了。

应用案例 4-1

金牌导游钱秀珍：以心换心，把每一位游客都当家人

因为热爱，十几年来足迹遍布苍洱大地；因为热爱，从初涉旅游业的"小菜鸟"，一步步成长为"国家金牌导游"……钱秀珍认为，她活在自己的热爱里，终其一生，都只想要讲好家乡故事，讲好中国故事。

心之所向，素履以往。2006 年，自主经商的钱秀珍突然转行，参加了全国导游资格考试；2007 年，取得国家导游证进入导游行业。刚工作的时候，钱秀珍接了一个团，当时正值吃饭时间，一位女士手机没电了，钱秀珍当即为这位女士买回了电池，这位女士很感谢钱秀珍，为她写了一封表扬信，原来这位女士当时在炒股，钱秀珍的小小举动帮了她很大的忙……从那时起，

钱秀珍开始思考导游这份职业的意义，逐渐明白"导游"一词的重量。于是，钱秀珍开始充实自我，通过看书、向前辈请教、实地开展调研等多种方式，努力提高自身的知识储备量，在一次次带团的过程中，提升服务质量和水平，一路奔赴，一路收获，一路成长。

从 2008 年开始，钱秀珍被邀请参与导游年检的培训；2009 年，获得了"云南省百年旅游先进产业人物"称号；2010—2012 年，获得了"大理白族自治州创先争优先进工作者"称号；2015 年获得"中国好导游"和"大理白族自治州最美金牌导游"称号；2016 年获得"云南省文明交通导游"称号；2020 年入选"国家金牌导游"培养对象；2021 年 7 月 8 日，大理白族自治州旅游行业协会导游分会成立，被选举为会长……然而，钱秀珍始终谦逊低调，每一项荣誉的获得，都是她生命的一次全新开场。

作为一名金牌导游，最大的技巧是什么？钱秀珍认为，最大的技巧就是没有技巧，即以心换心，从细节处出发，想游客之所想，急游客之所急。从刚工作开始，钱秀珍就会提前记得团里每一位游客的名字，不管这个团有多少人。她的细心、亲切及对每一位游客无微不至的关心，都会在不经意间，让大家感觉舒服、暖心。2020 年，钱秀珍所在的旅行社接了一个行程为 9 天的团，上车不到半小时，游客就非常喜欢钱秀珍。其中一位游客也给钱秀珍写了表扬信，这位游客表示，自己的姓氏是一个生僻字，到云南 9 天了没有人叫得出她的名字，但钱秀珍却第一时间叫出了，并准确讲出了其姓氏背后的故事，钱秀珍是一名优秀的导游，她的专业素养都在细节处体现着。

资料来源：https://baijiahao.baidu.com/s?id=1709979996558569720&wfr=spider&for=pc（2021-09-04）[2023-04-15].（有改动）

(3) 客人不是"说理"的对象。

在旅游服务中，"什么样的人都有"，思想境界低、虚荣心强、举止不文雅的大有人在。与客人交往中，服务人员应该把工作重点放在为客人提供服务上。尤其是当客人不满意时，不要为自己、公司或组织辩解，而是应立即向客人表达歉意，并尽快帮助客人解决问题。

4.1.3 旅游服务用语的要求

旅游服务用语的具体要求大致可以用六个字概括：信、达、雅、清、柔、亮。

"信"是要求讲真话，不讲假话，表达诚实，态度诚恳，不夸夸其谈，不虚言妄语，不无中生有，不虚情假意，即遵守诺言，实践诺言。

"达"主要指用词标准，词达意致，表意清楚、明白、顺畅、完整，切忌啰嗦繁杂、冗长繁琐、词不达意。

"雅"一方面要求用词文明，多用谦辞敬语，给人以谦恭敬人、知书达礼的感觉，杜绝粗话、脏话、黑话、怪话；另一方面要求尽量使用文雅的词语。要注意避免用词枯燥乏味，表达平白干瘪，以及堆砌辞藻、哗众取宠。例如在提及吃饭时，不应该使用俗语"撮"，而应该使用雅语"用餐"；谈到社会名流时，不应该以俗语称之为"大腕"，而应当使用雅语对其以"知名人士"相称；对于上了年纪的男子或年轻的女子，不能用俗语称呼他们"老头儿"或"小妞儿"，而只宜用雅语分别称其为"老先生"或"女士"。

"清""柔""亮"是对有声语言的要求。"清"要求咬字准确，吐字清楚，语音标准，清晰入耳；"柔"要求语调、语气柔和亲切；"亮"要求语音欢快活泼，抑扬顿挫，明亮动听。

应用案例 4-2

中国传统礼貌用语

与人相见说您好，问人姓氏说贵姓，问人住址说府上。
请人赴约说赏光，对方来信说惠书，自己住家说寒舍。
初次见面说幸会，等候别人说恭候，请人帮忙说烦请。
仰慕已久说久仰，长期未见说久违，求人帮忙说劳驾。
中途先走说失陪，请人勿送说留步，送人远行说平安。
向人询问说请问，请人协助说费心，请人解答说请教。
客人入座说请坐，陪伴朋友说奉陪，临分别时说再见。
需要考虑说斟酌，无法满足说抱歉，请人谅解说包涵。
求人办事说拜托，麻烦别人说打扰，求人方便说借光。
请改文章说斧正，接受好意说领情，求人指点说赐教。
得人帮助说谢谢，祝人健康说保重，向人祝贺说恭喜。
老人年龄说高寿，身体不适说欠安，看望别人说拜访。
言行不妥对不起，慰问他人说辛苦，迎接客人说欢迎。
客人来到说光临，等候别人说恭候，没能迎接说失迎。
请人接受说笑纳，送人照片说惠存，欢迎购买说惠顾。
希望照顾说关照，赞人见解说高见，归还物品说奉还。

资料来源：http://news.sohu.com/a/568877186_100132636（2022-07-19）[2024-04-11].（有改动）

4.2　旅游服务用语的分类

4.2.1　从情境上分类

1. 礼貌的称呼语

拓展视频 4-1

称呼语是人们在交往中用来称呼的词语，使用合适的称呼语是社交活动中的首要礼仪。称呼语比较复杂，数量众多，形式各样。

通用的主要称呼方式有以下 7 种。

（1）一般称呼。

这是最简单、最普遍，特别是面对陌生人最常用的称呼。例如先生、小姐、夫人、太太、女士、同志等。

（2）按职务称呼。

在正式的社交场合，以交往对象的职务相称，以示身份有别、敬意有加，这是一种最常见的称呼。通常有三种情况：一是只称呼职务，如"部长""处长"等；二是在职务前加上姓氏，如"王处长""张局长"等；三是在职务前加上姓名，这适用于极其正式的场合，如"刘涛书记""孙伟部长"等。

（3）按职称称呼。

在不同职业中有职称的，尤其是对具有高阶职称者，或者拥有博士学位者，在交往中可直接按对方的职称或学位进行称呼，主要有三种：一是仅称职称或学位，如"教授""博士"等；二是在称呼或学位前加姓氏，如"刘教授""李博士"等；三是在职称或学位前加上姓名，这适用于正式场合，如"李明教授""刘军博士"等。

（4）按职业称呼。

即直接以被称呼者的职业作为称呼。例如：医生、律师、老师、编辑、经理等。

（5）按荣誉称呼。

即直接按被称呼者所获荣誉称呼。主要有三种：一是对军界人士，可以其军衔称呼，如"将军""上校"等；二是对宗教界人士，一般可称呼其神职，如"牧师""神父"等；三是对君主制国家的王公贵族，称呼上应尊重对方习惯。对国王、王后，通常应称"陛下"。对王子、公主、亲王等，应称"殿下"。对有封号、爵位的人，则应以其封号、爵位相称，如"爵士"。有时，可在国王、王后、王子、公主、亲王等头衔之前加上姓名相称，如"西哈努克亲王"。对有爵位者，可称其为"阁下"，也可称其为"先生"。在称呼职务或"阁下"时，还可以加上"先生"这一称呼。其组成顺序为先称呼职务，之后加"先生"，最后加"阁下"，如"总理先生阁下"。

（6）按亲属关系称呼。

这是在社会交往中参照亲属关系来称呼对方。这种称呼方式适用于一些非正式场合，能增强交往双方的亲切感。例如"爷爷""姐姐""姨姨"等。在使用时，要准确判断对方的年龄，正确使用。

（7）按姓名称呼。

除好友之外，姓名称呼一般要加上职务或职位才合适，如"李小明记者""张小山经理"等。

服务人员最常用的称呼语是敬语，具体有以下三点。

第一，泛尊称，如"先生""女士"等。

第二，职位加泛尊称，如"教授先生""秘书女士"等。

第三，姓氏加上职务职称等，如"张书记""李经理"等。

在涉外场合，正确使用称呼非常重要，切忌使用"喂"来招呼外宾。每个人都希望得到他人的尊重，人们比较看重自己已取得的地位。对有头衔的人称呼他的头衔，就是对他莫大的尊重。德国人和芬兰人对头衔非常看重，如对方有博士学位，在称呼时一定不能省略，应该时刻记在心上，不厌其烦地使用这个称呼。芬兰人在谈话中也喜欢别人称呼他们的职业，可称他为"经理"，芬兰人对此将乐意接受，尽管他也许不是经理。

应用案例 4-3

汉语称呼语的礼仪传承与时代要求

中国是传承千年的礼仪之邦。《周礼》有言："凡国之大事，治其礼仪，以佐宗伯。"被视为文化"活化石"的汉语称呼语，既是中华礼仪文化在日常语言实践中的体现，也是传承中华礼仪文化的要素之一。随着社会的发展变化，延续千年礼仪文化的汉语称呼语，既要在新时代焕发礼仪教育的生命力，又要适应社会的变迁而完备自身，满足人们在新时代的称呼需求。

称呼语是一种礼仪行为

称呼语和称谓语关系密切，却又是不同的概念。称呼语是一种语言中人们用来当面招呼某人的言语表达方式，能直接反映社会交往中人们彼此之间的各种关系。称谓语则是为了表示人们之间的关系或身份上的区别而使用的词语，如"妈妈"相对于"母亲"，"老师"相对于"教师"，前者是称呼语，后者是称谓语。

汉语有着丰富的称呼语，蕴含中华礼仪文化"重视亲缘"和"尊人贬己"的特点。与世界其他语言相比，汉语拥有的亲属称呼语最为丰富，例如"伯伯""姑姑""姨姨"等，这与中国重视亲缘的历史文化是分不开的。《大学》道："欲明明德于天下者，先治其国；欲治其国者，先齐其家。""家国同构"是中华民族的共识，血缘在中国社会生活中起着不可忽视的纽带作用。汉语的亲属称呼语不仅在日常交际中维系着传统的血缘关系，更特别的是，面对非亲属关系的社会交往对象，中国人也常常采用拟亲属称呼语，如"大哥哥""张阿姨""李爷爷"等，以表示亲近、信任和礼貌。

"尊人贬己"是最富有中华礼仪文化特色的礼貌现象。称呼他者或与他者相关联的人事物时要"尊"，如"兄台""令尊""贤弟"等敬语；称呼自己或与自己相关的人事物时要"贬"，如"鄙人""犬子""拙荆"等谦语。这些称呼语中的敬语与谦语是中华民族谦恭礼让、温文尔雅的文化心态的集中体现，现在还活跃在部分书面语或正式的商洽文体中。

称呼语作为一种常用的语言实践，实际上是一种重要的礼仪行为，蕴含着维系社会人际和谐稳定的礼仪文化，这不仅关系到言语交际能否成功，而且还对社会关系、社会面貌有着直接影响。在中国传统的熟人社会语境下，汉语丰富的亲属称呼语能够满足人们之间的称呼需求。

称呼语反映时代变迁

随着全球化与现代化影响的深入，人们的社会交际范围逐渐扩大，陌生人之间的交往更加频繁。这时，汉语称呼语中用来称呼陌生人的社会称呼语出现了缺位。汉语中没有一个具有普适性的社会称呼语用来称呼陌生人或引起陌生人的注意。因此，汉语的社会称呼语随着社会变迁不断变换着。这恰恰也反映了语言与时代的密切关系。

自新中国成立以来，汉语的社会称呼语一直处在变化当中，在不同时期形成了不同的形式和特色，回应着快速变化发展的社会生活的要求。新中国成立后，"同志"成为当时中国人民最认可、最喜爱和最受欢迎的社会称呼语。同时，原先用于手工业或者工厂领域的称呼语"师傅"也逐渐流行开来。后来随着社会的发展，"同志""师傅"渐渐从普适的社会称呼语，回归到这些称呼语的本义。

改革开放后，社会称呼语变得越来越多样化。20世纪80年代中期，"老板"一词随着经济腾飞，逐渐在商界和服务界流行起来。得益于网络信息技术的发展，"美女"作为社会称呼语的流行始于20世纪90年代。它是仿用粤方言的"靓女"而来，正好弥补了对青年女性称呼的缺位。跟"美女"一样，"帅哥"也是一种称呼的泛化，二者的语义范围已经虚化和扩大。进入21世纪之后，社会交往更加复杂多样，社会称呼语呈现出多样化、个性化、创新化的趋势。比如，近来新兴的社会称呼语"小姐姐"，本是亲属称呼语，现在常被用来指没有血缘关系、年纪较轻，但比称呼者年长的女性。对应"小姐姐"被创造而来的"小哥哥"，也在年轻群体中逐渐流行开来，二者成为又一对新的社会称呼语。

重视称呼语缺位现象

尽管随着时代的发展，社会称呼语呈现出前所未有的多样性，但其仍然存在年龄段模糊和部分缺位的问题。语言学者郭熙曾在1999年提出，社会称呼语在相当长的一个时期内会处于无序状态，应当重视社会称呼语的缺位现象。

当代社会具有称呼年轻化的倾向，人们喜欢"显年轻"的社会称呼语，而社会称呼语在年龄段上具有概括性和模糊性，这也给日常称呼者带来了困难。根据笔者对20岁至26岁年轻人的访谈得知，被称呼者不喜欢"显老"的称呼，如"阿姨""叔叔"等，甚至部分年轻女性认为被称呼为"姐"，也稍显老气。但对于称呼使用者来说，对哪种年龄层的陌生人使用哪种得体的社会称呼语，是有一定难度的。

除了用来称呼陌生人的普适性社会称呼语的缺位，还有有关女性为主体的配偶的社会称呼语的缺位。比如，男性导师的配偶可以被称呼为"师母"，但对女性导师配偶的称呼却令人头疼；或是男性老板的配偶称为"老板娘"，但却难以称呼女性老板的配偶。这种缺位问题固然有其历史文化的原因，但也反映出社会称呼语在一定程度上尚未能满足新时代的新要求。

语言承载着社会历史，语言的传承与创新本身也是不断前进变化着的历史。社会称呼语既延续着中华民族的礼仪文化，也随着时代的变迁不断地变化着；既是中国五千年文明的实践载体，又是新时代焕发中华礼仪文化生命力的重要媒介。泱泱华夏深厚的文化底蕴奠定了汉语称呼语的礼仪基因。尽管汉语称呼语经受时代的洗礼而不断更新，但其背后的文化内涵却拥有不变的璀璨。

资料来源：李琼、赖健玲，汉语称呼语的礼仪传承与时代要求[N]. 光明日报. 2023-07-16（5）.（有改动）

2．亲切的问候语

问候语是指在接待客人时根据不同的对象、时间、地点所使用的规范化问候用语。

（1）根据接待对象使用不同的问候语。

对初次见面的外宾应说："How do you do，welcome to China（您好，欢迎您来到中国）!""How are you（您好）？"对熟人应说："先生（小姐、太太），欢迎您的光临。"千万不能用诸如"您吃饭了吗？"或"您去哪儿？"之类的话。

客人若患病，则要主动表示关心，可以说："您好些了吗？祝您早日康复！""请您多保重！"等慰问语。

（2）根据接待时间使用不同的问候语。

按每天不同的时间问候客人，"您早！""您好！""早上好！""下午好！""晚上好！""晚安！"与此同时，根据不同的需要，紧跟其他的一些礼貌用语。如有的客人外出一天，到晚上才回来，应说："先生（太太、小姐），您辛苦了，我能为您做点什么吗？"

（3）根据接待地点使用不同的问候语。

在宾馆，可以说："您好，欢迎下榻我们的宾馆！""您好，欢迎您的光临！"在博物馆，可以说："您好，欢迎您来参观访问！"

3．热情的迎送语

迎送语是欢迎或送别客人时的用语，分欢迎语和送别语。

欢迎语是用来迎客的，当客人进入自己的服务区域时，必须有欢迎语。常用的有：欢迎您、欢迎光临、欢迎您的到来、见到您很高兴。如果客人再次来到，可以用：欢迎您的再次光临。或者加上其姓氏、身份等称呼，以示尊重。例如"李小姐，欢迎您！"还可以加上问候语，以示对客人的重视和友好，例如"张同志，您好！欢迎您再次光临！"致欢迎语时，通常会综合使用称呼语和问候语，并伴随符合礼仪规范的神情动作，如注目、微笑、点头、鞠躬等。

送别语是送别客人时必须使用的语言，常用的有：再见、您慢走、欢迎再来、欢迎下次光临、一路平安等。

4．委婉的请托语

请托语是向客人提出要求或求助于他人时使用的语言。服务人员常用的请托语有以下3种类型。

（1）标准式请托语。主要用"请"，如：请大家记住车牌号、请跟我来、请让一让等。

（2）求助式请托语。常用的有：劳驾、拜托、打扰、请帮帮忙等。

（3）组合式请托语。这是前两种形式的综合运用。例如：麻烦您让一让；打扰了，劳驾您帮我照看一下。

5．真诚的祝福语

接待体育、文艺及其他比赛、演讲类代表团时，应说："祝您在比赛中获胜！""祝您一切顺利！""祝您心想事成！"

遇到节日、生日、婚礼、旅游度蜜月的新婚夫妇或在喜庆日子，应多说喜庆、吉祥、祝福的话，例如"新年好！""节日好！""祝您圣诞节快乐！""祝您生日快乐！""祝您高寿！""恭喜，恭喜！""祝你们新婚愉快！""祝你们白头偕老"等。但对来自粤港澳大湾区的客人，忌讳说："快乐"，这是因为在粤语发音中"le（乐）"发"luo"音，与"落"同音，是商人的大忌。

6．恰当的征询语

服务人员常常需要对客人进行征询。如主动提供服务时，了解客人需求时，给予客人选择时，启发客人思路时，征求客人意见时等。恰当地征询，能够适时地了解客人的消费心理和需求，更好地为客人提供服务，也便于及时了解客人的反馈，及时调整、改进服务。常用的征询语有以下3种类型。

（1）主动式征询语。

主动式征询语适用于主动向客人提供服务的情况。例如"您需要什么？""我能为您做点儿什么吗？"主动式征询语的提问要注意把握好时机，不要让客人感到唐突、生硬。

（2）封闭式征询语。

封闭式征询语多用来询问客人的意见，一般提供一种选择方案，以便客人即时决定是否采纳。例如"您觉得这种形式可以吗？""您要不先试试？""您不介意我来帮帮您吧？"

（3）开放式征询语。

开放式征询语提供多种方案，让客人有多种选择的余地，能够显示对客人的尊重和体贴。例如"您喜欢浅色的还是深色的？""您想住单人间还是双人间？""您打算预订豪华包间、雅间还是散座？""这里有……您想要哪一种？"

7．恭敬的应答语

应答语是服务人员在回答客人问话时的礼貌用语。在具体工作中，要根据不同的情况用好应答语。

（1）对前来问询的客人，在客人开口之前，应面带微笑，倾身向前的同时主动说："您好，请问我能为您做什么？"

（2）接受客人吩咐时应说："好，明白了！""好，马上就来！""您放心好了，我一定给您办好。"

（3）没听清或没听懂客人的问话时应说："对不起，麻烦您，请您再说一遍。""对不起，我没听清，请您再说一遍好吗？"

（4）不能立即明确回答客人问话时应说："对不起，请您稍候。""对不起，请稍等一下。"

（5）对等候的客人应说："对不起，让您久等了。"

（6）当客人表示感谢时应说："别客气，这是我应该做的。""不用谢，我乐意为您服务。""不用谢，这是我应该做的。"

（7）当客人因误解而致歉时应诚恳地说："没关系。""没关系，这算不了什么。"

（8）当受到客人的赞扬时应说："谢谢，您过奖了。""承蒙夸奖，谢谢您了。""谢谢您的夸奖，这是我应该做的。"

（9）当客人提出无理或过分的要求时，不要直接、生硬地说"不"，而应该说："很抱歉，我无法满足您的这个要求。""对不起，我们没有这种做法。"或者是满怀遗憾地说："哎呀，我也很想满足您的这种要求，但是我不能这么做。"

8．谦虚的致谢语

致谢语是表达谢意、感激的用语。当得到他人支持和帮助、赢得他人的理解或赞美、感受到他人的善意或者婉言谢绝他人时，需要用致谢语。恰当运用致谢语能够更好地表达自己的心意，融洽双方关系。致谢语有以下 3 种基本形式。

（1）标准式。通常用"谢谢"或者在后加称呼语或敬语代词，如：谢谢您、谢谢诸位等。

（2）加强式。为了加强谢意，可以在"谢谢"前加程度副词，如：多谢、非常感谢、十分感谢、万分感谢等。

（3）具体式。就某一具体事情道谢，致谢的原因通常一并提及，例如：给您添麻烦了、这次让您费心了、我们的事有劳您了等。

4.2.2 从旅游行业上分类

1．酒店业旅游服务用语

（1）对初次见面的入住客人应该说："欢迎您下榻我们的酒店！""欢迎您光临！"

（2）引领员在引路时应面带微笑，一边不断以手势指路的同时，一边配以"请这边来！""请往这儿走！"等亲切叮咛。这里应注意的是手势的正确使用：手心朝上，手背向下，四指并拢，以肘关节为轴，指向正确的方向。

（3）客房部服务人员在将客人安排好以后，临走前应该说："祝您在这儿生活愉快！""您有什么需要我帮助的，请尽管吩咐。"

（4）服务人员不得在工作区与客人并排而行，更不能从后面追上来走在客人的前面；如果有急事，则应首先同客人打声招呼，道一声"对不起！"或"对不起，打扰您了！"

2．旅行社业旅游服务用语

（1）对前来咨询客人应该说："您好，请问您需要了解哪条线路？""请问，您喜欢哪种类型的旅游？是风光游，还是……"

（2）对刚刚接到的客人应该说："大家一路辛苦。""您好，辛苦了。""欢迎光临！"

（3）在游览观光中提醒客人注意有关问题时应该说："请小心！""请注意安全！"

（4）送别客人应该说："祝大家旅途愉快！""祝大家一路顺风！""欢迎您再来！"

3．旅游交通业旅游服务用语

（1）对乘坐本交通工具表示感谢时应说："欢迎乘坐本次列车（本次航班、本次客轮）！"

（2）在旅途中提醒旅客注意有关问题时应说："请大家看管好自己的行李物品！""请大家注意随行儿童的安全！""请大家不要把头和胳膊伸出窗外！"

（3）对因道路不平或在水上航行时因风大引起的颠簸向旅客致歉时说："对不起，让大家受苦了！"

（4）对下交通工具的旅客主动说："请慢走！""请走好！""欢迎您再次乘坐本次列车（本次航班、本次客轮）！"

4.3 培养良好旅游服务用语习惯的途径及禁忌

4.3.1 培养良好旅游服务用语习惯的途径

旅游业每天工作的内容就是以各种不同的方式与人打交道。让客人吃得满意、住得舒适、行得轻松、游得开心、购得实惠、娱得尽兴,这是每一位服务人员所追求的目标。要实现这些目标,服务人员除了需要具备较高的专业知识素养,也要注意与客人沟通时旅游服务用语的得体使用。那么,怎样培养时时处处讲究礼貌,工作时必用旅游服务用语的习惯?

(1)树立良好的旅游服务用语意识。

良好的旅游服务用语意识,除了要求服务人员有较高的个人修养,更重要的是对自己服务角色的认同,摆正自己的心态。对旅游业来讲,客人就是上帝,是行业生存和发展之本,是员工的衣食来源,旅游服务用语的规范使用也是员工素质的重要标尺。有了这种端正的态度,工作起来就心情舒畅,在为客人服务时就容易做到以礼为先。

(2)培养丰富的个人感情。

一个人的个人感情,决定了他(她)是否具有积极健康的生活态度。对生活充满热情和进取精神的人,会始终积极地将自己融入社会、融入生活,生活的热情使他(她)充满了灵感,同时赋予其强烈的人际沟通意识。反之,情感淡漠的人,往往将自己封闭起来,拒绝接触社会,逃避人际沟通与交流,更谈不上以良好的礼貌用语意识将自己融于社会生活中,因此往往导致其在人际交往中语言表达上显得呆板、木讷、沉默寡言,缺乏相融性。

由此可知,要想使自己具备良好的礼貌用语意识、旅游服务用语意识,应先从培养个人丰富的情感入手,从内心深处激发个人强烈的自我表达欲望和人际沟通与交往的热情。

(3)博览群书丰富知识。

良好的旅游服务用语习惯还依赖于丰富的知识储备。很难想象一个知识贫乏、无话可谈、以沉默应对客人的人是一个很有礼貌的人。服务人员要做到面对客人侃侃而谈、语言生动、妙语连珠,必须有丰富而广博的知识储备。大体上说,日常交流需要3种知识储备。

① 文化科学知识积累。文化科学知识包括政治、经济、军事、法律、历史、地理、自然科学、风土人情等,这些知识是一个人基本的文化素质修养所必须具备的。或许有人提问:"女士,请问府上哪里?"如果你不知道"府上"的含义,将是一件十分尴尬的事。

② 社会科学知识积累。社会科学包括教育学、心理学、历史学等,通过以上学科知识的学习,可以进一步懂得人的需要、感情、气质、性格等,从而在人际交往活动的语言表达中做到知彼知己、游刃有余。

③ 文学知识积累。文学知识赋予语言丰富的情感色彩,包括名人名言、成语典故、名篇佳作、奇闻逸事等,这些大大丰富了交流的内容,增强了语言感染力,会收到意想不到的效果。

拓展视频 4-2

（4）积极的语言实践锻炼。

强烈的旅游服务用语意识是一种潜能，要想使自己成为一个有礼貌的服务人员，还必须借助语言这一外在形式表达出来。而语言表达是一种能力，能力的获得离不开实践的锻炼。语言的实践，很重要的一点就是要勤讲多练。

语言实践锻炼还应做到持之以恒。良好的语言表达能力，不可能在短时间内达到理想的境界。要想成功，就要有毅力，持之以恒。此外，服务人员应在每一次待人接物时严肃认真，充分利用这些机会来锻炼提高自己的旅游服务用语意识和语言表达能力。

应用案例 4-4

30 万字解说词烂熟于心，28 岁景区讲解员爱读古籍充实自己

2022 年"五一小长假"第一天，很多人开启了休闲度假之旅，但对 28 岁的南京牛首山景区讲解员李碧玮而言，依旧是她在岗奋斗的一天。"越是节假日，我们越是要做好自己的工作，人生路上，奋斗不止。"

2016 年，李碧玮以景区讲解员的身份加入了牛首山景区。几年来，30 万字的解说词早已全部烂熟于心。为了能给游客提供更好的解说服务，她还在工作之余阅读了很多历史书籍。"客服中心是一线对客部门，在大客流期间，我们出一趟团的时长远超平常，可能三四个小时才能回到办公室，经常错过饭点。"李碧玮告诉记者，越是这样的时候，越能有一种职业认同，即便一天下来双腿肿胀、嗓子沙哑也是值得的，因为通过景区讲解员，来到这里的游客能够更深入地了解牛首山文化。

最令李碧玮印象最深刻的一次带团是在 2017 年夏天，她接待了一批来自宁波的老年团。"老人家年纪大多在七八十岁，讲了一口地道的宁波话，也听不太懂普通话，当时很着急、很茫然。"她回忆，在语言不通、沟通障碍的情况下，她通过肢体语言为老人家们微笑讲解。"带团结束后，他们还给我送水果、润喉糖，还和我拥抱再见，我觉得这就是对我工作的一种肯定。"也因为这件事，李碧玮更加坚信自己从事的工作并不是一种简单的讲解服务，它更是一种语言艺术，即使可能语言不通，但微笑服务依旧能拉近彼此的距离。这件事也让她更加坚定地想在讲解的这条路上走下去。

在景区工作，过节期间在岗在位已经是一种常态，李碧玮却并没有因此而抱怨，相反，牛首山成了逢年过节亲戚朋友"串门"必去的地方。"亲戚朋友来南京，我一定会带他们来游一趟牛首山，感受浓厚的过节氛围，体验牛首山的大小活动。在工作中和他们碰一面我都觉得无比幸福。"

资料来源：https://baijiahao.baidu.com/s?id=1731537281879265788&wfr=spider&for=pc（2022-04-30）[2023-04-17].（有改动）。

4.3.2 旅游服务用语禁忌

1. 俚语

俚语是指那些粗俗的、具有地方色彩的、通行范围极窄的口语化语句，它的使用太过随便，不宜在旅游业中对客人使用。例如，对老年客人，绝对不可以说："老头儿""老不死"等，就

算有时指的不是对方,但对方也会很敏感,产生反感。在接触身体状况不甚理想的人时,对其身体的不满意地方,例如胖人的"肥"、个子低之人的"矮"等,都是需要回避的。

2. 行话

行话,指社会上的一些集团、群体,由于工作上、活动上或其他共同目的,在相互之间交往交流时,创造、使用的一些不同于其他社会群体的词汇、用语或符号。有鉴于此,在对客人的服务过程中最好不要使用行话,以免让客人觉得有意刁难,或有意孤立。

3. 性别歧视语

在如今男女高度平等的社会中,无论是男士还是女士,都很在意自己是否被他人尊重。所以,在称呼女士的时候不要使用"小妞儿",称呼男士的时候不要使用"小子",在称呼来自某地区的人时,不要使用"某某佬"。

4. 敌视语

在工作中,对于一些要求服务人员提供服务的客人,不能使用敌视语。例如,服务人员出于自身的意愿和感情,而对客人采取瞧不起、鄙视的态度并说:"这个很贵,你买得起吗?"当客人表示不喜欢推荐的商品或是在经过了一番挑选,感到了不甚满意而准备离开时,服务人员在其身后小声嘀咕:"一看就是个穷光蛋""没钱买就别在这儿费事"等。

5. 厌烦语

在旅游服务工作中,服务人员应该做到:有问必答、答必尽心、百问不厌、百答不烦。在接待客人的时候,要从始至终表现出应有的热情和足够的耐心。例如,在客人询问时,不允许应付客人,说:"我怎么知道""从来没有听说过""你问我,我问谁去"等。

4.4 倾听礼仪

倾听,是既感性又理性的行为。倾听不仅是声音进入耳膜,而且要会意、理解并对声音作出反应,要积极地把对方的内容听进去。

一个好的交流者必须是一个好的倾听者。能听比会说更难,所以倾听也需要学习和练习。

4.4.1 倾听的意义

倾听不仅是出于礼貌的需要,还有很多益处。

第一,能更好地了解人和事。人与人之间的交流只有小部分是通过书面进行的,大多数情况下是通过口头表达的。我们都希望对方能注意听我们说话,这样他们才会明白我们的意思,知道他们需要做些什么。

第二,增长自己的知识。我们交谈不仅是表达我们的需求,还要探讨新的问题。倾听别人的讲话可以获得大量的信息。人们往往忽略倾听的重要性及方式,从而给沟通、表达、交往带来障碍。有效地倾听可以增长知识、获取信息、增进彼此的关系、减少误会。

第三，提高工作效率。因为交流失误而导致行为的偏差，会直接影响双方的关系，因此必须认真倾听，才能正确理解对方从而满足对方的需求，提高工作效率。

第四，融洽人际关系。倾听可以增进人们之间的关系，避免不必要的纠纷。把握好倾听技巧可以与他人更好地交流，建立良好的人际关系。

4.4.2 倾听的技巧

与说话人交流目光，适当地点头或做一些手势动作，表示自己在注意倾听。听者应轻松自如，除非对方在讲一些骇人听闻的消息。应不时回应，以引起对方继续交谈的兴趣；还要通过一些简短的插语和提问，暗示对方你确实对他（她）的话感兴趣；这样做还可以启发对方，引出你感兴趣的话题。要注意听清楚对方话语的内在含义和主要思想观点，以免曲解或误会对方的本意；此外还要善于体味对方的弦外之音。善于表达你的思想，可用一两个字暗示对方：你不但完全理解他的话，甚至和其趣味相投。不要急于下结论，过早表态会使谈话夭折；如果对对方的话不感兴趣，且十分厌烦，那你就应该设法转变话题，但不要粗鲁地说："哎，这太没有意思了，换个话题吧！"

实用小窍门 4-1

倾听的 5 个层次

从"听"的繁体字"聽"来看，古人造字是非常聪明的。左边一个"耳"，是指听别人讲话的时候一定要用耳朵听进去。右边的上方是个"十"，代表"加上"下面横躺的一个"目"字，是指听的时候还得用眼睛观察对方的表情，准确了解对方想要表达的意思。右边的下面有"一"和"心"，是指还得带上你的一颗真心，听别人讲话不能"左耳进，右耳出"，而是要用心去听对方讲话。最后，左边的下方是个"王"字，是指要把对方当成王一样，引申为要尊重对方，态度要端正。从字面上就指出了我们在平时的倾听中需要注意的事项。

倾听是非常重要的一种沟通行为，如何能让我们更好地倾听呢？我们需要了解倾听的5个层次。

（1）忽视地听。

忽视地听是指在跟别人沟通时，连耳朵都没有用上，心里自以为是，对别人不屑一顾，这是最糟糕的听。

（2）假装在听。

假装在听是指耳朵用上了，但是没有用心，跟别人进行沟通时，对方的话基本上是"左耳进，右耳出"。例如在单位开会的时候，很多人表面上好像认真在听，其实思维已经天马行空，人在心不在。

（3）有选择地听。

有选择地听是指对对方或者对谈论的事项有先入为主的观念，只听自己想听的部分，根据以往的经验对说话的人或讨论的话题进行判断，来选择听什么，不听什么。这种情况经常出现在上级对下级的谈话中，有些上级会根据自己的经验，随意插话，不等下属说完就直接判断，并进行指导，这往往会出现问题。

（4）全神贯注地听。

全神贯注地听是指在与人沟通时，可以认真地、完整地以积极的姿态来倾听对方的谈话，表现出对对方的尊重。

（5）同理心地听。

同理心地听是指在与对方沟通时，不仅有眼神上的交流，也能全神贯注地倾听对方讲话，更重要的是能够以平和的心态，撇开固有观念，站在对方的角度去思考沟通的内容。在沟通时，打开身上的所有感官，去观察对方，去感受对方，让自己感同身受。这是最高层次的倾听。有时候语言沟通表达出来的信息可能并不是最完整的，结合非语言透露出来的信息，使我们能更完整地了解对方的真正用意。

资料来源：罗茜. 商务礼仪[M]. 武汉：华中科技大学出版社，2019.（有改动）

本 章 小 结

语言是人们相互沟通的桥梁，更是一门应酬与交往的艺术。优美、文雅的语言是做好旅游服务的一项重要内容。本章着重介绍了旅游服务工作人员的用语规范的特点、原则及要求，旅游服务用语的分类、培养良好旅游服务用语习惯的途径及禁忌，同时还介绍了作为旅游服务工作人员应有的倾听礼仪。目的是培养旅游服务工作人员的良好礼貌用语习惯，加强语言礼仪修养，从而更好地提高服务质量。

复习思考题

一、判断题

1. 尊敬语是说话者表示对自己尊敬、恭敬的语言。（   ）
2. 对陌生人和初次交往者称呼较为随便，不受限制。（   ）
3. 酒店员工在应答客人询问时要停下手中的工作，面带笑容，表情亲切，耐心倾听。（   ）
4. 在交谈时不要张口问及对方不愿启齿的个人隐私，但如果是对自己熟悉的朋友可以对其个人婚恋问题刨根问底。（   ）
5. 与女士交谈时一般不要询问对方的年龄。（   ）
6. 交谈时应该等对方把话说完，再进行发言。（   ）
7. 与人交谈时要目不转睛地盯着对方看。（   ）
8. 在交谈过程中应使用尊敬的语言、礼貌的语言、商量的语言。（   ）

二、简答题

1. 旅游服务用语有哪些特征？
2. 酒店常用的旅游服务用语有哪些？
3. 旅游服务用语的使用原则有哪些？谈谈你的具体理解。
4. 常用的问候语有哪些？
5. 找一找生活中哪些语言不是规范的用语。我们应该如何克服这些语言上的问题？
6. 旅游服务工作人员如何培养良好的口才？

实 训 项 目

一、语言表达能力训练

1. 步骤和要求

（1）根据课堂所学知识，要求每位学生在课前准备好一份发言资料或者分小组准备一个表现语言技巧的节目。

（2）实训时，学生将自己所准备的语言节目表演出来，接受其他同学的点评。

2. 总结使用旅游服务用语的重要意义

二、情景模拟：我们该怎么做

教师提前给学生们分发案例，要求每组的学生在课前找出案例中出现的错误并想好应对的策略，在课堂上进行现场展示。

（1）场景一：大堂，客人询问预订包房相关事宜。

客人向服务人员迎面走来，客人："请问你们这儿定一间包房多少钱？"

服务人员："你直接找宴会预订部，往那儿走。"

提示：酒店应提供一站式服务，帮助客人彻底解决问题。客人对面走来应主动问候，单用手指进行方向指示，有失尊重。指示词"那儿"方向性模糊，易产生歧义。

（2）场景二：大堂，客人退房时质疑。

客人："你好，你们酒店昨天是不是没开空调？我半夜被冻醒好几次。"

服务人员："先生，我们酒店是 24 小时供暖的。"

客人："那出风口怎么一点风没有，肯定没开。"

服务人员："这不可能，先生，昨天空调肯定是开着的。我想你应该是开错开关了。"

提示：在旅游服务过程中切忌使用"不可能""肯定""应该"等绝对性字眼，易激化矛盾。

可改用："令您没有睡好我们感到十分抱歉，下次您若还是觉得冷请及时致电我们，我们会为您即刻处理。"

（3）场景三：大堂，客人询问房价。

客人："请问这里一间标间多少钱？"

服务人员："468 元一晚。"

客人："怎么那么贵，你们隔壁酒店的才 300 元。不能便宜点吗？"

服务人员："先生，你要明白，我们是准五星级酒店，他们才三星级，服务和价格与我们都不是能比的。"

提示："你要明白"等词容易使客人产生被训教感，使客人不悦。

学生在回答后，由台下其他学生根据课堂所学知识对其进行点评，从而加深印象并能够真正将知识与实践结合在一起。

拓 展 课 堂

90后导游卫美佑：让梦想照进现实

"为什么选择做导游？"

"试问有哪份工作，能让人在饱览壮丽河山的同时，又收获颇丰呢？"生于广元、求学成都，从"地接"到出境带团、接待政务考察、商务接待，90后"幺妹儿"卫美佑带着推介四川风光的使命感，投身旅游业，也在一趟趟旅程中遇见不同的"小确幸"。2017年，卫美佑荣获"第三届全国导游大赛金奖""最佳服务奖"。2021年是卫美佑从事导游的第10个年头。3000多个日夜，她以精彩灵动的解说和热忱的服务，让一批又一批的游客乘兴而来，尽兴而归。同时，她以不断创新的精神，深刻地演绎着新时代导游的角色，让壮美河山更具人文气息。

对于大多数导游而言，介绍景点都会采用固定的套路。而为了让游客真正体会到四川文化的韵味，卫美佑往往选择"看菜下单"。面对年纪大的游客，会侧重于让他们多体验、有自己的空间；遇到假期研学的孩子们，解说时就会多讲些文化故事，"偶尔还会把诗词通过方言、歌曲的形式表现出来"。

2019年，卫美佑依托个人工作室，联合业内其他金牌导游，打造了一款名为"金牌说"的产品，为不同"口味"的人群提供定制化"菜单"。"随着OTA（在线旅行社）平台的广泛应用，很多游客不再依赖于旅行社，而是更加偏向灵活组合的自由行。他们会在网上自行订民宿、订机票……在这样的环境下，我们也推出了'点对点'的讲解类产品"卫美佑介绍道："比如，游客单独订购了金沙遗址的两小时讲解或人民公园的一次喝茶深度体验，我们就为这些碎片化需求提供服务。这种将'诗与远方'结合的形式，让游客真正有所得、有所悟、有所留恋，也能更好体现出导游的价值。"2020年，旅游业受到疫情的严重影响，卫美佑和团队在抖音上开起了直播。"我们曾连续3天在九寨沟景区开播，每天长达8小时，每次在线观看3000多人。"透过镜头，越来越多的游客爱上了四川，也与卫美佑一同期待着春天的到来："九寨沟太美了""期待我的四川游"……

用一颗不断创新、不吝分享的"匠心"，让更多游客开阔了眼界，以更加灵动的方式向游客推介美丽天府。卫美佑，这个90后"幺妹儿"，正同一批批年轻的导游们，脚踩历史尘土，迎着时代春风，让梦想照进现实。

资料来源：https://www.globalpeople.com.cn/index.php?c=index&a=show&catid=44&id=13362（2021-09-25）[2023-04-19].（有改动）

课 后 阅 读

微信沟通的十个礼仪细节

微信是腾讯公司于2011年1月21日推出的一个为智能终端提供即时通信服务的免费应用程序。随着信息技术的日渐发展，微信也日益成为人们沟通交流的一个重要平台。对于服务人员来说，熟练使用微信并且掌握微信的使用方法和沟通礼仪是非常重要的。

（1）微信加好友需要验证，加别人好友时请表明身份。加微信好友时，若第一次没有通过，第二次最好说明自己是谁、加好友的目的或者原因；若第二次还没有通过，就另外再找合适的机会，避免让对方产生被打扰的感觉。加好友时备注自己的身份，不仅是对自己的尊重也是对别人的尊重。

（2）微信收到对方的消息要及时回复，休息时间段除外。如果微信好友给你发了消息，而你又有空，最好及时回复。如果确实因为种种原因没能及时回复，那么也应在回复时先说明一下原因，以得到对方的谅解。微信对话要直截了当，有事说事。在互联网时代，工作生活节奏快，没有人会想浪费时间。休息时间、早上6点以前及晚上10点以后，都不适合发微信消息，以免打扰他人休息。

（3）慎用微信视频功能。微信视频涉及个人隐私，在没有得到对方允许的情况下，不要开启微信视频功能，以免造成对方拒绝视频的尴尬。

（4）慎用语音聊天功能。在公共场合，最好开启"听筒模式"，避免商业信息或个人隐私的泄露。

（5）微信群聊不要发语音，听语音消息让人感觉既浪费流量又不方便接收信息。微信群比PC时代的QQ群更优化了，群里的信息在大家互动的时候呈现瀑布流的形式，而语音不像文字或者图片直观又方便获取，如果在群里发语音，必须点击播放听取。这样既麻烦，又会浪费时间错过群聊的新内容。群聊发语音仅限于群内培训或会议主讲发言，这样语音信息方便回放。

（6）修改自己在群里的昵称和开启群消息免打扰功能。建群或者进群以后的第一件事情就是修改群昵称，一则方便让大家记住彼此的名字和身份，二则也便于微信群的管理和交流。此外，由于群消息的频繁性，建议开启"消息免打扰"模式，这样即便在公共场合也不会因为群消息过多而打扰到周围的人。

（7）拉人进群首先应征求群主和被邀请人的意见，以示尊重。人最看重知情权和别人对自己的尊重，微信就是一个虚拟社会，不打招呼就拉人进群是不尊重群主的表现，不打招呼就把别人拉进群也是不尊重别人的表现。

（8）不要公群私聊，不要在群里刷屏。在群里刷屏有三种情况。第一种，群里没人说话，突然有一个人冒泡，然后另一个人接话，其他人就静静地看他们在微信群里私聊，而他们完全没有考虑到这是一个公共的微信群。第二种，一开始大家都在说话，慢慢只剩两个人对话，没人接得上对话，其他人就静静地看两人在微信群里私聊。最好的做法应该是怎样的呢？最好的做法应该是两人在群里互加好友之后，转到群外私聊。第三种，一个人在群里连续发文字、语音、图片或表情包，这样的行为，只会被其他人认为是在刷存在感，也是非常无礼的。

（9）避免各种求点赞、求评论、求投票，把微信好友当"点赞机"和"投票机"的行为。有的人使用群发助手，一遍一遍地群发，要求微信好友帮其点赞而获取奖品和福利，不考虑对方的需求或感受，反复要求微信好友连续几天投票。这种没有任何感谢或者实质意义的行为，容易引发对方的反感。

（10）不要运用群发功能发删除或拉黑微信好友的测试消息。对方收到这样的微信，第一次可能会理解，第二次可能就会产生被轻视的感觉，或者感到反感和厌恶。因此，最好的方式就是谨慎加微信好友，与微信好友保持互动，拉黑删除的行为只针对真正需要被拉黑删除的对象。

资料来源：陈晓斌，彭文喜. 旅游服务礼仪[M]. 武汉：华中科技大学出版社，2018.（有改动）

第5章

人际交往礼仪

教学要点

知识要点	学习程度	相关知识
见面礼仪的类型和要求	掌握	握手礼、鞠躬礼、亲吻礼、致意礼、拥抱礼、合十礼、碰脚礼、碰肘礼、抱拳礼、拱手礼
接待与拜访礼仪的要领	掌握	接待礼仪、拜访礼仪
递接名片礼仪与谈话礼仪基本要求	熟悉	递接名片礼仪、谈话礼仪
馈赠礼仪的要求和规范	掌握	赠送礼仪、受礼礼仪、送花礼仪
聚会应遵循的礼仪	熟悉	茶会礼仪、舞会礼仪、生日聚会礼仪、社交禁忌
公共礼仪的要点	了解	公共场所礼仪、公共交通礼仪
呼吸道传染病防控礼仪	了解	遵守社交礼仪,提高防护意识

技能要点

技能要点	学习程度	应用方向
见面礼仪、接待与拜访礼仪、馈赠礼仪、聚会礼仪、公共礼仪及呼吸道传染病防控礼仪的使用场合、方式和技巧	掌握	在旅游服务工作中,正确运用这些礼仪表现出对他人的尊重,给对方留下良好、深刻的印象,对于接待服务工作和人际交往的成功有十分重要的意义

导入案例

疫情防控下，国外怎么打招呼？

据CNN报道，2020年3月2日，在德国柏林举行的一次会议上，当默克尔到场后向内政部长泽霍费尔伸出手致意时，泽霍费尔却拒绝握手。但默克尔没有斥责他，而是微笑着称赞了德国内政部长泽霍费尔的做法。随着新型冠状病毒继续在全球蔓延，泽霍费尔这类做法越来越普遍，人们也面临着一个两难的选择：我该如何和别人打招呼？

"即使你是法国人，也不要亲吻脸颊了。"早在此前，由于忌惮新型冠状病毒，一名法国官员就曾建议人们不要遵循法国长期"亲吻脸颊"的传统。"亲吻脸颊"即法国"贴面礼"。法国卫生部长韦兰在2020年2月29日向民众发出建议，应该尽量减少身体接触，比如打招呼时不要亲吻脸颊或握手。

澳大利亚官员也提出了类似的建议。新南威尔士州卫生部长哈扎德建议澳大利亚人"在选择亲吻对象时一定程度上要小心谨慎"，鼓励人们相互轻拍对方的后背，而不是握手。

新西兰的一些学校已经暂时放弃了毛利人的问候方式——碰鼻礼。惠灵顿理工学院表示，该校的欢迎仪式将以一首毛利歌曲代替碰鼻礼。

罗马尼亚的三月节标志着春天的开始，那时人们会互相赠送细绳编成的护身符和鲜花，通常是由男性送给女性的。疫情防控下，当地政府建议，在没有伴随亲吻的情况下送出鲜花和护身符。该国时任卫生部国务秘书塔塔鲁表示："让我们献上鲜花，但不要献上亲吻。"

"疫情防控下，我该如何与别人打招呼？"世界卫生组织全球传染病危害防范部门主任布里安德博士提供了一系列可以替代握手的问候方式，包括碰撞肘部、挥手以及合掌并鞠躬等。

2020年3月2日，美国内布拉斯加州州长里基茨在Twitter上发布了一段自己的视频，视频中他与位于奥马哈的内布拉斯加州大学国家检疫部门的检疫人员碰撞肘部打招呼。

与此同时，来自伊朗和黎巴嫩的视频显示，两国的朋友用脚互相轻拍致意。

资料来源：https://baijiahao.baidu.com/s?id=1660733883875897274&wfr=spider&for=pc（2020-03-10）[2023-04-22]．（有改动）

拓展视频
5-1

在旅游服务工作和日常生活中，遇到认识和不认识的客人、同事、朋友，都离不开相互的交往，在交往过程中需要遵守一定的人际交往礼仪，例如如何正确地问候、介绍、拜访他人，馈赠礼品，沟通与交流，以及在公共场所、乘车行路中应当遵守的行为准则。掌握和运用人际交往礼仪，可以显示出旅游服务工作人员（以下简称"服务人员"）的修养和风度，给对方留下良好的第一印象，大大提升个人社交魅力，这对于旅游服务工作和人际交往的成功有十分重要的意义。

5.1 见面礼仪

见面是交往的开始，人与人之间的交往都要用到见面礼仪，它是日常社交礼仪中最常用与最基础的礼仪，特别是服务人员。掌握见面礼仪，举止庄重大方，谈吐文雅，能给人留下良好的第一印象，对以后的交往产生积极的影响，为以后顺利开展工作打下基础。常见的见面礼仪有握手礼、鞠躬礼、亲吻礼、致意礼、拥抱礼、合十礼、碰脚礼、碰肘礼、抱拳礼、拱手礼等。

5.1.1 握手礼

握手是人们见面和离别时相互表示致意的最常用礼节。它还含有感谢、慰问、祝贺或相互鼓励的意义。握手礼流行于全世界,究其来源,它是从原始人类摸手衍化而来的。在远古时代,不同氏族的人一旦相遇,各自会伸出自己的右手掌,让对方抚摸,表示自己手中没有武器。后来这种表示友好的习惯逐渐演化,成为现在的握手礼。有人说,握手之间,一架友谊的桥梁正在架起。

握手不仅是一种礼节,还是人际交往活动中的一门艺术,不用说话就能显示出热情、友好的待人之道。我们应本着"礼貌待人,自然得体"的原则,灵活掌握和运用这一礼节。

1. 行握手礼的方式

常见的握手方式包括单手相握和双手相握两种。正确的单手相握方法应当是,两人相距约一步远,双方各自伸出右手,四指并拢,拇指伸开,掌心向内,手的高度大致与对方腰部上方持平。同时,上身略微向前倾,注视对方,面带微笑,右手相握上下轻摇,如图5.1所示。需要注意的是,右手与人相握时,左手应当空着,并贴着大腿外侧自然下垂,不可一边握手,一边左顾右盼。

为了表达对对方的热情,也可以双手相握(图5.2),即用右手握住对方右手后,再以左手握住对方右手的手背。一般而言,这种方式一般只适用于熟人或老朋友之间的久别重逢,以表达自己的深厚情谊。它不适用于初识者或男女之间,因为有可能被理解为讨好或失态。双手相握时,左手除握住对方右手手背,还有人习惯首先握住对方右手手腕,其次握住对方右手手臂,最后按住或拥住对方右肩,但这些做法若非至交,则最好不要滥用。

图 5.1 单手相握的正确行礼方式

图 5.2 双手相握的正确行礼方式

2. 握手力度

握手力度一般以不握疼对方的手为限度。在一般情况下,握手时不必用力,轻轻握一下即可。男士与女士握手不能握得太紧,西方人往往只握一下女士的手指部分,但老朋友也可以例外。

3. 先后顺序

握手的先后顺序为:男女之间,男士要等女士先伸手后才能握手,如女士不伸手,无握手之意，男士就只能用点头或鞠躬致意；宾主之间，主人应向客人先伸手，以示欢迎；长幼之间，年幼的要等年长的先伸手；上下级之间，下级要等上级先伸手，以示尊重。握手时注意力要集中，双目注视对方，微笑致意。男士不可戴着手套与他人握手，而女士戴着薄手套同他人相握不算失礼。

4．握手时间

初次见面者，握手一般应控制在3秒钟以内，切忌握住异性的手久久不松开。即使握同性的手时间也不宜过长，以免失礼。老朋友或关系亲近的人则可以边握手边问候，甚至双手长时间地握在一起。

5．握手语

握手时，常伴有一定的语言，称为握手语。常见的握手语有以下几种。

问候型：这是最常见的一种握手语，如"您好！""最近身体还好吧？""工作忙吗？"等。

祝贺型：当对方受到表彰或遇到喜事时，可以说："恭喜您！""祝贺您！"等。

关心型：这种形式适用于长辈对晚辈，上级对下级或主人对客人等，如"你辛苦了！""一路很累吧？"等。

欢迎型：对第一次来访的客人或在公务接待时，均可使用欢迎语，如"欢迎您！""欢迎光临！"

致歉型：需要道歉或表示客气时可用此类握手语，如"照顾不周，请见谅！""未能远迎，请包涵！"等。

祝福型：送客时多用此握手语，如"祝您一路顺风！""祝您好运！"等。

知识链接 5-1

握手的禁忌

1. 不要用左手与他人握手，尤其是在与阿拉伯人、印度人打交道时要牢记此点，因为在他们看来左手是不洁的。
2. 不要在握手时争先恐后，而应当遵守秩序，依次而行。
3. 不要戴着手套、墨镜、帽子与他人握手，在社交场合女士的晚礼服手套除外。
4. 不要在握手时将另外一只手插在衣袋里。
5. 不要在单手相握时另外一只手依旧拿着东西不肯放下。
6. 不要在握手时面无表情，不置一词。
7. 不要在握手时长篇大论。
8. 不要在握手时仅握住对方的手指尖（握女士的手除外）。
9. 不要在握手时只递给对方一截冷冰冰的手指。
10. 不要在握手时把对方的手拉过来、推过去。
11. 不要以肮脏不洁或患有传染性疾病的手与他人相握。
12. 不要在与人握手后，立即揩拭自己的手掌。
13. 不要拒绝与他人握手。

资料来源：舒伯阳. 现代旅游礼仪与沟通艺术[M]. 天津：南开大学出版社，2009.（有改动）

5.1.2 鞠躬礼

鞠躬礼源于中国的商代,是对他人表示尊重的郑重礼节。鞠躬礼,即弯身行礼,在日常生活中,下级对上级或同级之间、学生向老师、晚辈向长辈、服务人员向客人表达由衷的敬意,演员谢幕、讲演、领奖、举行婚礼、悼念活动以及接待外宾时也常用鞠躬礼。它既适用于庄严肃穆和喜庆欢乐的仪式,又适用于普通的社交和商务活动场合。在中国、日本、朝鲜和韩国等国家,鞠躬礼仍是较普遍使用的礼节。

1. 行鞠躬礼的方式

鞠躬礼分为一鞠躬和三鞠躬两种。第一种是一鞠躬,适用于一切社交和商务活动场合。行鞠躬礼时,必须脱帽,呈立正姿势,伸直腰、脚跟靠拢、两脚脚尖微微分开,两脚并拢,面带笑容,目视前方。男士双手五指并拢放于身体两侧,女士左右手四指并拢,虎口交叉,右手在上与左右拇指相互重叠并放于腹部。然后将腰背伸直,由腰开始的上身向前弯曲,弯腰速度适中,之后抬头直腰,只做一次。

同时,根据施礼对象和场合决定鞠躬的度数。一般标准为:问候、打招呼15°,迎宾30°,送客45°,而90°大鞠躬常用于悔过、谢罪等特殊情况。如客人施用这种礼节,受礼方一般也应该用鞠躬礼回之,但长辈和上级欠身点头即算还礼,不鞠躬也可以。

第二种是三鞠躬。行礼之前,应脱帽或摘下围巾,身体肃立,目光平视,男士双手自然下垂,贴放于身体两侧裤线处,女士的双手下垂搭放在腹前。上身向前倾斜约90°,然后恢复原样,如此连续三次。大礼行三鞠躬,一般只行一鞠躬。在现代中国,这种礼节已在日常生活中不多见,只在学校,或在喜庆、纪念、丧葬活动中使用。

2. 注意事项

(1)一般情况下,地位较低的人要先行鞠躬礼;行鞠躬礼时要脱帽,此时戴帽子是不礼貌的。

(2)行鞠躬礼时,目光应该向下看,表示一种谦恭的态度,不要斜视或仰视,更不能左顾右盼,这样做姿态既不雅观,也不礼貌。

(3)鞠躬礼毕起身时,双目还应该有礼貌地注视对方。如果视线转移到别处,即使行了鞠躬礼,也不会让对方感到是诚心诚意的。

(4)行鞠躬礼时,嘴里不能吃东西或叼着香烟,手不能插在衣袋里。

(5)上台领奖时,要先向授奖者行鞠躬礼,以示谢意,再接奖品。然后转身面向全体与会者行鞠躬礼,以示敬意。

■应用案例 5-1

背后的鞠躬礼

日本人很讲礼貌,行鞠躬礼是司空见惯的。

一天,在日航大阪酒店繁忙的前厅里,一位服务人员微笑并鞠躬问候一位手提皮箱的客人,并询问是否需要帮忙提皮箱。这位客人拒绝了并且头也没回径直朝电梯走去,那位服务人员朝着那匆匆离去的背影深深地鞠了一躬,嘴里还不断地说:"欢迎,欢迎!"人们都困惑不解,这位服务人员解释说："如果此时那位客人突然回头，他会对我们的热情欢迎留下印象。同时，这也是给大堂里的其他客人看的，他们会想，当我转过身去，酒店的服务人员肯定对我一样礼貌。"

分析：这个例子使我们对日本人的鞠躬礼有了进一步的了解：当面行鞠躬礼、热情问候是为了礼貌服务；背后行鞠躬礼、虔诚备至是为了树立良好的形象。这说明，在这些日本酒店，服务人员有着明确的公关意识。行鞠躬礼有助于树立酒店的良好形象，赢得客人对酒店的好感，进而争取更多的客源。

资料来源：舒伯阳，等. 现代旅游礼仪与沟通艺术[M]. 天津：南开大学出版社，2009.（有改动）

5.1.3 亲吻礼

亲吻礼多见于西方和阿拉伯国家，是人们表达爱情、友情、尊敬或爱护的一种见面礼节。它起源于母亲与婴儿间的亲吻。亲吻礼有以下5种。

1．吻面颊

吻面颊经常和拥抱礼同时使用，多用于长辈同晚辈之间。施礼时，长辈亲吻晚辈脸的一侧或两侧，晚辈可用双手搂抱长辈的颈部，或双手下垂亲吻长辈脸颊。关系亲近的女士和至亲好友之间亦可吻面颊。

2．吻手

男士对尊贵的女士表示尊敬时，可亲吻女士的手背或手指。行此礼时，男士行至女士面前，立正垂首致意。女士若将右臂微微抬起，则暗示男士可行吻手礼。这时，男士以右手或双手轻轻抬起女士的右手，并俯身弯腰使自己的嘴唇象征性地触及女士的手背或手指，然后抬头微笑相视，再把手放下。如果女士不将右臂抬起，则不能行此礼。行吻手礼时，若女士身份地位较高，男士要屈一膝呈半跪的姿势，再抬手吻之。

行吻手礼要文雅，切忌粗俗。这种礼节现在已不太流行，只在一些比较隆重的场合或对一些身份特别高的女士才行此礼。

3．吻唇

一般在夫妻或恋人之间吻唇，以表示亲昵和爱抚。

4．吻脚

在印度，妻子送丈夫出远门时，最高的礼节是先双手合十，再弯下腰摸丈夫脚跟并吻一吻他的脚。在尼泊尔，遇到重大节日往往行传统的吻脚礼。非洲某些部族的居民，常以吻酋长的脚或酋长走过的脚印为荣。

5．贴面

在异性、同性之间，也可采用贴面的礼节。施贴面礼时，两人同时将面颊相贴，顺序为先贴右面颊，后贴左面颊。

5.1.4 致意礼

致意礼,是指借由行为举止来向他人表达问候、尊重和敬意。致意礼通常在迎送、拜访或被别人引见时作为见面的礼节,通常用于在公共场合与相识者相距较远、不太熟悉的人或同一场合多次见面的熟人之间。

1. 行致意礼的方式

致意礼主要的行礼方式有点头致意、挥手致意、欠身致意、起立致意、脱帽致意、注目致意等。在行致意礼时,最好同时伴之以"您好!""早上好!"等简洁的问候语,这样会使致意礼显得更生动、更具活力。

(1) 点头致意。

点头致意,又称颔首致意,一般当路遇熟人或在影院等不宜与人交谈之处、在同一场合碰上已多次见面者、遇上多人而又无法一一问候时,均可以点头致意。具体做法是行礼者面带微笑,目光注视对方,头部向下轻轻一点。注意不宜反复点头,点头的幅度也不宜过大(图5.3)。

图 5.3　点头致意

(2) 挥手致意。

挥手致意,又称招手致意,适用于向距离较远的朋友或不便停留交谈的熟人打招呼。远距离挥手致意时,一般不必出声,右臂向前上方伸直,举过头顶或略高于头,掌心朝向对方,轻轻摆一两下即可,摆幅不要太大,手不要反复摇动。近距离举手致意时,将右臂手肘弯曲,手掌放在右耳旁,以手腕为中心,左右轻轻摆动手掌即可(图5.4)。

图 5.4　挥手致意

(3) 欠身致意。

欠身致意有两种形式。一种是站姿欠身致意,上身前倾 15°,微微向前一躬。另一种是坐姿欠身致意,在上身前躬的同时,臀部轻起离开座椅。这种致意礼可以表达对他人的恭敬,常常用在见到长者、尊者或是主人向你献茶时。

(4) 起立致意。

起立致意常用于较正式的场合。领导或者来宾到场时,为了表示对领导及来宾的欢迎应该起立致意,甚至鼓掌欢迎。同时,在领导或者来宾到来或离去时,在场者都要起立致意。一般站立时间比较短暂,只要对方表示可以就座,即可坐下。

(5) 脱帽致意。

脱帽致意,指的是在一些场合,戴帽子的人自觉主动地摘下自己的帽子,并放置于适当的位置以表达敬意,主要场合有升国旗、奏国歌、进入他人居所、进入正式场合、参加葬礼等(图 5.5)。朋友、熟人见面,若戴着有檐的帽子,可摘帽点头致意。行礼者微欠上身,用距对方稍远的一只手摘下帽子,将其置于大约与肩齐高的位置。同时与对方交换目光,稍稍欠身,然后站好。若自己一只手拿着东西,则应以另一只空着的手去脱帽。

一只手脱帽致意时,另一只手不能插在衣袋里,坐着时不宜脱帽致意。在有些国家则是将帽檐向上轻掀一下以致意。

图 5.5　脱帽致意

(6) 注目致意。

注目致意的准确做法是起身立正,挺胸抬头,双手自然下垂或贴放于身体两侧,面容庄重严肃,双目正视被行礼对象,并随之缓缓移动。一般来说,在升国旗、剪彩揭幕、举办大型庆典时应注目致意。行此礼时不可戴帽子,不可东倒西歪,不可嬉皮笑脸,不可大声喧哗。

2．注意事项

(1) 注目致意时要讲究先后顺序,通常应遵循:年轻者先向年长者注目致意,学生先向老师注目致意,男士先向女士注目致意,下级先向上级注目致意。

(2) 向对方注目致意时,应该诚心诚意,表情和蔼可亲。若毫无表情或精神萎靡不振,则会给人以敷衍了事的感觉。注目致意时应大方文雅,一般不要在注目致意的同时高声叫喊,以免妨碍他人。

(3) 如遇对方先向自己注目致意时,应以同样的方式回敬,视而不见、毫无反应是失礼的。

(4) 向他人注目致意时,往往可以与其他动作结合行礼,如点头与微笑并用,起立与欠身并用。

5.1.5 拥抱礼

1. 行拥抱礼的方式

拥抱礼一般指的是交往双方互相以自己的双手揽住对方的上身，以向对方致意，它是欧美各国熟人、朋友之间表达亲密感情的一种礼节，多用于官方或民间的迎送宾客或祝贺、致谢等场合。行礼时，两人在相距20厘米处相对而立，右臂偏上，左臂偏下，首先用右手环抚对方的左后肩，用左手环抚对方的右后腰，彼此将胸部各向左倾并紧紧拥抱，头部相贴，其次做一次右倾拥抱，最后做一次左倾拥抱。拥抱大致可分为热烈拥抱、礼节性拥抱和象征性拥抱。热烈拥抱多出现在关系非常亲密者之间，而礼节性拥抱和象征性拥抱多用于官方、民间的迎送宾客或祝贺致谢等社交场合。

2. 注意事项

（1）在庆典、仪式、迎送等较为隆重的场合，拥抱礼较为常见。在私人性质的社交、休闲场合，拥抱礼则可用可不用。在某些特殊的场合，诸如谈判、检阅、授勋等，人们则大多不使用拥抱礼。在与外国友人的交往中，只有在对方主动行拥抱礼时，我们才随之行拥抱礼。在商务交往中，第一次见面还是以握手礼为主，但第二次见面时迎接的礼节可以是拥抱礼。

（2）拥抱礼在欧美国家广为流行，在大洋洲、非洲与拉丁美洲的许多国家里，也颇为常见。在阿拉伯国家，拥抱礼仅适用于同性之间，与异性在大庭广众之下进行拥抱，是绝对禁止的。在东亚、东南亚国家，拥抱礼也不太流行。

5.1.6 合十礼

合十礼亦称合掌礼，原是佛教徒的一种礼节，后盛行于东南亚国家，在泰国尤其盛行。新型冠状病毒感染扩散后，为避免握手，用合十礼打招呼的方式在全球开始流行，一些国家领导人也以这种问候方式代替传统的握手礼，如美国总统特朗普、英国国王查尔斯三世等，都纷纷开始用合十礼打招呼致意。

行合十礼时，五指并拢，两手掌在胸前对合，指尖向上与鼻尖基本持平，手掌略向外倾斜，头略低，神情安详、严肃。一般情况下，合十的双手举得越高，越体现对对方的尊重，但原则上不高于额头。合十礼有3种。

1. 跪合十礼

行跪合十礼时，右腿跪地，双手合掌于两眉中间，头部微俯，以示恭敬虔诚。此礼一般为佛教徒拜佛祖或高僧时所行。

2. 蹲合十礼

行蹲合十礼时，身体要蹲下，将合十的指尖举至两眉间，以示尊敬。此礼为佛教盛行国家的人拜见父母或师长时所行。

3. 站合十礼

行站合十礼时，要站立端正，将合十的指尖置于胸部或口部，以示敬意（图 5.6）。在泰国，行合十礼时，一般两掌相合，十指伸直，举至胸前，身子略下躬，头微微低下，男行礼人口念"萨瓦迪克拉布"，女行礼人口念"萨瓦迪卡"，它们来源于梵语，代表问候，也有"吉祥""顺利"的意思。遇到不同身份的人，行此礼的姿势也有所不同。例如，晚辈遇见长辈行礼时，要双手高举至前额，两掌相合后需举至脸部，两拇指靠近鼻尖。平辈相见，手举至鼻子高度即可。男行礼人的头要微低，女行礼人除了头微低外，还需要右脚向前跨一步，身体略躬。长辈还礼时，只需双手合十放在胸前并微微颔首即可。

图 5.6 站合十礼

5.1.7 碰脚礼

新型冠状病毒感染扩散后，为了避免握手、亲脸颊、拥抱等近距离社交接触带来的传染，起源于伊朗的碰脚礼迅速走红，并以视频的形式在社交媒体上广泛传播，还激发了全世界人们的各式创意模仿，很多外国人见面，也开始行碰脚礼，表达问候。具体做法是，走到一米左右的距离，双方先后伸出脚互碰打招呼行礼（图 5.7）。

（a）　　　　　　　　　　　　　　　（b）

图 5.7 碰脚礼

应用案例 5-2

碰脚礼代替握手礼！德国甲级联赛复赛首轮结束出现名场面

拓展视频 5-2

北京时间 2020 年 5 月 16 日晚上，德国甲级联赛（以下简称"德甲联赛"）迎来了重启比赛之后的首个比赛日的比赛。但是根据相关报道，复赛的德甲联赛必须遵守一系列的卫生条例，在这些必须遵循的卫生条例中，握手是不被允许的。而众所周知，在足球比赛开始之前，双方球员要先进行握手礼，在以前如果有球员不进行握手礼，甚至还会被裁判出示黄牌警告，然而现如今德甲联赛重启之后，握手礼被迫取消了，开赛前球员之间、球员与裁判之间的握手礼改为了碰脚礼：球员之间、球员与裁判之间相互碰脚来致意，以示尊重、友好。

资料来源：https://www.sohu.com/a/395725675_100203617（2020-05-17）[2023-04-23].（有改动）

5.1.8 碰肘礼

图 5.8　碰肘礼

在 2014 年，利比里亚发生埃博拉病毒疫情后，为了避免握手、贴面亲吻、碰鼻等方式成为人与人之间病毒传染的可能途径，中国政府援助利比里亚医疗队发起了"碰肘礼"，即见面打招呼不能握手，而是行碰肘礼，即用胳膊肘互碰（图 5.8），表示友好和慰问，这一行礼方式在队员间迅速流行起来。到了新型冠状病毒感染扩散时期，碰肘礼在世界范围内迅速流行。具体做法是，两个人见面问候"你好"后，用自己的右肘部碰对方的左肘部，再用左肘部碰对方的右肘部。

5.1.9 抱拳礼

抱拳礼（图 5.9）有 3000 年以上的历史，是我国传统礼节。行抱拳礼时，右手握拳，拳面外向左手，拳顶对着左掌中指下端；左手四指伸直，左手拇指扣右手虎口，拇指弯曲，两臂屈肘抬至胸前，两手向外水平推出。

图 5.9　抱拳礼

如今抱拳礼在武术界、长者之间和一些民俗浓郁的场合使用较多，在一些气氛融洽的场合如春节团拜、宴请、晚会等也常用此礼。

5.1.10 拱手礼

拱手礼，也称作揖礼，是中国特色的见面问候礼仪，适用于见面或告别等场合。拱手表示寒暄、打招呼、恭喜等。受新型冠状病毒感染扩散的影响，西方国家开始盛行"碰肘礼""碰脚礼""合十礼"等，而在我国的一些地方，传统的拱手礼重新成为人们相互问候的一种方式。行拱手礼不仅有利于人们保持社交距离，还能唤醒人们对传统礼仪的记忆。虽然这是新型冠状病毒感染扩散带来的被动改变，但却引领了继承传统、弘扬传统的新风尚。

拱手礼的正确做法是，行礼时，双腿站直，上身直立或微俯，左手在前，右手握拳在后，两手合抱于胸前，距身体前约 15 厘米，形成一个拱形，在额头下、胸部上位置；若为丧事行拱手礼，则手的前后位置正好相反；两手有节奏地晃动两三下，并微笑着说出问候或祝福、感谢的话语。为向对方表示尊敬，可将双手向上抬，达到与额同高。古人以左为敬，所以男子行拱手礼时，左手在外，右手握实拳以示人，表示真诚与尊敬。女子行拱手礼时则正好反过来，左手空心拳，右手抱于左手上，这是因为男子以左为尊，女子以右为尊（图 5.10）。

(a) 男　　　　　　(b) 女

图 5.10　拱手礼

应用案例 5-3

公益歌曲《拱手礼》倡导健康得体的传统礼仪

"右拳握如日，左掌弯如月，怀抱天下一拱手，春风扑面起。小草挺胸敬，昆仑谦和迎，不卑不亢一作揖，亲近我和你。"由著名词作家曲波作词的公益歌曲《拱手礼》于2020年3月发布，该歌曲弘扬优秀传统文化，倡导健康得体的礼仪。

新型冠状病毒感染的扩散改变了人们的生活方式，伴随着疫情缓解，各地逐渐恢复活力，各行各业复工复产的同时，人们见面打招呼的礼仪也迎来了新变化。握手礼变成了点头致意礼、拱手礼。曾创作过《中国娃》《和谐中国》等词作的曲波有感而发，创作了这首歌曲。他联系了几位艺术家，第一时间得到了作曲家丁纪、司麦澳（北京）文化艺术有限公司、歌手乌兰图雅的支持。他们表示，希望歌曲《拱手礼》能为新型冠状病毒感染扩散后倡导中华民族优秀传统礼仪发挥好艺术的助推作用。

拱手礼是最具中国特色的见面问候礼仪（图5.11），古时又称作揖、揖礼，是古代汉民族的相见礼，其历史非常悠久。《论语·微子》曾载："子路拱而立。"这里子路对孔子所行的就是拱手礼。"你拱手，我作揖，礼貌端庄又得体。一团和气暖乾坤，五湖四海遍知己。"歌曲由全国"最美志愿者"、蒙古族著名歌手乌兰图雅演唱。她认为，中华民族是个多民族的大家庭，传承并弘扬中华民族优秀传统礼仪是文艺工作者应有的文化自觉和担当。

拓展视频 5-3

图 5.11　拱手礼示范

资料来源：https://baijiahao.baidu.com/s?id=1662353849803985908&wfr=spider&for=pc （2020-03-28）[2023-04-27].（有改动）

5.2 接待与拜访礼仪

5.2.1 接待礼仪

接待客人是一门艺术，要讲究礼节。中国素以好客而闻名，礼貌待客是中华民族的传统美德，无论是熟人还是初交、接待上级还是下级都要热情。这是人际交往中最基本的礼仪，也是服务人员必须掌握的礼仪。

1. 待客前的准备

得悉客人即将来访，服务人员应事先有所准备，整理好室内卫生、物品放置妥当；备好待客的物品，如茶水、水果、干果和点心等，对客人要有礼貌。如果是在办公室或接待室接待客人，也要尽可能地创造一种良好的气氛，使客人有一种亲切感。在仪表上，衣着要整洁、大方，不可随随便便。

2. 迎接

客人来访时，应立即请客人入室，无论职位高低、关系远近，都应一视同仁、亲切招呼、热情相待。然后安排客人就座，把最佳的位置让给客人坐；敬茶时，茶水要浓度适中，不要倒满杯，一般八成满较为适宜；递烟、送糖果应双手送上，要亲自为客人点烟。夏天打开电扇、空调，冬天帮助客人脱挂大衣。

在旅游服务过程中，即使来了"不速之客"，也不能拒之门外，或面带不悦，或给客人脸色看，使客人感到难堪。要尽快了解客人来访之意，以便妥善处理。如果客人来自外地，应专程前往车站、码头和机场迎接，这是最起码的礼节。如果客人来访时你恰好有重要事情要办，应向客人说明情况，表示歉意，让同事代为招待。客人要找的同事不在时，你也应该主动热情接待来客。

3. 接待

待客应做到主动、热情、周到、善解人意。与客人交谈时要精力集中，不要来回走动、看书报或做其他事情，更不要频频看表或打哈欠，以免客人误解你在逐客。当客人已经把话题讲完，服务人员就应减少讲话，不再主动挑起话题，不再向客人杯中添加茶水，以给客人告辞的机会。陪客人用餐时对客人的礼让要适度，不然易有不欢迎之嫌，但过于殷勤则常会强人所难。如果客人带小孩同来，还要提供玩具、儿童读物等，以供小孩玩乐。

4. 送客

当客人告辞时，服务人员应婉言相留，表示希望客人再坐一会；如客人执意要走，要尊重客人的意见，不能强行挽留，以免客人为难。在客人未起身前，不能先起身相送，也不要主动先伸手与客人握手道别，这有逐客之意。服务人员应将客人送至门外，并说："欢迎再来"。

如果是远方来的客人，还要送别至车站、机场或码头，并为客人准备一些旅途中吃的食品。

车站、机场、码头送客，要等火车启动、飞机起飞、轮船起航之后再离开，如有事不能等候，应向客人解释原因，并表示歉意。

5．接待禁忌

如有客人来访，切忌蓬头垢面或者室内不整，使客人难以入座。客人进门后，接待时切忌一边做其他事一边与客人谈话，心不在焉、东张西望；切忌给客人冲泡有异味或夹有杂物的劣质茶叶；切忌用沾满茶垢的茶杯敬茶；切忌一只手送茶或用手握住杯口端茶；客人未走时，切忌下逐客令；送客时，切忌客人刚送出门，就使劲把门关上。

5.2.2 拜访礼仪

拜访是人们在社会交往中经常进行的一种交际方式，不仅可以调节工作压力，还可以扩大横向联系、开阔视野、互通信息沟通渠道、拓展业务等。作为服务人员，拜访客户时应注意以下拜访礼仪。

1．事先应有约定

到客户的办公室或住所拜访前，都必须事先约好，不能突然造访，否则会打乱别人正常的工作和生活秩序。一旦约定，就要按时赴约，不要迟到，也不要早到。如果确有急事只能突然造访，见面时应首先向客户表达歉意，并说明之所以这样做的理由。在这种情况下，拜访的时间不宜长。

2．选择恰当的时间

拜访的时间最好安排在节假日的下午或晚饭以后，尽量避开客户可能正在休息、吃饭的时间，否则，双方都会感到尴尬不便。晚上拜访不宜太晚，以免影响客户的休息。

3．注意仪表仪容

在拜访之前，要整理好自己的服饰。注意保持干净整洁、仪容端庄、容光焕发，从而表现出对对方的尊重。男士应着西装、打领带、理发、剃须，皮鞋光亮；女士应略化淡妆、衣冠整齐，适当注意服饰的大方、自然。蓬头垢面、衣冠不整是失礼的行为。即使关系再熟悉，也不可穿着背心、短裤或拖鞋登门，那样是对客户的不敬。冬天进屋后要脱去大衣、帽子及围巾；夏天做客时，天再热也不能脱去衬衣或长裤。

初次拜访，带一点小礼品也是一种有礼貌的表现。

4．经客户许可后进门

在拜访时，进门之前应先敲门或按门铃，敲门的声音不要太大，按门铃的时间不要太长，只要能让客户听到就可以了。坐车拜访时，应在门前或附近下车。在车上按喇叭叫人或暗示他人是很不礼貌的行为。未经客户许可，不要推门而入，即使门原来已经敞开着，也要以其他方式告知客户有客来访，待听到了客户的招呼声后再进门。随身的外衣、雨具以及携带的礼品或物品，不要乱扔，应放在指定的地方。客户开门之后，如未邀请入室，不要擅自闯入；如果入室之后，客户没请你脱下外衣或就座，则表示其不打算留客。应简短说明来意以后立即离去。

5. 进入室内后的礼貌礼节

进门后，首先向要拜见的客户打招呼。若有先到的客人，要微微点头致意，向大家问好；对于其他客人经介绍后，可以说："很高兴认识您"或"打扰您了"等；如没有向你介绍其他客人，不可随便打听其他客人的信息，也不要主动与其他客人亲昵地攀谈或乱插话，不要喧宾夺主。

拜访谈话时应注意态度要诚恳、自然，言语上要有逻辑性，切忌乱说。举止要落落大方，客户为自己倒茶时，应从座位上起身，双手接过，并说声谢谢；如端上小吃、水果，应等其他客人或年长者动手之后再取之；吸烟者应尽量克制，想吸烟时应先征得在场所有人的同意，注意不可随地弹烟灰；坐姿要端正、文雅，不要晃脚、跷腿，也不要双手抱膝，更不能躺坐沙发、头枕沙发背，或在沙发上东倒西歪。即使与客户比较熟悉，也不要去触动其物品和室内陈设、书籍。表现得太随便，随手乱翻，到处乱闯是失礼和对客户不尊重的表现，万一碰到客户的隐秘还会造成彼此的难堪。

6. 适时的告辞与致谢

在与客户的交谈过程中，应注意其情绪和周围环境的变化。如果发现客户心不在焉，或时有长吁短叹、偷看表的动作，说明他有急事想办或有不满情绪，又不好意思下逐客令。此时，应及时寻找收尾的话题并立即告辞。

告辞时应对客户的款待表示谢意，出门后应主动请对方留步。

5.3 递接名片礼仪

人们称名片为"交际的使者"。近年来，人们在社会交往、公关活动中交换名片的行为越来越普遍。名片成为社交场合中一种重要的自我介绍的方式。递接名片礼仪分为递送名片礼仪和接受名片礼仪。

5.3.1 递送名片礼仪

递送名片，应事先把名片准备好，放在容易取出的地方。要以恭敬的态度，友好地注视对方，一般用双手递送名片，并配以口头介绍（图5.12），如果双方互递名片，应右手递、左手接。

如果给一位男士名片时，其身边有一位女士正好是他的夫人或女儿，只需口头问候，不必另外递送。如果她与身边的男士无亲属关系而是以独立身份参加活动，应同样向其递送名片，以免使人有厚此薄彼的感觉。

初次相识，双方经人介绍后，如果有名片则可取出名片送给对方。如果是事先约定好的面谈，或事先双方都有所了解，不一定忙着交换名片，可在交谈结束临别的时候取出名片递给对方，以加深印象，并表示愿意保持联络的诚意。

图5.12　递送名片礼仪

5.3.2 接受名片礼仪

接受他人的名片，应恭恭敬敬，双手捧接，眼睛同时注视对方，点头道谢，使对方感受到你对他的尊重。

接过他人当面递上的名片一定要看一看，不要马上放入口袋，更不要在手中玩弄；有看不明白的地方可以请教；有时可以有意识地重复一下名片上所列对方的姓名与职务，以示仰慕。

如需把接受的名片暂时放在桌上，不要在它上面压其他东西，否则会让对方感到自己不受尊重。

如果对方未给你名片，你又想得到对方的名片，不要直截了当地要。应该以含蓄、请求的口吻说："如果没有什么不便的话，您能否留张名片给我。"如果对方有的话，一定会送一张给你；假若他已没有了名片，一般会婉言说明。

5.3.3 递接名片的禁忌

递送名片时，应注意分寸，不可滥发，应根据自己的需要确定递送对象。在递送名片时，不可漫不经心，也不可一边自我介绍，一边到处翻找名片，更不应该把一叠名片全掏出来，又慢腾腾地翻找自己的名片。同一场合，切忌向同一对象重复递送名片。假若一次同许多人交换名片，并且都是初交，应一视同仁，不可只给"领导"或只给"女士"。递送名片最好依照座次来递送。

接受名片时，不可顺手塞进公文包或扔到抽屉里，应将名片放入自己携带的名片盒或名片夹中保存，不要搞脏或弄皱。接受名片后，你想回赠给对方，可立即拿出自己的名片给对方。当你不想回赠或忘带自己名片时，要说："谢谢，我没带名片，请原谅"等一些解释性的话。

如果介绍人仅仅出于礼貌给双方作简单的介绍，双方均无深交之意，那么相互点头致意或握手问好即可，不必交换名片。

与西方人交往时要注意，他们一般不随意交换名片。

5.4 谈话礼仪

谈话是人们建立良好人际关系的重要途径，是人与人之间进行沟通的重要途径。服务人员不仅应懂得社交时的礼仪，更应善于辞令。总的来说，谈话时要善于倾听，表情要自然，态度要和气、亲切，表达要得当；善于运用礼貌语言并注意表情、目光、手势等肢体语言的适当配合。

5.4.1 谈话的表情

服务人员在与客人接触、交谈时，表情要自然、大方，面带微笑，不要扭扭捏捏。与领导谈话，也不要惊慌失措；接待客人，不要心不在焉；不要因为快要下班，而时时看表；午间和晚间谈话时，要避免打哈欠、伸懒腰和挖鼻孔、掏耳朵等不雅观的小动作。

5.4.2 谈话的语言

在与客人谈话时，语言要柔和甜美，谈话的声音不宜过大，特别是在大庭广众之下，只要对方能够听清楚就可以了，不可大声叫喊，旁若无人，谈话的声调高低以不影响周围人为宜。

要学会使用柔性语言。柔性语言表现为语气亲切、语调柔和、措辞委婉、说理自然，常用商讨的口吻与客人说话。这样的语言使人愉悦亲切，有较强的说服力，往往能达到以柔克刚的交际效果。

谈话中要注意使用礼貌语言，如：您好、请、谢谢、对不起、打扰了、再见等。在我国，人们相见时，不管在哪儿，甚至在洗手间，常习惯说："你吃饭了吗？"这样说不符合情境。一些西方国家把这样的问话看作你有意要请他吃饭。在西方，一般见面时常说："早安！""晚安！""您好！""身体好吗？""最近如何？""一切都顺利吗？""好久不见，你好吗？""夫人（丈夫）好吗？""孩子们都好吗？""最近休假了吗？"等。

5.4.3 谈话的内容

谈话的内容涉猎广泛，从天气、新闻、工作、业务到一些政治、经济、社会等问题，均可成为话题。但应当避免谈及疾病、死亡等问题，这会引起不愉快的感受。一个比较好的办法就是向客人询问有关他本人的事情。例如，他成功的经验、业余爱好等。有些客人喜欢谈自己的事情，特别是令他感到满意的事情。

凡是客人不愿回答的问题，不要追问。如果谈到令客人反感的话题，应当表示歉意，或立即转换话题。如果是客人向你提出你不愿谈论的问题，可以巧妙地回避。

在谈话中要避免卖弄学识，不要说些庸俗的俏皮话。不要语带讥讽、出言不逊、恶语伤人，不要与客人争吵。但适度的幽默和风趣是必要的，它可以活跃谈话的气氛，化干戈为玉帛。

5.4.4 谈话的体态

在与客人交谈时，要注意体态的适当配合，但动作不要过大，更不要手舞足蹈，不要用手指去指他人；双手不能交叉于胸前或背后；不要把手插在裤袋里，更不要握紧拳头，要表现得温文尔雅。与客人交谈，最主要的一条，是让对方觉得你是有诚意同他沟通思想、交流意见的。

谈话时，对于两人之间的距离，不同的国家有不同的习惯。美国人一般习惯于两人的身体保持一定的距离；而阿拉伯人则习惯于两人靠得很近，认为两人谈话时不宜相距太远，靠近一点显得更亲切。

另外，有些国家的人反感谈话时两只眼睛一直看着对方；而在另外一些国家，则认为眼睛不望着对方是不尊敬。不管怎样，在与客人谈话时，尤其是男服务人员与女士谈话时，不宜目不转睛地盯着对方，但是也不能左顾右盼。

总之，与客人谈话时，不宜与对方离得太远，但也不要离得太近，不要拉拉扯扯、拍拍打打，一直盯着对方看。

5.4.5 谈话的禁忌

在与客人谈话时应注意。

（1）脏话、粗话、伤人感情的话、无理取闹的话等都在禁忌之列。

（2）不谈那些荒诞离奇、耸人听闻和低级下流的事情。这有失自己的身份。

（3）男士一般不要问女士的年龄、婚姻，也不要议论女士长得胖瘦、高矮等。

（4）不熟悉的人，不要鲁莽地问别人的隐私，如：工资收入、银行存款以及衣服、首饰的价格等。

（5）不要当场批评长辈和身份高的人。

（6）男士一般不要参加女士的谈话，也不要与女士长时间攀谈或耳语。

（7）谈话时应仪态文雅，切忌唾沫四溅，这样不卫生也不雅观。

5.5 馈赠礼仪

馈赠礼品是人们表达友谊、感激、敬重和祝福的一种沟通方式。在古今中外的各种交往中，几乎离不开馈赠礼品这项活动。得体的馈赠礼仪，给交际活动锦上添花，给人们之间的感情注入新的活力，更有助于增进双方的友谊与合作。客观上来讲，馈赠礼仪受时间、环境、风俗习惯的制约；主观上讲，馈赠礼仪因对象、目的而不同，因此，懂得馈赠礼仪的要求和相关规范，尤为重要。馈赠礼仪分为赠送礼仪和受礼礼仪。

5.5.1 赠送礼仪

1．礼品选择

（1）价格合适。

礼品的贵贱厚薄，往往是衡量诚意和情感浓烈程度的重要标志。然而礼品超过了一定的价值界限，就超出了礼品的范畴，就会失去礼品固有的性质，从根本上背离了礼仪的属性，变成了贿赂，这会给受礼者较大的心理负担。礼品既有其物质的价值含量，也有其精神的价值含量，在我国有"千里送鹅毛，礼轻情意重"的说法，"折柳相送"也常为文人津津乐道。在交往中要注意以轻礼寓重情，还要入乡随俗，根据赠送目的及自己的经济能力，以对方能愉快接受为尺度。一般来说，有意义的纪念品、实用类物品、象征美好的常见物品、物美价廉的地方特产、对工作和学习有帮助的物品等较适合作为礼品。

（2）投其所好。

由于民族、生活习惯、生活经历、宗教信仰以及性格、爱好的不同，不同的人对同一礼品的态度是不同的，或喜爱或忌讳或厌恶等，因此赠送前一定要了解不同国家、地区、民族的风俗喜好及禁忌。例如，双数在中国是吉利的象征，单数则蕴含着孤独与分离，所以送礼要送双数。但广东人则忌讳"4"这个偶数，因为在粤语中，"4"听起来就像"死"，是不吉利的。在西方，送礼最大的忌讳是礼品过于贵重。

同时，赠送礼品至集体就要了解集体的性质、活动的目的等情况，赠送礼品至个人，必须了解受礼者的年龄、性格、文化素养、特征、身份地位、爱好、家庭环境等基本情况，针对不同对象的不同情况，选择符合对方爱好和兴趣的礼品，避免因为赠送不恰当的礼品而冒犯对方。如果不看对象盲目赠送礼品，即使是珍贵的礼物，可能被其视如敝屣。例如，在公务活动中的赠送，现金、信用卡、有价证券、昂贵的奢侈品等是禁止的。

（3）特色鲜明。

礼品最好是受礼者所在地区所没有或极少有的，又是赠送者所在地区最有特色的物品。造型奇巧、做工精致、晶莹剔透的琉璃器皿摆件，精美华贵的中国刺绣、漆器、瓷器和景泰蓝，各国具有民族特色的手工艺品，描写各国风情的绘画作品等，都常常被人们选作珍贵的礼品互相赠送。在任何社交场合，独具特色的礼品往往是最受欢迎的。

（4）纪念性强。

无论赠送对象是集体还是个人，都应注重礼品的纪念性，强调其纪念意义，不以价格昂贵为目标，这样才能使对方觉得礼品非同寻常，倍感珍惜。因此，选择礼品时要考虑它的思想性、艺术性、趣味性、纪念性等多方面的因素，要体现出深刻的思想内涵和情感寓意，要能让人睹物思人或唤起美好回忆。

（5）便于携带。

选择礼品时，应遵循少而精的原则，礼品宜精致和便于携带。最好不要赠送易损坏、易碎、不耐碰撞挤压或者体积庞大、笨重的礼品，给受礼者带来搬运和储存的麻烦。

■ 实用小窍门 5-1

送礼品的禁忌

在跨文化交际中，交际双方应该注意不同国家送礼的禁忌，否则很容易导致误解以及文化冲突。在中国送礼品要避免以下忌讳。首先，注意礼品的含义。中国人送礼忌讳送"钟"，因为"钟"与"终"同音。除非你能确定对方不忌讳，要不最好就避免将"钟"作为礼物。其次，注意礼品的颜色。在西方国家，白色与黑色常常与葬礼联系在一起，被认为晦气，因此不要用这两种颜色去包装礼品。最后，注意礼品的数量。双数在中国是吉利的象征，单数则蕴含着孤独与分离，因此送礼品要送双数。在西方，送礼品最大的忌讳是礼品过于贵重。在商业交往中，带有公司商标的礼品给人一种不真诚的感觉。送花时，尤其需要注意花的数量，因为双数在西方人看来是不吉利的。带有数字 13 的礼品也是不受欢迎的，西方人把它和厄运联系在一起。在法国，黄色的花还意味着不诚实。这些都属于独特的送礼品的禁忌。

资料来源：https://www.fx361.com/page/2020/1020/7187762.shtml（2020-10-20）[2023-04-28].（有改动）

2. 赠送技巧

赠送方法得当，会皆大欢喜，但若赠送方法不当、时机不对、场合不符，不但有损礼品的价值，而且会使人心生芥蒂。因此，只有巧妙掌握赠送技巧，才能为整个赠送的过程画上一个漂亮的句号。

（1）把握时机。

给个人赠送礼品时，传统节日和纪念日是赠送礼品的最佳时机；对方婚庆嫁娶、乔迁新居、生日、晋升、获奖、升学等喜事，要及时赠送礼品；面对需要关怀和帮助的一些弱势群体，如去医院探望病人、看望老人、与亲朋的孩子见面等应带些礼品；如果自己与久违的亲友重逢，应以礼品表达思念；如果外出或享受特别待遇后，应以礼品表达对同事和朋友以往帮助的感谢。一般情况下，自己充当客人时，赠送礼品通常应在主宾双方相见之初或首次正式拜会主人时，能在疏离尴尬间迅速地将两者感情升温；自己充当主人时，往往在饯行宴会上或客人下榻处为其送行时，向客人赠送礼品，能够适当地表达自己对其离别时的不舍，从而增进感情。

一般来说，给单位赠送礼品，主要选择在开业庆典、参观学习、突发事件慰问等时机。

（2）场合相符。

一般情况下，最好在私下进行，不宜在公开场合赠送礼品。不要当众赠送某一个人礼品，这样不仅受礼者有局促不安之感，其他人也会感到受到冷落，反而会引发人们对正常人际交往的误解和猜测。赠送礼品应考虑到见面活动和宴会等仪式的时间和地点，在见面之前和宴会举行之前赠送礼品表示恭敬。

（3）精心包装。

精心的包装不但可以使礼品的外观具有艺术性和观赏性，提高礼品的价值，而且能够体现赠送者的审美观、艺术修养和对受礼者的敬意和心意。赠送的礼品，尤其是在正式场合赠送的礼品，一般都应认真地进行包装。应用专门的纸张包裹礼品，或是把礼品装入特制的盒子、瓶子之内。包装礼品，既要量力而行，又要反对华而不实。包装时要注意包装的材料、色彩、图案和包装方式及受礼者的风俗习惯。例如，在信奉基督教的国家中，应避免把丝带结成十字交叉状。对礼品不加任何包装或不进行认真包装，往往会使礼品自行贬值，或令受礼者感到不受重视。

（4）方式得当。

赠送礼品的第一种方式是当面赠送。如果可以，尽可能当着受礼者的面赠送礼品，赠送礼品时需注意态度、举止和言语表达。应亲切友善和落落大方，以微笑和注视的表情，自然主动地托拿递送，并配以礼节性的语言表达，请求对方接受。如对方询问可适时解答礼品的功能和特性，有意识地将选择礼品时独具匠心的考虑传递给受礼者，从而激发受礼者对自己一片真情的感激和喜悦之情。忌讳东张西望、面红耳赤、做贼心虚地悄悄将礼品置于桌下或房中某个角落的做法，这会使受礼者不知何人所赠，不仅达不到赠送礼品的目的，甚至会适得其反。

同时向多人赠送礼品，最好先长辈后晚辈、先女士后男士、先上司后下级、先外宾后内宾，按照次序，依次有条不紊地进行。

第二种方式是邮寄赠送，邮寄赠送的礼品，一般都要附一份礼笺。在礼笺上，既要署名，又要用规范的语句说明赠送礼品的缘由。

第三种方式是托人赠送，即委托第三方代替自己将礼品送达受礼者手中。当本人不方便当面赠送礼品时，采用这种形式可以显示自己对此十分重视，或者可以避免对方的某些拘谨和尴尬。不过，所托之人在转交礼品时，一定要以恰当的理由来向受礼者解释送礼者为何不能当面赠送礼品，礼品上最好也附有一份礼笺。

5.5.2 受礼礼仪

1. 双手接收

当他人赠送礼品给自己时，不管自己在做什么事，都应立即中止，起身站立，面向对方。在对方取出礼品，预备赠送时，不应伸手去抢，开口询问，或者双眼盯住不放。在送礼者递上礼品时，要尽可能地用双手前去接收。不要用一只手去接收礼品，特别是不要单用左手去接收礼品。在接收礼品时，要面带微笑，双眼注视对方。接收过来的若是对方提供的礼品单，则应立即从头至尾细读一遍。

2．表示感谢

受礼时要注意礼貌，但不要过于推辞，没完没了地说："受之有愧，受之有愧！"这会伤害送礼者的感情，即使对方送的礼品不合心意，也应有礼貌地立即感谢，可以说："谢谢""谢谢您的鲜花""我非常喜欢""您太客气了，谢谢"等表示感谢的语言。受礼者还可以说一些动听的话，比如，可以感谢送礼人所花费的心血，说："您能想到我太好了"。也可以感谢对方为买到合适的礼品所付出的努力，如"您竟然还记得我收集邮票"等。

3．拆开礼品

受礼后，西方人喜欢当着送礼者的面打开礼品，并且夸赞一番，向送礼者致谢，甚至在高兴时拥抱送礼者，共同分享收到礼品的喜悦。如果礼品原封不动地放在一边，会使送礼者认为礼品不合受礼者心意，而感到尴尬难过。

而中国人在受礼时，一般不会当着送礼者的面把礼品打开，而是把礼品放在一边留待以后再欣赏。这是为了避免对方所送礼品不合心意时的尴尬，也是为了表示自己看重的是对方送礼的心意，而不是所送的礼品。如果当面打开礼品，有时会被认为是重利轻义。同时，如果给不同地位的人赠送不同的礼品，当场不打开礼品可以避免相互之间的比较。

但今天已不再这么刻板了。如果现场条件许可，时间充裕，人数不多，礼品包装考究，那么，在接过对方的礼品之后，应当尽可能地当着对方的面，将礼品包装当场拆封。这表示自己看重对方，同时也很看重获赠的礼品。在启封时，动作要井然有序，舒缓文明，不要乱扯、乱撕、乱丢包装纸，此时，撕破包装纸被认为是粗鲁的举止。

4．表示欣赏

当面拆开包装之后，要以适当的动作和语言，表示对礼品的欣赏。比如，可将对方所送的鲜花捧在身前闻闻花香，随后再将其装入花瓶，并置于醒目之处。要是对方送了一条围巾，则可以马上围上，照一照镜子，并告诉送礼者及其他在场者："我很喜欢它的花色"或"这条围巾真漂亮"。千万不要拿礼品开玩笑，除非那是一件恶作剧的礼品。

5．回赠礼品

礼尚往来是人际交往的重要原则。受礼者一般要找机会回赠礼品，回赠礼品切忌重复，一般应价值相当，不能以相同的物品、包装相送，以免对方认为是有意退礼和不满自己之前所送的礼品。回赠礼品应找好时机，不宜今日受礼明日立即回礼，这样会让对方感到受礼者不想增进交往，注意不必每次都回赠。

6．拒收方式

一般而言，不要拒收礼品，但这种情况还是时有发生。当不能受礼时，可以礼貌地拒绝，但是必须注意礼节。符合社交礼仪的拒收礼品的方法因人因事而异，一般常见的有以下3种方式。

（1）婉言相告。

即采用委婉的、不失礼貌的语言，向送礼者暗示自己难以接受对方的礼品。比如，当对方向自己赠送手机时，可以告诉他："我已经有一台了。"当一位男士送舞票给一位女士，而女士打算回绝时，则可以说："真不好意思，我男朋友也要请我跳舞，而且我们已经有约在先。"

（2）直言缘由。

即直截了当而又所言不虚地向送礼者说明自己难以接受礼品的原因。在公务交往中拒绝礼品时，此法尤其适用。例如，拒绝他人所赠的大额现金时，可以这样讲："我们有规定，接受现金就是受贿。"拒绝他人所赠的贵重礼品时，可以说："按照有关规定，你送我的这件东西，必须登记上缴。"

（3）事后退还。

有时拒绝他人的礼品，若是在大庭广众之下进行，往往会使受礼者有口难张，使送礼者尴尬异常。遇到这种情况，可采用事后退还法加以处理。即当时受礼，但不拆启其包装。事后，要尽快，通常情况下不超过24小时把礼品退还给送礼者。

应用案例 5-4

中西方受礼文化差异

有一位美国经理为了与中国公司进行一项大额贸易，故而特地来到中国与中国公司经理会面。提前了解了中国送礼习惯的他准备了礼品，并且精心进行了包装，准备在两人会面商谈时把礼品送出。美国经理通过事先的了解得知，在中国"初印象"非常重要，所以第一次见面时主动向中国经理打招呼、握手，以表示友好。之后双方的洽谈也比较愉快，但在双方对于合作案最后确定的时候，美国经理却当面拿出了贵重礼品，并且让中国经理当面拆开礼品，这使中国经理非常尴尬。

在中国的传统礼仪中，一方面，礼品不应当面拆开，另一方面涉及商务往来的送礼，如果是比较贵重的礼品，那么即使要送也应该私下进行。中国人讲究排场的同时还注重送礼和收礼的场合。因此，礼品如何送，如何在文化交流中避免走入误区，是一个值得研究的学问。

资料来源：https://www.fx361.com/page/2020/1020/7187762.shtml（2020-10-20）[2023-04-30]. （有改动）

5.5.3 送花礼仪

在现代交往中，送花已成为一种表达人们美好心愿的方式。如，儿女在母亲节向亲爱的母亲献上康乃馨；恋人在情人节送红玫瑰等。去朋友家做客、向朋友祝贺、去看望病人等送一束花，既表达了人们衷心的祝愿，又使生活变得丰富多彩，富有生机并充满希望。在国际交往中，向贵宾送花也是一种重要的礼节。由此可见，掌握送花礼仪对于服务人员来讲是十分必要的。

1．花卉语言

自古以来，人们用各种文字赞美花卉，借以表达自己的情感。在现代，每种花卉都有不同的特点，人们都赋予其特定的语言。花卉语言在人际交往和活动中扮演着很重要的角色，送花给别人展现着个人的文化修养，因此，要了解不同种类花卉的寓意，并学会搭配。花卉名称及寓意见表5-1。

表 5-1　花卉名称及寓意

花卉名称	寓意	花卉名称	寓意
玫瑰花	初恋、爱情、求爱	粉蔷薇	爱情的誓言
红玫瑰	永远幸福	桃花	淑女、疑惑
菊花	高洁	百合花	百事合意、团结友好、尊敬
月季	幸福、光荣	白百合	纯洁、文静
梅花	刚毅、坚贞不屈	野百合	幸福即将来临
樱花	心灵的美	金盏菊	祝贺长寿
荷花	纯洁、淡泊、无邪	波斯菊	纯洁
杜鹃	怀乡、盼望、节制、爱的快乐	红康乃馨	伤心、痛苦
牡丹	拘谨、害羞	椿萱	父母健康
兰花	热情	黄康乃馨	轻蔑、瞧不起
水仙	尊敬、自尊、辟邪除秽	凌霄花	母爱、人贵自在
勿忘草	勿忘、真挚、贞操	紫罗兰	诚实、朴素
并蒂莲	夫妻恩爱	小榕树	长寿
茶花	勇敢、战斗	万年青	长寿、友谊长存
红茶花	天生丽质、美德	竹子	正直、虚心
白茶花	美丽	文竹	祝贺长寿
山茶花	美好的品德	杨柳枝	惜别、难舍难分
紫丁香	初恋	垂柳	悲哀
白丁香	谢意、崇敬	薄荷	公德、美德
郁金香	爱情、胜利、美好	常青藤	结婚、白头偕老
红郁金香	钟爱	美人蕉	坚实
黄郁金香	无望的爱	红豆	相思
白郁金香	失意的爱	柠檬	挚爱
蔷薇	恋爱	橄榄枝	和平
红蔷薇	求爱、爱情	仙人掌	热心
白蔷薇	爱情、纯洁	豆蔻	别离

2．送花的技巧

在旅游服务中，服务人员给游客送花是一种表达欢迎、尊敬和祝福的礼仪。在送花时应遵循一定的礼仪规范，以确保送花礼仪得体、恰当。

（1）选择恰当时机。

送花的时机应与特定的活动或节日相吻合。例如，在游客抵达或欢迎晚宴时送上一束鲜花，可以表达热烈的欢迎；在重要的节日或纪念日送上鲜花，则可以表达节日的祝福和对游客的特别关怀；酒店也经常在生日等特殊节日，为客人提供鲜花等礼物。

此外，游客生病期间，给其送花，可以带去外界的清新气氛，有助于促进其身体的康复。服务人员可送给病人花束或各种花卉组成的花篮，祝他早日恢复健康。但有的医院禁止给病人送花，理由是怕花携带病菌，或者花对患某种疾病（如气喘等）的病人不利。

（2）兼顾文化差异。

不同国家和地区对花卉的寓意和色彩有不同的理解，例如，某些花卉在不同的文化中可能象征着不同的意义，甚至可能有不吉利的寓意，在选择花卉时需要特别注意。因此，服务人员在送花前应了解游客的文化背景，避免送错花或颜色，以免造成误会。

（3）赠言表达。

送花时，可以附上一张小卡片，写上祝福语或欢迎词，这样显得更加温馨。送花的动作要优雅得体，双手递上，保持微笑，表达诚挚的心意。

3．送花的方式

送花，一般可以采用以下几种方式。

（1）送花篮。花篮由色彩鲜艳的花朵组成，适用于庆祝开业、开幕、演出成功以及祝寿等。

（2）送花束。花束可选择寓意不同的鲜花组合而成，外加包装纸和红丝带。花束一般用于探望亲友、祝贺新婚、祝贺成功或看望病人等。

（3）送襟花。它通常是男士送给女友的小礼物，在某些喜庆的场合，男士也可以在上衣的左胸前别一朵鲜花。襟花最好与所穿的衣服色调协调。

（4）送盆花。品种名贵的盆花受到人人喜爱。可以将其送给长辈或以此祝贺朋友乔迁新居等。

上述几种方式中，送花束是最习以为常的。它通常由玫瑰、剑兰、菖蒲、康乃馨等花卉组成。送花可以送一束，也可以送一支。有时候送一支更简单、美妙。

4．送花的禁忌

送花是有学问的。在旅游服务工作中，酒店服务人员对摆放在每一间客房的花卉要依客人喜好而异，餐桌上摆什么花卉也应注意；导游在旅途期间给生病的游客送花也有讲究。因此，一定要注意不同国家或地区的风俗习惯和对花卉的禁忌，只有这样，才能达到良好的效果。

送花时应注意以下几点。

（1）在粤语中，"4"的发音听起来很像"死"。广东人普遍认为"4"不吉利。所以送花时，花卉的数目不能是"4"。同样，在韩国、日本也有此禁忌。他们认为"4"是表示死亡的数字。日本还特别忌讳送花的数目为"9"，因为他们认为送其数量为"9"的花卉，是视其为强盗。

（2）给日本人送菊花时，要问清楚有多少花瓣，16瓣的菊花是皇家的纹饰，普通人不能用。所以，给日本人送菊花时，一定要注意花瓣的数字。另外，日本人忌荷花，所以不要送荷花给日本人。

（3）欧美一些国家非常忌讳"13"这个数字，视"13"为凶数。所以送花的数目不能是"13"。现在不少中国人也有这种习惯。

（4）在讲法语的国家和地区不要送菊花，因为这些国家和地区在葬礼时才使用菊花。在法国，黄色的花有不忠诚的含义。

（5）到英国人家里做客，送女主人花卉时忌送百合花，因为百合花在英国象征着死亡。

（6）到西班牙人家里做客，不要送大丽花和菊花，因为这两种花卉意味着死亡。

（7）到德国人家里做客，不要送给女主人红玫瑰，因为它是情人、恋人之间的专属。给德国人送花时，不要用纸包装。

（8）到瑞士人家里做客，可以送一朵或 10 朵红玫瑰给女主人，但不要送 3 朵，因为送 3 朵意味着你们是情人关系。

（9）如果在芬兰、瑞典等北欧国家，应邀到主人家里做客，一定要给女主人带几束单数的鲜花，最好是 5 朵或 7 朵。

（10）在巴西，绛紫色的花卉主要用于葬礼，因此不要送绛紫色的花卉给巴西人。

（11）在拉丁美洲，有些国家把菊花看成一种"妖花"，只有人死了，才在灵前放菊花。如果你去朋友家做客，不要送菊花。

（12）如果应邀到加拿大朋友家做客，可向女主人送一束鲜花，但不要送白色的百合花。在加拿大，白色的百合花只有在开追悼会时才用，也不要送菊花。送花时要送单数。

（13）送花要送鲜花，一般不要送纸花、塑料花、绢花等假花。

5.6 聚会礼仪

服务人员要擅长举办各种类型的聚会，掌握聚会应遵循的礼仪。

5.6.1 茶会礼仪

以茶待客是我国的传统习惯和礼节。由于茶会简便易行，因此在社交活动中广泛采用。组织好茶会，一般应注意以下礼节。

1. 茶会的准备

茶会一般由主人或主办单位准备。布置一张或若干张桌子，备好茶具、茶叶和一些瓜子、糖果、水果等，以使茶会丰富多彩。请柬要事先发出，并考虑周全，不要使参加会议的客人有遗漏。

2. 入场

客人抵达会场，主人或主办单位主持人应出迎并领客人入座，并向在场客人作介绍。客人之间应相互致意、问候。在人数不多的情况下应一一握手相见；如果人数众多，可点头示意或行中国传统的拱手礼即可。

3. 致辞

茶会开始，先由主人或主办单位主持人介绍主要应邀单位和重要来宾，为互相交际和谈话创造适宜的气氛和条件。介绍完毕，由主人或主办单位主持人致辞，但致辞不要冗长，应开宗明义说明主题，并有较浓厚的感情色彩，以期引起客人之间的相互交谈。

4. 发言

主人或主办单位主持人致辞完毕，到会的客人可自由发言。发言时，应注意礼节礼貌。神态要自然大方，语气、态度要谦虚，但不要谦辞叠叠。发言中不要冷淡对待或蔑视任何与会者，更不要发泄个人恩怨。否则，既有失礼貌，又缺乏道德修养。

5．辞行

茶会中尽量不要中途退场，更不要不辞而别。茶会结束，要向主人或主办单位道谢辞行，也要同老朋友、新相识握手告别。

5.6.2 舞会礼仪

舞会是一种大众化的、颇受人们欢迎的社交活动。舞会举办成功的因素很多，但首要的是礼仪礼节。服务人员在工作中可能会参加或组织舞会，因此掌握相关礼仪是十分必要的。

1．仪容仪表

参加大型或级别较高的舞会，国际上的惯例是：在请柬上注明服饰的要求，以穿礼服或西服为多，有时要求女士穿大礼服、男士穿燕尾服。

在我国，参加舞会的男女的服饰要尽可能同环境融为一体。但无论什么场合都不允许穿短裤、背心和拖鞋进入舞厅。男士应以庄重的色调为主，服饰要端庄、得体、落落大方。若穿西装，可不必像参加正式会议或正式宴会一样严肃，一般注意西装、衬衫、领带之间的颜色搭配。

女士参加舞会应该打扮得雍容华贵一些。一般着装以裙装为宜，因为在悠扬的舞曲中，婀娜的舞姿衬以飘逸的长裙，会使人有飘飘欲仙的感觉。女士应根据服装、发式佩戴相应的首饰。佩戴时应注意：白天不要佩戴钻石首饰；颈短的人不宜佩戴大颗珍珠项链；女士参加正式舞会不宜佩戴手表；一只手上不宜佩戴两枚以上的戒指；穿考究的衣服时，不能佩戴劣质、粗糙的首饰；如果没有与之相配的首饰，可以不戴，可佩戴一朵鲜花。

2．邀舞礼仪

正式的舞会，第一曲是主人夫妇，主宾夫妇共舞；第二曲是男主人与主宾夫人，女主人与男主宾共舞。

舞曲开始，男士应主动邀请女士共舞，邀请时，男士向女士行鞠躬礼，伸出右手请舞，鞠躬15°左右，同时轻轻地说："请您跳个舞，可以吗？"一般女士在受到邀请后应马上起身，随着乐曲同邀请她的人一起跳舞，不可傲慢无礼。如果女士已有舞伴，应客气地说明："谢谢，我已邀好别人了。"这时，男士则应有礼貌地告退。当然，一曲结束后，若这位女士单独坐下，男士可再次邀请。女士如果远离舞池独坐休息，不宜去打扰她。

男士如邀请一位素不相识的女士跳舞，首先要观察一下她是否有舞伴或同伴。如有，一般不宜前去邀请。如前去邀请，应首先向她的舞伴或同伴点头致意，再对女士发出邀请。

舞会上一曲未终，一般不要中途停下来换舞伴。舞会上一般允许女士之间共舞而不宜男士之间共舞，前者意味着她们没有舞伴，而后者则意味着他们不愿意向在场的女士邀舞，这是对女士的不尊重。

舞曲结束后，男士应将女士送回原位，并说声："谢谢!"

初次参加舞会的人往往怯场，担心舞步不熟练或没有舞伴，这些都是不必要的。别人不会因为跳得不熟练而放弃对你的邀请，倒是过分扭捏不仅影响舞会情绪、气氛，影响交际，也不符合礼仪。参加舞会的每一个人都有主动邀请他人跳舞的权利和义务，不应该坐等他人邀请。

3. 辞谢邀舞的礼仪

舞会上，一般女士不应谢绝男士的邀请，无故谢绝男士的邀请是失礼的。如果女士不愿意接受男士的邀请，也可以拒绝，但应采取礼貌的谢绝方式："对不起，我很累了，我想休息一会。"一般女士刚谢绝了一位男士的邀请后，就不宜马上接受另一位男士的邀请，因为这对前者是不礼貌的。如果女士事先已同意别人，则可以婉言解释："对不起，已经有人邀请我了，等下一曲吧！"

4. 良好的舞姿

舞者肌肉应松弛、姿势要自然、动作要协调、脸部朝向正前方，用眼睛的余光留心周围，避免碰撞，不要转头四处观看，也不要低头看脚的动作，要凭身体的感觉来转换方向。随着步伐的交替，身体会产生高低起伏，应按音乐节奏，保持一种均匀协调的优美动态。跳舞时，双方距离以两拳为宜，不要过近或过远，男士右手应放在女士腰部正中。男士不可以把女士的手握得太紧，也不要和女士的身体贴得太近，也不能目不转睛地凝视女士的脸，以免引起女士的反感或造成误会。女士跳舞时舞姿应轻盈自如，给人以欢乐感。即使是热恋中的情侣，也不宜过分亲昵，因为这对周围的其他人来说是不礼貌的。

5. 良好的环境

参加舞会要维护环境的卫生和良好的秩序。不要乱扔果皮、纸屑；吸烟应到室外，以免污染室内空气；不允许在舞会内高声喧哗或污言秽语；在舞池内不能任意穿行，确需找人时，应缓步轻声从场边用目光寻找，或待一曲完结后再找。在舞会上看到相识的朋友，可以打招呼问候或点头示意，不宜在舞池内攀谈、叙旧。

6. 舞会结束的礼仪

舞会结束，应向主人告辞道谢。

男士可送女士，但绝不可勉强。如果女士无意让对方送行，应礼貌地说："谢谢"。或说："谢谢，我已有人结伴回家。"说话要婉转得体，不使对方难堪。

5.6.3 生日聚会礼仪

生日对每个人来讲都是最有意义的日子。在我国一般60岁以前都叫"过生日"，60岁开始称"做寿"。给孩子祝贺生日，一般送生日蛋糕、玩具、学习用具，或带孩子到科技馆、公园、动物园等地方游玩，以开阔孩子视野、表爱心、留纪念；给成年人祝贺生日，一般可赠送生日蛋糕、生日贺卡、鲜花、衣物等表达彼此之间的情谊；给老人做寿，除了赠送生日蛋糕和鲜花，还要根据老人的喜好，精心购买老人喜欢的物品，如保健用品等，以表达孝心和爱心，让老人高兴，给生日带来欢快、吉祥的气氛。

无论参加哪种形式的生日聚会，都要以饱满的精神状态出现，而且要营造喜庆、热闹和欢乐的氛围。如留下来用餐，不可大吃大喝、猜拳行令，更不要中途退场、自行其是。服务人员在工作中难免遇到客人过生日的情况，更应多加注意，以免给客人留下不好的印象。

5.6.4 社交禁忌

1．忌以自我为中心

在社会交往中，每个人都有自己特定、习惯了的思维、言语、行为、生活方式，人与人之间存在着明显的差异性。因此在与人交往时不能一味按自己的习惯随心所欲，强加于别人。一旦出现自己的习惯与他人不一致时，应尽量克制自己，对他人多一些理解、宽容和谦让。每个人都有义务和他人一起创造符合礼貌礼仪要求的良好的社交氛围，在旅游服务工作中，这一点尤为重要。

例如，对某一问题需要阐明自己的观点、见解时，一般应避免强调"我"字，不要用强调的语气宣称"我以为""我认为"一类的话，应该用较为婉转的言语和措辞。实在难以避免时，可以用"我们""大家"等称谓，尽量做到客观、谦虚，以形成宽容、和谐的氛围。

2．忌自夸和吹嘘

社交是为了交流，绝不是为了吹嘘自己。急于表露、炫耀自己，这往往会与预期的效果相反。而质朴、真诚地与人平等交往，反而能获得他人的信任和敬重。与人交往时，矫揉造作、装腔作势、故弄玄虚、卖弄自己，只会让人讨厌。因此，虚心、恭敬是社交成功的一个重要因素。

3．忌私下议论别人

在社交活动中，要尽量避免议论别人，不管议论对象在不在场。因为，议论在场的人会给其带来不便甚至难堪；议论不在场的人更是失礼。另外言多必有失，容易产生意想不到的麻烦。如果伤害了对方的感情，那么往往会使社交失败。因此，与人交往时要有大方、温和、宽容的气度，以实现彼此之间感情的融洽。

4．忌冷落他人

在社交活动中，要注意照顾每一位客人，尤其是长者和女士。忌讳单独与一、两个人窃窃私语或行动。在旅游服务工作中，不要让客人产生被遗忘、冷落的感觉。

5．忌直接性语言

在社交活动中，说话要充分考虑各方面的态度和相关因素，善于折中表达自己的意见，避免用直接性的语言。绝对的要求、直接性的语气往往会使对方为难，甚至有时会把事情弄僵，进而使对方本来可以尽量想办法解决的事情，却由于语言中指责的口气而停止办理。

6．忌攻击他人

社交活动中，切忌恶语伤人、当众指责和攻击他人；切忌使用蔑视语、烦躁语、斗气语；讲话时不要显得太尖酸刻薄。尖刻机敏者有时纵然能让人叹赏，但也令人敬而远之，使自己失去更多的朋友。

7．避免道破他人隐私

人们在工作、生活和交往中都有自己的秘密。如果本人不愿意公之于众，即使你非常清楚地了解这一秘密，也不易泄露、宣传。有礼貌、合礼节的做法是装作一无所知。当众点破对方的秘密，对人有损，于己也无益。如果这种秘密事关重大，很可能因道破而带来严重的后果。即使是些无关紧要的事，只要是对方的隐私，就绝不该道破它。

8．忌显露自己曾施惠于他人

在社交活动中，不要显示、炫耀自己曾经施惠于他人。否则，不管对方在不在场，都会造成对方的难堪，非但达不到展示自己的目的，反而会得罪对方。

假如你赠送朋友一件衣服，对方穿上后受到别人的称赞，你却在众人面前夸耀："这是我送给他的。"这样，那位朋友必定不会再穿这件衣服，以至于今后再也不接受你的任何馈赠。人们在社交活动中，难免受到别人的帮助或帮助别人，给别人以帮助却整天挂在嘴上，自我标榜，到处宣传，这样做既不近人情，也不符合礼仪。

9．忌轻易许诺

在社交活动中，切不可说大话、狂话，夸夸其谈，信口开河。如果轻易许诺，事后又不履行，必然会造成不良的后果。无论你是为了表现自己还是另有他图，轻易许诺自己根本办不到的事情，既失策，又失礼。因此，在社交活动中忌说大话、忌轻诺。没把握的话宁可不说，一旦许诺，即使有困难，也要千方百计地努力兑现，不失信于人。否则，对方对你就会失去信任。

10．忌开玩笑过度

朋友、熟人之间适当开玩笑，可以活跃气氛，融洽关系，增进友谊，但开玩笑要适度，要因人、因时、因环境、因内容而定。服务人员在工作中可以适当开玩笑以活跃气氛，但应注意以下几点。

（1）开玩笑要看对象。

人的性格各不相同，和宽容大度的人开点玩笑，或许可以调节气氛；和女士开玩笑，则要适可而止。

（2）开玩笑要看时间。

俗话说："人逢喜事精神爽。"开玩笑最好选择在对方心情舒畅时，或者当对方因小事生气时，通过开玩笑把对方的情绪扭转过来。

（3）开玩笑要看场合、环境。

在纪念馆、寺庙等要求保持肃静的场合，不要开玩笑；在治丧等悲哀的气氛中，不宜开玩笑。

（4）开玩笑要注意内容。

开玩笑时，一定要注意内容健康，风趣幽默，情调高雅，忌开庸俗的玩笑，千万不要拿别人的生理缺陷开玩笑。

5.7 公共礼仪

5.7.1 公共场所礼仪

在公共场所，人员复杂，流动性强。人们的团体意识淡漠，行为较随便，自身的约束力较弱，人与人之间交往的随机性强。因此在公共场所更需要讲究礼貌礼节。公共场所也就最容易显示出一个人的文明礼貌程度。旅游过程中，一般大多在公共场所度过，服务人员在自己遵守公共场所礼仪的同时，也要提醒游客注意。

1. 影剧院礼仪

影剧院是社会文化交流的重要场所。在国外，到剧院或音乐厅观剧或听音乐时，男士讲究穿着高雅，女士要穿晚礼服；到电影院看电影衣着可随意、休闲些。在我国，进影剧院参加正式活动时必须穿着讲究，一般情况下着装以入时、适宜为好。夏天男士不应穿背心、短裤或拖鞋，女士不宜浓妆艳抹、服饰过于暴露。

参加影剧院活动应准时入场，不要等到开演后再来回走动找座位，以免干扰他人。在两排之间穿行走向自己的座位时，应面向已经就座的观众，不要背对观众。女士应走在前面，男士随后。如果是几位男士和几位女士一起进场，首先穿过就座观众的应是男士，接着是女士，最后是男士。如果是折叠椅，男士先替女士放下来，让女士坐下。坐下后不要用两手占住两边的扶手，因为邻座的人也有权利使用。

开演后，应全神贯注于舞台或银幕。自己虽然了解剧情，但也不可喋喋不休地向别人宣讲，道出结局。除了因剧情有趣引起的笑声，剧场里需要绝对的安静，不需要"评论家"。

有些人喜欢边看演出边吃零食，如瓜子、糖果之类的食物，或尽管有"禁止吸烟"的提示，仍不顾他人吸烟。这些行为不仅是不文明的举止，而且污染环境，影响他人，同样有损自身形象。

观众要尊重演员的劳动，一幕结束或一个节目终了，应报以热烈掌声。如果在演出中遇到设备故障或特殊情况应予以谅解。作为观众不要喝倒彩、吹口哨、鼓倒掌，这样不仅失礼，也是缺乏教养的表现。

电影或演出结束后，观众应等演员离场后再退场。并稍坐片刻，免得出口处拥挤。退场时，男士要礼让女士先行。

应用案例 5-5

电影院失礼行为

小星在下班的路上巧遇了大学同学小方，于是一起吃完晚饭后，两人决定去电影院看电影。小星觉得坐在中间的位置看银幕更加清晰，因此他们并没有按照电影票上的座位号入座。由于多年不见，因此电影开始后两人还沉浸在聊天的兴奋当中，交谈声也越来越大。就在电影进行到高潮之时，小星的手机突然响了，他拿起手机，直接坐在座位上与对方通话。过了一会儿，小星很自然地点了根烟开始抽起来。影片结束散场时，小星起身离开，并没有顾及身后的小方。

请找出小星在整个过程中所有不恰当的行为。

①没有对号入座。②电影放映时与朋友大声说话。③观看电影过程中手机铃声响起。④直接在座位上通电话。⑤在电影院抽烟。⑥散场时没有照顾朋友。

资料来源：何春晖. 知书达礼：交往与礼仪[M]. 杭州：浙江科学技术出版社，2009.（有改动）

2. 演唱礼仪

演唱是一种娱乐方式，又称K歌。特殊的音响效果，可使一个普通歌迷过一把"歌星"瘾。但是把握正确的演唱方式和有关演唱时的礼仪，是演唱成功的重要因素。在旅游服务工作中，为活跃气氛，有时导游会在破冰环节自己演唱或引导游客演唱，因此掌握相关礼仪十分必要。

演唱前，首先要做好充分的准备，特别是初次演唱，最好把自己最拿手的歌曲展示给大家。也就是选择的歌曲一定要适合自己的风格和嗓音，这样才能给他人留下美的感受。千万不要毫无准备，匆忙上阵，这样容易失误，有损自己的形象。

良好的心理素质，对演唱的成功也起着重要作用。在众人面前演唱，要全身心地放松，同时要充满自信，表情自然、热情、大方。同时还要注意自己的形体感觉，把最佳的体态展示给大家。千万不要造作、扭捏，摆出一副难看的模样。

演唱过程中要注意以下几点。

第一，不要抢唱别人点的歌。原则上是谁点的歌谁唱，"抢歌"这种行为是不礼貌、没素质的表现。

第二，不要当麦霸。很多麦霸只要一有自己会唱的歌曲立刻抢过麦克风秀一把，却不知这样剥夺了他人展示的机会。既然别人点了歌，那就应该相信他有这个自信也有这个能力将这首歌完整地演绎，也可以在无麦克风的情况下一同哼唱，交流情感，应彼此尊重。

第三，不要随意插队。点歌的人一般比较多，遵循先来后到的顺序很有必要，尽量让每个人都有表现的机会。

第四，不要无动于衷。要学会多鼓励演唱者，无论别人唱得如何，都应给予必要的掌声、鼓励、献花、喝彩，也可以善意指出改进的意见帮助别人。

3. 博物馆、美术馆礼仪

博物馆和美术馆是收藏、展览珍贵物品的高雅场所，人们前去参观可以增长知识和提高艺术修养，在这种场所更要讲礼仪，做一个爱护展品和文明参观的有素质的参观者。要服从管理人员的管理，遵守场内纪律，按次进入场所参观。在旅途中经常会到博物馆和美术馆参观，服务人员应在自己遵守相关礼仪的前提下引导游客共同遵守。

博物馆、美术馆陈列的展品，大多数具有较高的历史价值或艺术价值，其中一些是国宝级珍贵展品。因此，参观博物馆、美术馆时一定要爱护展品，做到不抽烟，不随便触摸展品，不使用闪光灯拍照。在要求"请勿拍照"的情况下，就不要拍照。此外，还应当爱护博物馆、美术馆内的展台、照明等设施。要以身作则文明观展，也要身体力行引导、督促、约束孩子的行为，注意不要让孩子碰坏展品或厅内的设施。

参观时应保持安静，将手机调成振动模式，尽量不高谈阔论，更不能大声喧哗。有些游客在参观时看到一些令人赏心悦目的艺术品，常常会兴奋地招呼同伴来看，高声叫喊同伴的名字；有的旅游团在馆内集合时，导游也会大声寻找团员，这些做法都会导致馆内秩序混乱，影响他人参观的情绪，分散他人的注意力。

听讲解员讲解时要专心，不要出言不逊，妄加评论。游客应自觉遵守博物馆、美术馆有关规章制度，不要一边参观一边吃零食。一方面，食物的碎屑或残渣不仅会影响到展厅的清洁美观，还可能滋生一些害虫，损害到文物或艺术品；另一方面，在展厅里吃东西的声响或者气味会影响到其他观众的参观。可在场所内的休息和用餐区吃东西，这样既舒服，又不影响环境。

人多时不要拥挤，按顺序边看边走。不宜在一件展品前长时间驻足，以免影响他人欣赏。超越他人时要讲礼貌，注意不要从他人面前经过，以免妨碍他人观赏，应当从其身后走过。如果必须从他人面前经过，则应说："对不起，请让我过去一下。"

4．体育场礼仪

旅途中，也可能观看体育比赛。在观看各类体育比赛时，应当在遵守赛场纪律和维护社会公德的基础上，注意以下几个方面的礼仪。

观看体育比赛时的穿着，可以随气候、场所和个人喜好而定。但也要注意公共场所礼节。即便再热，也不能只穿一件小背心，更不能光着膀子观看比赛，这样不雅观。

尽量提前或准时入场，以免入座时打扰别人。入场后，应该对号入座。不要因为自己的座位不好，而占了别人的座位。

要注意自己的言行举止。国际比赛开场奏国歌时，要肃然起立，不能坐着谈笑或做其他事情。精彩的体育比赛振奋人心，欢呼和呐喊是很自然的事情。可以为你所喜欢的一方叫好，但不应该辱骂另一方。如果是精彩的场面，不管是主队的还是客队的，都应该鼓掌加油，表现出公正和友好的态度。在比赛中起哄、乱叫、向场内扔东西、鼓倒掌、喝倒彩的行为，是违背体育精神的，更是没有教养的体现。在比赛的紧要关头，尽量不要因一时激动而从座位上跳起来，挡住后面的观众。偶尔站起来，也应该很快坐下，不要来回走动。

赛场上，观众与运动员的互动是十分重要的，良性互动能够激发运动员的拼搏精神，更好地投入比赛。然而这种互动对于不同的运动项目是有所不同的。一种是有节制的互动，比如网球、高尔夫球、马术等项目，需要相对安静的比赛环境，观众就应该比较绅士，根据比赛规则恰到好处地给予掌声。另一种是比较热烈的互动，比如足球、手球、篮球等项目，啦啦队可以尽情地呼喊。

体育场内一般不许吸烟。实在忍不住，可以到休息厅或允许吸烟的地方去吸烟。如果吃零食的话，记得不要把果皮纸屑随地乱扔。能产生较大噪声的零食最好别吃，因为大的噪声会影响身边其他观众。

体育比赛中，若要提前退场，那么应在不打扰他人的情况下尽快离开。体育比赛结束时，向双方运动员鼓掌致意。退场时，按座位顺序退场，向最近的出口缓行或顺着人流行进。应主动将饮料杯、矿泉水瓶、果皮果核等杂物带出场外。

▎应用案例 5-6

中国观众把热情、真诚、友善带到奥运赛场——文明观赛，为拼搏精神喝彩

巴黎奥运会火热进行时，各大赛场中都不乏中国观众的身影。他们在现场欣赏精彩赛事，理性助威，为运动员加油鼓劲，把热情、真诚、友善带到奥运赛场。

2024 年 7 月 30 日，巴黎奥运会乒乓球混双决赛结束，南巴黎竞技场 4 号馆渐渐归于平静。中国队球迷张梓铭和伙伴走出了球场，两人各拎着一个纸袋，一袋装的是小国旗和充气棒等助威物品，另一袋里则是他们收集的饮料空瓶。"我们之后还要看女排比赛，这些助威物品我们都收集好，下次分给中国球迷。"张梓铭说："收集完助威物品后，我们几个人又清理了一遍看台，人走场净。"

乒乓球、羽毛球等是中国体育代表团的传统优势项目，也是中国球迷比较关注的项目。看台上，点点"中国红"汇聚成海洋，朱瑞丰置身于羽毛球赛场，难掩内心的激动。

朱瑞丰是个体育迷，对体育项目和体育明星如数家珍。他表示："羽毛球和乒乓球这两个项目在中国都很受欢迎，懂球的人多，所以大家加油鼓劲的节奏也特别好，相信中国体育代表团的运动员能从中找到熟悉的感觉。"

奥运会网球比赛在罗兰·加洛斯球场举行，在巴黎工作的刘宇璇和朋友抢到了女单首轮门票，就是为了给参加奥运会的中国体育代表团的运动员加油。由于首个比赛日下雨，比赛被推迟到第二日举行，虽然这打乱了刘宇璇的观赛计划，但也让她一个下午就看到了4名中国体育代表团运动员的比赛。

"我们准备了加油贴纸，一起大声给中国体育代表团的选手助威。"刘宇璇说。网球比赛有着较为严格的观赛礼仪，加油助威要在合适的时间，不能影响到运动员。有了多次观看网球比赛的经验，刘宇璇和朋友们成了中国体育代表团球员的专业啦啦队。"当运动员准备发球时，我们默契地保持安静、避免走动，使运动员保持最专注的发球和接发球状态。"刘宇璇说："当运动员得分后，我们也会随着主办方播放的热场音乐，或按照约定好的助威方式，高喊运动员名字一起加油。现场气氛特别热烈。"更让刘宇璇兴奋的是，在他们的助威下，当日参赛的4名中国体育代表团运动员全部闯过首轮，她们在赛后也纷纷跟球迷合影，感谢球迷们的支持。

资料来源：https://www.peopleweekly.cn/html/2024/redianhuati_0809/220584.html（2024-08-09）[2024-09-28]．（有改动）

5.7.2 公共交通礼仪

1．乘坐公交车、地铁的礼仪

要在指定地点候车，不要在车道上候车，等车停稳后再上下车。尤其是在早晚上下班的高峰时间，人流量比较大。如果乱哄哄挤成一团，相互拥挤时既耽误了大家的时间，又容易造成一些不愉快的事情，甚至容易造成意外伤害事件。因此在候车时应该按照到达的先后顺序，在站台上排成候车队伍，车到达停稳后，应按照排队顺序依序上车，不要争先恐后，主动让老弱病残孕先上车。

上车后自觉往后走，不要停留在车门口，阻挡别人。将随身所带的物品放到合适的位置，不要把它们放在座位上或挡在过道上。车上人多拥挤时，难免互相碰撞，应该互相谅解，不要过分计较。乘车时主动为老弱病残孕让座，当他人为自己让座时要立即道谢。

自觉保持车站、车厢的清洁卫生，不在车站和车厢内吸烟、吐痰、乱丢废弃物，不向窗外扔垃圾。不在车内嬉戏打斗，乘车时不将头、手伸出窗外。爱护公共设施，不乱写乱画，不踩踏座椅。确保安全，不带易燃、易爆和危险品上车，不携带未经包装的刀具、玻璃等，以及家禽和其他暴露的腥、臭、污秽物品，不携带未受约束的可能危及他人的宠物。不在车未停稳时上下车。注意保管随身物品，发现失窃应立即通知驾乘人员或报警，发生危急情况，应服从驾乘人员安排，及时疏散。

尽管没有严格的着装要求，但在公共场合，衣着方面仍应注意，上下身衣着都应相对齐整。尤其是在夏天的时候，有些乘客光着膀子就来坐公交车、地铁，这是非常不文明的行为。

雨雪天，上车时应把雨伞折拢，雨衣脱下叠好。人多时，车上遇到熟人只要点头示意即可，不可挤过去交谈。到站前，提前向车门移动时，要向别人说："请让一下"或"不好意思"，后下车的乘客要为先下车的乘客让路。下车应有序，要注意携老扶幼。

应用案例 5-7

乘坐公交车失礼行为

辛辛苦苦工作了一周,好不容易等来了周末,小星决定到市区里逛逛街,顺便买些衣物犒劳一下自己。公交车站就在马路对面,眼看公交车就要开过来了,可人行横道上还是红灯,小星发现等车的人特别多,更加着急了,他也不管什么红灯了,瞅准车少的空当,趁机跑过了马路。公交车到站了,人群一窝蜂地往车上挤,队伍显得比较混乱,小星便趁乱插到队伍的前面,左推右挡,好不容易挤上了车,也抢到了一个座位。不一会儿,公交车上就挤满了人,小星悠闲地掏出手机给朋友打电话聊天,旁边的阿姨告诉小星他的声音太大了,请他小声一点,小星自顾自地打电话,假装没听见。终于到站了,小星赶紧冲向车门,跳了下去。

小星的问题有:①闯红灯,乱穿马路;②候车插队;③上车推挤;④在公交车上很大声地打电话;⑤下车时冲向车门、跳下车。

资料来源:何春晖. 知书达礼:交往与礼仪[M]. 杭州:浙江科技出版社,2009.(有改动)

2. 乘坐火车、轮船的礼仪

在候车室、候船室里,要保持安静,不要大声喊叫。要看好自己的孩子,不要让他们四处乱窜,影响其他旅客休息。要依次排队上车、登船,不要乱挤乱撞,人为地制造紧张气氛。根据购买的车票、船票,对号入座。

长途旅行,一般都带有较多的行李,旅客之间要相互照顾,合理使用行李架。个人独霸行李架的做法是蛮横无理的。站在座位上放置行李时,要脱掉鞋子。邻座有行动不便的人,要主动给予帮助。自己的行李如压在别人的行李上,应征得别人的同意。

长途旅行的旅客,有较多共处的时间,因此格外需要友爱和互助。坐定之后,与同座可以寒暄几句,也可以探讨一些共同感兴趣的话题。沿途应尽可能地相互给予照应,但决不能自恃是"同行人",便随便取用别人的物品,翻阅别人的报刊,这样做也是不礼貌的。

要自觉保持车厢或船舱里的整洁,不随地吐痰,也不让小孩随地大小便,不把果皮纸屑丢在地上。当火车列车员或轮船服务员来提供服务时,要主动给予配合,并以礼貌的行为对待。

应用案例 5-8

高铁三霸

"高铁三霸"指2018年高铁上发生的三起霸座事件。

高铁霸座男:2018年8月21日,在山东开往北京的G334高铁上,一名中年男士霸占了一位女学生的座位不愿起身,而且还态度傲慢声称:"谁规定一定要按号入座?要么你自己站着,要么去坐我那个座位,要么自己去餐车坐。"无奈之下,女学生就找乘务员反映,但后来的结果是列车长和乘警过去劝都无动于衷,直到列车到达终点站都没有起身,其流氓耍赖的本性暴露无遗。

高铁霸座女:2018年9月19日,在永州到深圳北的G6078列车上,一位女乘客上车后未按照车票上的座位就座,执意坐在靠窗的邻座位置。车票座位靠窗的乘客向乘警投诉后,乘警与霸座女乘客反复沟通,但是这名女乘客就是不肯让座。女乘客嘴里不停反复说着:"这是10 D

啊，我坐这里没错啊，我是有票的。"还称："谁规定 10 D 是坐过道座位的啊，椅子上又没写"。该女乘客提出，要在座位上写有 10 D 才承认。

霸座婶：2018 年 9 月 20 日，一位老大娘在列车上坐在了不属于自己的位置上，声称自己 70 岁了，反复说："他年轻人站半个小时能咋着？"同时指着自己面前的一袋子药说自己腰疼腿疼，年轻人就应该教育教育，并口出狂言："来打我试试"。

霸座的处理结果为：罚款 200 元，被列入铁路黑名单，180 天内不能购票。任性需要付出代价，规则就是底线，坚决向不文明行为说"不"。

资料来源：https://baike.baidu.com/item/%E9%AB%98%E9%93%81%E4%B8%89% E9%9C%B8/22884960?fr=aladdin[2023-05-06].（有改动）

3．乘坐飞机的礼仪

乘机手续包括托运行李、检查机票、确认身份、安全检查等，相比乘坐火车、轮船严格复杂。乘机前，要按照规定的时间提前到达机场，国内航班一般至少提前 2 个小时到达机场，国际航班一般需要至少提前 3 个小时到达机场，留出充裕的时间办理登机手续。

要了解有关行李的规定和限制，重量和体积符合要求，大件行李应交机场托运，小件行李可随身携带，所有行李中不得夹带易燃、易爆、腐蚀、有毒、放射性物品等违禁品。

登机后，根据飞机上座位的标号按秩序对号入座，尽快将随身行李放入座位对应的行李舱，不要在过道上停留或交谈，保持过道畅通。主动关闭手机、电子通信器材等无线电设备，以免干扰飞机的系统，发生严重后果。飞行过程中，听从乘务人员的要求，如系好安全带、收起小桌板等，文明使用机上的服务设备，维护乘机安全。邻座旅客之间可以进行交谈，但不要隔着座位说话，也不要前后座说话，声音不要过大。尽量在飞机起飞后、降落前上厕所。

如需要乘务人员服务时，可按头顶上方的服务铃或向乘务人员招手，不要大呼小叫，或碰触乘务人员身体。乘务人员提供服务时，应说声"谢谢"或点头示意，尊重乘务人员的劳动，不要在飞机上与乘务人员大吵大闹。

停机后，要等飞机完全停稳后，再打开行李舱，带好随身物品，按次序下飞机。飞机未停稳前，不可起立走动或拿取行李，以免摔落伤人。

需要注意的是，为旅客送行时，可说"一路平安"等祝语，但因飞机需逆风起飞，不宜说"一路顺风"。

4．乘坐出租车的礼仪

乘坐出租车，一般应在出租车停靠站点叫车。其他情况叫车时，应在既不影响交通又安全的地方。不要在路口，尤其是有红绿灯的路口和有黄色分道线的区域内叫车，也不要在公共汽车站、快车道旁叫车。

上下车、开关门时要前后观察，以防伤及他人。陪同女士、长者、上司或贵宾打车时，要打开右侧后门，照顾其上车。一般情况下，乘客应当坐在后排，多人乘车时，由付费或带路的一方坐前排。配合司机遵守交通规则，不在禁止停车或上下车的地方叫停。

要爱护车辆及其设施，保持车内卫生。不在车内吸烟，不往车外吐痰、扔杂物，不在车上脱鞋、脱袜、换衣服，湿雨伞和雨衣不要放在乘客座椅上，不要用脚蹬踩座位，更不要将手或腿、脚伸出车窗外。

乘车时，乘客之间可适当交谈，但不宜过多与司机交谈，以免司机分神。话题一般不要谈及车祸、劫车、凶杀、死亡等晦气的事。下车时，使用文明用语，如"谢谢""再见"等，注意带好随身物品，不要将垃圾等废弃物留在车上。

5.8 呼吸道传染病防控礼仪

2020年初，突如其来的新型冠状病毒感染迅速扩散，给人们的生活和交往带来了巨大影响。该病毒主要通过呼吸道飞沫、人与人之间的密切接触传播。继新型冠状病毒感染扩散之后，甲流、乙流、支原体肺炎等呼吸道传染病也形成了一定规模的流行。为每个人的生命健康着想，应当遵守呼吸道传染病防控礼仪，尽量减少肢体接触，防止因接触带来的呼吸道传染病传播。

5.8.1 正确佩戴口罩

自觉佩戴口罩仍然是一个为自己负责也为他人负责的良好习惯，应正确佩戴口罩，养成随身携带口罩的好习惯。戴口罩前、摘口罩后，均应做好手卫生。区分口罩正反面，不能两面戴，不与他人混用或共用口罩。确保口罩反面朝内，有金属条的那一端朝上，捏紧鼻夹，使口罩与脸颊贴合，避免漏气（图5.13）。一次性使用医用口罩和医用外科口罩均限次使用，应定期更换。摘下口罩时，不要接触口罩前面（污染面），从系带处摘下口罩后，用手指捏住口罩系带，并将其丢至医疗废物容器中，摘掉口罩后应洗手（图5.14）。需重复使用的口罩，使用后悬挂于清洁、干燥的通风处，或将其放置于清洁、透气的纸袋中。

在公共交通工具、电梯等密闭空间，前往医院就诊、接触发热或患呼吸道感染疾病的人群，以及从事医疗卫生、公共服务等高风险暴露人员，应正确佩戴口罩。年老体弱者、慢性疾病患者外出时，建议佩戴口罩。即使一些常见呼吸道传染病的流行得到控制，在公共场所佩戴口罩、患呼吸道传染病时随时戴口罩也应成为一种卫生自觉和文明自觉。

图5.13 正确佩戴口罩的方法

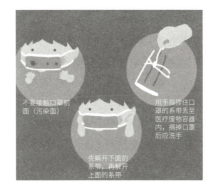

图5.14 摘下口罩方法

5.8.2 保持安全距离

在银行、医院、机场、车站、商超、餐厅、公园等人员聚集的公共场所，应有意识地与他人保持安全距离。遵守排队秩序，避免拥挤。不扎堆、不聊天，见面握手改招手，社交保持一米距离（图5.15）。文明有序排队，自觉维护公共文明秩序。与熟人见面时，可以将原来的握手、拥抱变成招手、拱手等。

图 5.15　保持安全距离

5.8.3　养成良好卫生习惯

要勤洗手，用香皂或洗手液和流动水洗手，或用手消毒剂消毒。清洁双手前不要用手触碰口、眼、鼻。很多呼吸道传染病，都有可能通过痰液传播，不要随地吐痰，出门时要随身携带纸巾，要把口鼻分泌物用纸巾包好后，再投入垃圾箱。

在人际交往中，应注意遵守"咳嗽礼仪"。当预感到要咳嗽、打喷嚏时，应尽量避开人群，用纸巾捂住口鼻，防止唾液飞溅。使用后的纸巾不要随便乱扔，要丢到有盖垃圾桶里。如果来不及掏纸巾，可弯曲手肘靠近面部，用衣服袖管内侧遮掩住口鼻。咳嗽或打喷嚏后要立即清洗双手或使用免洗消毒液进行手消毒，脏污口罩应及时更换。

5.8.4　分批乘坐电梯

因感染者搭乘电梯时未佩戴口罩、接触电梯按钮等原因，导致新型冠状病毒传播的案例在多地屡次发生。电梯空间环境相对比较密闭，空气也不流通，具备呼吸道传染病传播的理想条件。当感染者乘坐电梯时，因咳嗽或说话喷出的携带病毒的飞沫就会附着在电梯表面。过多人员同时乘梯，会造成近距离密切接触，给病毒传播带来机会，因此应当避免乘坐拥挤的电梯，要分批乘坐，与同乘者尽量保持距离。在按电梯按键时，可以用干净的面巾纸、消毒纸巾或牙签，避免用手直接触碰电梯按键。如果触碰，要及时洗手或手消毒；如果没有洗手，不要用手直接触碰眼、耳、口、鼻等，避免交叉感染；在电梯内不要进食。

5.8.5　使用公筷公勺分餐

新冠疫情期间，国内多地曾出现因聚餐、聚会而导致集聚性感染新型冠状病毒事件。合餐制为病毒提供了传播途径，公筷公勺、分餐制不仅能避免唾液飞溅，有效阻断病毒传播途径，还可以控制食量，减少食物浪费，是防范"病从口入"的一项有效措施。使用公筷公勺分餐既是对自己健康的负责，也是对他人的尊重，它逐渐成为安全、健康、卫生、文明的用餐新时尚。在餐馆就餐时，应主动要求在每个菜盘、盆、碗等食器上配备公筷公勺。

实用小窍门 5-2

分餐制我国自古有之

尽管目前我国实行合餐制，但其实分餐制我国自古有之。《事物纪原》记载："燕太子丹与荆轲等案而食。"即不同食案上放相同的饭菜，各吃各的。《史记》里的"鸿门宴"，项羽、范增、刘邦、张良，一人一案，四个方向分开坐，分开吃。古代壁画、考古发掘，多有隋唐之前普遍实行分餐制的实证。之后，由于宽桌高椅出现，合餐制逐渐兴起，但分餐制始终存在。今天我们再来提倡分餐制，实际上是一种传统的回归。

同时，赞同用餐改革倡议，努力推动分餐制，确需合餐的建议使用公筷公勺。这不仅是短时间应对传染病（非典、新型冠状病毒等）的需要，也是社会文明水平提高的一个重要体现，是值得倡导的风尚。

资料来源：https://www.sohu.com/a/377317251_645196（2020-03-03）[2023-05-08].（有改动）

5.8.6 注意饮食安全

到正规的超市或市场选购生鲜产品，选购时可使用一次性塑料袋反套住手挑选冷冻冰鲜食品，避免用手直接接触，同时佩戴口罩。购买境外冷冻食品，要关注海关食品检疫信息，做好外包装消毒。处理食材应生熟分开、煮熟煮透。购物、处理食材、饭前饭后应保持手卫生。

5.8.7 遵守防控准则和规定

为全面提升公民健康素养，由国家卫生健康委疾控局策划，中国疾病预防控制中心环境所编著的《公民防疫行为准则》（科普版）发布，该行为准则共分为三部分73类，其中，第一部分为公民防疫基本行为准则，包括勤洗手、戴口罩、少聚集、分餐制、社交礼仪以及厕所卫生、通风与消毒、健康生活等八个方面；第二和第三部分主要针对重点场所、重点人群主动防疫的关键风险点，对不同场景、不同人群提出健康防护准则。应当将该准则作为一种社会文明风尚和健康生活方式，持久地坚持下去、推广开来。

拓展视频 5-4

本 章 小 结

本章主要介绍了几种主要的人际交往礼仪，包括了见面礼仪、接待与拜访礼仪、递接名片礼仪、谈话礼仪、馈赠礼仪、聚会礼仪、公共礼仪及呼吸道传染病防控礼仪等，同时重点阐述了各种礼仪的基本要求和所应注意的事项。通过对本章的学习，掌握最基本、规范的人际交往礼仪知识，服务人员可以在工作和人际交往中减少误会，给别人留下良好的初步印象，并对今后的工作和人际交往产生积极的影响。

复习思考题

一、单项选择题

1. 问候打招呼的鞠躬应为（ ）。
   A. 15°　　　　B. 30°　　　　C. 45°　　　　D. 90°
2. 张先生和李小姐见面了，握手时应谁先伸手（ ）。
   A. 张先生　　　B. 李小姐　　　C. 同时伸手　　D. 都不动
3. 拒收他人赠送的礼品应（ ）。
   A. 态度坚决，婉言谢绝　　　　B. 接受礼品后退还
   C. 可以拆启封口后再退还　　　D. 收下礼品，退还现金

二、多项选择题

1. 行握手礼时的禁忌有（ ）。
   A. 隔物握手　　　　　　　　　B. 四人交叉握手
   C. 用右手握手　　　　　　　　D. 掌心向上握
2. 行鞠躬礼时应有的礼仪要求有（ ）。
   A. 转头注视对方　　　　　　　B. 转身正面面对对方
   C. 眼睛一直看着对方弯腰鞠躬　D. 目光随身体下弯而自然下垂
3. 递接名片时应注意的礼仪有（ ）。
   A. 双手递接　　　　　　　　　B. 右手递，左手接
   C. 名片字体朝向对方　　　　　D. 接过名片先看后收

三、简答题

1. 见面时常用的礼节有哪些？
2. 致意礼有哪些主要的方式？
3. 去拜访客户，应注意哪些礼节？
4. 呼吸道传染病防控礼仪应注意什么？

实 训 项 目

一、握手礼、鞠躬礼训练
1. 在教师的指导下，学生分组练习，并互相纠正不良姿势。
2. 具体方法如下。
（1）基本要领；
（2）各种握手礼、鞠躬礼；
（3）设计不同的场景，模拟社交场合见面时不同握手礼、鞠躬礼的灵活运用。
3. 训练评价标准见表5-2。

表 5-2 握手礼、鞠躬礼训练评价标准

内容	技能标准	评价结果			
		优秀	良好	合格	不合格
握手礼	（1）方式：两人相距约一步远，伸出右手，拇指张开，四指并拢，手掌相握； （2）力度：不必用力，轻轻握一下即可； （3）顺序：年长者与年幼者、女士与男士、上级与下级、主人与客人，应当由前者先伸出手，后者再伸手相握； （4）时间：一般礼节性的握手不宜时间过长，应控制在 3 秒钟以内				
鞠躬礼	（1）动作规范：以腰部为轴，上身前倾，男士双手五指并拢放于身体两侧，女士左右手四指并拢，虎口交叉，右手在上与左右拇指相互重叠并放于腹部，弯腰速度适中； （2）鞠躬角度：分别行 15°、30°、45°、90°鞠躬； （3）鞠躬顺序：地位较低方要先鞠躬； （4）鞠躬还礼：当他人向自己行鞠躬礼时，应立即还以鞠躬礼				

二、致意礼训练

1. 在教师的指导下，学生分组练习，并互相纠正不良姿势。
2. 具体方法如下。
（1）基本要领；
（2）设计不同的场景，模拟社交场合见面时不同致意礼的灵活运用。
3. 训练评价标准见表 5-3。

表 5-3 致意礼训练评价标准

内容	技能标准	评价结果			
		优秀	良好	合格	不合格
点头致意	（1）面带微笑，目光注视对方，头部向下轻轻一点，不必幅度太大； （2）当路遇熟人或在影院等不宜与人交谈之处、在同一场合碰上已多次见面者、遇上多人而又无法一一问候时，均可点头致意				
挥手致意	（1）一般不必出声，右臂向前上方伸直，举过头顶或略高于头顶，掌心朝向对方，轻轻摆一两下即可，摆幅不要太大； （2）适用于向距离较远的朋友或不便停留交谈的熟人打招呼				
欠身致意	（1）站姿时，上身前倾 15°，微微向前一躬； （2）坐姿时，在上身前躬的同时，臀部轻起离开座椅				

起立致意	一般站立时间比较短暂，只要对方表示可以就座，即可坐下				
脱帽致意	微欠上身，用距对方稍远的一只手摘下帽子，将其置于大约与肩齐高的位置。同时与对方交换目光，稍稍欠身，同时站好				
注目致意	（1）起身立正，挺胸抬头，两手自然下垂或贴放于身体两侧，面容庄重严肃，两眼正视被行礼对象，并随之缓缓移动； （2）行礼时不可戴帽子，不可东倒西歪，不可嬉皮笑脸，不可大声喧哗				

三、拥抱礼、合十礼、碰脚礼、碰肘礼训练

1. 在教师的指导下，学生分组练习，并互相纠正不良姿势。
2. 具体方法如下。
（1）基本要领；
（2）设计不同的场景，模拟社交场合见面时不同礼仪的灵活运用。
3. 训练评价标准见表5-4。

表5-4 拥抱礼、合十礼、碰脚礼、碰肘礼训练评价标准

内容	技能标准	评价结果			
		优秀	良好	合格	不合格
拥抱礼	两人在相距20厘米处相对而立，右臂偏上，左臂偏下，右手环抚对方的左后肩，左手环抚对方的右后腰，首先彼此将胸部各向左倾而紧紧拥抱，头部相贴，其次做一次右倾拥抱，最后再做一次左倾拥抱，一共三个回合				
合十礼	合十姿势：端正起立，两手掌对合，指尖朝上，手掌向外倾斜，头略低； 合十高度：一般情况下，将合十的掌尖置于胸部或口部，以示敬意				
碰脚礼	走到一米左右的距离，双方先后伸出右脚内侧，互碰打招呼行礼				
碰肘礼	用自己的右肘部碰对方的左肘部，再用左肘部碰对方的右肘部				

四、抱拳礼、拱手礼训练

1. 在教师的指导下，学生分组练习，并互相纠正不良姿势。
2. 具体方法如下。
（1）基本要领；
（2）设计不同的场景，模拟社交场合见面时抱拳礼、拱手礼的灵活运用。
3. 训练评价标准见表5-5。

表 5-5 抱拳礼、拱手礼训练评价标准

内容	技能标准	评价结果			
		优秀	良好	合格	不合格
抱拳礼	右手握拳,拳面外向左手,拳顶对着左掌中指下端;左手四指伸直,左手拇指扣右手虎口,拇指弯曲,两臂屈肘抬至胸前,目视对方				
拱手礼	(1) 两腿站直,上身直立或微俯,左手在前、右手握拳在后,两手合抱于胸前,距身体约 15 厘米,形成一个拱形,在额头下、胸部上位置; (2) 拱手时,左手在外,以左示人,女士行拱手礼时则正好反过来; (3) 行礼时,自上而下或自内而外有节奏地晃动两三下				

五、递接名片礼仪训练

1. 在教师的指导下,学生分组练习,并互相纠正不良姿势。
2. 具体方法如下。
(1) 基本要领;
(2) 学生为自己设计制作一张名片,并与其他同学进行交换,模拟递接名片的礼仪训练。
3. 训练评价标准见表 5-6。

表 5-6 递接名片礼仪训练评价标准

内容	技能标准	评价结果			
		优秀	良好	合格	不合格
递送名片礼仪	(1) 递送时机:初次相识,双方经人介绍后,如果有名片则可取出名片送给对方。如果是事先约定好的面谈,或事先双方都有所了解,可在交谈结束临别的时候取出名片递给对方; (2) 递送姿态:面带微笑,稍欠身,注视对方,把名片的正面朝向对方,用双手递送名片,并配以口头介绍; (3) 递送顺序:由尊到卑、由近到远;一般是地位低的人先向地位高的人递名片,男士先向女士递名片				
接受名片礼仪	(1) 接受姿势:接受名片应起身或者欠身,面带微笑,目视对方,双手接并点头致谢; (2) 认真阅读:接到后要认真地看一遍,并轻声说:"谢谢"或者"能得到您的名片十分荣幸"; (3) 认真收好:接受名片后,把名片放进口袋里、放入名片夹中或其他稳妥的地方				

拓 展 课 堂

让行作揖礼这朵中华文明之花开得更美丽

行作揖礼（拱手礼），已成为衢州市一道美丽独特的风景线。

2020年4月，衢州市各县（市、区）两会先后召开，会议现场为了避免人员接触，与会人员见面问候时，都将以往的握手礼改为作揖礼，处处弥漫着"衢州有礼"新风尚，无论代表、委员报到互相问好，还是领导作报告致谢，大家都行作揖礼（图5.16）。无独有偶，衢州117所学校推行作揖礼的新闻，上了微博热搜，受到国内各大权威媒体广泛关注。

 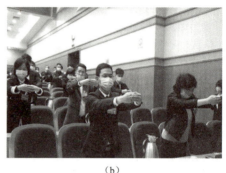

（a） （b）

图5.16 衢州两会作揖礼

图5.17 "南孔圣地、衢州有礼"城市品牌标识

行作揖礼，是中华民族传承数千年的文明行为礼节，直到近代才随着西方文化的流行而被握手礼所代替。衢州市作为孔氏南宗、东南阙里，从传承中华优秀传统文化、提升城市品牌形象的高度，确定了"南孔圣地、衢州有礼"城市品牌，提出打造"一座最有礼的城市"的目标，并将行作揖礼作为"衢州有礼"的重要内容，衢州市2018年发布的城市品牌标识（图5.17），就是作揖礼，同年颁布的《衢州有礼市民公约》，其中之一就是"笑迎宾朋，作揖问好"。党的二十大报告指出，推进文化自信自强，铸就社会主义文化新辉煌。传承中华优秀传统文化，不断提升国家文化软实力和中华文化影响力。坚定不移、不遗余力宣传推广行作揖礼，彰显了衢州市根植于中华优秀传统文化的高度自信，体现了对传承弘扬优秀文化的历史责任担当。

突如其来的新型冠状病毒感染的扩散，给人们上了生动而现实的一课：身体接触，是传播传染性疾病等的主要媒介。而从疫情防控的角度来看，作揖礼这种传统的中国见面礼节，比人们常用的握手礼更卫生、更科学。经过两年作揖礼熏陶的衢州人，终于自然自觉地行起了作揖礼！这也应了一句话：苦口婆心，不如一次教训刻骨铭心。实践生动地证明，衢州市委、市政府倡导作揖礼，兼具科学性、预见性和实用性。

在疫情防控期间，许多国家都推出了握手礼的"替代方案"，如碰肘礼、合十礼，伊朗还出现了碰脚礼，都为了避免身体接触，防止传染。但这些方案，都不如行作揖礼那般举止优雅、仪式感强、操作简便、安全健康，一看就非常有涵养、有文化范。

推广作揖礼，可谓适逢其时。当然，对衢州市来说，行作揖礼，并不只是疫情防控暂时的应急之策，而是着眼于弘扬优秀传统文化、提升城市品牌形象的战略之举，应该长期推行和坚持下去。

让行作揖礼这朵中华文明之花开得更美丽些吧！

资料来源：https://baijiahao.baidu.com/s?id=1664917177406436462&wfr=spider&for=pc（2020-04-25）[2023-05-11].（有改动）

课 后 阅 读

非洲见面礼仪内涵丰富

非洲各国由于国情、民族、地域的不同，在民族习俗和社会风貌上也各具特色。非洲人民十分注重见面礼，但各国的见面礼仪却不尽相同，因此在与非洲朋友交往时了解并掌握一些见面礼仪是十分必要的。

在非洲，握手、拥抱等礼节在公共社交场合较为通用。但在有些地方又有所不同，形成了独特的风尚。如西非的一些部族，在见面时会用手掌拍打前胸表示问好。中非的一些部族见面时是先鞠躬而后鼓掌，同时互相祝福，说一些使人高兴的话。在卢旺达，人们见面时，青年人多行举手礼，中、老年则多行脱帽礼；多日不见的老朋友，相逢时会行象征性的拥抱礼，并问候"阿马古鲁几""美扎"，意思是"您近来可好""好啊"。

在非洲，人们初次见面时往往要先互相问候身体健康或工作顺利，然后才能开始谈正题。如果是熟悉的人，这种寒暄内容则要更加广泛，否则是一种失礼的表现。在苏丹，每当久别的故友亲朋相逢时，彼此要热烈地拥抱，同时互致问候，问候时间可长达几分钟。毛里塔尼亚是传统的畜牧业国家，牲畜的兴旺与否同人们的生活有着密切的关系。因此，毛里塔尼亚人在互相问候时，还常常要问候对方的"羊怎么样""牛和骆驼好不好"等。

非洲朋友在行握手礼时也颇有讲究。见面握手时，对尊敬的人要先用左手握住右手的手腕，然后用右手与对方相握。如果是对特别熟悉、亲近的人，首先要握一下他的手掌，其次再握对方的拇指，最后还要紧紧握一下他的手。在阿尔及利亚，人们握手时越用力越受尊敬，因为他们认为用力程度与对方的友好程度成正比。尼日利亚人的握手方式较为特别，他们在施礼前，总习惯先用大拇指轻轻地弹一下对方的手掌再行握手礼。尼日利亚的豪萨人与亲密好友相见时，表示亲热的方式既不是握手，也不是拥抱，而是彼此用自己的右手使劲拍打对方的右手。

接吻礼在西方国家是一种敬意、友情和欢喜的表示。然而非洲的各国人民却较少有行接吻礼的习惯。一些部族的居民喜欢吻酋长走过的地方，以此表示对酋长的尊敬并作为自己的一种幸福。北非的贝都因人，好友相遇时双方会用额头和鼻子相碰，行额鼻相亲之礼。

资料来源：http://www.liyixueyuan.net/fzjmlynhff [2023-05-13].（有改动）

第6章
宴会酒水、茶水礼仪

教学要点

知识要点	学习程度	相关知识
宴会礼仪	掌握	了解宴会礼仪的要求和组织方式,掌握就餐礼仪
酒水礼仪	熟悉	掌握酒水礼仪,提供优质服务
茶水礼仪	了解	掌握茶水礼仪,提供优质服务

技能要点

技能要点	学习程度	应用方向
中式宴会和西式宴会的桌席排列及餐桌礼仪	掌握	展现高水平的服务技能和礼貌待客的美德

第6章 宴会酒水、茶水礼仪

 导入案例

不合时宜的上菜

某四星级酒店里，富有浓烈民族特色的贵妃厅热闹非凡，可以容纳30余张圆桌的空间座无虚席，主桌上方是一条临时张挂的横幅，上书"庆祝×××（集团）公司隆重成立"。来此赴宴的都是商界名流，由于人多且要求高，餐厅上至经理下至服务员都忙坏了。宴会开始前30分钟，所有服务员早已到位。宴会开始，一切正常进行。服务员送菜、报菜名、派菜、递毛巾、倒饮料、撤换餐具等，秩序井然。按预先的安排，上完一道菜后，主人与主宾要到前面讲话。只见主人和主宾离开座位，款款走到话筒前，此时服务员便给每位宾客的杯子里斟满了酒水。

一位长得英俊的男服务员站在离话筒几步之处，手中拖着一个垫有小毛巾的圆盘子，盘子上有两只斟满酒的杯子。主人和主宾简短而又热情的讲话很快便结束，那位男服务员及时递上酒杯。正当宴会厅内所有宾客站起来准备举杯祝酒时，厨房里走出一列服务员走进贵妃厅，手中端着刚出炉的烤鸭，向各个不同的圆桌走去。来宾不约而同地把视线移向这支队伍，热烈欢快的场面就此给破坏了，主人不得不再次提议全体干杯，但气氛已大打折扣。

分析提示：按大型宴会要求，在有人致辞时，除了做好本案例中已介绍过的程序外，还需通知厨房和上菜服务员，这期间不能上菜，即使菜刚煮好，也应采取措施保温，例如加上盖子等。宴会上不准随便走动，也不可讲话或发出其他声音，这样可以显示酒店对宴会宾客的尊重。在有人讲话时，服务员通常站立两旁，保持端正的姿势，与他人一起聆听讲话。本案例中服务员总体来说表现得还不错，但是厨房在不应上菜的时候上了菜，这便严重影响了所有宾客对这次宴会的评价。

资料来源：袁平，李琳，张海玲. 旅游礼仪实务[M]. 上海：上海交通大学出版社，2012. （有改动）

6.1 宴 会 礼 仪

6.1.1 宴会的定义、特点、规则及常见形式

1．宴会的定义

宴会是国际交往中最常见的交际活动之一，是人们为了表示欢迎、庆祝、答谢、饯行等而举行的一种餐饮活动，是人们结交朋友、团聚欢庆、联络感情、增进友谊的重要方式。在国际交往中，通过宴会可以展示我国人民热情好客、崇尚礼仪的风貌，同时可以传递信息，表达感情，树立良好的组织形象及个人形象。在旅游接待过程中，旅游服务工作人员（以下简称"服务人员"）以其良好的礼仪素养体现了对宾客的尊重、友好，展现自己的服务质量，赢得宾客的称赞，同时，良好的礼仪也是服务人员内在精神的体现。

宴会是酒店餐厅服务的重要内容和收入来源，做好这方面的工作可大幅增加酒店收入，提高酒店知名度。有些酒店就是通过举办国家领导人的重要宴会而一举成名的。例如，1984年，

时任美国总统里根到中国访问，中方为其在北京长城饭店举行了答谢宴会，长城饭店的地位和声誉由此大大提升；1986年，当时在位的英国女王伊丽莎白二世访问中国，到广州时中方在白天鹅宾馆为其举行了宴会，该宾馆的声誉也因此而提升。

2．宴会的特点

宴会中众人共聚一堂，采用同一款菜单，饮用相同的饮料，服务要求高，讲究规格场面，有着区别于其他餐饮形式的显著特点，具体表现在以下几点。

1）聚餐性

中国宴会历来是在众人围坐、亲密交谈的欢乐气氛中进餐的。一般8人、10人或者12人一桌，其中以10人一桌的形式为主，因为这象征着"十全十美"的吉祥寓意。至于桌面，通常以大圆桌居多，这意味着"团团圆圆""和和美美"。赴宴者通常由4种身份的人组成，即主宾、随从、陪客和主人。其中，主宾是宴会的中心人物，在最显要的位置，宴会中的一切活动需围绕他而进行；宴会的"礼食"氛围浓郁，有一股热烈的气氛，能很快缩短宾主间的距离，做到宾至如归。传统宴会一般不搞分餐制，但是随着社会的发展，人们在饮食卫生知识不断丰富的基础上，分餐制的出现势在必行，但不管如何变化，宴会始终会在欢乐愉快的气氛中进行。

2）规格性

宴会之所以不同于便餐，还在于它的档次和规格。宴会要求全桌菜品配套，应时当令，制作精美，调配均衡，食具雅丽，仪程井然，服务周到热情。冷碟、热炒、大菜、甜品、汤品、主食、点心、茶酒、水果、蜜脯等，均按一定质量和比例，分类组合，前后衔接，依次推进，宛如一个严整的军阵。与此同时，在宴会的场景装饰上，在宴会节奏的掌握上，在服务人员的选用上，在服务程序的配合上都有严格的规定。无论哪种规格的宴会都要使其始终保持祥和、欢快、轻松的气氛，给人以美的享受。

3）社交性

宴会既可以怡神甘口，满足口腹之欲，又能够启迪思维，陶冶情操，给人以精神上的欢愉。尤其在社会交际方面也显示了它的重要作用，宴会可以聚会宾朋，敦亲睦谊；可以纪念节日，欢庆盛典；可以洽谈事务，开展公关；可以活跃市场，繁荣经济。因此《礼记·乐记》有云："故酒食者，所以合欢也。"实际上，人们也常在品尝佳肴饮琼浆、促膝谈心交朋友的过程中，疏通关系，增进了解，加深情谊，解决一些不容易解决的问题，从而实现社交的目的。这也正是宴会普遍受到重视，并广为流行的主要原因。像公关宴会、人情宴会、商务宴会、外交宴会等名，均由此而来。

4）礼仪性

我国注重礼仪由来已久，世代传承。因为"夫礼之初，始诸饮食"。礼仪是中国宴会的重要成因，通过宴会可以达到宣扬教化、陶冶心灵的目的。古代许多大型宴会，都有钟鼓奏乐、诗歌答奉、仕女献舞和艺人助兴，这均是礼的体现，是对宾客的尊重。现代宴会在继承过程中仍保留了许多健康、合理的礼仪与仪式。例如：发送请柬，车马迎宾，门前恭候，问安致意，献烟敬茶，专人陪伴；入席彼此让座，斟酒杯盏高举，布菜"请"字当先，退席"谢"字出口；还有仪容的修饰，衣冠的整洁，表情的谦恭，谈吐的文雅，气氛的融洽，相处的真诚；以及宴会的布置，台面点缀，上菜程序，菜品命名；还有嘘寒问暖，尊老爱幼，优待女士，照顾伤残等都是礼仪的体现。此外，对于一些重大的宴会还要注意尊重主宾所在国家、地区或民族的习俗礼仪及宗教感情，由此可见宴会中的礼仪十分重要。这是中国宴会的文化包装，它体现了一个国家、地区和民族的传统美德。

5）艺术性

宴会的艺术性体现在多个方面，其中有菜单的设计艺术、菜品在组配方面的艺术性、原料加工的艺术性、色调协调与搭配艺术、盛器与菜品形色的搭配艺术、冷拼雕刻的造型与装饰艺术、宴会布置美化和台面点缀艺术、服务的语言艺术技巧、着装艺术等多个方面的内容。

3．宴会的规则

在宴会中，需遵守"5M"规则。"5M"包括 Money（费用）、Meeting（宴请的人）、Menu（菜单）、Medium（环境）和 Manner（举止）。

1）费用

在准备宴会前，首先要弄清宴会的额度和标准，即对各层次的宾客的接待标准。宴会标准限定了安排的菜品、酒水等，也对宴会的费用产生直接影响。

2）宴请的人

针对宴请的人，应把握如下要点。

（1）注意宾客的级别。宴请的宾客的级别不同，安排的菜品也应有所区别。所以在宴请前，一定要清楚地知道宾客的级别。

（2）提前了解宾客的禁忌。只有提前了解宾客在食物方面的禁忌，才能在点菜时加以注意。比如，宴请外宾时，一般不能出现动物内脏、血、头、爪等食物。

（3）提前了解宾客的相关背景。通过了解宾客的相关背景，可以在餐桌上找到更多恰到好处的共同话题，从而拉近双方的关系。

需要指出的是，双方谈话时应避免三类话题：第一，对方的禁忌话题；第二，政治、宗教等敏感话题；第三，涉及其他单位或合作第三方的隐私话题。

3）菜单

在浏览菜单点菜时，要注意把握以下几点。

（1）顾及双方的感受。点菜时，东道主无法做到完全符合宾客的喜好，但是要询问宾客是否有忌口的，尽可能地顾及宾客的感受。作为宾客，没有必要告诉对方自己想吃什么，但也要给出一个可以参照的标准。另外，不要拒绝东道主的点菜要求，可以点价格中等偏上的菜品，既显示出品位，又不会让人觉得要求过高。

（2）菜量适当。如果女士居多，点"N+1"个菜即可，最好以素菜为主，有一至两份甜品；如果男士居多，需要多加几个菜，最好以肉菜为主，做到男女兼顾。

（3）营养搭配。点菜时要了解菜品的营养成分，进行营养配餐，既要兼顾男女的口味，又不可过于油腻或过于清淡。

（4）少而精，风味浓。点菜时不要满桌都是生猛海鲜，有一至两种"门面菜"即可，当地的特色菜和时令菜是不错的选择，最好知道特色菜的做法、由来等。

（5）菜单安排合理。宴会中，须合理安排菜单，按规格点菜。

4）环境

举办宴会还要考虑酒店的环境，尤其是重要宴会，必须保持环境优雅、安静，以便于洽谈和沟通。

为保证环境质量，服务人员可以提前预约酒店。如果经常举办宴会，可以联系一两个卫生条件、环境、服务等都较好的酒店作为常务接待地点。

5）举止

在用餐过程中，举止要得体、礼貌。

4．宴会的常见形式

1）一般宴会形式

宴会既是菜品的组合艺术，又是礼仪的表现形式，还是人们进行社交活动的工具。

宴会要求气氛热烈隆重、格调高雅上品，在环境布置、台面设计和菜品选配上，非常讲究贴合宴会的主题。

宴会为正餐，是宾主一起入座饮酒进食的聚会。一般宴会的形式，按规模分，有国宴、正式宴会、便宴、家宴、工作宴会等；按举行的时间分，有早宴、午宴、晚宴三种形式；按用途分，有欢迎宴会、送别宴会和答谢宴会等。下文主要介绍国宴、正式宴会、便宴、家宴和工作宴会。

（1）国宴。

国宴是国家元首或政府首脑为国家的庆典或为欢迎来访的外国国家元首、政府首脑而举行的规格最高的正式宴会，礼仪要求最为严格。

我国接待来访的外国国家元首、政府首脑，在其抵达北京的当日或次日晚上举行欢迎国宴。国宴邀请来访者一行及其驻华使馆的外交官员及其夫人出席。国宴出席者的身份高、规格高，代表性强。

国宴的礼仪要求如下。

① 国家元首或政府首脑亲自主持。
② 座次按照礼宾次序排列。
③ 宴会厅布置隆重、热烈，主席台中设有大型鲜花花台。
④ 宴会厅内悬挂宾主两国国旗。
⑤ 宾主入席后，乐队要演奏两国国歌。
⑥ 东道国国家元首、政府首脑和来访国国家元首、政府首脑先后发表祝酒辞。
⑦ 乐队席间穿插演奏两国民族音乐作品。
⑧ 赴宴者必须正式着装，国宴大多安排在晚上进行；男宾一般穿中山装或西装，女宾穿旗袍或晚礼服。
⑨ 国宴席卡、菜单上均印有国徽，代表国家最高规格。

来访国的国家元首、政府首脑在离开东道国之前，往往为东道国举行一次答谢宴会。有的以来访国的名义举行，也有授权驻东道国的使节出面举行。答谢宴会的规模和形式通常同东道国的正式宴会相仿。是否要举行答谢宴会，答谢宴会的规模和形式是否与欢迎宴会相同，一般视来访国和东道国的习惯而定。

> **知识链接 6-1**
>
> **中国最顶级的宴会——国宴**
>
> 国宴是许多重要历史事件的载体，国宴见证一个国家的重要外交发展史。历史在一次次的国宴故事里蜿蜒展开，让人难以探尽其妙。国宴是一种文化展示，它是集中国家饮食文化特色和礼仪文化特色于一体的形式之一，以浓墨重彩来形容它也绝不为过。
>
> 开国第一宴：1949 年 10 月 1 日开国大典，礼成之后，为了招待各界代表，新成立的中华人民共和国中央人民政府要在当时最豪华的北京饭店设宴，这顿大餐被称为"开国第一宴"。开国元勋们以及社会各界代表、来宾共 600 余人出席。
>
> 中华人民共和国成立十周年国庆招待会：1959 年 9 月 30 日晚上 7 时至 9 时，在人民大会

堂宴会厅举行。此次招待会共计 5000 余人参加，场面十分宏大。

香港回归国宴：1997 年 7 月 1 日，在人民大会堂举行了庆祝香港回归的国宴，此次的国宴菜品很简单，经常被以"大方实惠"这四个字来形容。

北京奥运会国宴：2008 年 8 月 8 日中午 12 点 30 分，人民大会堂二楼的宴会厅举行了隆重的宴会，热烈欢迎来京出席北京奥运会开幕式的国内外贵宾们。80 多个国家元首齐聚国宴，无论是级别还是规模不仅在中国是空前绝后，同时在世界范围也甚为罕见。

上海世博会晚宴：2010 年 4 月 30 日，上海世博会晚宴在上海国际会议中心滨江大酒店举行。晚宴的菜单由开胃冷盘，四道热菜加一份点心和一份水果组成。

亚洲相互协作与信任措施会议第四次峰会（以下简称亚信峰会）欢迎晚宴：2014 年 5 月 20 日，在上海国际会议中心举行了亚信欢迎宴会。据亚信峰会欢迎宴会的主厨介绍，这次国宴采用当地简单绿色食材，如牛肉、深海鱼类、菌类、芋头、丝瓜等，在考究的烹饪中体现了非凡的技术含量，饭菜简朴不代表"礼轻情不重"，传递出勤俭节约的信号。

第二届夏季青年奥林匹克运动会（以下简称南京青奥会）欢迎晚宴：2014 年 8 月 16 日，南京青奥会开幕式前，中国作为东道主在南京紫金山庄举行了欢迎晚宴，欢迎前来出席此次开幕式的国际贵宾。该欢迎宴会菜单上包括五菜一汤、一份茶点、一份水果和一份冰激凌，都是餐桌上常见的菜品，主要体现江南风味的温润婉约。

APEC 欢迎晚宴：2014 年 11 月 10 日，北京的天空中燃起了炫彩缤纷的烟火，APEC 欢迎晚宴在奥运会场馆"水立方"举行，充分展示了北京风味。

G20 峰会欢迎晚宴：2016 年 9 月，G20 峰会在杭州召开，迎接各国政府首脑及外方代表团的欢迎晚宴在杭州西子宾馆举行。晚宴以杭帮菜为主，所用的餐具也非常有特色，体现出了"西湖元素、杭州特色、江南韵味、中国气派、世界大国"的 G20 国宴布置基调。

"一带一路"欢迎晚宴：2017 年 5 月 14 日晚，在人民大会堂举行了"一带一路"国际合作高峰论坛欢迎晚宴，虽然菜品十分精简，但是依然精心搭配，彰显大国风范。

金砖国家会议宴会：2017 年 9 月 3 日，金砖国家峰会在厦门召开，这次会议从礼仪接待到晚宴内容，每个细节具有礼制，以彰显中国辉煌的文化历史和大国风貌。单就国宴一项，一个冷盘、四个小菜、五道主菜等配备大大小小 49 套国礼餐具，造型精美绝伦，寓意丰富深刻，餐具摆放方式间距均有详细规定，使用顺序有理有据，以中华国礼款待各国来宾。

上合青岛峰会欢迎宴会：2018 年在青岛国际会议中心举办的上合青岛峰会欢迎宴会，宾客们品尝了最具齐鲁特色的孔府宴。

杭州亚运会欢迎宴会：2023 年 9 月 23 日，在浙江省杭州市西子宾馆举行了第 19 届亚洲运动会开幕式的国际贵宾的欢迎宴会，主菜都是传统杭帮菜，此次国宴充分体现杭州元素。

资料来源：根据相关网络资料整理。

（2）正式宴会。

正式宴会通常指政府部门和人民团体为欢迎应邀来访的宾客而主办的宴会。其接待规格仅次于国宴。正式宴会除不挂国旗、不奏国歌以及出席规格不同外，其余安排大体与国宴相同。有时亦安排乐队奏席间乐。宾主均按身份排位就座。许多国家的正式宴会十分讲究排场，在请柬上注明对宾客服饰的要求（往往从服饰的规定来体现宴会的隆重程度）。对餐具、酒水、菜肴、服务人员的装束（仪态）等要求都很严格。在具体安排上，中西宴会有所不同，各具特色。并着重体现热烈而隆重、注重实效不铺张浪费的原则。

正式宴会的礼仪要求如下。

① 有正式的请柬，请柬上注有宴请日期、时间、地点等内容。

② 座次严格按照礼宾要求，赴宴者按照席位卡对号入座。

③ 对于宴请服饰要求，往往在请柬上注明。
④ 对餐具、酒水、菜品道数及上菜程序均有严格的规定。
⑤ 宴会服务质量要求较高，高档宴会要求上一道菜换一次餐盘，每道菜上桌后先向宾客示盘，然后进行分菜。
⑥ 宴会进行中，通常配有背景音乐或穿插文艺表演，以调节宴会气氛。

（3）便宴。

便宴属于非正式宴会，常见的有午宴、晚宴，有时亦有早宴。这类宴会形式简便，规模较小，可以不排座次，不作正式讲话，用餐标准可高可低。便宴形式随便、亲切，适用于日常招待熟识的亲朋好友。

（4）家宴。

家宴是在家中设宴招待宾客的一种宴会形式。采用这种形式，以示对宾客亲切友好的态度。家宴往往由女主人亲自下厨烹调，家人共同招待。家宴通常没有太多的礼仪限制，用于公关、社交活动之中，旨在深化情感、发展友谊。

（5）工作宴会。

工作宴会是现代交往中经常采用的一种非正式宴会形式。利用进餐时间（早、午、晚均可）边吃边谈，省时简便。这种形式的宴会纯属工作性质，不请配偶。如果是代表团，需用长桌，按会谈席位顺序入座，以便交流。

2）特殊宴会形式

有一种形式特殊的宴会，称为招待会，它是一种灵活简便的宴会形式。招待会一般备有食品、酒水、软饮料，通常不排座次，可以自由活动。常见的招待会主要有冷餐会、酒会、茶会三种。

（1）冷餐会。

冷餐会又名自助餐宴会。因宾主可根据自己的饮食喜好自取菜品而得名，是一种比较流行的、方便灵活的宴会形式。冷餐会的菜品以冷食为主，兼有少量热菜，菜品十分丰盛，酒水饮料品种繁多。菜品连同餐具陈设在餐桌上，供宾主自取。宾主可以自由活动，广泛交际，可以多次取食；酒水可陈放在桌上，也可由服务人员端送。冷餐会可在室内或在庭院、花园里举行，举办时间通常在12时至14时、17时至19时。这种宴会形式最适宜政府部门、企业举行人数众多的盛大庆祝会、欢迎会、开业典礼等活动所采用。

我国举行的大型冷餐会，往往选用大圆桌，设座椅，主宾席排座位，其余各席不固定座位。菜品与饮料均事先放置桌上，冷餐会开始后，自由进餐。

冷餐会的礼仪要求如下。
① 注重突出宴会气氛，餐台布置讲究，色彩缤纷。
② 不设固定座位，方便宾主自由活动，有利于宾主的沟通与交流。
③ 菜品丰富，冷菜、热菜、主食、甜品、水果、汤类皆成系列。
④ 赴宴者须按照类别取食，不能用同一餐盘食用多种类别的食品。
⑤ 赴宴者须按量取食，不可浪费。
⑥ 不同类别的菜品须配不同餐具，不可混用。

（2）酒会。

酒会是一种较为活泼、有利于宾主之间广泛接触与交流的宴会形式。招待品以酒水为主，略备小吃。参加酒会，宾主可以晚来早走，不受时间约束，在安排上也比较灵活。近年来，庆祝各种节日、欢迎代表团访问或各种开幕、闭幕典礼以及文艺、体育演出前后等，往往都采用酒会这种形式举办宴会。

酒会的礼仪要求如下。

① 酒会一般采用站立形式，不设座椅，仅设置小桌供宾主安放酒杯、盘碟，便于宾主四处走动、交流。

② 招待品以酒水为主，以及由多种酒水配制而成的混合型饮料；食品供应多为小吃，如：三明治、面包、小香肠、肉卷等。

③ 举办时间不受限制，中午、下午、晚上均可。

④ 酒会请柬上一般都注明开始和结束时间，宾客可在此期间入席，来去自由，不受限制。

⑤ 配制好的酒放在桌上，宾客按需自取。小吃由服务人员托送。

（3）茶会。

茶会是一种简便的招待会形式，多为社会团体、企业举行纪念活动和庆祝活动所采用。茶会举行的时间一般在 16 时左右（亦有 10 时左右）。茶会通常在客厅内举行，厅内设茶几、座椅。入座时，可有意识地将主宾同主人安排坐到一起，其他人随意就座。茶会顾名思义是请宾客品茶。因此，对茶叶、茶具的选择要有所讲究，或具有地方特色，一般选用陶瓷器皿。招待时，略备些点心和地方风味小吃。外国人出席可用红茶、咖啡、冷饮招待。茶会期间，宾主共聚一堂，品茶叙谈，气氛和谐轻松，席间可以安排一些短小的精彩文艺节目助兴。

6.1.2 组织宴会

宴会作为一种礼仪性的社交活动，为了能使这种社交活动获得圆满成功，组织者在宴会开始前必须做好充分的准备。

1. 确定宴会的目的、名义、对象、范围与形式

宴会的目的是多种多样的，可以是为某一个人，也可以为某一事件。例如，为欢迎代表团来访，为庆祝某一节日、纪念日，为庆祝展览会的开幕、闭幕，为庆祝某项工程动工、竣工等。在国际交往中，还根据需要举办一些日常的宴会。

在确立了宴会的目的之后，确定以谁的名义邀请和邀请对象十分重要，这时主要的依据是宾主双方身份对等的原则。身份过低会使对方感到冷淡，不礼貌；身份过高亦无必要。如请主宾偕夫人出席，则要以夫妇的名义发出邀请。我国一般举行的大型宴会，通常以一人名义发出邀请。

邀请范围是指：请哪些人，请到哪一级别，请多少人，东道主一方请什么人出来作陪。这都要考虑多方因素，如宴请的性质、主宾的身份、国际惯例、对方对我方的做法，以及当前的政治情况等。

确定邀请范围之后，即可草拟具体邀请名单。多边活动尤其要考虑政治关系，对政治上相互对立的国家是否邀请其人员出席同一活动，要慎重考虑。

宴会采取何种形式，在很大程度上取决于当地的习惯做法。一般来说，规格高、人数少的以正式宴会为宜，人数多则以冷餐会或酒会更为合适，女士之间的活动多用茶会。

目前各国礼宾工作都在简化，宴会规模趋向缩小，形式也更为简便。冷餐会、酒会、茶会被广泛采用，而且中午举行的酒会往往不请配偶，不少国家的国宴只请身份较高的陪同人员，不请随行人员。我国的宴会也在进行改革，提倡多举办冷餐会、酒会、茶会以代替正式宴会。

2. 确定宴会的时间、地点

宴会的时间应安排在宾主双方都较为合适的时候。注意在时间的确定上，要避免对方的重大节假日、已有重要活动的时间或是禁忌日。例如，对信奉基督教的人士不要选 13 日，更不要选 13 日同时又是星期五。伊斯兰教在斋月内白天禁食，宴会宜在日落后举行。小型宴会应首先征询主宾意见，最好口头当面邀约，也可用电话联系。主宾同意后，时间即被视为最后确定，可以按此约请其他宾客。宴会地点的选择也应注意。官方正式隆重的活动，一般安排在政府大厦或宾馆内举行，其余则按活动性质、规模大小、形式及实际情况而定。选定的场所要能容纳全体人员。举行小型正式宴会，在可能条件下，宴会厅外另设休息厅（又称等候厅），供宴会前简短交谈用，待主宾到达后一起进宴会厅入席。

3. 邀请和请柬内容

邀请有两种形式，即口头邀请和书面邀请。口头邀请就是当面或者通过电话把宴会的目的及时间、地点等告诉对方，然后等待对方的答复。书面邀请即给对方发送请柬（或称请帖），将宴会的内容告知对方。各种宴会，一般均发请柬，这既是礼貌，亦起提醒、备忘之用。便宴约妥后，可发亦可不发请柬。工作宴会一般不发请柬。

宴会邀请时间一般以提前 3~7 天为宜，过早，宾客会因日期长久而遗忘；太迟会使宾客措手不及，难以如期应邀出席。

请柬内容包括宴会形式、举行的时间及地点、主人的姓名（如以单位名义邀请，则用单位名称）。请柬正文不用标点符号，所提到的人名、单位名、节日名称都应用全称。中文请柬行文中不提被邀请人姓名（其姓名写在请柬信封上），主人姓名放在落款处。请柬格式与行文，中外文本差异较大，注意不能生硬照译。请柬可以印刷也可以手写，但手写字迹要美观、清晰。请柬发出后，应及时落实出席情况，准确记载，以安排并调整座位。即使是不安排座位的宴会，也应对出席率有所估计。

4. 拟定菜品酒水与印制菜单

宴会菜单的拟定要根据宴会的规格，在规定的标准内安排。拟定菜单时要考虑以下 4 个方面的因素。

（1）菜品的选定与酒水的搭配，主要以主宾的口味习惯为依据，而不是以主人的好恶为标准。要注意尊重对方的饮食习惯和宗教信仰。例如印度教徒不吃牛肉，伊斯兰教教徒不饮酒，也不饮含有酒精的饮料，不吃猪肉等。个别客人因身体原因，不能吃某种食品时，还需特别照顾。

（2）要注意菜品的营养构成，荤素搭配要合理。时令菜、特色菜、传统菜应合理选择，另外要注意菜品与酒水、饮料的搭配，力求照顾到多数客人的需求。

（3）菜品不一定要选名贵菜，而应以精致、干净卫生、可口为佳。菜品的分量要适中。宴会注重的是气氛，而不一定是吃喝的内容。

（4）要注意量力而行。"力"主要指费用开支的合理，以及厨师的烹饪技艺是否达到了拟定菜品的烹饪制作水准。

宴会的菜单是很有讲究的，这不仅需要从规格、标准上考虑，而且更需适合宾客的习惯与爱好。原则上不同级别的宴会菜单，是由不同级别的主管部门负责人亲自拟定的。菜单一经确定，即可印制，印制要精美大方。宴会菜单宜每桌上放 2~4 份；规格较高的宴会可每人 1 份菜单，供宾客留作纪念。

5. 落实讲话稿与翻译人员

如有讲话，要落实讲话稿。通常双方事先交换讲话稿，主办方先提供。涉外活动中，代表团来访，欢迎宴会由东道国提供，答谢宴会则由来访代表团提供。双方讲话由何人翻译，一般事先谈妥。

6. 确定与落实宴请程序

（1）主人在宴会厅门口迎候主宾。隆重的宴请，除主人，还有其他服务人员在旁排列，组成迎宾队。其位置在宾客进门至签到处（亦有在宾客进门存衣以后，进入休息厅之前）。宾客陆续到达时，均由服务人员请其签名、佩上胸花后，引进休息厅（或直接进入宴会厅），休息厅内安排有相应身份的服务人员照料宾客，并送上饮料。

（2）主宾到达后，由主人陪同进入休息厅与其他宾客见面，如还有宾客尚未到场，由迎宾队代表主人在宴会厅门口迎接。

（3）主人陪同主宾进入宴会厅时，全体宾客就座，宴会即可开始。如休息厅小，宴会规模大，也可请主桌以外的宾客先入座，主桌上的宾客最后入席。

（4）如宾主要发表讲话，一般安排在热菜之后、甜食之前，主人先致辞，然后主宾讲话。也常有刚入席时，双方即开始讲话。

（5）菜单上最后一道菜品用毕后，主人与主宾起立，宴会即告结束。

（6）主宾告辞，主人送至门口，握手后目送主宾离去，原迎宾队人员仍按顺序排列与其他宾客握手告别。

6.1.3 正式宴会的桌席排列

正式宴会开始前的准备工作之一，就是桌席排列，即安排桌次与席位。桌席排列有特定的礼仪规范，特别是正式宴会有中式和西式两种不同的排列方法。

1. 桌次排列

按照国际惯例，主桌排定之后，桌次高低以离主桌位置远近而定，近者高，远者低；主桌的右手为上，左手为下。桌次安排，以宴会人数多少来定，可设一桌或多桌。桌数多时，要摆放桌次牌，这样既可以方便宾主，也有利于管理。

1）中式宴会的桌次排列

中式宴会习惯用圆桌。两桌以上的正式宴会则按一定的礼仪次序安排。常见的排列方法如图6.1至图6.8所示。

（1）两桌排法。

(a) 左右形（二桌横排）　　(b) 上下形（二桌竖排）

图6.1　两桌排法

(2) 三桌排法。

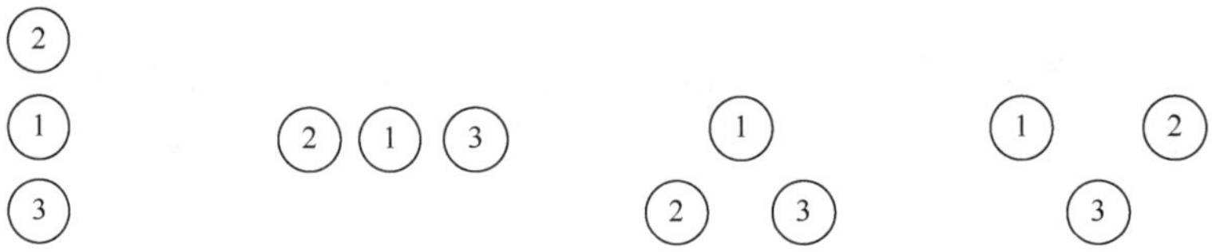

　　(a) "一"字形　　　(b) "一"字形　　　(c) "品"字形　　　(d) 鼎足形
　　（三桌竖排）　　　（三桌横排）　　　（三桌花排）　　　（三桌花排）

图 6.2　三桌排法

(3) 四桌排法。

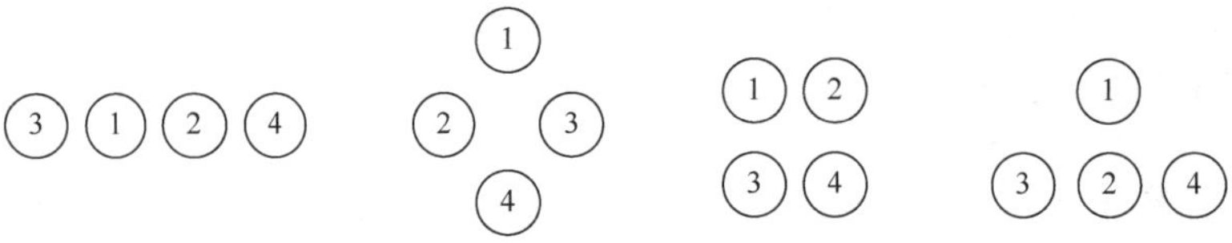

　　(a) "一"字形　　　(b) "十"字形　　　(c) 正方形　　　　(d) 独立形
　　（四桌横排）　　　（四桌花排）　　　（四桌正排）　　　（四桌花排）

图 6.3　四桌排法

(4) 五桌排法。

　(a) 梅花形（五桌花排）　(b) 轴心形（五桌花排）　(c) "一"字形（五桌横排）　(d) 倒梯形（五桌花排）

图 6.4　五桌排法

(5) 六桌排法。

　　　(a) "二"字形（六桌横排）　　　　(b) 数字形（六桌竖排）

图 6.5　六桌排法

(6) 七桌排法。

　　　(a) 六边形（七桌横排）　　　　(b) 雪花形（七桌竖排）

图 6.6　七桌排法

（7）九桌排法。

(a)"三"字形（九桌横排）　　(b)"门"字形（九桌竖排）

图 6.7　九桌排法

（8）十一桌排法。

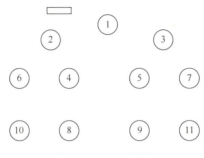

图 6.8　十一桌排法

2）西式宴会的桌次排列

西式宴会通常采用长桌，长桌的摆放以参宴人数多少和场地的大小及形状而定。西式宴会常见的桌次排列形式如图 6.9 所示。

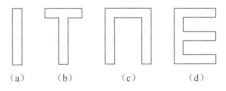

(a)　　(b)　　(c)　　(d)

图 6.9　西式宴会桌次排列

2．席次排列

席次即座位的次序。桌次排完之后，每一桌上宾客的席次排列是一项规范而严格的工作。

1）中式宴会席次排列

安排中式宴会席次，要尊重国内外不同的习俗。按我国习俗，通常情况是面门为上，即面朝入口处的座位为主人座位。席次的尊卑根据距离主人的远近而定，以近为上，以远为下。主人对面是副主人位置，主人的右边为主宾，左边为第二副主宾，副主人位置的右边为第一副主宾，其余按先右后左顺序依此类推。如果只有一个主位，则主宾和副主宾坐在主人两侧。

举行多桌宴请时，每桌都要有一位主桌主人的代表在座。位置一般和主桌主人同向，有时也可以面向主桌主人。

对外交往中如遇特殊情况，可灵活安排席次。如主宾身份高于主人，为表示对其敬重，可把主宾排在主人的位置上，而主人则坐在主宾的位置上，副主人坐在主宾的左侧，也可以按常规安排。译员一般安排在主宾的右侧（若以长桌作主宾席，译员可安排在主宾对面以便于交谈)。在许多国家,译员坐在主宾和主人背后,并不上席,便于双方交谈。

具体安排席次时,还应考虑多种因素。如身份大体相同,语言、专业及信仰相近者可安排在一起;政见分歧大、关系紧张者等应尽量避免安排在一起。常见的席次排列方式,以10人一桌为例,如图6.10及图6.11所示。

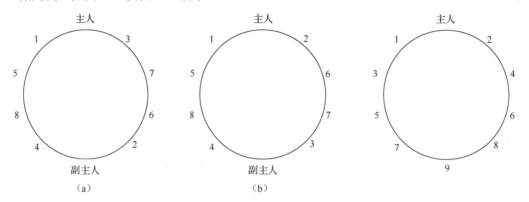

图6.10　每桌两个主位的席次排列　　　　图6.11　每桌一个主位的席次排列

2)西式宴会席次排列

西式宴会席次排列一般遵循女士优先、右高左低、恭敬主宾、以近为尊、女士与男士交叉落座的原则,并要综合考虑宾客地位、职务高低以及人事关系、政治形势等因素排列。如女主人是陪同身份时,餐桌主人为男主人。以长桌排位时,通常有两种方法,如图6.12所示。第一种是男女主人在长桌长边中央相对而坐,宾客按主次分坐于男女主人两边;第二种是男女主人分别就坐于长桌短边的两端,其他宾客依次分坐在长桌两边。

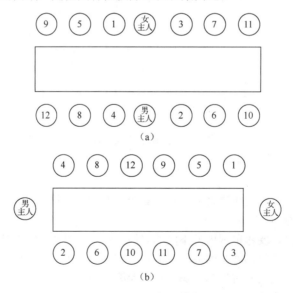

图6.12　长桌排法

无论是中式宴会还是西式宴会,席次排定后,要写座位卡,用本国和外文书写宾客姓名,我方举行的宴会,中文写在上面,外文写在下面。座位卡用电脑打印,字应尽量打印得大些,以便于辨认和找位。便宴、家宴、工作宴会可以不放座位卡,但主人对宾客的座位也应有大致了解。

6.1.4 宴会服务的礼仪

宴会中的礼仪，依时间而论可分为宴前礼仪、宴间礼仪和宴后礼仪；依对象而论可分为宴会服务的礼仪和出席宴会的礼仪。从旅游服务的角度，根据宴会的一般程序，本节主要介绍宴会服务的礼仪。

1．宴会开始前的准备工作

宴会开始前的准备工作，主要涉及宴会厅的布置与宴会气氛的调节、宴会的餐具与摆台以及服务人员自身的准备工作等。

1）宴会厅的布置与宴会气氛的调节

正式宴会和大型宴会的布置应庄重、大方，设备应齐全，可选用鲜花、盆景、刻花作点缀，也可配备乐队演奏席间乐。对宴会厅的设备、服务用具等应逐一检查，并根据场地大小及人数等，调整好餐台和座位的布局，摆上座位卡及菜单。如是大型宴会，应在宴会厅前陈列宴会简图或印出全场桌席排列示意图。同时，整理布置好休息厅、衣帽间等。宴会的成功与否，不仅取决于宴会菜品的质量高低，还取决于宴会厅的布置、装饰是否得体到位，宴会的气氛是否浓烈，宾客的情绪是否高昂，宾主双方是否在一种亲切、友好的气氛中使友谊得到了升华。因此，宴会的组织者应当重视对宴会厅的布置，重视对宴会气氛的调节。

宴会气氛的调节，主要指在宴会进行过程中，通过采用一些必要的辅助手段来烘托和调节，从而使宴会气氛达到高潮。宴会气氛的调节可运用以下几种手法。

（1）色彩的运用。

宴会厅的布置，在色彩选择上应尽量选用暖色系，如红色、橙色、黄色等。置身于暖色系的进餐环境中，易使宾客的情绪饱满、开朗，有交流与沟通的欲望，同时暖色系还可以增进人的食欲。

（2）灯光的调节。

在宴会厅里，通过运用灯光的调节来制造和烘托宴会的气氛，往往会收到意想不到的效果。灯光的调节指通过灯光明暗度的变化，或无色光源与有色光源的变换来调动和调节宾客的情绪，以烘托宴会的气氛。例如，在一次高规格的宴会中，当气氛逐渐进入高潮时，宴会厅的灯光突然熄灭，正当宾客不知所措时，着装整齐的服务人员手托"火烧冰激凌"步伐整齐地步入宴会厅，一片漆黑的宴会厅里行走的服务人员队伍宛如一条游动的火龙；当他们向四周的餐桌散开时，又好像繁星点点。这时，音乐声缓，灯光重新点燃，宾客在组织者的调动下，仿佛经历了一场梦境，先是一阵沉默，接着爆发出一阵热烈的掌声。

（3）背景音乐的运用。

背景音乐往往对调节宴会的气氛起着十分重要的作用。它可以使宾客在品尝美味佳肴的同时，得到味觉与听觉上的双重享受。轻松而舒缓的音乐，有利于减轻大脑的疲劳，使身心得以放松，从而保持较好的精神状态。宴会背景音乐的选择，应以轻柔舒缓的抒情音乐为主，如：钢琴曲、小提琴曲、萨克斯曲等。一般而言，快节奏、有强烈震撼力的音乐，不适合作为宴会的背景音乐。

（4）邀请文艺团体或著名艺术家现场助兴。

在较高规格的宴会中，邀请文艺团体或著名艺术家现场助兴，也是非常行之有效的调节宴会气氛的方法之一。它不仅可以提高宴会的档次，也使得宴会始终保持在一种热烈、欢快的气氛中。必要时组织者还可以邀请主宾或重要宾客上台即兴表演，将宴会气氛带入高潮。

2）宴会的餐具与摆台

摆台是宴会中必不可少的礼仪程序，它将不同的餐具及用餐必备的其他器具按一定的规范摆放在席桌上。由于国家、地区及民族的习俗不同，中式宴会和西式宴会的餐具与摆台要求自然有所不同。熟悉其程序要求对做好服务工作很有必要。

（1）中式宴会。

中式餐具主要由各种规格的盘子、汤碗、汤匙、碟子、筷子等组成，多用瓷器餐具。酒具多用瓷杯或玻璃杯。中式宴会摆台示意图如图6.13所示。

拓展视频 6-1

（2）西式宴会。

西式餐具种类多样，常见的有刀、叉、匙。仅以匙为例，就有汤匙、甜点匙等。西式酒具主要有葡萄酒杯、白兰地酒杯、香槟酒杯和鸡尾酒杯。常见的摆台有英美式、法式和国际式三种。无论哪种西式摆法，其基本规则是垫盘正中，叉左刀右，刀尖向上，刀刃朝内，盘前横匙，主食在左，饮料在右，其他用具可酌情放置。酒杯数目与上酒种类相等。西式宴会摆台示意图如图6.14所示。

拓展视频 6-2

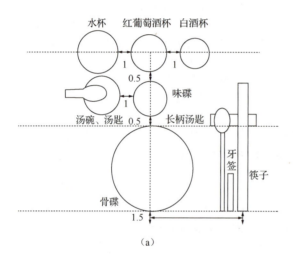
(a)

(b)

图6.13 中式宴会摆台示意图（单位：厘米）

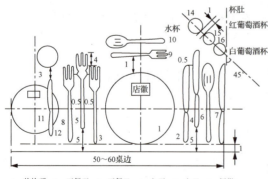

1—装饰碟；2—正餐刀；3—正餐叉；4—鱼刀；5—鱼叉；6—汤匙；7—开胃品刀；8—开胃品叉；9—甜品叉；10—甜品匙；11—面包盘；12—黄油刀；13—黄油盘；14—水杯；15—红葡萄酒杯；16—白葡萄酒杯

(a)

(b)

图6.14 西式宴会摆台示意图（单位：厘米）

3）服务人员自身的准备工作

一要注意明确宴会的性质、规格、人数及形式等，了解宾客的国籍、宗教信仰及习俗；二要注意熟悉菜品，做好上菜、派菜及介绍菜品的知识准备，并备好酒水、调味品，做好餐具的卫生工作等。

2．宴会开始前的迎接工作

1）恭候宾客光临

根据宴会开席时间，服务人员应提前在各自的岗位上恭候宾客光临。当宾客到达时，主人热情上前迎接，主动招呼问好，服务人员应面带微笑，向宾客致意，并协助宾客脱、挂外套和帽子等。

2）按礼宾次序引宾入休息厅

服务人员按先女宾后男宾、先主宾后一般宾客的顺序引宾客进入休息厅或会客厅。厅内应有身份相应的人员陪同、照料宾客，服务人员依不同宾客的习俗热情送茶、派酒或及时递送饮料、递送毛巾。

3）引宾就座

主人陪同主宾进入宴会厅主桌，服务人员随即引导其他宾客相继入厅，然后拉开座椅，引宾就座。如宴会规模较大，可先请主桌以外的宾客就座，主桌人员后入座，主桌人员到位后宴会即可开始。

应用案例 6-1

她为什么不辞而别？

武汉市与日本某市缔结友好城市，在某饭店举办大型中式宴会，邀请本市最著名的演员助兴。这位演员到达后，花了很长时间才找到了自己的位置。当她入座后发现，同桌的都是接送领导和宾客的司机。这位演员感到自尊心受到了伤害，于是没有同任何人打招呼就悄悄离开了饭店。当时宴会的组织者并未觉察到这一点，直到宴会主持人拟邀请这位演员演唱时，才发现演员并不在现场。幸好主持人头脑灵活，临时改换其他节目，才算没有出现冷场。

分析：一个大型活动的组织者，事先应精心策划，对被邀请的对象逐一分析，从门口迎宾到宴请的桌席排列均应一一落实，分工到位。而这位中式宴会的组织者，对著名演员的到来一无所知，也无人接待她，并且席次安排不当，这极大地伤害了这位演员的自尊心，难怪她要不告而别了。

资料来源：孙艳红，徐真真，祖恩厚. 旅游服务礼仪[M]. 北京：电子工业出版社，2016.（有改动）

3．宴会间的服务工作

1）致辞服务

正式宴会一般均有致辞，但各国的安排时间不尽一致，一般习惯于在热菜之后、甜点之前由主人致辞，接着主宾致答辞，也有的刚一入席双方即致辞。主宾双方致辞时，服务人员应保持肃静，停止上菜、斟酒等活动，不能发出任何响声；奏国歌时应肃立，停止走动。致辞完毕通常是祝酒，服务人员应在致辞即将结束时迅速把酒斟足，供宾主双方祝酒用。

2）上菜、派菜、分汤的服务次序

按国际惯例上菜、派菜、分汤的服务次序，一般从男主人右侧的女主宾或男主宾开始，接着是男主人，然后由右向左按顺时针方向进行。若宴会规格高，须由两人负责主桌服务工作，其中一人按上述顺序开始，至女主人或第二主人右侧的宾客为止，另一人则从女主人或第二主人开始，依次向右，至前一侍者开始的邻座为止。中式宴会的上菜顺序一般是冷盘、热菜、汤菜，最后上甜点、水果。西式宴会的上菜顺序一般是开胃菜、面包、汤、各式菜品、甜点水果、咖啡或红茶。

  3）酒水服务

  大多数宴会只用一种酒。中式宴会从开始上冷盘即开始饮酒。正式的西式宴会，各种酒不是同时上桌的，而是上一道菜，换一种酒。上桌的酒水可由服务人员斟好后再端上来，也可按一定顺序摆放在餐桌上，由服务人员或男主人为宾客斟酒。斟酒时，服务人员应将酒的品牌对向宾客，走到宾客右侧。

4．宴会后的服务工作

  1）宴会结束服务

  主人与主宾吃完水果后起立之时，宴会即告结束。服务人员应及时为宾客移开座椅，以方便其离座行走。如宾客需要在会客厅或休息厅叙谈或休息，可视实际情况为宾客上茶或咖啡、递送毛巾等。

  2）送别宾客服务

  宾客离席时，服务人员应及时、准确地将衣帽取递给宾客，并主动、热情地协助其穿戴。主人把主宾送至门口，主宾离去后，原迎宾人员按顺序排列，与其他宾客握手告别。其他服务人员可视情况目送。

  3）纪念品服务及整理工作

  宴会结束时，有的主人为每位宾客备有小纪念品或一朵鲜花；有的外国朋友希望把宴会上的菜单作为纪念品带走或请其他宾客在菜单上签名留念。但除主人特别示意的纪念品，各种接待用品，诸如糖果、水果、香烟等不能拿走。服务人员收台时应认真仔细检查并整理，发现有宾客遗留物品应及时送还。

6.1.5 出席宴会的礼仪

1．出席宴会前的注意事项

  在西方国家，出席宴会的举止是否得体，用餐的姿态是否规范，历来被认为是衡量一个人修养水平的标准之一。虽然随着时代的变迁，餐桌礼仪已由繁琐逐渐趋于简化，但一些基本的礼仪规范却依然保留着，这成为人们相沿成习的行为标准。

  （1）当收到请柬时，首先应当了解是参加哪一种类型的宴会，是中式的，还是西式的；是去邀请者家里，还是去饭店。无论哪种类型的宴会，一般请柬上都有说明。

  （2）宴会一般分为正式和非正式两种，但无论何种宴会，请柬上都印有"敬候回音"或"如不光临请予回复"的字样。前一种是指被邀请者无论是否出席宴会，都要予以回复；后一种则指被邀请者如不能出席宴会才予以回复。按照一般的礼仪要求，回复应在收到请柬后的第一天内发出，太迟，则会被视为无礼。

  （3）接受邀请后，没有特殊的原因，不要随意变动。万一有特殊情况不能出席宴会，应及时、有礼貌地向主人解释或道歉，万万不可不经解释就随意不去参加，这是极其不礼貌的行为。

（4）参加正式宴会要严格守时，既不能迟到也不必早到，比邀请时间早到两分钟左右较为合适。

（5）出席宴会一定要注意着装得体。正式宴会中穿休闲装、运动装等，都是不合时宜的。在西方国家参加正式宴会时，男士通常穿深色西装，配白色或浅色衬衣，系领带、领结或领花，穿擦拭干净的黑皮鞋；女士出席正式宴会通常穿礼服，一般长袖礼服配短手套，而短袖礼服则配长手套，礼服应与高跟鞋搭配。

（6）抵达宴会地点，先到衣帽间脱下大衣和帽子，然后前往主人迎宾处，主动向主人或其代表问好。如是节庆活动，应表示祝贺，可按当地习惯赠送花束或花篮，参加家宴可酌情给女主人赠送少量鲜花。

2．宴会中的礼仪

（1）入座时，应听从主人的安排，端庄就座。如果宴会桌次较多，应在进入宴会厅前，先了解自己的桌次。入座时注意看清桌上的座位卡和自己的名字，不要随意乱坐。如邻座是长者和女士，应主动协助他们坐下。

（2）入座以后，首先要注意自己的仪态：既要坐得端正，又不要显得过于拘谨；椅子不要坐满，只坐 2/3 的位置，身体轻轻靠在椅背上；双手放于膝部，不得趴在桌沿上，也不宜弄小物件或做拨弄头发等不雅的习惯性动作。

（3）上菜前将餐巾轻轻展开，放在膝盖上，而不是围在脖颈上或系在胸前；餐中起身时，餐巾应放在椅子上，而不是餐桌上；用餐完毕离席时，餐巾不必折叠，自然放置在餐桌上即可。餐巾的用途是防止菜品弄脏衣服，也可用来擦嘴，但绝不能用于擦拭餐具。

3．进餐注意事项

（1）在进餐过程中，动作要文雅，切不可将胳膊肘放在餐桌上。这种姿势稍有不慎，会使身体前倾弄翻菜盘，当众出丑；更为糟糕的是，叉开的双臂会妨碍身边其他宾客的用餐。

（2）进餐时如不慎碰掉餐具，不必俯身去拾，服务人员会立刻过来拾起并重新换上干净的。不需要向服务人员道歉，重要的是不动声色，以免吸引周围人的注意。

（3）没有吃过的菜品，或者食用方法独特的菜品上菜时，不知如何食用不要紧，慢一点动筷，等别人食用时再依样而为，自然就学会了。

（4）如遇本人不能吃或不爱吃的菜品，当服务人员上菜或主人夹菜时，不要拒绝，可取少量放在盘内，并说声："谢谢，够了。"对不合口味的菜品，切勿显露出厌恶的表情。

（5）面包一般用手掰成小块送入口中，不要拿着整块咬。抹黄油和果酱时，也要先将面包掰成小块再抹。

（6）宴会中吃鸡时，西方人多以鸡胸脯肉为贵，不能用鸡腿敬客，以免失礼；吃鱼时，不可翻鱼吃，要吃完上层后，用刀、叉把鱼骨剔掉再吃下层；吃肉时要切一块吃一块，绝不能切得过大。

（7）饮茶或喝咖啡时，通常均有专用器皿放有牛奶、白糖。如想加牛奶、白糖，可自取放在杯中，用小茶匙搅拌以后，仍将茶匙放回小碟内，喝时右手拿杯把，左手端小碟。

（8）宴会中，遇有上龙虾或水果时，有时送上洗手盅（铜盆、瓷碗或水晶玻璃缸），水上漂有玫瑰花瓣或柠檬片，供洗手用（不要误认为是饮料）。洗手后用餐巾或小毛巾擦干。

应用案例 6-2

空洗手盅

某饭店的中餐厅内,某银行的经理正在宴请宾客。值台服务员在为宾客上了基围虾后,笑吟吟地为宾客们端上洗手盅,只见水面上漂着几朵菊花。值台服务员道一声:"先生,请用。"之后立即退开,忙着为其他宾客服务去了。此时,有位宾客误认为洗手盅里盛装的是菊花茶,正感到口渴便端起洗手盅一饮而尽。主人和其他宾客面面相觑,正想如何消除尴尬,只见值台服务员立即撤掉洗手盅,不一会换了另一种样式的洗手盅,洗手盅内的水的颜色变了,水面上漂着几片花叶,并说道:"先生,请用洗手盅。"

资料来源:孙东亮. 旅游服务礼仪[M]. 武汉:华中科技大学出版社,2017.(有改动)

(9)饮酒干杯时,即使不能喝,也应将杯口在嘴唇上碰一下,以示敬意。

(10)中餐餐具主要有碗、盘、筷。西餐餐具则有刀、叉、盘。宴请外国人吃中餐时,通常以中餐西吃为多(既摆设碗、筷,也摆设刀叉)。刀叉的使用,为右手持刀,左手持叉,将食物切成小块,然后用叉送入口中。欧洲人使用刀叉时不需要换手,即从切割到送食物入口,均以左手持叉(图 6.15)。美国人则切割后,把刀放下,右手持叉把食物送入口。每道菜吃完后,将刀叉并拢平排放在盘内,如未吃完,则摆成八字置于盘上,刀口应向内,这是刀叉的暗示作用(图 6.16)。

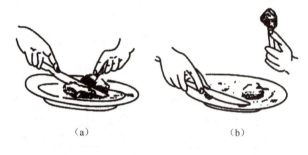

图 6.15 欧洲人刀叉并用时的正确方法

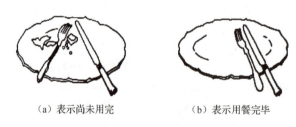

(a)表示尚未用完　　(b)表示用餐完毕

图 6.16 刀叉的暗示作用

(11)公众场合要讲究"吃相"。进餐时,尽量避免发生声响;喝汤不要啜,如汤太热,可等稍凉后再喝,切勿用嘴吹。嘴内的鱼刺、骨头不要直接往外吐,可用餐巾掩嘴,用筷子(亦可用手)取出,放在骨盘上。进餐时,不要狼吞虎咽,也不要一点不吃。当主人劝宾客再添菜时,如有胃口,添菜不为失礼。咀嚼时,不要讲话,更不能主动与他人谈话。

(12)不要面对其他宾客张嘴剔牙,剔牙时应该用餐巾或纸巾遮住口,边走边剔牙更是不雅观的行为。

(13)不可在餐桌前化妆、擤鼻涕、打嗝。进餐时,打嗝是最大的禁忌,万一忍不住打了嗝，应立即向周围的人道歉。

（14）在社交场合，无论气温多高，都不能当众解开纽扣，敞开外衣。小型便宴，如主人请宾客宽衣，男宾可脱下外衣，搁在椅背上。

（15）不可中途退席。如有人来电话，可发短信转告对方，等一会儿再打来。

4．宴会中敬酒注意事项

（1）宴会中，敬酒是不可缺少的项目。在重要、正式的宴会中，还有专门的敬酒仪式。作为出席宴会的宾客，要事先准备好为何人、何事敬酒，何时敬酒等，以便做到心中有数，避免失礼。

（2）主人和主宾致辞、敬酒时，其他人应暂停进餐和交谈并注意倾听。

（3）碰杯时，先在主人和主宾之间进行，人多时可同时举杯示意，不必逐一碰杯。敬酒时要注意不可交叉碰杯。主人、主宾有时还会到各桌敬酒，遇此情况其他人应起立举杯，碰杯时在餐桌上不要将手伸得太长，男士应当把自己的酒杯举得比女士的酒杯略低些。碰杯时，要目视对方致意。

（4）宴会上相互敬酒表示友好。也可活跃气氛，但切忌饮酒过量，饮酒过量容易失态，因此在宴会上必须控制自己。当有人为你斟酒或提议碰杯时，不可随意拒绝，即使不能喝，也应有所表示，以示敬意。

5．宴会中谈话注意事项

（1）宴会上沉默寡言会使宴会气氛显得沉闷，男女主人应主动引出交谈的话题，促使宾客相互谈论大家都感兴趣的话题，使宴会始终保持愉快的气氛。

（2）不要只同几个熟人或一两个人谈话，邻座如不相识，可先自我介绍。谈话时，应避免高声失态、窃窃私语。在别人讲话时，插话是很不礼貌的行为。

（3）注意不要边吃食物边讲话，或边摆弄餐具边讲话。想说话时，要等吃完嘴里的食物再说。

应用案例 6-3

为什么不懂礼仪？

由于市场竞争激烈，蓝天和创意这两家策划公司对某机电公司即将进行的车展策划都志在必得。于是蓝天公司的李总就约了该机电公司的王总在银都酒店三楼中餐厅吃饭。

李总和秘书小刘刚到银都酒店三楼中餐厅的一号房间，王总也到了，双方问好就座后，小刘便叫服务人员开始点菜。15 分钟后，小刘点好菜对王总说："王总，我也不知道这些菜合不合您的口味，您看还要再点些其他的吗？"王总说不必了。

在吃饭过程中，小刘为了表示热情就用自己的筷子不停地给王总夹菜，当两位老总因谈话逐渐深入时，小刘把筷子随意地横放在碗上为两位老总添加饮料，由于加饮料时没有给予提示，差点把饮料泼在王总身上。

不久，李总收到了王总发来的邮件，内容是：本来我还在犹豫该选择哪家公司为我公司策划车展，现在我已经决定了，我是不会和一家不懂礼仪的公司合作的。李总有些莫名其妙。

讨论：为什么王总认为李总他们不懂礼仪？

资料来源：孙艳红，徐真真，祖恩厚. 旅游服务礼仪[M]. 北京：电子工业出版社，2016.（有改动）

6．宴会结束注意事项

（1）当绝大部分宾客已停止进餐之时，主人把餐巾放在桌上，或者从餐桌旁站起来，表明宴会到此为止。只要看到这种信号，宾客即可把自己的餐巾放下，起身离席了。

（2）离开餐桌时，不要将座椅拉开就走，而应将座椅再挪回原处。男士应帮助身边的女士移开座椅，然后再把座椅放回餐桌旁。

（3）一般情况下，主宾是第一位告辞的人，宾客在离席时要对主人的盛情款待表示感谢，不可吃完抹抹嘴巴就走。离席时应让身份高者、年长者或女士先走。

（4）有的主人会为每位宾客备有纪念品。当宴会结束主人分发给宾客时，宾客可略表感谢之意，但不必郑重表示感谢。除主人允许作为纪念品的物品，宾客不能随意带走各种招待用品（糖果、水果、香烟等）。

7．致谢礼仪

宾客离席时，则应对主人的盛情款待表示感谢。在出席私人宴会之后，往往寄出致谢信或明信片表示感谢，最好在宴会的第2天就寄出。根据传统，致谢信要写给女主人。但若男女主人都是你的挚友，则致谢信应写给他们两人。如果女主人是你亲密的朋友，也可以在第2天用电话代替致谢信向她致谢。通常致谢信由妻子代表夫妇俩写出。如果女主人收到一封以夫妇俩名义合写的致谢信，很可能会把这看作一种特别的礼貌表示而铭记在心。

6.2 酒水礼仪

中国是文明古国，早在夏朝，杜康发明酒，到了西周，酒礼成为最严格的礼节，一直传承到现在。而随着社会的不断发展，餐桌上的酒文化也有了很大的变化，它融入我们生活的各方面，并影响着我们的生活。逢年过节、红白喜事等重要场合，以酒待客必不可少，用酒来联络感情、增进友谊、洽谈生意、送别亲友的例子不胜枚举，还形成了中国酒水礼仪文化。

西方酒水礼仪与我国迥然不同，他们视饮酒为品酒，类似我国的品茗情趣，不但讲究饮酒的器皿，如酒杯、酒壶等，对饮酒的场合、气氛也十分重视。当然，他们也对饮酒礼仪更加重视。

6.2.1 我国酒水礼仪

1．斟酒礼仪

（1）准备工作。

根据宾客的需要准备好酒水，备好酒水后，用干净的餐巾将酒瓶擦拭干净，同时，检查酒水质量，如有悬浮物、杂物等要酌情调换，检查商标的完整程度等。左手持一块叠好的餐巾托底，右手扶瓶颈，注意将酒瓶上的商标正对宾客，以便宾客确认商标、品名。开酒要正确使用工具，开酒时尽量减少酒瓶的晃动，动作准确敏捷，开酒后要用干净的餐巾擦拭瓶口，注意不要将碎玻璃和瓶口积垢落入酒水内，开酒后的封皮、木塞、盖子等杂物不要留在餐桌上。

（2）斟酒姿势。

斟酒姿势是指进行斟酒服务时，服务人员持酒瓶的手法、站立姿势、行走姿势及为宾客向酒杯中斟酒时的动作。斟酒姿势的正确、迅速、优美、规范，往往会给宾客留下美好印象。给宾客斟酒时，一定要掌握动作的分寸，不可粗鲁、失礼，不要讲话，姿势要优雅端庄，注意礼貌、卫生。

持瓶姿势正确与否是斟酒准确、规范的关键。正确的持瓶姿势应是：右手叉开拇指，并拢四指，掌心贴于瓶身中部、酒瓶商标的另一方，四指用力均匀，使酒瓶握稳在手中。采用这种持瓶方法，可避免酒水晃动，并防止手颤。

斟酒时的正确站姿是：服务人员先应呈直立式持瓶站立，左手下垂，右手持瓶，手臂呈45°；向杯中斟酒时，上身略向前倾，当酒水斟满时，右手利用腕部的旋转将酒瓶按逆时针方向转向自己身体一侧，同时左手迅速、自然地将餐巾盖住瓶口以免瓶口溜酒；斟完酒身体恢复直立状；向杯中斟酒时切忌弯腰、探头或直立。

斟酒时的用力要活而巧。正确的用力应是：右侧大臂与身体呈90°，小臂弯曲呈45°，双臂以肩为轴，小臂用力运用腕部将酒斟至杯中；斟酒及开酒均应利用腕部的旋转来掌握。

斟酒时的正确站位是：服务人员应站在宾客的右后侧，右脚在前，站在两位宾客的座椅中间；脚掌着地，左脚在后，身体向左略倾斜，面向宾客，右手持瓶，从宾客左侧依次进行斟酒；退时先使左脚掌落地后，右腿撤回与左腿并齐，使身体恢复原状。

斟酒时用垫布及餐巾，是为防止冰镇后酒瓶外易产生的水滴及斟酒后瓶口的酒水洒在宾客身上。斟酒完毕将瓶口稍抬高，收回酒瓶再为下一位宾客斟酒时，注意走路的节奏，要干净利落、姿势美观。

（3）注意事项。

斟酒需要适量，一般来说，白酒斟八分满；白葡萄酒斟其杯的1/2，红葡萄酒斟其杯的1/3；白兰地斟其杯的1/3或更少；啤酒斟八至九分满。

要面面俱到，一视同仁，切勿有挑有拣，只为个别人斟酒。先为尊长、宾客斟酒，如果不是这种情况，可按照顺时针方向，依次斟酒。

斟完酒后，应该快速将瓶口盖上，再慢慢竖起，避免瓶口的酒水滴到酒杯外面。当操作不小心将酒杯碰倒或碰破时，应向宾客致歉，并立即将酒杯扶起或更换酒杯，迅速将餐台有酒水痕迹的地方铺上一块干净的餐巾，如果是宾客的过失，也是同样处理。

2. 敬酒礼仪

敬酒，亦称祝酒。是指在宴会上，由主人向宾客提议，提出某个事由而饮酒。在敬酒时，通常要讲一些祝愿、祝福之言。在正式的宴会上，主人与主宾还会郑重其事地发表一篇专门的敬酒词（祝酒词）。

（1）敬酒时间。

敬酒，可以随时在饮酒的过程中进行。频频举杯敬酒，会使现场氛围热烈而欢快。不过，要是致正式的敬酒词的话，则应在特定的时间进行，并以不影响宾客用餐为首要考虑。通常，致敬酒词最适合在宾主入席后、用餐前开始。有时，也可以在吃过主菜之后、甜品上桌之前进行。

（2）敬酒顺序。

敬酒之前一定要弄清顺序，弄清主次。一般以年龄大小、职位高低、宾主身份为先后顺序，年轻的敬长者，下属敬领导。主人首先要向主宾敬酒，然后依次向其他宾客敬酒，或向集体敬酒。宾客也要向第一主人回敬酒，再依次向其他主人回敬酒。晚辈应首先向最年长者敬酒，再依次向其他长者和同辈敬酒。向女士敬酒，或女士向宾客敬酒，应举止得体，语言得当。

（3）敬酒词。

主人在饮酒前要根据宴会的内容和对象，表达对宾客的良好祝愿，以助酒兴，主要形式有三种：一是敬酒词。在大型外交或社交活动中，首先应由东道主致欢迎词，随后由主宾致答谢词。在家宴、婚宴、生日宴、朋友聚会宴中，也要视情况致敬酒词。二是以诗代替敬酒词。中国酒诗珠联璧合，许多佳句流芳千古，以诗代敬酒词，更具文化色彩。三是敬酒歌。中国少数民族多以此种形式敬酒，能让宾客兴高采烈，宴会气氛也十分轻松活跃。

不管是致正式的敬酒词，还是在普通情况下敬酒，均应篇幅短小、文辞庄重、热情、得体、大方，千万不要连篇累牍，喋喋不休，让他人等候良久。在他人敬酒或致敬酒词时，其他在场者应一律停止用餐或饮酒，坐在自己座位上，面向对方洗耳恭听。对对方的所作所为，不要小声议论，或公开表示反感于对方的啰唆。

敬酒词一般包括四个部分。第一为标题。第二为称呼，一般用泛称，可以根据到会者的身份来定，如"各位女士、各位先生""朋友们""同志们"等。为了表示热情和亲切、友好之意，前面可以加修饰语"亲爱的""尊敬的""尊贵的"等。第三为正文。致辞人（或代表谁）在什么情况下，向出席宴会者表示欢迎、感谢和问候；谈成绩、作用、意义；展望未来，联系面临的任务、使命。第四为结尾，常用"让我们一起为×××干杯吧"（"×××"为人或事物）。

应用案例 6-4

敬酒词范例

1. 范例 1

酒宴敬酒词

今天，在迎来了五年一度的经贸盛会——中国×××第五届边境、地方经济贸易洽谈会之际，我谨代表洽谈会筹备委员会热烈欢迎国内外工商界新老朋友到会，洽谈贸易和经济技术合作项目，进一步加强相互了解，加深友谊，共同促进双方友好合作的发展，并预祝各位在本届洽谈会上取得丰硕成果。让我们共同干杯！

2. 范例 2

"中国国际×××展览会"敬酒辞

女士们、先生们：

晚上好！"中国国际×××展览会"今天开幕了。今晚，我们有机会同各界朋友欢聚，感到很高兴。我谨代表中国国际贸易促进委员会×××市分会，对各位朋友光临我们的晚宴，表示热烈欢迎！

"中国国际×××展览会"自上午开幕以来，已引起了我市及外地科技人员的浓厚兴趣。这次展览会在上海举行，为来自全国各地的科技人员提供了经济技术交流的好机会。我相信，此次展览会在推动这一领域的技术进步以及经济贸易的发展方面将起到积极作用。

今晚，各国朋友欢聚一堂，我希望中外同行广交朋友，寻求合作，共同度过一个愉快的夜晚。

最后，请大家举杯，为"中国国际×××展览会"的圆满成功，干杯！

3. 范例 3

×××的敬酒词

亲爱的×××同志们：

首先我代表×××向你们的会议致热烈的祝贺，并向你们的工作表示感谢和致意。

……

最后，庆祝你们的会议获得成功，庆祝你们在今后工作中获得伟大的胜利，干杯！

资料来源：https://baike.baidu.com/item/%E7%A5%9D%E9%85%92%E8%AF%8D/4002406?fr=aladdin [2023-05-09].（有改动）

（4）注意事项。

在饮酒特别是敬酒时进行干杯，需要有人率先提议，可以是主人、主宾，也可以是在场的人。提议干杯时，应起身站立，右手端起酒杯，或者用右手拿起酒杯后，再以左手托扶杯底，面带微笑，目视其他特别是自己的敬酒对象，同时嘴里说着祝福的话。有人提议干杯后，要手拿酒杯起身站立。

敬酒时还要注意一些礼节，如碰杯时候要站起来，自己的酒杯低于对方的酒杯，以示尊敬。若是高脚杯，则应用手指捏住杯腿。当离对方比较远时，用酒杯杯底轻碰桌面，也可以表示和对方碰杯。领导长辈可以一人敬多人，但晚辈不可以。在别人正在敬酒、夹菜、吃菜时，不要敬酒。如有外宾，应事先了解对方的饮酒习俗和宗教禁忌、礼宾顺序和礼宾规格。

即使和不熟悉的人在一起喝酒，也要先打听一下身份或是留意别人对他的称呼，避免尴尬。

不要强行劝酒，"喝酒如拼命、劝酒似打架"的喝酒旧俗令人害怕，同时也显得不文明，要充分尊重宾客的意愿，如果在敬酒时别人明确说了酒量不好，那么就不要强硬要求对方喝。另外，不能喝酒的人或者女士说以茶代酒，千万不要说："不喝酒是不给我面子"这种话。对于不能喝酒或者酒量不好的人要给予理解，这样别人才会对你有好印象。

3．饮酒礼仪

（1）适量饮酒。

从酒对人健康作用看，少饮有益，贪杯害人，利弊关键在于自己的节制。工作前不要饮酒，在饮酒之前，应根据既往经验，对自己的酒量心知肚明，饮到五分为最佳，要节制饮，以免失态。切忌贪杯，饮酒过多，不仅易伤身体，而且容易出丑丢人，惹是生非。

（2）依礼拒酒。

假如因为生活习惯或健康等原因而不能饮酒，应以下列合乎礼仪的方法，拒绝他人的劝酒。第一是申明不能饮酒的客观原因。第二是主动以其他软饮料代酒。第三是委托亲友、部下或晚辈代为饮酒。不要在他人为自己斟酒时又躲又藏，乱推酒瓶，敲击杯口，倒扣酒杯，偷偷倒掉。把自己的酒倒入别人杯中，尤其是把自己喝了一点的酒倒入别人杯中，也是非常失礼的。

（3）文明饮酒。

在饮酒时，不要忘记律己敬人之规。特别是要摒弃下列既有害于人，又有损于己的陋习恶俗。第一，不要酒疯。酒能使人兴奋，也使人失态。部分人在酒后借机生事、言行失控、丑态百出，给别人留下不良的印象。第二，在工作前不能饮酒，以免与人谈话时满口酒气，同时影响工作效率。第三，不要灌酒。敬酒干杯，需要两相情愿，千万不要强行劝酒，说："感情深，一口闷；感情浅，一点点"。非要灌倒他人，就会把文明的交际变成粗俗无礼的行为。第四，不要吵闹、喧嚣。饮酒时猜拳行令等行为，大吵大闹，这样既干扰了别人，也损害自己的形象。

6.2.2 西餐酒水礼仪

1．酒水分类

吃西餐时，每道菜都要搭配不同的酒水，大致可以分为餐前酒、佐餐酒、餐后酒三种。

餐前酒又称开胃酒，一般是在开始正式用餐前饮用，或在吃开胃菜时与之搭配，主要包括鸡尾酒、香槟酒等。餐前酒的目的是刺激食欲，喝得太多反而没有食欲，因此不要多喝。

佐餐酒又叫餐酒，它是在正式用餐时饮用的酒水。常用的佐餐酒均为葡萄酒，而且大多数是白葡萄酒或是红葡萄酒。有一条重要的讲究，就是"白酒配白肉，红酒配红肉"。这里所说的白肉，即鱼肉、海鲜、鸡肉，吃它们是需要和白葡萄酒搭配；所说的红肉，即牛肉、羊肉、猪肉，吃这些肉的时候要用红葡萄酒来搭配。

餐后酒是用完餐后闲聊时候喝的，可以促进消化，不适合多喝，多喝反而可能不利于消化。主要有利口酒、奶酒、薄荷酒等。

一般情况下，饮不同的酒水，要用不同的专用酒杯（图 6.17）。一般在西式宴会上，桌上会放三个杯子。由外侧到里侧越来越大，白葡萄酒杯最小，红葡萄酒杯居中，水杯最大。

图 6.17　西餐各类专用酒杯

2．斟酒礼仪

在正式宴会中，以斟酒、敬酒、干杯应用最多。服务人员用餐巾托起瓶身向宾主展示酒的商标，确认是所点的酒后，将木塞取出，并递给主人，主人闻木塞确认酒没有问题后服务人员再用餐巾擦拭瓶口。商标朝向宾主，按先女后男、先宾后主的原则，从宾主右侧倒酒。

除主人及服务人员外，其他宾客一般不宜自行为他人斟酒。斟酒时要道谢，若主人亲自斟酒，宾客则应该端起酒杯致谢，必要时还需起身站立，女士则欠身点头为礼。

3．敬酒礼仪

敬酒也称祝酒，是宴会上不可少的程式。敬酒时，主人会提敬酒词。在他人敬酒或致敬酒词时，应停止用餐或饮酒。

盛白葡萄酒及香槟的酒杯为高脚杯，喝时拿住杯脚下面部分，手不要碰到杯身，可避免手的温度升高酒温。盛红酒的酒杯杯脚较短，杯身较肥大，可以用食指和中指夹住杯脚，喝时手靠近杯身，手的温度有助红酒释放其香味。敬酒时可以用拇指、无名指和小指牢牢握住杯脚下方，中指扶着杯脚，食指轻搭在杯脚与酒杯连接处。手指尽量伸直，显现手部的优美曲线。

喝酒时不要发出过大声响，绝对不能吸着喝，而是倾斜酒杯，像是将酒放在舌头上似的喝。轻轻摇动酒杯让酒与空气接触以增加酒的醇香，但不要猛烈摇晃酒杯。

在喝酒时，中国人习惯举杯仰头痛饮，一口喝光，而在西方这却恰恰是应避免的。西方喝酒的方式是头保持平直、一口口啜饮。喝到底时，杯中总还是留一点酒。

4．干杯礼仪

需要有人率先提议干杯。提议者应起身站立，右手端起酒杯，或用右手拿起酒杯后，以左手托扶杯底，面带微笑，真诚地面对他人。在主人提议干杯后，即使滴酒不沾也要起身拿起酒杯示礼，表示尊敬。

西式宴会干杯时，人们只敬酒不劝酒，一般不碰杯。使用玻璃杯时，尤其不能碰杯。不允许随便离开自己的座位，不允许越过他人之身与相距较远者敬酒干杯，更不允许交叉干杯。

6.3 茶水礼仪

茶水礼仪，是在茶事活动中形成的，并得到共同认可的一种礼节和礼仪，是对茶事活动中所形成的一定的礼仪关系的概括和反映。我国茶水礼仪在形成和发展中，融汇了儒家、道家、佛家的哲学思想，承载着传统文化"好客修睦""仁爱孝悌""自谦敬人"等思想精华。"客来敬茶"已经成为重情好客的传统美德和礼节，更是人们日常社交和家庭生活中普遍的往来礼仪，无论是主人还是宾客，应遵循喝茶的讲究和基本礼仪，营造祥和的品茶氛围。

应用案例 6-5

习近平致信祝贺首个"国际茶日"

2020 年 5 月 21 日，是联合国确定的首个"国际茶日"。习近平总书记向"国际茶日"系列活动致信表示热烈祝贺。

习近平总书记指出，茶起源于中国，盛行于世界。联合国设立"国际茶日"，体现了国际社会对茶叶价值的认可与重视，对振兴茶产业、弘扬茶文化很有意义。作为茶叶生产和消费大国，中国愿同各方一道，推动全球茶产业持续健康发展，深化茶文化交融互鉴，让更多的人知茶、爱茶，共品茶香茶韵，共享美好生活。

茶是世界三大饮品之一，全球产茶国和地区达 60 多个，饮茶人口超过 20 亿人。2019 年 12 月，联合国大会宣布将每年 5 月 21 日确定为"国际茶日"，以赞美茶叶的经济、社会和文化价值，促进全球农业的可持续发展。2020 年"国际茶日"期间，我国农业农村部与联合国粮农组织、浙江省政府以"茶和世界，共品共享"为主题，通过网络开展系列宣传推广活动。

资料来源：https://baijiahao.baidu.com/s?id=1667305361736850100（2020-05-21）[2023-05-13].（有改动）

6.3.1 准备礼仪

茶事活动进行前的准备工作，主要包括以下三个方面。

第一，茶叶的准备。首先按照茶叶的制法和品质分类，一般将茶叶分为绿茶、白茶、黄茶、红茶、青茶、黑茶六大基本类型，其次还有在此基础上的再加工茶和深加工茶。要根据需要，合理选择合适的茶叶，可能的话，多准备几种茶叶放在茶盘中，供宾客挑选，以表达主人对宾客的尊重，同时让宾客仔细欣赏茶的外形、色泽和香气。

第二，茶具的准备。茶具可根据冲泡的茶叶选配，一般包括储茶器具、烹茶器具、分茶器具、奉茶器具、品饮器具、备水器具等。茶具从外观上看必须是干净的，杯子里没有茶垢、杂质、指纹之类的异物附着，不能有缺口或裂缝。

第三，场地的准备。品茶环境要整洁、干净，温度舒适，安排好宾客的座次，服务人员要检查自己的妆容，女士要把长发挽起，以免头发掉落到茶汤里，而且妆容要以淡雅为主，特别注意手部的清洁，禁止留过长的指甲，禁止使用香水，泡茶前净手，表达对宾客的尊敬。

6.3.2 泡茶礼仪

要先用热水烫洗所有茶具，这一流程称为温具，其目的是提高茶具温度，使茶叶冲泡后的温度相对稳定，更好发挥茶性，同时还起到清洁的作用。如果不管茶具干净不干净，就为宾客倒茶，这是不礼貌的表现。

将茶叶放入冲泡器、壶或杯中，应使用竹或木制的茶匙取茶，不要用手抓。若没有茶匙，可将盛放茶叶的茶筒倾斜对准壶或杯轻轻抖动，使适量的茶叶投入冲泡器、壶或杯中，尽量不要将茶叶盛放茶叶的洒落在桌面上。茶叶的用量，根据茶类、冲泡器的容量以及宾客的喜好来取用。

按照茶与水的比例，选择合适的水温的水冲入壶中，除乌龙茶冲水须溢出壶口、壶嘴外，通常以冲水八分满为宜。冲水时，要控制水流的急缓与高度，使水流不断，且水花不外溅。冲泡好的茶应先倒进公道杯里，然后再倒进宾客的茶杯中。如果宾客主动介绍自己喜欢喝浓茶或淡茶的习惯，要按照宾客口味冲茶。

冲泡者要自报家门，最常见的开场白是："大家好，我叫某某，很高兴能为大家泡茶，有什么需要我服务的，请尽管吩咐"。冲泡开始前，简要介绍冲泡茶叶的名称、文化背景、产地、品质特征、冲泡要点等。泡茶时要保持身体端正，不可直接用手触碰茶叶和壶嘴等东西，姿势不能过大，要保持美丽优雅的姿势，不能随意晃动，不要发出过大的碰撞声。

俗语有云：茶七饭八酒十分，就是说倒茶七分满，饭吃八分饱，敬酒要满杯（具体看酒的种类）。因为酒是冷的，主人双手奉上宾客接手不会被烫，而茶是烫的，满了接手容易洒出，这就会让宾客的手被烫，甚至导致茶杯掉地摔坏，给主人、宾客都造成难堪。"倒茶七分满，留下三分是人情"，否则有厌客或逐客之嫌，茶叶以盖满杯底为宜。

6.3.3 奉茶礼仪

将泡好的茶端给宾客时，从宾客右侧递过茶杯，右手托着茶托，左手附在茶托旁边，注意不要用手指接触杯沿。如果有两位或以上的宾客，应该使用托盘装杯。左手托盘，端平拿稳，右手轻抚托盘右侧，脚步小而稳，走到宾客座位右侧，侧身右脚向前伸一步，左手臂展开，使茶托盘的位置在宾客的身后，右手端茶杯中部，不要直接用手抓住杯口奉茶，从主宾开始，按顺时针方向将茶杯轻轻放在宾客的右手上方，略躬身，说"请用茶"，也可伸手示意，同时说："请用茶。"宾客也应该道一声："谢谢。"

要注意奉茶的先后顺序，在宾客和主人之间，要先给宾客奉茶；在宾客和宾客之间，则要先给主宾奉茶，男士和女士之间，先为女士奉茶，长辈晚辈间，先给长辈奉茶，依据座位的尊卑顺序，依次进行。如果宾客较多，且其彼此之间差别不大时，可采取下列四种顺序奉茶：第一，以奉茶者为起点，由近而远依次奉茶；第二，以进入客厅之门为起点，按顺时针方向依次奉茶；第三，在奉茶时以宾客到来的时间为先后顺序；第四，奉茶时不讲顺序，或由宾客自己取用。

如果宾客的杯子需要添茶，要及时添加。在为宾客续水斟茶时，以不妨碍宾客交谈为佳。如有可能，最好不要在其面前续水斟茶。非得如此不可时，则应一手拿起茶杯，使之远离宾客的身体、座位，另一只手将水续入。

6.3.4 敬茶礼仪

在敬茶的时候如果宾客之间正在交谈，应该先说一声："打扰了。"再依次用双手把茶杯端到宾客的右前方，并且说一声："请慢用。"尽量不用一只手奉茶。

如果有多位宾客，应该先按职位高低给每位宾客敬茶，如果宾客中有长者或者女士，应该优先奉茶，其他的同辈人应该以顺时针或逆时针方向按顺序依次奉上，不要绕开其中一位，或者漏掉某一位宾客，否则会有不尊敬宾客之嫌。

我国旧时讲究以茶待客不过三杯。一杯曰敬茶，二杯曰续茶，三杯曰送客茶。要是一而再再而三地劝人饮茶，就等于提醒宾客"应该走了"。特别是当我们以茶款待长者或海外华人时，不要再三劝其饮茶。

6.3.5 饮茶礼仪

不论是主人还是宾客，都不应大口吞咽茶水或喝得咕咚咕咚直响。应当慢慢地一小口一小口地仔细品茶。碰到漂浮在水面上的茶叶，可用茶杯盖拂去，或轻轻吹开。切不可以手从杯里捞出来扔在地上，也不要吃茶叶。

不少国家有饮茶的习惯，但饮茶的讲究却千奇百怪。在旅游服务工作中，要根据不同的国家、地区、民族的习俗礼仪为宾客提供茶水服务。如西方人习惯喝红茶，饮用红茶如同饮咖啡，往往会配糖、奶，其规矩也同饮咖啡一样，只可用匙搅拌，不得用匙舀饮，不用匙时，将匙放在茶托上，在泡茶过程中要适当添加配料以满足其要求。常以茶会作为招待宾客的一种形式，茶会通常在下午4时左右开始，设在客厅之内。准备好座椅和茶几就行了，不必安排座次。茶会上除了饮茶，还可以上一些点心或风味小吃，国内现在有时也以茶会招待外宾。在服务过程中，要注意饮茶礼仪，印度人在吃饭或者敬茶时用右手，不可用左手也不能用双手，一定要特别注意。俄罗斯和英国人一样也喜欢喝红茶，他们在品茶时一定要吃一些甜点，所以除了要适当地准备白砂糖，还要准备一些甜点。

在饮茶过程中一般使用四种礼仪，第一种也是使用频率最高的礼仪，是伸掌礼，表示"请"与"谢谢"，宾主双方都可采用。两人相对时，均伸右掌行礼。两人并坐时，右侧一方伸右掌行礼，左侧方伸左掌行礼。行伸掌礼时应将手斜伸在所敬奉的茶水、甜点等旁，四指自然并拢，虎口稍分开，手掌略向内凹，手心要有含着小气团的感觉。另外，同时应欠身点头微笑，一气呵成。第二种为鞠躬礼，即弯曲身体向宾客表示敬意，分为站式、坐式和跪式三种，其中以站式和坐式最为常用。第三种为叩指礼，是从古时中国的叩头礼演化而来的，叩指即代表叩头。早先的叩指礼是比较讲究的，必须屈腕握空拳，叩指关节。随着时间的推移，逐渐演化为将手弯曲，用几个指头轻叩桌面，以示感谢。第四种为寓意礼，指带有美好寓意、祝福的礼仪，常见的是凤凰三点头，用手提壶把，高冲低斟反复三次，寓意向宾客鞠躬三次，以示欢迎。在泡茶、斟茶时，要用回旋法注水。若用右手则按逆时针方向，若用左手则按顺时针方向，寓意着"来、来、来"，表示欢迎。反之则变成暗示"去、去、去"了。茶壶放置时不能把壶嘴对着宾客，否则，表示请宾客快离开。

本章小结

本章内容介绍了常见的宴会形式、宴会的组织、正式宴会的桌席排列、宴会服务的礼仪、出席宴会的礼仪以及酒水礼仪、茶水礼仪等,服务人员应掌握好相关要求和注意事项,遵循礼仪开展工作,提供高质量的服务。

复习思考题

一、单项选择题

1. 宴会上,为表示对主宾的尊重,主宾的座位应是（　　）。
   A. 主人的左侧　　　　　　　　B. 主人的右侧
   C. 主人的对面　　　　　　　　D. 面对门的位置
2. 用西餐完毕时刀叉摆放方法应该是（　　）。
   A. 并排平行放在盘子上　　　　B. 交叉放在盘子上
   C. 随意放在桌子上　　　　　　D. 放在餐巾纸上
3. 斟茶服务中,茶水应斟（　　）,否则有厌客或逐客之嫌。
   A. 五分满　　　B. 六分满　　　C. 七分满　　　D. 八分满

二、多项选择题

1. 中式宴会席位的排列顺序原则有（　　）。
   A. 高远近低　　B. 以右为尊　　C. 高近远低　　D. 面门为上
2. 宴会进行时的服务礼仪有（　　）。
   A. 致辞、敬酒时要安静　　　　B. 餐具摆放的顺序要正确
   C. 上菜、派菜、分汤均按顺序进行　　D. 斟酒在右
3. 在西餐中,把酒分为（　　）。
   A. 餐前酒　　　B. 佐餐酒　　　C. 甜食酒　　　D. 餐后酒

三、简答题

1. 宴会有哪些分类?
2. 中式宴会和西式宴会在桌席排列上有何不同?
3. 敬酒过程中有哪些注意事项?
4. 敬茶时有哪些礼仪要求?

实 训 项 目

一、实训目的

服务人员需要直接与宾客接触,其服务态度、业务水平、操作技能均直接展示在宾客面前,其言行举止会影响宾客对酒店形象的感知。设计不同的场景,以小组为单位,将学过的宴会服务礼仪、出席宴会礼仪、进餐礼仪、酒水礼仪、茶水礼仪进行综合训练,熟悉餐饮接待的整体流程,掌握各个环节的礼仪规范。

二、实训步骤

1. 回顾各个环节的服务礼仪,提炼知识要点。
2. 以课堂小组为单位,进行对上述礼仪模拟场景的演练。
3. 项目组互评,教师综合点评,指出每个演练小组的优缺点,对不足的地方进行修正演练。

三、实训内容及评价标准

(一)宴会服务礼仪

宴会服务礼仪技能训练评价表如表 6-1 所示。

表 6-1 宴会服务礼仪技能训练评价表

实训内容	技能标准	评价结果			
		优秀	良好	合格	不合格
宴会开始前服务礼仪	(1)宴会开始之前,要做好充分的准备,包括宴请的对象、形式、请柬、菜品、酒水的拟定等; (2)安排桌次与席次; (3)宴会厅的布置、宴会摆台以及服务人员的准备工作等; (4)热情迎客,主动招呼问候,引导宾客入席				
宴会间服务礼仪	(1)主宾双方致辞时,服务人员应保持肃静,停止上菜、斟酒等活动,不能发出任何响声; (2)按服务次序上菜、派菜、分汤; (3)及时添加酒水; (4)更换骨碟,撤走不用的餐具,清理台面,保持台面清洁美观				
宴会后服务礼仪	(1)宾客离开时,主动拉椅送客; (2)及时、准确地将衣帽取递给宾客,并主动、热情地协助其穿戴; (3)收台时应认真仔细检查,发现有宾客遗留物品应及时送还				

（二）出席宴会礼仪

出席宴会礼仪技能训练评价表如表 6-2 所示。

表 6-2 出席宴会礼仪技能训练评价表

实训内容	技能标准	评价结果			
		优秀	良好	合格	不合格
宾客礼仪	（1）当收到请柬时，首先应当了解是参加哪一种类型的宴会，是中式的，还是西式的； （2）是否赴宴，予以回复； （3）接受邀请后，没有特殊的原因，不要随意变动； （4）严格守时，着装得体； （5）结束时向主人表示感谢并道别				
出席宴会礼仪	（1）入座时，应听从主人的安排，端庄就座； （2）入座时注意看清桌上的座位卡和自己的名字，不要随意乱坐； （3）如邻座是长者或女士，应主动协助他们坐下； （4）入席就座以后，首先要注意自己的姿态； （5）上菜前将餐巾轻轻展开，放在膝盖上，而不是围在脖颈上或系在胸前				

（三）进餐礼仪

宴会进餐礼仪技能训练评价表如表 6-3 所示。

表 6-3 宴会进餐礼仪技能训练评价表

实训内容	技能标准	评价结果			
		优秀	良好	合格	不合格
进餐礼仪	（1）入座后主人招呼即开始进餐； （2）讲究吃相，动作要文雅，应闭嘴细嚼慢咽，不可狼吞虎咽，不要发出声音，如汤太热，可等稍凉后再吃，不要用嘴吹； （3）不要面对其他宾客张嘴剔牙，剔牙时应该用餐巾或纸巾遮住嘴； （4）不可在餐桌前化妆、擤鼻涕、打嗝； （5）中途退席，要向主人及周边的人表示歉意后再离席； （6）当主人致辞时，应停止用餐，保持安静				

（四）酒水礼仪

酒水礼仪技能训练评价表如表 6-4 所示。

表 6-4　酒水礼仪技能训练评价表

实训内容	技能标准	评价结果			
		优秀	良好	合格	不合格
斟酒礼仪	（1）将酒瓶擦拭干净，检查酒水质量，将酒瓶上的商标正对宾主，准确敏捷开瓶； （2）持瓶姿势正确，斟酒时站位正确，操作熟练，姿势美观； （3）斟酒适量、面面俱到，切勿有挑有拣，只为个别宾客斟酒				
敬酒礼仪	（1）应在特定的时间进行，并以不影响宾客用餐为第一要义； （2）分清顺序、主次，一般以年龄大小、职位高低、宾主身份为先后顺序，年轻的敬长者，下属敬领导； （3）应篇幅短小、文辞庄重、热情、得体、大方，在他人敬酒或致辞时，其他在场者应一律停止用餐或饮酒； （4）自己的酒杯低于别人的酒杯，以表尊敬				
饮酒礼仪	（1）适量饮酒，以免失态； （2）如不能饮酒，要依礼拒酒； （3）文明饮酒，不强劝酒，不耍酒疯，不要吵闹、喧哗				

（五）茶水礼仪

茶水礼仪技能训练评价表如表 6-5 所示。

表 6-5　茶水礼仪技能训练评价表

实训内容	技能标准	评价结果			
		优秀	良好	合格	不合格
准备礼仪	（1）茶叶的准备； （2）茶具的准备：储茶器具、烹茶器具、分茶器具、奉茶器具、品饮器具、备水器具等； （3）场地的准备：环境整洁、干净，安排好座次，检查自己的妆容，以淡雅为主，注意手部清洁				
泡茶礼仪	（1）使用竹或木制的茶匙取茶，不要用手抓，若没有茶匙，可将茶筒倾斜对准壶或杯轻轻抖动，使适量的茶叶落入壶或杯中；				

续表

实训内容	技能标准	评价结果			
		优秀	良好	合格	不合格
泡茶礼仪	（2）按照茶与水的比例，选择合适的水温，将水冲入壶中，冲泡好的茶应先倒进公道杯里，然后再倒进宾客的茶杯中； （3）冲泡开始前，简要介绍冲泡茶叶的名称、文化背景、产地、品质特征、冲泡要点等； （4）泡茶时要保持身体端正，不可直接用手触碰茶叶和壶嘴等，姿势不能过大，要保持美丽优雅的姿势，不能随意乱晃，不要发出过大的碰撞声				
奉茶礼仪	（1）倒茶一般七分满，否则有厌客或逐客之嫌，茶叶以盖满杯底为宜； （2）奉茶动作规范、熟练； （3）注意奉茶的先后顺序； （4）及时为宾客续水斟茶				
敬茶礼仪	（1）如果宾客之间正在交谈，应该先说一声："打扰了。"再依次用双手把茶杯端到宾客的右前方，并且说一声："请慢用。"尽量不用一只手上茶； （2）注意敬茶先后顺序； （3）以茶待客不过三杯				
饮茶礼仪	（1）应当慢慢地一小口一小口地仔细品茶； （2）碰到漂浮在水面上的茶叶，可用茶杯盖拂去，或轻轻吹开。不可以用手从杯里捞出茶叶扔在地上，也不要吃茶叶； （3）针对不同的国家要按照各国的礼仪进行接待，提供更加准确、优质的服务； （4）准确使用伸掌礼、鞠躬礼、叩指礼、寓意礼				

拓 展 课 堂

90后姚碧：先后三次为国宴服务，成"国宴金牌服务员"

被誉为"国宴金牌服务员"的姚碧，作为一名90后服务人员，先后三次为国宴服务，还成为管理者。姚碧究竟有什么过人之处？她年纪轻轻凭什么能成为行业的"状元"？

姚碧从小学习就比较拔尖，高考时发挥也很稳定，按照她的高考成绩有很大的选择余地。在父母眼中，做一名老师，是适合她的选择。可姚碧向来都比较有主见，她真正喜欢的是酒店管理专业。姚碧与父母的意见不一，任凭父母怎么劝说也不肯更改意愿。大学四年时光匆匆而过,临毕业时同学们都在为了实习而发愁时,姚碧作为同专业学生中的佼佼者已经收到了许多份工作录取通知。

这些通知大致分为两个岗位,一个管理岗,一个服务岗,如果去名气大的星级酒店就要从最基层开始做起,如果去比较一般的酒店则可以直接担任管理人员。姚碧却接受了长沙某五星级酒店的聘请,成为一名基层的服务人员。从短期的效益来看,梦想确实与现实有不小的差距,科班出身的姚碧依旧从事最基层的服务工作,但从长远的发展来看,正是姚碧选择从基层做起,才会让她成长得更快,最后成为"国宴金牌服务员"。

2016年,中国将在杭州举办G20峰会,届时将会有许多领导以及国际贵宾出席会议。既然要准备举办峰会,肯定需要大量的服务人员,主办方第一时间就向各大酒店发出了邀请。不过这次峰会不同于其他宴会,按照级别属于国宴,参与服务的人员自然也将代表我国服务业的面貌,因此选拔要求极为严格。

到了选拔的那天,结果没有任何意外,顺利通过选拔的都是像姚碧一样从始至终认真工作的服务人员,而那些临时抱佛脚的人也毫无意外地出局。然而通过选拔还只是成为国宴服务员的第一步,接下来姚碧将和其他入围的服务人员前往杭州进行为期两个月的高强度训练。

在训练中一旦被认定不合格就会与国宴失之交臂,因为有许多候补人员虎视眈眈,姚碧也不由自主地多了些紧张。为期两个月的高强度训练让不少服务人员都苦不堪言,每天练习14个小时,几乎站到腿抽筋,但没有一个人想过退出。在所有人眼中,作为服务人员能够为国宴服务那是至高无上的荣誉,姚碧也不例外,即使训练再苦她也不觉得累。

姚碧还十分善于思考,把自己能够想到的所有突发状况都记了下来,并且想好应对之策,每天晚上都要翻看好几遍。中国自古以来就被称作"礼仪之邦",这也是中华文化的传承,因此在国宴服务中,礼仪尤为重要,每一个动作、每一个表情都要做到大方得体,展现出中国特有的文化。

2016年9月4日,G20杭州峰会正式开幕,按照之前演练过无数遍的流程,姚碧力求将每一个动作和表情都做到完美。该峰会结束后,姚碧也受到了主办方的一致好评,在整个会议过程中姚碧都感觉像梦境一样不那么真实,脑子里就只有一个念头,那就是做到最好。

有了"国宴服务员"的头衔加持后,姚碧回到她工作的五星级酒店后更是成了金牌服务人员。甚至有不少宾客在听说了姚碧的头衔后,都会指名道姓地要求她来进行服务工作。

2017年金砖国家领导人第九次会晤拟定在厦门举行,当主办方发出选拔服务人员的通知后,姚碧被第一时间推荐。不过这次会晤却发生了一个小插曲,在宴会上,一位来自南非的宾客看着眼前的菜品脸上流露出犯难的神色。姚碧捕捉到了这一个细微的表情,不动声色地凑到宾客旁边,用音量适中的声音询问宾客是否需要帮助。原来,因为饮食习惯和文化的差异,这位来自南非的宾客对菜品有一些特殊的需求,但是却不知道该怎样沟通。幸好姚碧及时出现为他解决了烦恼,宴会结束后这位宾客特地找到主办方负责人,表达了对姚碧的感谢,并对姚碧的工作水平和态度给予了高度评价。

两次服务国宴的经历让姚碧一下子成了当地服务行业名人,还被酒店提拔成为管理人员。但姚碧并没有因为这些荣誉而迷失自我,成为管理人员后她时刻以身作则,以极高的标准来要求自己的团队。2018年,上海合作组织峰会将在青岛举办,有过两次国宴服务经验的姚碧,这一次被选定成为宴会厅区域管理人员,负责对服务人员进行调度包括控制宴会服务的流程。而姚碧再一次用实际行动证明,自己"国宴金牌服务员"的称谓是实至名归,带领团队顺利保障了此次峰会的圆满进行。

姚碧同样用自身的经历证明了大家都有发光发热的机会，关键在于能否抓住机遇，这一切的前提是自身的本领过硬。在面对记者采访时，姚碧曾说道："我们代表的不仅是酒店，更是中国的服务品质。"或许正是抱着这样的想法，姚碧才能够在服务行业大放异彩，时刻以高标准来要求自己，才能够在需要时不出现一丝的纰漏。

在追逐行业"状元"梦想的道路上，姚碧接连荣获"湖南省五一劳动奖章""湖南省技术能手""湖南青年岗位能手"以及"湖南省巾帼建功标兵"。每一份奖章、每一份荣誉都是对姚碧辛勤付出的肯定，在变优秀的同时她的追求也在不断提高，据悉她的下一个目标是朝着国宴现场服务的总指挥奋斗。

拓展视频6-3

如今的姚碧在一家餐厅担任经理一职，除此之外还是多家酒店的礼仪顾问，而最为重要的是她已经成为国宴礼仪管理层的常驻人员。

回过头来再看"三百六十行，行行出状元"这句话，或许会有更深刻的理解，每一个行业都有拔尖的人才，而这些人才，都是像姚碧一样在平常就把工作做到极致，时刻保持最高的热忱，才能够成为行业里的"状元"！

资料来源：https://www.163.com/dy/article/H4TN87SU05525W0J.html（2022-04-14）[2023-05-14].（有改动）

课 后 阅 读

茶艺师服务礼仪规范

茶艺是一种文化，包括茶叶品评技法和艺术操作手段的鉴赏以及品茶美好环境的领略等整个品茶过程的美好意境，其过程体现形式和精神的相互统一，是饮茶活动过程中形成的文化现象。1999年，原国家劳动部正式将"茶艺师"列入《中华人民共和国职业分类大典》1800种职业之一，并制定《茶艺师国家职业标准》。2019年1月8日，《国家职业技能标准——茶艺师》经我国人社部批准颁布，并从公布之日起实施。茶艺师服务礼仪规范包括以下内容。

一、仪容仪态

1. 得体的服饰

服饰合体便于泡茶，款式可选择富有中国特色的服装。泡茶时一般不佩戴饰物，少数民族可佩戴民族饰品，以不影响泡茶为准。仪表整洁，举止端庄，要与环境、茶具相匹配，言谈得体，彬彬有礼，体现出内在文化素养。

2. 整齐的发型

清洁整齐，色泽自然。女士长发盘发，短发梳于脑后，不得散发。少数民族尊重其习惯。

3. 优美的手型

作为茶艺师，平时注意适时保养，随时保持手部的清洁、干净。泡茶前清水净手，不涂有香气、油性大的护手霜。指甲修剪整齐，不留长指甲，不涂有色的指甲油。

4. 姣好的面容

化淡妆，切忌浓妆艳抹。化妆品应选用无香的，以免影响茶香，破坏了宾客品茶时的感觉。

5. 优雅的举止

一个人的个性很容易从泡茶的过程中表露出来。可以借着姿态动作的修正，潜移默化调节心情。泡茶时要注意两件事：一是将各项动作组合的韵律感表现出来；二是将泡茶的动作融进与客人的交流中。

二、服务姿态

1. 茶艺师的走姿

走时脚步尽量成一条直线，上身不可摇摆扭动，以保持平衡。同时，两肩放松、下颌微收，两眼平视。行走时双臂在身体两侧自然摆动。当来到宾客面前时应稍倾身，面对宾客。离开宾客时应先退后两步，再转身离开。

2. 茶艺师的站姿

站立时需做到两腿并拢，身体挺直，两肩放松，两眼平视。女士双手虎口交叉，右手贴在左手上，并置于身前。上述动作应随和自然，避免生硬呆滞。

3. 茶艺师的坐姿

全身放松，端坐中央，使身体重心居中，保持平稳。同时，两腿并拢，上身挺直，切忌两腿分开，或一腿搁在另一腿上，不断抖动。女士双手手掌上下相搭，平放于两腿之间。

三、言谈得体

1. 表情语称为面语，目光要投向宾客，用眼神和宾客建立友善关系。

2. 微笑语是用微笑把友善的情感带给宾客，达到心灵的沟通。

3. 服务用语的语句要精练，用词要正确，语调要亲切，常用的语言如下所示。

① 您好，请进！请问您几位？坐堂还是雅间？

② 请看茶单，请问您喝什么茶？

③ 现在可以泡茶了吗？

④ 请问各位喜欢喝口味浓点的，还是淡点的？

⑤ 请慢品，如果有事，请按呼叫器。

⑥ 您慢走，欢迎再次光临。

四、喝茶的礼仪

1. 鞠躬礼：以站姿为基础，头、背与腿呈近30°的弓形，略作停顿。

2. 伸掌礼：两人相对时，伸右手掌表示；两人侧对时，左侧方伸左掌，右侧方伸右掌。

3. 寓意礼如下。

① 凤凰三点头，向宾客表示欢迎。

② 壶嘴不能正对宾客，否则表示请宾客离开。

③ 做回转斟水、斟茶、烫壶等动作时，用右手必须以逆时针方向，用左手则以顺时针方向。

资料来源：https://wenku.baidu.com/view/ab3ec5160a12a21614791711cc7931b765ce7bd3.html（2022-04-10）[2023-05-18].（有改动）

第7章

商务仪式礼仪

教学要点

知识要点	学习程度	相关知识
剪彩、开业、签字、谈判仪式的准备工作	了解	仪式的准备工作要做好人员、物品、时间以及接待环节的安排
剪彩、开业、签字、谈判仪式的程序	熟悉	仪式的程序包括开场、中间环节以及活动结束,要做好对宾客的接待工作
商务仪式中的座次礼仪	掌握	在商务场合,要遵循以右为尊的原则,根据主客双方的身份合理安排座次

技能要点

技能要点	学习程度	应用方向
剪彩仪式的程序	掌握	能够负责筹备开业典礼的剪彩活动
签字仪式的程序	掌握	能负责谈判、签字仪式现场的布置工作

导入案例

剪彩仪式的由来

剪彩仪式本是国外的商务礼仪,源于一次偶然事件。1912年,美国的圣安东尼奥的华狄密镇有一家百货商店将要开业。开张的这天一大早,老板按当地风俗,在开着的店门前横系一条布带,防止商店开张前有闲人闯入。这时,老板的10岁女儿牵着一条哈巴狗从店里匆匆跑出来,那只小狗一下子就把布条碰掉了,等在门外的顾客以为这是店主要表示开门营业,便一拥而入,争先购物,生意兴隆。不久,老板又有一个商店要开张,也按这个办法在外面拴上了布带,这次是老板有意让女儿把布带碰断,果然财运又很好。于是,这个办法也被其他百货商店纷纷采用。后来,人们用红色或彩色布带进行剪彩仪式,并用剪刀剪断,执行人由小女孩改成年轻的姑娘,后又由当地官员或社会名流所代替,人们还给这种做法正式取名为"剪彩"。时至今日,剪彩仪式已风靡全球,成为开业庆典的一种重要仪式,并约定俗成地形成了一整套礼仪规范和要求。

资料来源:https://wiki.mbalib.com/wiki/剪彩仪式 [2023-05-19].(有改动)

商务仪式是指企业为了庆祝或纪念某个重要日子、重大事件而举行的气氛热烈而又隆重的活动,如重大活动的开幕式和闭幕式、开业典礼、剪彩仪式和签字仪式等。商务仪式是企业非常重要的形象塑造和公关活动,往往能引起社会各界的关注,社会各界和媒体的介入,会在无形中扩大企业的影响力、提高企业的知名度。如果企业能够抓住这个有利时机,借助商务仪式的特点、内容、主题和活动气氛来树立企业形象,往往会收到事半功倍的效果。

本章主要介绍企业在商务活动中经常涉及的剪彩仪式、开业典礼、商务谈判仪式以及签字仪式。

7.1 剪彩仪式

尽管剪彩仪式往往也可以被单独分离出来,独立成项,但是在更多时候它是附属于开业仪式的。剪彩仪式中有诸多惯例、规则必须遵守,其具体程序也有一定的要求。剪彩仪式的礼仪,就是进行该活动的基本规范。

7.1.1 剪彩仪式物品准备

剪彩仪式的准备工作包括舆论宣传、发送请柬、场地布置、灯光与音响的准备、人员的培训等。除此之外,还应对剪彩仪式上所需使用的特殊物品,包括红色缎带、新的剪刀、白纱手套、托盘及红色地毯等,仔细地进行选择与准备。

(1)红色缎带。

红色缎带即剪彩仪式中的"彩"。作为主角,它自然受万众瞩目。按照传统做法,它应由一整匹未曾使用过的红色绸缎在中间结成几朵等距离的大红花而成。目前,很多企业或单位为了厉行节约,而代之以长度为两米左右的细窄的红色缎带、红布条、红线绳或红纸条,这也是可行的。一般来说,红色缎带上花团的具体数量与现场剪彩者的人数直接相关。按照惯例,红色缎带上的花团数量一般较现场剪彩人数多 1 个，从而可以使每位剪彩者总是处于两朵花团之间。

（2）新剪刀。

新剪刀是供剪彩者在剪彩仪式上正式剪彩时所使用的。每位现场剪彩者必须人手一把新剪刀，而且必须锋利且顺手。事先一定要检查每把剪刀是否已经开刃、好不好用。务必要确保剪彩者在正式剪彩时，可以一次成功，要避免出现一再补剪的情况。因为剪彩讲究"手起刀落"，寓意开张吉祥顺利、一帆风顺。在剪彩仪式结束后，主办方可以将每位剪彩者所使用的剪刀进行包装之后，送给对方以作纪念。

（3）白纱手套。

白纱手套是专为剪彩者准备的，以示郑重。在正式的剪彩仪式上，要保证剪彩者每人戴上一副白纱手套，而且要保证大小合适、崭新平整、洁白无瑕。

（4）托盘。

托盘在剪彩仪式上是用来盛放剪下的彩球、剪刀及白纱手套的，一般要求托盘是崭新洁净的，而且通常首选亮银色的不锈钢材质托盘。有的时候，为了显示隆重，在使用托盘的时候可以铺上红色的绸布或绒布。

（5）红色地毯。

红色地毯主要铺设在剪彩者正式剪彩时的站立之处。其长度视剪彩者人数的多少而定，宽度应在 1 米以上。在剪彩现场铺设红色地毯，主要是为了提升档次，并营造出一种喜庆的气氛。当然，视情况也可以不予铺设。

7.1.2 剪彩仪式人员准备

（1）剪彩者。

剪彩者即在剪彩仪式上持剪刀剪彩之人，在剪彩仪式上担任剪彩者是一种很高的荣誉。剪彩仪式档次的高低往往同剪彩者的身份密切相关。按照惯例，剪彩者可以是一个人，也可以是几个人，但一般人数不宜过多。剪彩者主要在应邀的宾客中产生，多由上级领导、单位负责人、合作伙伴、社会名流、客户代表或员工代表担任。按照常规，剪彩者应着装规范，仪容整齐。

若剪彩者仅为一人，则其在剪彩时居中而立即可。若剪彩者不止一人，则对剪彩者们上场时位次的安排就必须给予重视。一般排列位次的方法是中间高于两侧、右侧高于左侧、距离中间越远位次则越低。其中最重要的要求是主剪者应居于中间位置。需要说明的是，之所以规定剪彩者的位次"右侧高于左侧"，是因为它是一项国际惯例，剪彩仪式理当遵守。若剪彩仪式中并无外宾参加，则执行我国的"左侧高于右侧"的传统做法也是可行的。

（2）助剪者。

助剪者是指在剪彩者剪彩的一系列过程中从旁为其提供帮助的人员。一般而言，助剪者多由东道主一方的女职员或经过专业训练的礼仪小姐担任。

具体而言，在剪彩仪式上服务的助剪者又可以分为迎宾者、引导者、服务者、拉彩者、捧花者、托盘者。有时，亦可一人身兼数职。

对助剪者的基本要求是相貌姣好、身材修长、年轻健康、气质高雅、音色甜美、反应敏捷、机智灵活、善于交际。助剪者的最佳装束是化淡妆，盘头发，穿款式、面料、色彩统一的单色旗袍或套装，配肉色丝袜、黑色高跟皮鞋，少戴首饰。

7.1.3 剪彩仪式的程序

（1）宾客就位。

在剪彩仪式上，通常只为剪彩者、宾客和本单位的负责人安排座席。在剪彩仪式开始前五分钟，宾客便应在礼仪小姐的引领下集体入场。应事先在座位上放好席卡。一般情况下，剪彩者应就座于前排，若不止一人，则应按照剪彩时的位次顺序就座。

（2）仪式开始。

在主持人宣布仪式开始后，现场可演奏音乐或鸣放礼炮，全体到场者应热烈鼓掌。随后，主持人向全体到场者介绍到场的重要宾客。

（3）宾主发言。

发言者的顺序依次为东道主单位的代表、上级主管部门的代表、地方政府的代表、合作单位的代表以及重要宾客的代表等。发言内容应言简意赅，以每个人不超过3分钟为宜。

（4）进行剪彩。

当主持人宣布剪彩后，助剪者从两侧同时或从右侧率先登台，其中，拉彩者与捧花者应当站成一行，拉彩者应处于两端并拉直红色缎带，捧花者各自双手捧一朵花团。剪彩者登台时，引导者应在其左前方进行引导，使之各就各位。当剪彩者均已到达既定位置之后，托盘者应前行一步，到达剪彩者的右后侧，以便为其递上剪刀、手套。在正式剪彩前，剪彩者应首先向拉彩者、捧花者示意，待其有所准备后，集中精力，右手持剪刀，表情庄重地将红色缎带一刀剪断。若多名剪彩者同时剪彩，则其他剪彩者应注意主剪者动作，做到与主剪者动作协调一致，力争大家同时将红色缎带剪断；剪彩者在剪彩成功后，放置剪刀、手套于托盘之内，举手鼓掌。接下来，可依次与东道主单位的代表握手道喜，并在引导者的引导下列队退场。退场时，一般宜从右侧下台。

拓展视频
7-1

（5）后续活动。

剪彩结束后，东道主可安排一些文艺、联谊、座谈、签名、题词、就餐等后续活动，具体做法可由剪彩内容而定，最后可以向宾客赠送一些纪念性礼品，并热情欢送他们离去。

7.2 开业典礼

开业典礼是现代商务活动中各类企业（宾馆、百货商场、银行等）在成立或正式营业时，为表示庆贺或纪念，按照一定程序专门隆重举行的一种庆祝仪式。开业典礼是企业在社会公众面前的第一次亮相，基本要求就是"热烈、欢快、隆重"，所以必须周密地策划和精心地安排，从而达到宣传企业、扩大知名度、树立良好企业形象的目的。

7.2.1 开业典礼的准备

为使开业典礼顺利举行，在进行准备工作之时，首先要制定好开业典礼的活动方案，包括开业典礼的时间、地点、邀请宾客的名单、舆论宣传、布置现场、物资准备、宾客接待等。

（1）确定开业典礼的时间。

第一，要提前掌握最近天气情况，最好是选在天气晴朗阳光明媚的日子；第二，确定参加典礼的领导及宾客的行程安排；第三，要考虑到文化传统的影响，在中国，数字6、8、9相对比较吉利，如果有外宾参加开业典礼，则应避开13和星期五；第四，还要考虑不同民族的风俗习惯和传统节日的影响；第五，要考虑当地居民的生活时间，不能干扰到当地居民生活，一般是安排在上午的9点至10点最为恰当。

（2）选择开业典礼举行的地点。

选择开业典礼举行的地点，应结合企业的实际情况、开业典礼的规模和影响力来决定。开业典礼举行的场地一般设在企业的经营场所或租用大型会议场所。场地要有足够的空间，场内空间与场外空间的比例要合适，同时也要考虑交通是否便利以及停车车位是否充足等。在室外举行开业典礼时，切勿制造噪声、妨碍交通或治安等。

（3）确定邀请嘉宾名单。

① 上级领导。为了表达企业对上级领导所给予的关心、指导的感谢之情，并希望能继续得到支持，开业典礼一般都要邀请地方党政部门领导及上级主管领导。

② 社会知名人士。通过名人效应，可更好地提高本企业的知名度。

③ 商务合作伙伴。邀请合作伙伴的目的是希望彼此合作、促进行业共同发展的愿望。

④ 社区负责人、客户及员工代表。邀请社区负责人及客户代表，通过他们协调好企业与本地区的关系，让更多的人关心、支持本企业的发展。邀请员工代表的目的是增强员工的归属感，更利于企业的内部管理。

⑤ 媒体记者。媒体记者负责开业典礼的宣传与报道工作，通过宣传报道可以提高企业在社会上的知名度。

确定好宾客名单后，应印制并认真填写请柬，然后将请柬装入精美的信封，在开业典礼举行的前一周发出或由专人送达宾客手中，以便宾客早做安排。

（4）做好舆论宣传。

举办开业典礼的主要目的在于塑造企业的良好形象，因此要对开业典礼进行舆论宣传，以引起公众的注意，争取公众的接受和认可。

① 利用电视台、广播、报纸、杂志等大众媒体进行宣传。

② 运用微信、微博、抖音、小红书、搜索引擎等新媒体手段进行传播。

③ 运用自制广告页或小纪念品，向公众传播。

④ 在企业建筑物周围设置醒目的条幅、宣传画等进行宣传。

（5）布置开业典礼现场。

依据开业典礼惯例，举行开业典礼时宾主一律站立，故一般不设置座椅；为显示隆重，可在宾客尤其是贵宾站立之处铺设红色地毯，摆放绿色植物，并在醒目位置放置宾客尤其是贵宾赠送的花篮、贺匾、纪念物等；在反对铺张浪费的同时，量力而行，着力美化庆典现场的环境。为了烘托出热烈、隆重、喜庆的气氛，可在主席台悬挂写有庆祝标语的横幅，在现场四周悬挂彩旗、彩带、标语、气球等，还可以准备礼炮、鼓乐、和平鸽等烘托渲染气氛，但要注意适度，尤其不能违反城市管理规定和有关公共秩序。

（6）物资准备。

① 音响设备。在举行开业典礼之前，要调试好音响设备，麦克风音量、音质要合适，同时，也要准备好经过精心挑选的背景音乐。同时，要配备小型发电机，防止临时停电。

② 赠送礼品。赠送宾客的礼品，要价值得当，同时具备宣传性、纪念性、价值性和实用性。最好在购买的礼品外包装上印上本企业的标识、产品图案及广告用语。

③ 交通工具准备。主要用于接送宾客和运送货物等。

④ 就餐准备。统计好到会的人数，安排好就餐的座次，准备好就餐用具及食物等。可由本企业食堂负责或在酒店包场。

（7）宾客接待安排。

安排专门的礼宾人员或由企业领导亲自在举行开业典礼仪式的现场迎接、引领陪同或送别宾客；要设置专门的接待室，以便仪式正式开始前让宾客休息、交谈，要有专人引导签到、留言；专人负责后勤保障，包括茶水供应、纪念品发放、现场秩序维护和安保工作等。

在准备工作中，还要注意落实好有关具体细微的事宜，协调好各方面的关系，因为任何一个环节的具体工作出了差错，都会影响开业典礼的整体效果。比如，请柬是否及时发放并收到反馈；开幕词、致贺词等资料准备是否落实；剪彩仪式所需的彩带、剪刀、手套、托盘等是否到位；工作人员服装是否统一；留作纪念或用以宣传的礼品、画册、优惠卡、贵宾卡是否已备齐；工作人员佩戴的标识，宾客的胸花、饮品、礼物，以及迎宾车辆是否都已经安排妥当等。

应用案例 7-1

送给外方人士的礼品定位五项原则

一、突出礼品的纪念性

向外方赠送的礼品，不论获赠对象是集体还是个人，均应注重其纪念性。换句话来说，就是不应过分突出其价格，不宜以价格昂贵见长，而是应当强调其纪念意义。须知，在不少国家，在官方活动中向个人或组织赠送价格高昂的礼品都是不受欢迎的。搞得不好，还有贿赂之嫌，甚至为此而触犯法律。服务人员必须谨记，在与外方的新朋旧友们打交道时，没有必要次次送礼、回回大礼。即便有必要向对方赠送礼品，也要讲究"礼轻情义重"。有时，送给外方人士一本画册、一套明信片、一张照片、一枚纪念章，亦会受到对方欢迎。

二、明确礼品的对象性

礼品的对象性体现于具体操作之中，主要是要求服务人员在选择礼品时，必须注意因人而异、因事而异。所谓因人而异，是指选择礼品时应对不同的对象给予不同的对待，切忌千篇一律。例如，日本人对中国的抽纱手帕十分欣赏，但若将它送给意大利人则会被认为十分晦气。所谓因事而异，则是指对礼品的选择应根据具体场合的不同而有所变化。例如，用于国务活动的礼品与用于私人拜访的礼品，就绝对不宜相同。

三、体现礼品的民族性

在外方人士眼里，最具有中华民族传统特色的东西，往往才是最好的、最受欢迎的东西。诸如唐装、布鞋、手炉、剪纸、窗花、字画、图章、玉佩、筷子、二胡、笛子、空竹、铁环、风筝、中国结、油纸伞、生肖挂件等，都深受外方人士的喜爱。

四、关注礼品的时效性

礼品的时效性，是指有些礼品只有在一定的时间段内才会"大放异彩"，产生其应有的效果。例如，倘若在 2008 年北京奥运会举办前夕和举办期间，我方人员向外方人士赠送印有此次奥运会的奥运标志或吉祥物的礼品，必定大受欢迎。倘若在此之后数年仍然以之送人，则除专业收藏者定会对此兴趣锐减。

五、重视礼品的便携性

一般情况下，在为外方人士尤其是远道而来的外方人士选择礼品时，除须考虑以上几点，还须兼顾其便携性问题。至少，不应赠送易于损坏或是会为对方平添不必要麻烦的礼品。以民间工艺精制的陶瓷、玻璃制品或巨型图画、雕塑、屏风、摆件等，因其易破、易碎、不耐碰撞挤压，或者体积庞大、笨重，通常都不宜贸然赠予外方人士。鉴于绝大多数国家对人们出入境时所携带的烟、酒的具体数量限制甚严，故亦不宜以此类物品送给外方人士。

资料来源：金正昆. 接待礼仪[M]. 北京：中国人民大学出版社，2015.（有改动）

7.2.2 开业典礼的程序

（1）典礼开始。邀请宾客就位，主持人宣布典礼开始，全体起立，奏国歌。必要时，亦可在奏国歌之后演唱企业或本次活动的歌曲，然后宣读重要宾客名单。

（2）致欢迎词及致贺词。主办方企业负责人致欢迎词，简要介绍企业的主要经营特色和经营目标等，并向宾客及祝贺单位表示感谢；由上级领导和宾客代表先后致贺词，主要表达对主办方的祝贺并寄予厚望。

（3）揭牌或剪彩（剪彩仪式的具体做法参照"7.1 剪彩仪式"礼仪）。由上级主要领导、宾客代表及主办方企业负责人揭去盖在牌匾上的红布，宣告企业正式成立。参加典礼的全体人员鼓掌祝贺。

（4）余兴节目。揭牌或剪彩完毕，可助以歌舞表演等余兴节目，并播放热烈、喜庆的音乐，条件允许的情况下可燃放礼花、礼炮，以增添喜庆气氛。余兴节目最好由企业的内部人员组织进行，有助于增强其主人翁意识和自豪感。

（5）宾客参观。由主办方企业负责人及相关人员引导宾客参观，边陪同参观边为宾客介绍本企业的主要设施、特色产品以及企业文化等，让宾客进一步了解企业，从而达到更好的宣传效果。

（6）典礼结束。根据宾客情况，可安排宾客就餐、参加舞会、座谈及观看文艺表演等。

7.2.3 开业典礼人员礼仪

1. 开业典礼组织者礼仪

（1）仪容整洁，着装规范。所有出席和参加开业典礼的主办方人员，都应进行适当的修饰，女士要适当化淡妆，男士刮净胡须、梳好发型。有统一式样制服的主办方人员最好统一着装；无统一制服的主办方，应规定出席开业典礼的人员必须穿正装：男士应该穿西装打领带；女士应该穿套装或套裙搭配高跟鞋。

（2）遵守时间，准备充分。出席开业典礼的人员应严格遵守时间，不得迟到、无故缺席或中途退场。开业典礼应该准时开始并准时结束，以行动证明企业是言而有信的。

（3）举止文明，态度友好。出席开业典礼的所有人员都应该注意自己的言行举止，不可在开业典礼进行过程中玩手机、聊天或做其他与开业典礼无关的事情，不能嬉戏打闹、东张西望，也不能垂头丧气、心不在焉。在举行开业典礼的整个过程中，都要表情庄重，全神贯注。遇到宾客应该主动热情，对宾客的提问应该积极友善地答复。宾客发表贺词后，应主动鼓掌表示感谢，不能随意打断宾客的讲话或向其提出具有挑衅性质的问题等。

2. 开业典礼来宾礼仪

（1）仪表得体。宾客应邀参加开业典礼之前，要修饰仪容，规范着装。

（2）准时到场。对于应邀参加开业典礼的宾客来说，为表示对主办方的尊重，应准时到场，不要出现迟到的现象。一般情况下可以提前 10 分钟至 30 分钟到场。如果有特殊情况不能到场，则应尽早通知主办方。

（3）赠送贺礼。应邀参加开业典礼，按常规赠送花篮、牌匾、楹联等贺礼，并写明祝贺对象、祝贺缘由、贺词及祝贺单位。见到主办方负责人及相关人员时应主动表示祝贺。

（4）举止得体。在开业典礼过程中，要面带微笑，温和、谦恭、庄重。宾主相见，宾客应主动向主办方表示祝贺。对来自其他单位的宾客代表也应主动打招呼，相互结识，不要只顾和主办方人员说话，无视他人的存在。

（5）礼貌告辞。当开业典礼结束时，宾客在离开时应主动与主办方负责人、典礼主持人及相关人员等握手告别，并致谢。切不可匆匆离开，或不辞而别。如遇紧急情况必须离开时，应向主办方负责人说明原因，并致歉。

7.3 商务谈判礼仪

商务谈判也称商务洽谈，是指业务双方为协调彼此的关系，满足各自的需求，通过协商对话以争取达到意见一致的行为和过程。商务谈判礼仪既是一门学问，又是一门艺术。优秀的商务谈判人员，不仅要精通专业知识，掌握社会学、心理学、语言学等方面的知识，还要通晓礼仪知识，这样才能在谈判中得心应手，应对自如。

7.3.1 商务谈判人员的礼仪

参加谈判时，商务谈判人员一定要讲究自己的穿着打扮，重视仪容。要想获得理想的谈判结果，必须重视谈判细节。

1．仪容整洁

参加谈判前，应认真修饰个人仪容，保持面容整洁，口气清新。发型、化妆应正式，不应该为了追求时尚美而标新立异。一般情况下，头发不宜染成彩色。

2．规范着装

主谈判人员要穿着与自己的年龄、身份、地位相符合的服饰，服饰要整洁、挺括、大方。男士外装宜深色，以西装套装和中山装为主，全身上下不应有过多的装饰物；女士佩戴首饰时应酌情，应符合身份、善于搭配、以少为佳。

3．保持风度

在整个谈判进行期间，每一位商务谈判人员都应当自觉保持风度。商务谈判人员的风度体现在其言谈举止和在谈判桌上的素质表现上。谈判开始，客方人员到场时，主方人员应主动与其握手，注意握手的方式、时间和表情，国际礼仪中一般是伸出右手握住对方的右手，一般以3~5秒为宜，面带微笑。握手后商务谈判人员应从椅子的左边入座，坐下后，身体应尽量保持端正，离别时，应把主动握手的机会给客方人员，以表示尊重和敬意。两脚平行放好。坐在椅子上后转动身体或将腿向前伸或向后靠，都是违反礼仪的表现。

4．尊重对方

尊重对方就是要对对方真诚、礼貌、尊重。在谈判过程中，不管发生什么事情，始终坚持尊重对方，无疑能给对方留下良好的印象，而且在今后进一步的商务交往中，还能发挥潜移默化的功效，换得对方与己方的真诚合作。

5．遵守时间

商务谈判人员要遵守谈判时间，一般适当提前 5～10 分钟到达谈判地点，以尽快适应环境为宜。

7.3.2　商务谈判的原则

1．依法办事

所谓在商务谈判中应当依法办事，是要求商务谈判人员自觉树立法治意识，在谈判的整个过程中提倡法律至尊。商务谈判人员所进行的一切活动，都必须遵守国家的法律法规，唯有如此，才能确保通过谈判获得既得利益。在商务谈判中，利益是各方关注的核心。对任何一方来说，讲究的都是"趋利避害"。在不得已的情况下，则会"两利相权取其重，两害相权取其轻"。虽则如此，商务谈判人员在谈判会上，既要为利益而争，更需谨记依法办事。假若在谈判中搞"人情公关"，向对方施以小恩小惠，则是非常不可取的。因为人情归人情，生意归生意，任何有经验的商务谈判人员，都不会在谈判桌上让情感战胜理智。

2．礼敬对方

商务谈判中，礼敬对方要求商务谈判人员在谈判过程中排除一切干扰，始终如一地对自己的谈判对象讲究礼貌，时时、处处、事事表现出对对方不失真诚的敬意。调查结果表明，在谈判过程中，能够面带微笑、态度友好、语言文明礼貌、举止彬彬有礼的人，有助于消除对方的反感、漠视和抵触心理，赢得对方的尊重与好感。与此相反，假如在谈判的过程中，举止粗鲁、态度刁蛮、表情冷漠、语言失礼，不尊重和体谅对方，则会大大加强对方的防卫性和攻击性，无形之中伤害或得罪对方，为自己增添了阻力和障碍。

3．平等协商

谈判实际上是观点各异的各方经过种种努力，在合理合法的情况下进行讨价还价，从而达成某种程度上的共识或一致的过程。因此，谈判只能在有关各方之间的平等协商中进行。离开了平等协商，谈判的结果便难以设想。平等协商应注意两个方面的问题。一方面，要求谈判各方在地位上要平等一致、相互尊重，不允许仗势压人、以大欺小。如果在谈判一开始，有关各方在地位上便不平等，那么就很难达成让各方心悦诚服的谈判结果。另一方面，则是要求谈判各方在谈判中要通过协商，即相互商量取得共识，而不是通过强制、欺骗来达成一致。

4．求同存异

在任何一次正常的谈判中，都没有绝对的胜利者和绝对的失败者。相反，有关各方通过谈判，多多少少都能获得利益或维护自身的利益。也就是说，各方都在某种程度上达到了妥协，彼此都"山重水复疑无路，柳暗花明又一村"。有经验的商务谈判人员都清楚，有关各方既然同意坐下来进行谈判，那么在谈判桌上，就绝对不可以坚持"一口价"、一成不变、一意孤行，否则就是作茧自缚、自欺欺人。在谈判时，妥协是通过有关各方的相互让步来实现的。所谓相互让步，即有关各方均有所退让。在谈判会上所达成的妥协，对当事的有关各方只要公平、合理、自愿，只要尽最大努力维护或争取了各自的利益，就是可以接受的。

5．互惠互利

一场商务谈判最圆满的结局，应当是谈判的所有参与方都能各取所需，都取得了一定的成功，获得了更大的利益。也就是说，商务谈判首先讲究的是利益均沾、共同胜利。商务谈判人员在参加谈判会时，必须争取的结局应当是既利己、又利人。现代的商界社会，既要讲竞争又要讲合作。自己所获得的利益不应当建立在有害对方或伙伴的基础上，而是应当彼此两利。对于这种商界的公德，商务谈判人员在谈判中务必应当遵循。

7.3.3 商务谈判的过程

主场谈判、客场谈判在礼仪上习惯称为主座谈判和客座谈判。主座谈判因在主方所在地进行，为确保谈判顺利进行，主方通常需做一系列准备和接待工作；客座谈判因到对方所在地谈判，则需入乡随俗、客随主便。

1．主座谈判的接待准备

（1）成立接待小组。

接待一般是由主方的行政办公室负责，涉外谈判还应备有翻译。

（2）了解客方基本情况，收集有关信息。

可向客方索要谈判代表团成员的名单，了解其姓名、性别、职务、级别及一行人数，以此作为确定接待规格和食宿安排的依据；还需了解客方对谈判的目的要求、食宿标准、参观访问、观光游览的愿望；掌握客方抵离的具体时间、地点、交通方式，以安排迎送的车辆和人员及预订、预购返程车船票或飞机票。

（3）拟订接待方案。

根据客方的意图、情况和主方的实际情况，拟订出接待计划和日程安排表。还要将其他的活动内容项目及具体时间一一拟出，如迎送、会见、宴请、游览观光和娱乐等。

日程安排表拟出后，可发送给客方征询意见。待客方无异议以后，即可打印。如是涉外谈判，则要将日程安排表译成客方文字，以便于双方沟通。

根据接待方案，具体安排、落实客方的食宿行等方面的事项。在食宿安排中，应充分注意客方的文化、风俗和特殊习惯，特别是对一些有特殊禁忌的人员要十分尊重。

（4）做好迎送工作。

如客方是远道而来的，主方要在客方到达前 30 分钟赶到机场、码头或车站，接站时为方便双方确认，最好举个小牌，牌子上可以写上"某某公司欢迎您"的字样。对于客方身份特殊或尊贵的领导，还可以安排献花。花必须用鲜花，可以扎成花束、编成花环，同时要考虑客方的礼仪禁忌，不能用寓意不好的花。献花通常由年轻女职员在参加迎送的主要领导人与客方主要领导人握手后，将鲜花献上。

主方迎接人员可以按身份职位的高低顺序列队迎接，并由主方领导先将前来迎接的人员介绍给客方人员，再由客方领导介绍其随行人员，双方人员互相握手致意、问候寒暄。客方抵达或离开时，主方应有迎送人员陪同乘车，关照好客方人员和行李的安全。主方陪同乘车，应该请客方主要领导坐在其右侧。

2．客座谈判的礼仪

客座谈判时，需要谨记的是"入乡随俗、客随主便"，主动配合主方的接待，对一些非原则性问题采取宽容的态度，以保证谈判的顺利进行。谈判期间，对主方安排的各项活动要准时参加，通常应在约定时间的 15 分钟左右到达约定地点。到主方驻地进行公务拜访或私人访问时要先预约，不做不速之客。对主方的接待，在适当的时间以适当的方式表示感谢。

7.4 签字仪式

签字仪式通常是指订立合同、协议的各方在合同、协议正式签署时所正式举行的仪式。企业之间通过商务谈判，就某项商务活动达成协议时，一般都要举行签字仪式。举行签字仪式不仅是对商务谈判成果公开化、固定化的体现，而且也是有关各方对自己履行合同、协议所做出的一种正式承诺。

7.4.1 签字仪式的准备工作

拓展视频 7-2

1．确定参加人员

参加签字仪式的人员基本上应是双方参加商务谈判的全体人员。一般礼貌的做法是出席签字仪式的双方人数大体相等，级别一般也是对等的。有时为表示对本次商务谈判的重视或对商务谈判结果的庆贺，双方更高一级的领导也可出面参加签字仪式。

2．准备协议文本

商务谈判结束后，双方应组织专业人员按商务谈判达成的协议做好文本的定稿、翻译、校对、印刷、装订、盖火漆印或单位公章等。作为主方，应为协议文本的准备工作提供准确、周到、快速的服务。

3．选择签字仪式场所

签字仪式举行的场所一般视参加签字仪式的人员级别、人数，以及协议中的商务内容的重要程度等因素来确定。多数是选择客方所住的酒店，或者主方的会客厅、洽谈室作为签字仪式的场所。有时为了扩大影响，也可商定在某个新闻发布中心或著名会议、会客场所举行。

4．布置签字仪式的会场

签字仪式的会场布置有两个方面的内容，一是签字仪式会场的装饰，二是签字仪式的座次礼仪。

（1）签字仪式会场的装饰。

签字仪式的会场要庄严、整洁、清净；室内应铺设地毯，一般正规的签字桌都是长方形的，桌面铺设暗红色的绒布，桌后放两把或多把椅子，供双方签字人员入席就座；签字桌上，应事先放好待签的合同文本以及签字笔、吸墨器等签字时所用的文具；需要在签字仪式会场布置双方国旗或标志的，应遵循礼宾序列。

（2）签字仪式的座次礼仪。

双边合同的座次，一般由主方代为安排。主方安排时，应按照国际礼宾序列，注意以右为尊、为上，即将客方主签人安排在签字桌右侧就座，主方主签人在左侧就座，各自的助签人在其外助签，其余人员在各自主签人的身后列队站立。站立时，各方人员按职位高低由中间向边上依次排列。

7.4.2 签字仪式的程序

1. 宣布签字仪式正式开始

各方人员步入签字厅，在各自既定的位置上各就其位。双方主签人同时入座，助签人在其外侧协助打开协议文本和笔。

2. 正式签署协议文本

通常的做法是首先签署应由己方所保存的文本，然后再签署应由他方所保存的文本。依照礼仪规范，每一位主签人在己方所保留的文本上签字时，应当名列首位。因此，每一位主签人均需首先签署将由己方所保存的文本，然后再交由他方主签人签署。此种做法，通常称为"轮换制"。它的含义是在文本签名的具体排列顺序上，应轮流使有关各方均有机会居于首位一次，以示各方完全平等。

3. 交换各方已经签好的协议文本

各方主签人起身离座至桌子中间，正式交换各自签好的协议文本，同时热烈握手，互相祝贺，并互换签字用笔，以作纪念。其他人员则热烈鼓掌，以示祝贺。

4. 饮香槟酒庆祝

交换协议文本后，全体人员可合影留念，服务人员及时送上倒好的香槟酒。各方人员相互碰杯庆祝，当场干杯，将气氛推向高潮。这是国际上所通行的增加签字仪式喜庆色彩的一种常规性做法。

■ 应用案例 7-2

签字仪式的座次排列

从礼仪上来讲，举行签字仪式时，一定要郑重其事。其中最为引人注目的，当属举行签字仪式时座次的排列问题，它能直接体现出对签字各方的礼遇，不可有怠慢之嫌，应突出签字各方的平等地位。一般而言，通常有以下几种设置和排位方式。

（1）在签字厅内设置一张长条桌作为签字桌，桌后为签字人员准备两把或多把座椅。注意按照国际惯例排位方式为主左客右。如果是涉外签字仪式，还应在签字桌中央摆放一个旗架，上面悬挂或插摆签字双方的国旗，其余参加签字仪式的人员依身份站于自己一方签字人座位的后面。在我国，签字仪式多采用这种形式，如图7.1所示。

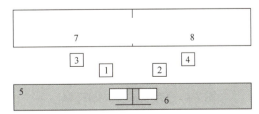

1—客方签字人；2—主方签字人；3—客方助签人；4—主方助签人；5—签字桌；
6—双方国旗；7—客方参加签字仪式的人员；8—主方参加签字仪式的人员

图 7.1 签字仪式座次排列（1）

（2）在签字厅内设置一张长条桌作为签字桌，桌后为签字人员准备两把或多把座椅。按照国际惯例，排位方式为主左客右。与第一种方式不同的是，双方的国旗分别悬挂在各自签字人员座位后面，其余参加签字仪式的人员依身份分坐于自己一方签字人的对面，如图7.2所示。

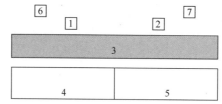

1—客方签字人；2—主方签字人；3—签字桌；4—客方参加签字仪式的人员；
5—主方参加签字仪式的人员；6—客方国旗；7—主方国旗

图 7.2　签字仪式座次排列（2）

（3）签字厅内设两张或多张桌子作为签字桌，按照国际惯例，排位方式为主左客右，双方签字人各坐一桌，小国旗分别悬挂在各自的签字桌上。参加签字仪式的人员依顺序分坐于自己一方签字人的对面，如图7.3所示。

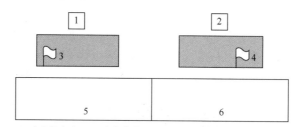

1—客方签字人；2—主方签字人；3—客方国旗；4—主方国旗；
5—客方参加签字仪式的人员；6—主方参加签字仪式的人员

图 7.3　签字仪式座次排列（3）

（4）多边签字时，只签1份正本。签字人员的座次按国家英文名称首字母顺序排列。排在最前的国家居中，之后按顺序先右后左向两边排开。参加人员按身份高低从前向后就座，如图7.4所示。

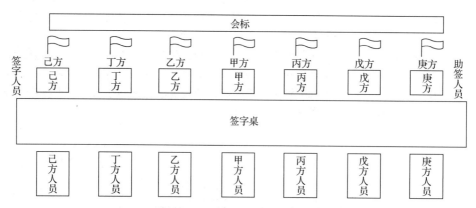

图 7.4　签字仪式座次排序（4）

资料来源：孙金明，王春凤. 商务礼仪实务（附微课视频）[M]. 北京：人民邮电出版社，2019.（有改动）

本章小结

商务仪式是指企业为了庆祝或纪念某个重要日子、重大事件而举行的气氛热烈而又隆重的活动。本章着重介绍了剪彩仪式、开业典礼仪式、商务谈判仪式、签字仪式等四种情境所需要掌握的礼仪。通过学习，使服务人员熟悉商务仪式的准备工作、基本程序和礼仪规范，能够筹备商务仪式，熟悉商务仪式流程，布置仪式现场，从而更好地提高服务质量。

复习思考题

一、判断题

1．剪彩者主要在应邀的宾客中产生，多由上级领导、单位负责人、合作伙伴、社会名流、客户代表或员工代表担任。（　　）

2．对剪彩者们上场时位次的安排必须给予重视。一般排列位次的方法是中间高于两侧、右侧高于左侧、距离中间愈远位次愈低。若剪彩仪式无外宾参加时，执行我国的"左侧高于右侧"的传统做法也是可行的。（　　）

3．开业典礼是企业在社会公众面前的第一次亮相，基本要求就是"热烈、欢快、隆重"，所以应该把典礼的现场装饰得更加奢华。（　　）

4．开业典礼上赠予宾客的礼品，要价值得当，同时具备宣传性、纪念性、价值性和实用性。（　　）

5．商务谈判中女士佩戴首饰时应符合身份、善于搭配、以少为佳。（　　）

6．商务谈判客方人员到场时，主方人员应主动与其握手，面带微笑。离别时，也应主动和客方人员握手。（　　）

7．签字仪式的会场要庄严、整洁、清净；室内应铺设地毯，一般正规的签字桌都是长方形的。（　　）

二、简答题

1．剪彩仪式的程序包括哪些？
2．开业典礼的准备工作包括哪些内容？
3．商务谈判人员应遵守哪些礼仪规范？
4．签字仪式的准备工作包括哪些内容？

实训项目

一、开业典礼及剪彩仪式模拟训练
1．训练目的
（1）掌握开业典礼及剪彩仪式的准备工作及程序。

(2)能够制定开业典礼方案。

2. 分组安排

10～15人一组,模拟出席开业典礼及剪彩仪式的工作人员及到场宾客。

3. 训练步骤

(1)学生提前制定开业典礼策划方案,由教师指导和评价,通过后按方案进行模拟。

(2)学生按分组模拟,教师和其他学生进行评价和打分。

4. 训练评价

(1)教师点评。

(2)小组互评。

(3)技能训练评价表如表7-1所示。

表7-1 开业典礼及剪彩仪式礼仪技能训练评价表

考评对象					
考评地点					
考评内容	开业典礼及剪彩仪式礼仪				
考评标准	内容	分值/分	教师评价/分	小组评议/分	实际得分/分
	开业典礼及剪彩程序安排	30			
	参加人员仪容仪表	25			
	参加人员礼貌礼节	25			
	位次礼仪	20			
	合计	100			

注:实际得分=教师评价×60%+小组评议×40%。

二、商务谈判及签字仪式模拟训练

1. 训练目的

(1)掌握商务谈判及签字仪式准备工作及程序。

(2)掌握签字仪式座次安排。

2. 分组安排

8～10人一组,模拟商务谈判及签字活动。

3. 训练步骤

(1)学生提前设定谈判背景,制定模拟方案,由教师指导和评价,通过后按方案进行模拟。

(2)学生按分组模拟,教师和其他同学进行评价和打分。

4. 训练评价

(1)教师点评。

(2)小组互评。

(3)技能训练评价表如表7-2所示。

表 7-2　商务谈判及签字仪式礼仪技能训练评价表

考评对象					
考评地点					
考评内容	商务谈判及签字仪式礼仪				
考评标准	内容	分值/分	教师评价/分	小组评议/分	实际得分/分
考评标准	商务谈判及签字仪式流程	30			
考评标准	参加人员仪容仪表	20			
考评标准	参加人员礼貌礼节	20			
考评标准	签字仪式座次礼仪	30			
考评标准	合计	100			

注：实际得分=教师评价×60%+小组评议×40%。

拓 展 课 堂

大学教育不可缺少仪式感

当代大学仪式通过重演历史传统，使学生重新体验文化情景，并在原有的理解程度上升华文化记忆，将过去的文化记忆通过仪式传递给学生，最终实现文化传承、文化认同、文化自觉和文化自信。

走红地毯、穿学位服、拨流苏、拍合影，等等，这些在当代大学里越来越"抢眼"的人文景观，启示着仪式的重要性。仪式是依据一定的文化传统将具有象征意义的行为集中起来的特定操演，由场域、程序、道义和体验等构成。仪式之于人的教育功能集中体现在仪式所产生的仪式感。没有仪式感，生命就不庄严，内心也不宁静。大学应该重视仪式感的渲染和营造，发挥仪式在文化传承、价值塑造和政治认同中的特殊作用。

文化传承教育需要仪式感

仪式是重要的文化载体，是实践和行动的文化。任何民族都有自己独特的仪式，而这些仪式无不彰显着本民族独特的文化内涵。中国作为礼仪之邦，有着丰富的仪式教育思想与实践。历史学家钱穆认为，礼是中华文化的核心。当代大学仪式通过回顾历史传统，使学生重新体验文化情景，并在原有理解程度上升华文化记忆，将过去的文化记忆通过仪式传递给学生，最终实现文化传承、文化认同、文化自觉和文化自信。大学里的"庆典仪式""纪念仪式"等，是古代礼仪文化在当代的体现与发展，其精神内核就是强化学生对中华文化的认同与自信。有了仪式，大学就有了根基，就有了文化传承的载体。仪式为大学生提供了一个与传统对话的平台，大学生在仪式中直观感受到中华文化的生命力、凝聚力和感染力，在潜移默化中接受传统道德、思维方式、审美情趣教育，从而唤起对中华文化的认同感、归属感和自豪感。

大学传统文化教育在很大程度上依赖于具有"言传身教"性质的实践记忆。而大学里的各种仪式正是具有这一特性的实践活动，是大学特殊的文化场域。因此，大学应深入挖掘中华礼仪教育宝藏，让中华优秀传统文化在时代精神的激励下焕发新的活力。

纪念仪式是民族文化的集中展示，是实现文化传承的重要手段。大学纪念仪式通常以历史人物、文化事件、建校周年等为标志，以缅怀先贤功绩、传播文化思想、传承大学精神为宗旨，将学生置于一个生动活泼或庄重严肃的文化情境中加以熏陶。在大学仪式氛围的渲染下，学生容易集中精力做出仪式所规定的行为，强化心灵归属感。

价值认同教育需要仪式感

仪式是承载一定价值观的程式化活动。大学仪式可以通过特定的形象化情景，将抽象的价值观变得可见、可听、可触，帮助学生真正从情感上实现价值认同，并且内化为自己的价值观念。

大学仪式具有价值导向功能，能够向学生传递一种精神、一种信仰、一种价值，这正是仪式象征性的体现。仪式能深层次揭示价值之所在，学生在仪式中所感悟到的，正是他们最为感动的东西。同时，学生能够接受并认同在校园文化氛围和框架内进行的仪式，进而也就易于认同和接受仪式背后蕴含的更为深刻的价值观念。因此，大学仪式传递着特定的价值观，对置身于仪式中的学生具有价值导向作用，从而引导学生塑造正确的价值观。

仪式是向学生传递大学核心价值观最适宜的载体。大学仪式已成为将大学核心价值观转化为具象化、系统化仪式体系的重要载体。当下高校越来越重视毕业典礼，努力通过走红地毯、穿学位服、授证书、拨流苏、拍合影等程序，抓住时机向学生传递大学办学宗旨和核心价值。仪式以浓缩的方式将大学的核心价值观投射给学生，在庄严的仪式氛围中，一种平时不易调动的、深藏于心的价值认同油然而生，那种不能被直接感知并描述的潜在价值观被唤醒，体现了学生对大学办学目标、价值观念、行为标准、道德规范的认同，进而形成强大的向心力和凝聚力。因此，我们不能生硬地将大学仪式从大学核心价值观中剥离出来，而是应该让大学仪式成为大学核心价值观的守护神。

在我国全面深化改革的背景下，国家、社会、个人都处于日新月异的变化之中，萌发社会主义核心价值观的需求点也随之增多。大学仪式就是其中一个重要节点。因此，我们需要以大学仪式为载体，充分把握和利用仪式与社会主义核心价值观教育的内在契合点，将社会主义核心价值观通过仪式渗透到大学教育的方方面面。

资料来源：http://www.moe.gov.cn/jyb_xwfb/moe_2082/zl_2017n/2017_zl68/201711/t20171130_320287.html（2017-11-30）[2023-10-08]。（有改动）

课 后 阅 读

服务签字仪式的流程

国家间通过谈判，就政治、军事、经济、科技、文化等某一领域内的相互关系缔结条约、协定或公约。达成一致时，双方互签互换协议文本举行的仪式，称为签字仪式。国内各省、自治区、直辖市间党政或其他机构的领导就双方或多方在某一领域内达成一致，互签互换协议文本举行的仪式，同样可称为签字仪式。

我国与其他国家签订的协议书，一般是中外两种文字的文本，一式两份，具有同等效力。签字后由双方各保留一份备考。出席签字的人一般视文件的性质由缔约各方确定，有国家领导人签的，也有政府有关部门负责人签的，但双方签字人的身份大体相当。

（一）服务规程

宾客到达后，主办方领导及出席人员迎上前握手，然后陪同步入签字大厅。服务人员要主动上前为签字人员拉椅请其就座。这时双方代表分别站在各自签字人员的身后。开始签字时，前台服务人员站在签字桌两头等候，准备签字后撤椅子。如遇高级的签字仪式，服务人员要速将香槟酒开启，倒入香槟杯内（约6~7分满），端入签字大厅，分别站在签字台两侧约3米处，准备上酒。

涉外签字一般有两种文本，当签字人员在一种文本上签完后，由双方助签人员交换文本，当交换的文本签完后，双方签字代表站起来正式交换，互相握手时由两名服务人员上前迅速将签字椅撤除。随后，托端着香槟酒的服务人员立即跟上，分别将酒端至双方签字人员面前，请其端取，接着从桌后站立者的中间处开始向两边依次分送。在宾主举杯祝贺并干杯后，服务人员要立即上前用托盘接收酒杯，引导签字人员退席。

（二）服务要点

1. 情况要明

一次签字仪式一般签订一项协议，但也有在签字仪式上同时有几项协议的签字文本，需要双方有关部门的代表分别在几项协定上签字，服务人员必须事前了解清楚该次签字仪式有几项协议的签字文本，在最后一次签字后双方交换协议文本时，服务人员要及时撤椅子、上酒。如果情况不明，当第一项协定签署后，服务人员就上前撤椅子、上酒，那就失礼了。

2. 动作要快

操作要迅速及时，灵活机动，撤椅子要适时，快而稳。把椅子撤放在不影响宾客的适当位置。上酒要及时，不要碰着客人，不要碰洒酒杯、酒水。

资料来源：https://www.sohu.com/a/336971735_120164485（2019-09-05）[2023-05-20].（有改动）

第8章 旅游酒店服务礼仪

教学要点

知识要点	学习程度	相关知识
酒店主要岗位	了解	酒店前厅部、客房部、餐厅及康乐部等部门的岗位设置
酒店不同岗位的服务技能和礼仪要点	掌握	了解酒店不同岗位的服务要求,掌握具体对客服务中的礼貌、礼节,熟练运用常规服务礼仪和个性化服务礼仪
不同岗位的服务禁忌	掌握	服务礼仪在酒店不同岗位有不同的侧重点,把握好对客服务技巧的同时,更要掌握不同国家、地区、民族、年龄和性别的客人的服务禁忌

技能要点

技能要点	学习程度	应用方向
酒店不同岗位的礼仪要求和禁忌	熟悉	酒店不同岗位的对客服务

泰国曼谷文华东方酒店的问候服务

泰国曼谷文华东方酒店堪称亚洲酒店之最,几乎天天客满,不提前一个月预订是很难有入住机会的。泰国在亚洲算不上特别发达,但为什么会有如此优秀的酒店呢?他们靠的是真功夫,是非同寻常的客户服务(图8.1),也就是现在经常提到的客户关系管理。

他们的客户服务到底好到什么程度呢?我们不妨通过一个实例来看一下。

于先生因公务经常出差泰国,并下榻泰国曼谷文华东方酒店,第一次入住时良好的酒店环境和服务就给他留下了深刻的印象,当他第二次入住时几个细节更使他对该酒店的好感迅速升级。

有一天早上,在于先生走出房门准备去餐厅的时候,楼层服务生恭敬地问道:"于先生是要用早餐吗?"于先生很奇怪,反问:"你怎么知道我姓于?"楼层服务生说:"我们酒店规定,晚上要背熟所有客人的姓名。"这令于先生大吃一惊,因为他频繁往返于世界各地,入住过无数高档酒店,但这种情况还是第一次碰到。

图8.1 泰国曼谷文华东方酒店优雅的客户服务

于先生高兴地乘电梯下到餐厅所在的楼层,刚刚走出电梯门,餐厅的服务生就说:"于先生,里面请!"于先生更加疑惑,因为餐厅的服务生并没有看到他的房卡,就问:"你知道我姓于?"该服务生答:"上面的电话刚刚下来,说您已经下楼了。"如此高的效率让于先生再次大吃一惊。

于先生刚走进餐厅,服务小姐微笑着问:"于先生还要老位子吗?"于先生的惊讶再次升级,心想:"尽管我不是第一次在这里吃饭,但最近的一次也有一年多了,难道这里的服务小姐记忆力那么好?"看到于先生惊讶的目光,服务小姐主动解释说:"我刚刚查过电脑记录,您在去年的6月8日在靠近第二个窗口的位置上用过早餐。"于先生听后兴奋地说:"老位置!老位置!"服务小姐接着问:"老菜单?一个三明治,一杯咖啡,一个鸡蛋?"现在于先生已经不再惊讶了:"老菜单,就要老菜单!"于先生已经兴奋到了极点。

上餐时餐厅赠送了于先生一碟小菜,由于这种小菜于先生是第一次看到,就问:"这是什么?"服务生后退两步说:"这是我们特有的××小菜"。服务生为什么要先后退两步呢?他是怕自己说话时口水不小心落在客人的食物上。这一次早餐给于先生留下了终生难忘的印象。

后来,由于业务调整的原因,于先生有三年的时间没有再到泰国去。在于先生生日的时候,他突然收到了一封泰国曼谷文华东方酒店发来的生日贺卡,里面还附了一封信,内容是:亲爱的于先生,您已经有三年没有来过我们酒店了,我们全体员工都非常想念您,希望能再次见到您。今天是您的生日,祝您生日快乐。于先生当时激动得热泪盈眶,发誓如果再去泰国,绝对不会到任何其他酒店下榻,一定要住在泰国曼谷文华东方酒店,而且他要说服所有朋友也像他一样选择。于先生看了一下信封,上面贴着一枚六元的邮票。六元钱就这样买到了一颗心,这就是客户关系管理的魔力。

泰国曼谷文华东方酒店非常重视培养忠实的客户,并且建立了一套完善的客户关系管理体系,使客户入住后可以得到无微不至的人性化服务。该酒店的管理人员认为,只要每年有1/10的老顾客光顾,酒店就会永远客满,这就是泰国曼谷文华东方酒店成功的秘诀。

拓展视频 8-1

8.1 酒店前厅部服务礼仪规范

拓展视频 8-2

酒店前厅部,也称大堂部、前台部,是现代酒店的重要组成部分,它是酒店的"橱窗",也是酒店的"名片"。前厅部服务人员的仪容仪表、精神面貌给客人留下的印象是最为深刻的、最能代表酒店形象的。因此,所有服务人员上岗前都要整理好自己的仪容仪表,要符合酒店的要求,规范上岗。做到着装整洁、仪容美观、仪态端庄、举止大方、言语标准、服务规范,使客人一进大厅就能感受到酒店好客的氛围和彬彬有礼的待客之道,给客人留下亲切美好的"第一印象"和"最后印象"。

8.1.1 迎宾服务礼仪要点及训练

1. 迎宾员迎送礼仪

(1)迎宾员穿着制服上岗时,着装要整齐,站立要挺直,不可叉腰、弯腰、背靠物体,走路要自然、稳重、雄健,仪表堂堂、目光炯炯。在岗时应双臂自然下垂,挺胸收腹,头正颈直,两眼平视前方,面带微笑。

(2)凡来酒店的车辆停在正门时,负责外车道的迎宾员就应迅速走向车辆,必须微笑着主动开启车门,迎接客人下车,以示欢迎。一般先开启右车门,用右手挡住车门的上方,提醒客人不要碰头。如果事先知道客人是佛教界人士,则不能提供护顶服务,他们会认为手放在头上方会遮住"佛光",是不吉利的行为。对老弱病残孕应予以帮助,并注意门口台阶。

(3)如果客人车上装有行李,应立即招呼门口的行李员为客人搬运行李,协助行李员装卸行李,并注意有无遗漏的行李物品。如暂时没有行李员,应主动帮客人将行李卸下车,并携行李引导客人至总服务台办理登记手续,将行李放好后与客人做好交接,然后迅速到领班处报告并返回岗位。

(4)如遇雨雪天气,在客人到店时,要为客人打伞。

(5)客人进店时要为客人开启大门,并说:"您好,欢迎光临。"客人离店时,负责离店的迎宾员应主动上前向客人打招呼并代客人叫车。待车停稳后,替客人打开车门,请客人上车(图8.2);如客人有行李应主动帮客人将行李放上车并与客人核实行李件数。待客人坐好后,为客人关上车门,但不可用力过猛,不可夹住客人手脚。车辆即将开动,迎宾员躬身立正,站在车的斜前方一米远的位置,上身前倾15°,双眼注视客人,举手致意,微笑道别,说:"再见""一路平安""一路顺风""谢谢您的光临""欢迎您再来""祝您旅途愉快"等道别语。

图 8.2 酒店迎宾员为宾客开车门服务

> **实训操作 8-1**

迎宾员服务技能训练

迎宾员服务技能训练的目的主要是:熟练使用迎宾服务敬语、接待服务敬语;懂得礼貌,熟悉各国礼仪及风俗习惯;具备相关的英语会话能力及日常对话水平;勤奋,不怕脏,不怕累。

开始训练前的准备如下。(1)场地准备:选择客流量较少的时段,在酒店前厅练习。也可以利用教学楼的大门进行练习。(2)分组安排:每组6人,其中1人进行迎宾员服务技能训练,1人扮演客人,另外4人参照技能训练评价表进行评议。

训练的步骤如下。(1)分组练习。每组可选1名学生扮演迎宾员,协助练习。(2)场地选择。可以借助学校大厅等较接近酒店大厅的场所。

训练结束后的评价如下。(1)学生训练时,要注意开车门的原则是先女后男,先外后内,先左后右;难以明确以上情况,则先开朝大门一侧的后门,有必要时再开前门,最后开另一侧的后门;对外宾要用外语;为客人开启车门时,对佛教和伊斯兰教人士不能将手置于车门框上沿(护顶)。(2)教师点评,可以参见技能训练评价表(表8-1)。

表8-1 迎宾员服务技能训练评价表

考评内容	迎宾员服务技能训练				
	内容	分值/分	自我评价/分	小组评论/分	实际得分/分
考评标准	将客人所乘车辆引导到恰当的地方停妥	15			
	趋前为客人开启车门	20			
	对客人的到来表示欢迎	10			
	协助行李员卸行李	10			
	指挥司机把车开到停车场停妥	10			
	离店时服务,帮助客人召唤、调度出租车	15			
	请客人上车并欢迎下次光临,祝客人旅途愉快	15			
	劝散店前的闲杂人等,维持店前秩序	5			
	合计	100			

注:1. 实际得分=自我评价×40%+小组评议×60%。
2. 考评满分为100分,60~74分为及格;75~84分为良好;85分以上为优秀(包括85分)。

2. 行李员服务礼仪

酒店的行李服务通常是由酒店前厅部的行李员提供。

(1)客人抵店后,行李员主动上前热情迎接,微笑问候。主动与客人一起清点行李数目,检查是否有损坏。陪同客人至总服务台,帮助客人搬运所带的行李,搬运时必须十分小心,不可损坏行李;贵重物品要让客人自己拿。客人办理住宿登记时,行李员要站在客人身后等候,不要靠得太近(图8.3)。

图 8.3　酒店行李员为宾客进行行李服务

（2）客人办完手续后，行李员从接待员手中领取房间钥匙或房卡，带客人到客房。引领客人到客房时，要走在客人左前方两三步处，在乘电梯时，要请客人先进去，再按楼层键。进入客房之前，以防万一，要先敲门，确定无人再进入。将行李放好，若是白天，要为客人打开窗帘，再将钥匙或房卡交给客人，为客人适当地介绍房内设施。询问客人是否还有其他需要，耐心回答客人的询问，若客人表示没有其他需求，应及时退出房间，离开房间时要面对客人，并说："请您好好休息。""再见。"再退出房间并轻轻关门。

（3）行李员站立在酒店前厅大门附近，应随时注意是否有客人离店，若有则应立即上前提供服务；若是接到住店客人电话要求搬运行李，则应问清房间号，并立即赶到客人的房间，按门铃或敲门进房，帮助客人将行李搬到大厅，若客人还未结账，则应告诉客人结账地点，并等待客人。

（4）行李员帮助客人清点行李，然后装车，送客人离店，向其道别，祝其一路顺风，旅途愉快。

8.1.2　总服务台服务礼仪的要点及训练

1. 预订礼仪

（1）接受客人预订要注意做到礼貌、热情和周到。

（2）预订员报价时，特别是对于外籍客人，要注意解释一些额外服务或宜人环境应增补的费用，说明酒店是否有最低限度的下榻时间规定，并询问这样是否会影响客人的时间要求。

（3）如果接受预订，那么预订员要尽快确认预订。如果拒绝预订，那么预订员要用友好、遗憾和理解的态度对待客人。首先称呼客人的姓，然后讲述由于房间订满而无法安排，争取客人的理解。客人表示理解后，下一步应根据不同的情况建议客人作些更改，如房间的种类、日期、房数等，即使不能满足客人起初的预订要求，最终也要使客人满意。

（4）修改预订。预订被接受或确认后，客人在抵达酒店前还可能对预订内容做许多更改，如到达或离开酒店时间、房间数、人数、客人姓名及预订种类的变更，以至完全取消预订的情况都有可能发生。每当有客人需要更改预订时，预订员就要填写预订信息更改表，并将有关预订登记内容作相应改动，使之保持正确。

（5）取消预订。处理取消预订必须十分谨慎，因为如果把账错算在已经取消预订的客人身上，酒店就会处于被动的地位，同时也会使客人感到不满。

（6）预订容易出现的失误主要有以下两点。第一，记录错误。包括不正确的到达或离店日期，或将客人的姓名拼错或者姓名颠倒，这是很失礼的，遇到这种情况应立即道歉。第二，记录后未确认。记录客人的预订信息后，预订员应该向客人复述一遍，确保记录的预订信息无误，避免因未确认而记录错误。

（7）接听电话预订。在接听电话时，正确的声调应该是很友好、亲切和动听的。预订部接到的多数电话都是先问及有关酒店的服务项目、房价等，预订员要耐心回答，抓住机会向客人推销。报房价时，要先报豪华的现行房价，然后报低一点的普通房价。当客人表示愿意接受时，就可以进一步询问客人的要求，填写订单。

2. 问询处的服务礼仪

（1）尽量满足客人需求。

由于问询处在酒店的中心位置，加之其对客人服务的重要作用，因此问询处是酒店主要的信息源。问询处作为客房销售的主角，还必须为客人提供关于酒店的设施及服务项目的准确信息。有关酒店所在地的各种资料和重要活动，也都是客人询问的内容。毋庸置疑，问询处能提供的信息越多，便越能够满足客人的需求。

（2）注意形象，推销酒店。

问询处员工必须对酒店的形象负责，必须努力推销酒店的设施和服务。为了提高工作效率，问询处员工应熟练掌握店内各设施的位置、服务项目和营业时间。

（3）掌握客人资料。

问询处需要掌握客人的资料，客人的名单可以按姓氏的首字母顺序排列。对于客人的资料，则可以通过客人名单和问询来加以掌握。

（4）熟练使用先进问询设备。

酒店通常使用问询架及电脑以提高问询处的工作效率，并随时准备给客人提供确切的信息。

3. 推销礼仪

（1）知识。

在推销酒店产品时，员工不仅应对客房设施了如指掌，同时还应熟悉该地区的旅游景点、网红打卡地以及名胜古迹、风味小吃等，以便随时向客人介绍，这样可以延长客人停留的时间。

（2）努力争取客源。

努力争取客人再来酒店下榻。假若是某酒店集团的隶属酒店，可以向客人推荐和介绍客人到下一旅游目的地时该集团的隶属酒店入住，这样既方便客人又控制客源流向。

（3）建立信息库。

总服务台员工要有广博的知识，同时要建立实用信息库，人手一份，当被客人问到问题，回答不出来是很尴尬与失礼的，会影响酒店的声誉。

（4）必知问题。

掌握有关酒店内设施及当地情况的业务知识，以便客人要求时很有礼貌地予以答复，并且适时推销酒店服务。

① 酒店所属星级。

② 酒店各项服务的营业或服务时间。

③ 车辆路线、车辆出租公司、价格、联系方式等。

④ 航空公司的电话号码。

⑤ 所以地区地图。

⑥ 本地特产。
⑦ 名胜古迹，以及附近的休闲景点。
⑧ 本地一些知名餐厅、咖啡厅、酒吧、购物中心的营业时间和人均消费水平等。
⑨ 附近银行的位置、路线等。

（5）推销客房。

推销客房要建立在可以实现的基础上，必须用令人信服的语言来向客人描述可供选择的客房和相关场所的情况，充分介绍酒店的客房及各种服务设施与服务项目。在实际推销中要特别注意向客人提供的客房等级要符合客人的实际需求，并不一定要先向客人推销高价房间。总服务台人员不能与客人讨价还价，而是要按照酒店公布的报价来推销。介绍时可采用以下几种说法。

① 游泳池畔帐篷小舍。
② 高层安静，行政管理办公客房。
③ 新装修的获奖房间。
④ 豪华、宽敞迎宾接待客房。
⑤ 塔楼服务客房，提供优质、豪华服务。
⑥ 奇异独特的山景客房，宁静怡人。

4. 电话服务礼仪

（1）所有来电电话，务必在三响之内接起应答，以充分体现酒店的工作效率。如果故意延误，提起听筒以后还照常和周围的人闲聊，把客人晾在一边，这是不礼貌的。

（2）先问好，再报单位，最后用问候语。这样可以避免搞不清身份和拨错电话的麻烦，例如："您好，××酒店，请问您需要什么帮助？"一般要求用普通话，或者用英文。例如，"Good morning, ××Hotel, may I help you？"切忌自己什么都不说，只是一味地询问对方："您叫什么名字？您是哪个单位的？"这种做法极不礼貌。另外注意的是，问好、报单位、问候语这三者开头语的顺序不能颠倒弄错。这样显得彬彬有礼，给人一种亲切感。

（3）电话接线要迅速准确。不许误传客人的信件或电话留言，一定要做到认真、耐心、细心。通话时，听筒一头应放在耳朵上，话筒一头置于唇下约5厘米处，中途若需与他人交谈，应用另一只手捂住听筒。

（4）接电话时应提倡运用富有人情味的声音，运用带笑声音与对方通话。亲切、明快的声音使对方感到舒服，感到满意。有人称酒店话务员是"微笑大使"，他们通过自己的声音在公众和酒店之间架起友好的桥梁。可见，通话时充分调动一切语音修饰方法是树立酒店良好形象、与公众建立良好关系的有效手段。

（5）如客人反映问题或投诉，接待要耐心，回复客人的话要十分注意语气和措辞，要显得热情、诚恳、友善、亲切，并使客人能体会到酒店对他的重视。

（6）如果酒店话务员在通话过程中必须离开一下，应请客人等待一下或请客人先挂电话过一会再致电。如果客人愿意等待，应告知客人他的电话没有挂断，并轻轻放下话筒。在转接电话中，酒店话务员只有在确信电话所转对象能向客人提供帮助时，才能将电话转过去，应告诉客人要将电话转接并解释为什么要转接的理由。

（7）要在不违反保密规定的前提下回答问题。在大多数情况下，酒店话务员不准提供客人的姓名、客人的房间号码以及其他任何有关客人的情况，以保证客人的隐私、安全和居住环境不受侵犯。

（8）待客留言时，应问清来电者身份，大概是什么事，记清有关内容，请对方留下电话号码再复述，然后说谢谢。禁止窃听客人的电话。

（9）如遇到客人要求提供叫醒服务，应记录清楚，准确操纵自动叫醒机或准时用电话叫醒，不得耽误。无人接听时，可隔二三分钟叫一次，三次无人接听时，通知客房服务员。酒店话务员要细心而准确地催醒客人，这是职责。酒店话务员的任何一次失职，没有按时按照客人的要求催醒客人，都会引起客人的不满、气愤、怨恨，因为这种粗心服务可能会耽误客人的行程或损失一笔大生意。

（10）酒店话务员在结束电话时，应使用恰当的结束语，以对客人表示感谢，或对自己未能提供帮助表示歉意，应让客人先挂电话，以免对方有什么误解。通电话以客人挂断电话结束，在任何时候不得用力掷听筒。

5. 入住登记礼仪

（1）入住登记。

客人一抵店就需要迅速为其办理入住登记，保证总服务台经营的高效率，使客人满意（图8.4）。入住登记手续的设计必须简单、科学、合理化。

图 8.4　快速地为顾客办理入住登记

（2）缩短时间。

总服务台要与客房部多联系、多协调，保证快速地为客人分配，避免使部门之间沟通不通畅，导致客人登记所花的时间太长。一般来说，总服务台员工要迅速为客人办理入住登记，分配房间，所用时间限制在2分钟以内。

（3）精通业务。

总服务台员工应该知道如何操作电话总机室的设备及电脑。除了他们的本职工作以外，也必须针对一些突发情况，即客人的特殊要求作出反应，提供协助和服务。另外，也必须将一些可疑人员及不正常的事件及时汇报给主管。

（4）要有强烈的责任心。

总服务台员工要有强烈的责任心，每次上班后，应核实分房、客人抵达情况和结账情况，检查是否一切无误，完全正常。

（5）信息沟通。

在入住登记信息沟通中，客房部员工必须及时地将可入住的客房通知总服务台，总服务台员工可将客房分配给客人。客房如无人入住，其价值无可贮存，损失是无法弥补的。

（6）查对客房条件。

总服务台必须确定并核查客人所入住的客房条件是否符合客人所需。例如客房的类别、等级、价格等。

（7）方便客人。

给客人客房钥匙或房卡时，通常是连同酒店地图一同交给客人，以方便客人对酒店的空间分布有所了解。

（8）让客人满意。

只要按照所规定的服务程序及服务规范去做，那么毫无疑问，客人会感到满意，从客人开始步入酒店直到他们进入客房入住，都会有一种舒适、方便、愉快的感觉。

（9）更新信息。

迅速更新有关客人迁出和换房的信息以及保持客房和客人住房情况的最新记录。查验客房房态与实际客房之间有关客人住宿情况的准确性，以便纠正住店客人账单上的差错，保证记录所有可供入住的客房。

（10）与客房部互通信息。

总服务台与客房部息息相关，为了保证能快速地为客人分配已整理好的洁净的空房，总服务台与客房部两个部门须互通信息，随时随地通报客房占用情况及可提供入住的房间。

6. 账务礼仪

（1）要保证酒店员工准确无误地将费用及时记入有关的客人账上，保证在店客人的账务准确无误。

（2）不泄密。总服务台员工有责任对有关客人的账务保密，不泄露给任何人。例如，假若下榻酒店的某位先生使用了失效的信用卡，那就没有必要到处广播让无关人员知道此事，必要时只允许向酒店总经理或有关管理人员汇报。

7. 退房礼仪

（1）温婉有礼。

遇到客人退房，要温婉有礼，不能态度粗鲁或不高兴。要耐心向客人讲清酒店有关退房的规定，按规定给客人办理退房手续。客人退房时，如有未结清的款项，应给他呈上准确无误的账单，请他付清全部费用。

（2）留下好印象。

多数客人办理退房和结账手续一般在上午7：30—9：30，如果酒店员工准备工作就绪，工作安排得有条不紊，就能使退房过程顺利，并给客人留下良好的印象。

8. 结账礼仪

（1）了解结账方式。

总服务台员工在客人登记入住时必须准确了解客人选择的结账方式。这一点很重要。如果客人选择现金结账，那么酒店通常要求客人在入住时一次付清，酒店一般不给付现金的客人赊账权。如果客人是通过网络预订或现场使用手机 App 支付，确定支付渠道和金额即可。如果客人需要通过企业渠道转账结算，要确认事先已经批准的转账地址以及转账安排。

（2）精心、小心、耐心。

总服务台员工一定要牢记，在与客人谈到他的支付方式和消费金额时，涉及的是金钱问题，一定要精心、小心、耐心。由于一位客人的自我价值、自尊心都与钱有关，因此极为重要。

（3）态度温柔。

要时时保持冷静、自信，同时态度要温柔、和蔼可亲，无论客人表现如何，就算态度令人难以忍受，作为酒店员工都要和蔼、亲切地服务客人。

（4）严谨、准确、快捷。

凡涉及客人账单的建立，有关现金、支票、信用卡、直接转账、扫码支付以及团队付款凭证等复杂事项都要认真检查核实。结账尽可能要迅速快捷，尽可能方便客人，简化手续，同时又要保障酒店的利润收入。

（5）出现错误要弄清楚。

假如在客人的房价、账单或是其他方面出现差错，要在客人离店之前审核清楚，并让客人满意付款离开酒店。如果在账单方面出现极大分歧，领班或主管就要进行调查核实或者向客人解释酒店方面的情况。

（6）保持账务完整。

总服务台员工要检查客人是否有结账前最后一刻的留言、信件或还未入账的临时费用，如餐厅、酒吧等临时费用，以保持账务完整。如果客人又出现其他临时费用，但这些费用账单转账到总服务台之前，客人已经离开了酒店，那么需要追账。追账会损害酒店的声誉，使客人误认为酒店管理不善，应尽量避免。

（7）了解信用卡支付的最高限额。

总服务台员工特别是结账收款员应该知晓酒店允许一些信用卡每天支付酒店的最高限额。

（8）核实签字。

总服务台员工要进一步核实客人在账单的签字与他本人的信用卡上的签字是否一致。当由于客人原因出现问题时，应协助解决，切勿大声指责客人。

8.1.3 大堂副理服务礼仪要点及训练

大堂副理是代表酒店总经理全权处理客人投诉、客人生命安全和财产安全等负责事项的管理人员。大堂副理应该站在维护酒店利益的立场上，机智、果断、敏捷地处理问题。大堂副理在总服务台经理缺席的情况下行使总服务台经理职权，每天 24 小时当值。在夜间，大堂副理是酒店的最高权力执行者，是酒店的指挥，他必须熟知酒店制定的规则，明白自己在遇到客人特殊要求时有多少回旋余地。

1. 客人投诉的处理原则

处理客人投诉应遵循以下几个方面的原则。

第一，处理投诉要有一定依据。事先结合酒店的实际情况和行业惯例，酒店方面要制定合理、行之有效的有关处理投诉的规定，以便酒店员工在以后的投诉处理中有所依据。

第二，尽快处理客人投诉问题。争取尽快处理客人投诉，以免耽误时间引起客人更大的不满。在一般情况下，酒店员工在接到投诉后，要马上作出决定，对事态严重的问题要立刻决定是否请示上级主管及负责人，并按酒店的有关规定上报。

第三，解决投诉不应在公共场合进行。酒店的公共场合人群复杂，不利于冷静地安抚客人，不但影响同客人的有效沟通，还会影响酒店的正常工作和其他客人对酒店的观感。

第四，处理客人投诉时要保持冷静。当酒店与客人发生纠纷，引起客人投诉时，酒店方面要以礼让为主，主动而积极地改善与客人的关系。酒店员工绝对不能同客人争辩，即使客人使用过激的语言及行为，也一定要在冷静的状态下同客人沟通。

第五，处理客人投诉不能损害酒店的利益和形象。处理投诉时要真正为客人解决问题，保护客人的利益，但同时也要保护酒店的正当利益，维护酒店的整体形象。不能单单注重客人的陈述，讨好客人，轻易表态，给酒店带来经济损失。更不能顺着客人或诱导客人抱怨某一部门，使客人对酒店整体形象产生怀疑。对涉及经济问题的投诉，要以事实为依据，具体问题具体对待，避免使客人蒙受经济损失，酒店也不能无故承担赔偿责任。仅从经济上补偿客人的损失和伤害并不是解决问题的唯一有效的方法。

2. 客人投诉的处理程序

（1）认真聆听客人的投诉内容。

聆听客人投诉时也可以通过提问的方式来弄清症结，集中注意力，节约对话时间，在聆听的过程中要注意以下三点。

首先，保持冷静。客人投诉时，心中往往充满了怒火，要使客人冷静，疏导其负面情绪。不能反驳客人的意见，不要与客人争辩。在很大程度上，倾诉也是一种发泄，说出来也许会好很多。

其次，表示同情。设身处地为客人考虑分析，对客人深表理解，可用适当的语言和行为给予安慰。给客人让座，倒水，并说："谢谢您告诉我这件事""对不起，发生这类事我感到很遗憾""我完全理解您的心情"等。因为此时尚未核查客人投诉的真实与否，所以只能表示同情理解，不能肯定是酒店的过错。

最后，充分关心。不应对客人的投诉采取"大事化小，小事化了"的态度，应该用"这件事发生在您身上，我感到十分抱歉"诸如此类的语言来表达对客人的关心。

（2）认真做好记录。

边聆听边记录客人的投诉内容，不仅可以使客人讲话的速度放慢，缓和客人的情绪，还可以使客人确信酒店对其反映的问题是重视的。同时，记录的资料也是为解决问题提供的依据。

（3）把将要采取的措施和所需时间告知客人并征得客人的同意。

如有可能，可请客人选择解决问题的方案或补救措施。不能对客人表示无能为力，但也千万不能向客人做出不切实际的承诺。不含糊其词，又要留有余地。

（4）采取行动，为客人解决问题。

这是最关键的一个环节。为了不使问题进一步复杂化，为了节约时间，也为了不失信于客人，表示酒店的诚意，必须认真做好这一环节。

（5）检查落实并记录存档。

现场处理完客人的投诉，事后还要及时和客人联系，检查落实客人的投诉是否已得到圆满的解决。并将整件事情记录存档。举一反三，以利于今后工作的完善与预控。

应用案例 8-1

微笑服务需正确运用

在某家涉外五星级大酒店，住店的陈先生在外出时，有朋友来找他，要求进他房间去等候，由于陈先生事先没有留下话，因此总服务台员工没有答应其要求。陈先生回来后十分不悦，跑到总服务台争执起来。大堂经理闻讯赶来，刚要开口解释，怒气冲冲的陈先生就指着大堂经理言辞激烈地指责起来。当时大堂经理心里很清楚，在这种情况下，勉强作任何解释都会招致客人情绪更加激动，于是他默默无言地看着陈先生，让陈先生尽情地发泄，脸上则始终保持一种友好的微笑。一直等到陈先生平静下来，大堂经理才心平气和地告诉他酒店的有关规定，并表示歉意。陈先生接受了大堂经理的劝说。没想到后来陈先生离店前还专门找到大堂经理辞行，感动地说："你的微笑征服了我，希望我有幸再来酒店时能再次见到你的微笑。"

当然，微笑必须以优质服务为基础。比如下面这个反面例子。某天，一个欧洲旅游团深夜到达某酒店，由于事先沟通不到位，客房已满，只好委屈他们睡大厅。旅游团成员顿时哗然，扬言要敲开每一个房间，吵醒所有客人，看看是否真的无房。此时，客房部经理却向他们"微笑"着耸了耸肩，表示无可奈何，爱莫能助。这使旅游团人员更为不满，认为客房部经理的这种微笑是一种幸灾乐祸的笑，是对他们的侮辱，便拍着桌子大声喝道："你再这样笑，我们就要揍你！"这使客房部经理十分尴尬。后来在翻译人员的再三解释下，旅游团成员的愤怒才告平息。

在面对客人的服务中，微笑必须根据不同的地点、场合掌握分寸，没有节制地乱笑无疑会产生不良后果。显然，这样的微笑离开了优质服务，与微笑服务的本意南辕北辙。

资料来源：根据相关网络资料整理。

8.2 酒店客房部服务礼仪规范

客房是人们外出旅行下榻或暂时居住的场所。在现代酒店中，客房是主体，是酒店经济收入的主要来源，是酒店出售的最主要产品。酒店客房部一般负责所有客房的清洁、保养、设备的配备、生活用品的供应及补充，此外还有公共区域的卫生保养以及提供相关的服务项目。

拓展视频 8-3

客房部服务的目的是努力为客人创造一个清洁、美观、舒适、安全的理想住宿环境。因为，客房一经出租就是的私人居所，客房部服务人员进入客房及整理客房都必须严格按照操作流程，并注意礼节礼貌。

8.2.1 迎客服务礼仪要点及训练

1. 迎客的准备工作礼仪

迎客的准备工作是服务过程的第一个环节，它直接关系到后面的几个环节和整体服务的质量，因此准备工作要做得充分、周密，并在客人进店之前完成。

（1）了解客人情况。

为了正确地进行准备工作，必须先了解客人的到店时间、离店时间、从何地来、去往何地、人数、身份、国籍、健康状况、性别、年龄、宗教信仰、风俗习惯、生活特点及接待规格、收费标准等情况，以便制订迎客计划，安排服务工作。

（2）客房的布置和设施的检查。

根据客人的风俗习惯、生活特点和接待规格，对客房进行布置整理（图8.5）。根据需要，调整家具设备，铺好床，备好热水瓶、水杯、茶叶及其他生活用品。补充文具夹内的信封、信纸、服务指南、客人须知和各种宣传品，补充冰箱的饮料。

按照接待规格将酒店经理的名片放在桌上，如是重要客人还要准备鲜花和水果，表示欢迎。如果客人在风俗习惯或宗教信仰方面有特殊要求，凡属合理的均应予以满足。对客人宗教信仰方面忌讳的

图 8.5 客房的布置整理

用品，要从客房撤出来，以示尊重。

客房布置好之后，要对房内的家具、电器、卫生设施进行检查，如有损坏，要及时报修。要试放面盆、浴缸的冷热水，如发现水质浑浊，须持续放水，直到水清为止。

（3）迎客的准备。

客人到达前要调好室温，如果客人是晚上到达的，要拉上窗帘，开亮房灯，做好夜床。完成准备工作后，客房部服务人员应整理好个人仪容，站在电梯口迎候。

2. 客人到店的迎接礼仪

（1）梯口迎宾。

客人由行李员引领来到楼层，客房部服务人员应面带笑容，热情招呼。如果事先得知客人的姓名，在招呼时应说："欢迎您！××先生（女士）。"然后引领客人到已为客人准备好的客房门口，侧身站立，行李员用钥匙或房卡打开房门，请客人先进。

（2）介绍情况。

客人初到酒店，不熟悉环境，不了解情况，应首先向客人介绍房内设施及使用方法，同时向客人介绍酒店服务设施和服务时间。

（3）端茶送巾。

客人进房后，针对接待对象按"三到"——"客到、茶到、毛巾到"的要求进行服务。如客人喜欢饮冰水、用冷毛巾，也应按其习惯送上。

（4）陪客人到餐厅。

对初次来店的客人，第一次用膳时要主动陪送到餐厅并向餐厅负责人介绍客人饮食特点等。

8.2.2 住宿服务礼仪要点及训练

1. 服务人员的礼仪要点

（1）遇客问好。

遇见客人应该主动避让和打招呼，遇见同事和各级管理人员，均须以礼相待，互相打招呼问好。

（2）不得先伸手和客人握手。

除非客人先伸手，否则不得伸手与客人握手，姿态应端庄大方，手勿叉腰、插入口袋或指手画脚。

（3）抬头挺胸。

站立时应该抬头挺胸，不得弯腰驼背，以精神饱满的状态、微笑的面容与客人接触。

（4）沿墙边地带行走。

在楼层内应沿墙边地带行走。如遇客人迎面而来，应放慢行走速度，在距客人两三米时，自动停止行走，站立在一旁向客人微笑问好。

（5）端茶送水。

每天早晨客人起床后，要把开水送到房间。客人在房间会客，应按"三到"服务要求送上茶水和毛巾。客人外出，应说："祝您愉快"。客人外出回来也要送茶水和毛巾。晚上一般不送浓茶，以防影响客人睡眠。

房间的开水每天要换 3～4 次，早晨、午餐前、午间休息后和晚上各换一次。每天早晨要撤换水杯，要视客人饮用情况换送。客人自带咖啡需要沸水冲饮，要及时提供沸水，客人喜欢冷饮，要随时补充冰箱饮料，以保证供应。如有访客，开水、凉开水及饮料的供应要视需要情况及时补充。

（6）整理房间。

按照客人的接待规格、要求和酒店"住房清扫程序"进行整理。上午要按照程序进行清扫，拉开窗帘、倒垃圾、换烟灰缸、换布巾、扫地板、擦家具和各种物品；补充房间的茶叶、文具用品并清扫、整理卫生间。

客人午间休息起床后，进行小整理，倒垃圾、换烟灰缸、整理床上卧具、撤换用过的毛巾。晚上利用客人去餐厅用餐的时间，到房间做夜床并再进行一次小整理。

（7）委托代办和其他服务。

要认真、细致、及时、准确地为客人办好委托代办的事项，如洗衣、房间用餐、访客接待和其他客人委托代办的事宜。

（8）安全检查。

酒店首先应对客人的生命财产负责，确保客人的安全是客房部一项极其重要的职责。如果因工作不力或工作疏忽，使客人的人身或财物受到损害，不仅酒店在经济上要受到损失，更严重的是酒店的声誉也要受到严重影响。因此，必须在每个服务环节上有安全措施。

2. 客房送餐的服务礼仪

（1）客人用电话预约时，要记清客人的姓名、用餐人数、房间号、餐饮品种、规格、数量、送餐时间等，记录后要向客人复述一遍，避免出现差错。

（2）送餐前要根据客人点的食品、饮料，先准备好用餐器具，如骨碟、水杯、酒杯、咖啡杯、刀叉、餐巾及调味品盅（盐盅、胡椒盅、糖盅或奶盅）等。食品运送过程中要注意安全。

（3）进房时要先按门铃，经客人允许后方可入房。见到客人时要讲："早上好""您好""不好意思，打扰您了"或"我是来给您送餐的，餐品摆在这里可以吗"等。客人表示同意后，即给客人开台摆位。

（4）一切工作就绪后，将账单拿给客人签字。客人签字或付钱后要向客人表示"多谢"，离开房间时要礼貌地向客人告别并将房门轻轻关上。

（5）客人用完餐后，要及时将餐具清点并收回，交给管事部清洁。

3. 洗衣服务礼仪

（1）衣服的洗涤方法通常有三种：干洗、湿洗和烫洗。按洗衣速度划分为快洗和普通洗两种。快洗一般 4 小时，普通洗一般 24 小时。客人送洗的衣物必须由客人自己在洗衣表上填写清楚，并注意洗涤方法与时间要求。

（2）服务人员收到客人送洗的衣物时，必须仔细检查客人衣物有无破损、严重污点、褪色、衣袋有无物品、衣物的纽扣有无脱落的现象等。如有则必须与客人讲明。

（3）送衣物时要与承接洗涤的部门将上述情况讲明，提出要求。洗涤前和洗涤后都要交代清楚，以免出现差错。

（4）送洗的衣物必须按质、按时、按要求如数交给客人。

4. 离店服务礼仪

（1）做好客人离店前的准备工作。

要了解客人离店的日期、时间、所乘交通工具的车次、班次、航次，所有委托代办的项目是否已办妥，账款是否已结清，有无错漏。

问清客人是否需要提前用餐或准备饭盒餐。早晨离店的客人是否需要叫醒服务，什么时间叫醒。如房间有自动叫醒钟应告诉客人如何使用。最后要问客人还有什么需要帮助做的事情。如果有的事情在本部门不能完成，应与有关部门联系，共同协作，做好客人离店的准备工作。

（2）客人离店时的送别工作。

利用客人的就餐时间，检查客人有无物品遗留在房间，如有则要提醒客人。客人离开楼层时，要热情送其到电梯口，有礼貌地说："再见""欢迎您再来"。要有服务人员帮助客人提行李，并送至大厅。对需要帮助的客人（老、弱、病、残、孕）要有专人护送下楼，并搀扶上车。

（3）客人离店后的检查工作。

客人离店后要迅速进入客房，检查有无客人遗忘的物品，如有应立即派人追送，如送不到应交总服务台登记保管，以便客人寻找时归还或寄送。同时，要检查客房小物品如烟灰缸或其他手工艺品有无丢失、破损，电视机、冰箱等有无损坏，如有应立即报告主管。

8.3　酒店餐厅服务礼仪规范

酒店餐厅又称餐饮部。酒店餐厅的服务人员主要为就餐客人提供食品、饮料及服务。酒店餐厅的服务水平是酒店服务水平的标志，也是酒店营业收入的主要来源之一。因此，酒店餐厅的服务水平的高低直接影响着整个酒店的经营。

8.3.1　酒店餐厅服务人员的个人形象礼仪

酒店餐厅服务人员的个人形象礼仪主要有以下4点要求。

1. 仪表美观

工作时间应着规定的制服。制服要整齐干净，注意保持衣服袖口、领口处的清洁。制服应扣的扣子要扣好，制服的衬里不可露出，不要挽袖子卷裤腿。要佩戴工作标志卡。男、女服务人员均穿深色皮鞋为宜，袜子的颜色要略深于皮鞋颜色。

2. 仪容整洁

男服务人员不留大鬓角，后面的头发不能长到衣领，不留胡须，常修面；女服务人员的头发不可长到披肩，必须化淡妆，不准佩戴任何首饰，不准留长指甲、涂指甲油，不得抹刺激性的香水。

3. 仪态大方

酒店餐厅服务人员的站姿应端庄、挺拔，体现出优美和典雅。坐姿要端正，表现出坐姿的高贵和娴雅。步态应轻盈、稳健。一般要靠右行走，不能走中间，不可跑步，不可与客人抢道。接待客人时，手势的运用要规范和适度，谈话中手势不宜过多，动作不宜过大。如为客人指点方向时应正确采用"直臂式"，请客人进入时应用"横摆式"等。同时需要注意运用手势时要和面部表情及身体各部位协调配合，以免显得生硬，使客人误解。

4. 态度礼貌

酒店服务人员在接待中要热情适度,耐心周到,对客人的态度反应灵敏,虚心听取客人意见,遇事要冷静、沉着,表情要含蓄大方。自控能力要强,使自己保持良好的心态。

8.3.2 酒店餐厅不同岗位服务礼仪

1. 迎宾员服务礼仪

在酒店餐厅营业前 20 分钟,迎宾员应站在餐厅正门的两侧,按迎宾服务要求注意做到以下 4 点。

(1)着装干净、整洁,仪态端庄、落落大方、姿势优美、服务规范、神情专注、反应敏捷,恭候在餐厅大门两侧,做好拉门迎客的准备。

(2)客人来到餐厅大门约 2 米处,要主动热情上前迎接,面带笑容地说:"先生(女士)您好,欢迎光临"或"中午好""晚上好"。问候语言要亲切,态度要和蔼。

(3)客人离开时,应该礼貌道别:"谢谢您的光临,请慢走,再见""欢迎您下次光临"。

(4)迎宾要积极主动,要让客人一进门就感受到他是最受尊重、最受欢迎的客人,要给客人留下良好的第一印象。

2. 领位员服务礼仪

(1)客人进门后,立即上前迎接并面带微笑地说:"先生(女士)您好,请问您预订过了吗?""您好,请问您一共几位?"迎宾顺序坚持按客人到达的先后顺序,同一批客人做到先主宾、后随员,先女宾、后男宾,符合礼仪顺序。

(2)领位员在引领客人时,应该走在距客人左前方 1 米左右的位置,不时回头示意客人:"请您跟我来""您这边请",并同时伴以规范的手势。

(3)要迅速判断客人的各种情况,以便安排合理的就餐位置。重要的客人光临时,要安排其在餐厅最好的位置或雅座入座,以表示尊重和恭敬;情侣要尽量安排在比较安静的位置,以便他们小声交谈;年轻漂亮的女士,要尽量安排在醒目的位置,以便满足客人的心理需求;聚会的客人要尽量安排在大餐桌上;要尽量安排年老的客人在距离门或过道比较近的餐位,以方便其出入;有生理缺陷的客人要尽量安排在较为隐蔽的餐位,以避客人之短;有带小孩子的客人要尽量安排在靠墙角的餐位,避免小孩四处乱跑。

(4)如果客人要求指定的位置,在没有其他预订的情况下,要尽量满足客人的要求。如已预订,要表示歉意,并帮助客人选择满意的餐位。

(5)引领客人到餐位后,要先向客人询问:"这个位置您满意吗?"然后再拉椅让座。具体做法是:双手握椅子靠背,右腿在前,用膝盖顶住椅子后部,轻轻拉出,避免椅子与地面摩擦,发出声响,客人入座的同时,顺势将椅子推回原位。如有多位客人就餐,可象征性地为 2~3 位客人拉椅让座。拉椅让座的顺序同样要遵循先主宾、后随员,先女宾、后男宾的原则。

(6)客人入座后,应将菜单送上以便其点菜。客人点菜完毕后,要将记录下的菜品逐一复述核对一遍,并询问客人还有什么需要,例如甜点、饮品等。

8.3.3 值台服务礼仪

1. 递香巾、斟茶服务

待客人入座后，及时为客人递香巾、斟茶。香巾从客人左边递，并说："先生（女士），请用香巾。"斟茶从客人的右边斟，按顺时针顺序逐位斟上。需要续茶时，应右手握茶壶，左手按壶盖，将茶水缓缓斟入杯中，注意茶水不要斟得太满，约七分满即可。

2. 点菜服务

如果是男女客人一起用餐，应该将菜单递给女士；如果是很多人一起用餐，最好将菜单先递给主宾。客人点菜时，服务人员应站在客人左侧，与客人保持一定距离，腰部适当弯曲，手持点菜簿，认真倾听客人选定的菜品名称，并向客人介绍菜品。如所点的菜品已暂时售完，应向客人表达歉意，并婉转向客人介绍其他类似的菜品。如有些菜品烹制时间较长，应向客人说明原因。在点菜过程中，服务人员要做到神情专注，有问必答，百问不厌。

3. 餐间服务礼仪

（1）传菜服务礼仪。

传菜服务人员应该与值台服务人员密切配合，做好工作，适时传菜。要做到冷菜先传，热菜及时传，火候菜随做随传，保证菜品色、香、味、形不走样。餐具菜品一律用托盘，不能用手直接端拿。传菜途中，切忌私自品尝，这是最不礼貌、最不文明的行为。传菜要及时，不拖、不压。

严格按照"托盘不离手"的传菜要求，物品码放整洁卫生，不碰擦、不洒漏，确保给客人带来的是完善、标准的服务。而且传菜时要求步幅不能过大，步速也不能过快，尽可能地靠边走，留出主通道，方便客人通行；同客人相遇时，要"请"字不离口，热情礼貌地打招呼，小心主动地避让，及时提供指引、问询或介绍等服务。

（2）上菜服务礼仪。

要讲究工作效率，节约客人的时间。一般来说，客人点菜10分钟内冷菜就要摆上台，热菜不超过20分钟。

上菜还要讲究艺术。服务人员要根据菜的不同颜色摆成协调的图案。凡是花式冷盘，如孔雀、凤凰等冷盘，以及整鸡、鸭、鱼的头部要朝着主宾。

上菜的位置应该在陪客座位之间，一般不能在东道主和主宾之间。但必须先让东道主过目后上桌，并将该菜的菜名清楚地念出并简单地说明，让所有客人了解，然后再依所上菜色的内容，予以服务，避免造成客人用餐的不便。

上菜时动作要轻、稳，看准方向，摆放平稳，汤汁不洒，不可碰倒酒杯、餐具等。菜盘放到桌面时不能放下后推盘，撤菜时应该直接端起而不能拉盘。撤换餐具时要先征得客人同意。撤换时一定要小心，不可弄倒其他新上的菜、汤。撤换的餐具一般要从客人的右侧平端出去。如果菜汤不小心撒在同性客人的身上，可亲自为其揩净，如撒在异性客人身上，则只可递上毛巾，并表示歉意。菜上齐后要告诉客人"菜已上齐，请慢用"，并询问客人有无其他需要。

服务人员对厨师做出的菜品有"五不取"：数量不足不取；温度不够不取；颜色不正不取；调料不齐不取；器皿不洁不取。还要做到"三轻"：走路轻、说话轻、操作轻。

（3）派菜服务礼仪。

派菜是由服务人员使用勺、叉，依次将菜分派。

派菜的顺序应该是先客方，后主方；先女宾，后男宾；服务人员左手将盘端起，右手持派菜用的勺、叉进行分派。服务人员要站在客人左侧，腰部稍微弯曲，派菜时要呼吸均匀，注意力集中，熟练地掌握夹菜技巧。还要注意量，做到分派均匀。

（4）斟酒服务礼仪。

斟酒的顺序是：先客方（男主宾、女主宾），从正主位左侧开始，按顺时针方向逐位斟酒，后再斟主方。当东道主、主宾祝酒、讲话时，服务人员应停止一切活动，站在适当的位置。斟酒时，应先斟烈性酒，后是果酒、啤酒、汽水饮料。

如果客人点了酒水，那么，在开瓶前，服务人员应该左手托瓶底，右手握瓶颈，商标朝向客人，请客人辨认。这样做包含三层含义：第一，表示对客人的尊重；第二，商标朝向客人，让客人核实选酒没有差错；第三，让客人看到酒的质量没有任何问题。

服务人员在上菜、派菜、斟酒时，左臂应搭一块干净餐巾，以备擦酒滴、饮料滴等用，但不可擦自己的手。斟酒时，一般右手拿酒瓶，左手拿杯徐徐倒入，特别是啤酒，开始倒要把瓶口放到杯的正中，一面倒酒，一面把瓶口慢慢移向杯边，而且倒的速度也由快变慢，以防啤酒的泡沫上升溢杯。啤酒倒好一般以70%左右的液体，30%左右的泡沫为好。

（5）香烟服务礼仪。

客人有意吸烟时，要主动上前为其点烟，但要注意无论是打火机还是火柴，只能一次点两支。烟灰缸里如果有两三个烟头，就应该及时更换。更换烟灰缸时，单手将干净的烟灰缸压在用过的烟灰缸上，同时将两个烟灰缸拿走，放在托盘上，再将干净的烟灰缸放回桌子上。

8.3.4 西餐服务礼仪

1. 餐前服务礼仪

每餐正式开始前，服务人员应将餐厅收拾干净整洁，将台面摆放整齐。客人来到餐厅门前，要微笑相迎，主动问好，如："早安，欢迎您来用餐。"常客、贵客要记住并称呼姓名，如："晚上好，王先生，您还是在老位置用餐吗？"

2. 点菜服务礼仪

点菜程序：从东道主开始，如东道主示意请大家分别点菜，则从主宾开始。点菜应按逆时针方向进行，并记下客人的餐位编号。

客人点菜时，服务人员应端正地站在客人一侧，腰部微弯，与客人保持适当距离。核实并记录点菜内容，注意客人所点菜品与酒水的搭配。善于主动推销，主动介绍菜品风味、营养与做法。若客人点有牛排、羊排等菜肴，应问清客人喜欢几分熟，并在菜单上注明。根据客人所点的菜品上齐应用餐具。

3. 送客服务礼仪

送客是礼貌服务的具体表现，表示酒店餐厅对客人的尊重、关心、欢迎和爱护，在送客服务的过程中，服务人员要做到礼貌、热情、细致、耐心，使客人满意。

（1）结账服务礼仪。

结账在酒店餐厅服务中属于收尾工作，意味着整个服务即将结束，但不能因此松懈。结账中出现的问题依然会影响酒店的形象。因此，服务人员在结账过程中要保持良好的服务状态。按照标准和要求，服务人员继续热情地为客人服务。注意结账的时间，不能催促客人结账，结账应由客人主动提出。

客人要求结账后，应将账单放在小托盘上从左侧送上，或放在东道主旁边，一般不直接送到客人手中。

熟悉结账程序。首先，应将账单交与客人过目，如发现问题，及时解决，对客人的疑问要耐心解释；其次，要礼貌地收取客人的钱款票证，要当着付款客人的面清点唱收；再次，找回余款或单据后，要及时放在托盘里交与客人，并请其清点、核查；最后，当客人付款后，要表示感谢。

（2）送客服务礼仪。

首先，客人离开前如要打包，应积极为之服务，不要给客人留下遗憾；其次，客人起身离开时，应主动为其拉椅，询问其是否满意；再次，要帮助客人穿戴外衣，提携物品，提醒他们不要遗忘物品；最后，要礼貌地向客人道别，要面带微笑地亲自陪送客人到餐厅门口，欢迎他们再来。

实用小窍门 8-1

吃西餐的六个"M"

品味西餐文化，传统做法是先饱眼福（餐厅布置），再饱耳福（柔和音乐），后饱口福（品味大餐）。学者们经过长期的探讨和归纳认为，吃西餐最讲究六个"M"。

第一个是"Menu"（菜单）。走进西餐厅，服务人员先引领客人入座，待坐稳，首先送上来的便是菜单。菜单被视为西餐厅的门面，看菜单、点菜已成了吃西餐必不可少的程序。

如何点好菜，有个绝招，办法是，打开菜单，看哪道菜是以西餐厅名称命名的，一定要点，因为哪位厨师也不会拿自己店名开玩笑。

图 8.6　西餐餐具的摆放

第二个是"Music"（音乐）。豪华高级的西餐厅，要有乐队，演奏一些柔和的乐曲，一般的小西餐厅也播放一些美妙的乐曲。但讲究的是乐曲声调到似听到又听不到的程度，即要集中精力和友人谈话就听不到，要想休息放松一下就听得到。

第三个是"Mood"（气氛）。西餐讲究环境雅致，气氛和谐。一定要有乐曲相伴，有洁白的桌布，有鲜花摆放，所有餐具一定洁净，且按礼仪顺序摆放（图8.6）。如遇晚餐，要把灯光调暗，桌上要有红色蜡烛，营造一种浪漫、迷人、淡雅的气氛。

第四个是"Meeting"（会面）。和谁一起吃西餐，要有选择，一定要是亲朋好友，趣味相投的人。

第五个是"Manner"（礼俗）。遵循西方习俗，正确使用刀叉，一般会安排男女相邻而坐，讲究"女士优先"的原则，表现出对女士的殷勤。

第六个是"Meal"（食品）。西餐的主要特点是主料突出，形色美观，口味鲜美，营养丰富，供应方便等。西餐大致可分为法式、英式、意式、俄式、美式、地中海式等多种不同风格。

资料来源：根据相关网络资料整理。

8.4 酒店康乐部服务礼仪规范

在酒店，康乐部最早只是一个不起眼的附属部门，有的酒店将它归属于前厅部，有的酒店将它归属于客房部，有的酒店将它归属于餐饮部。随着酒店客人对康乐需求的扩大，康乐部在酒店经营中的地位和作用也越来越重要，它逐步独立出来，成为与客房部、餐饮部等部门同级别的重要部门。

8.4.1 康乐部通用服务礼仪

康乐部是为客人提供健身娱乐、美容美发等服务项目的酒店配套部门，一般设有游泳池、保龄球房、健身房、桑拿浴室、美容美发厅等。这些服务对服务人员素质要求较高，不仅要具有专业知识，懂操作，还要有很好的身体素质，能够为客人提供高标准的服务。

1. 康乐部场所环境与卫生规范

在康乐部提供的各种服务项目中，让客人感受到舒适是最起码的要求。要达到舒适，就要注意环境与卫生方面的规范管理。

所有康乐部的场所厅面卫生实行"三清洁制度"，即"班前小清洁""班中随时清洁"和"班后大清洁"；部分区域实行计划卫生制度和每周大清理制度。对各类器具进行每日消毒，严格执行消毒制度，做到"一客一换一消毒"，尤其是拖鞋、毛巾、麦克风等。

2. 康乐部服务接待礼仪

康乐部的服务人员在服务礼仪方面有以下几点要求和特点。

（1）热情礼貌地向客人致意问候；熟客、会员要以姓名或者职衔称呼，以使其备感尊重。

（2）见到客人，服务人员应礼貌询问客人准备消费的项目，请客人出示消费卡或房卡。收递物品应用双手，不方便用双手时，应用右手。

（3）向客人介绍服务项目和收费标准（若是会员直接在《会员登记表》上登记），在《服务登记表》上记下客人的姓名、房号、时间和需要提供的项目。

（4）在客人确定所需的项目后，为客人开账单收费。要求签单或者使用信用卡的客人要请其出示有效证件，并在账单上签字。现金支付，则要当面点清。

（5）若客人打预订电话，则在三声之内及时接听。语言规范，详细记录客人的姓名、房号、联系电话、预订的项目、时间等，并予以确认。当预约有变时，要予以记录，并及时通知有关人员，并在交接班时交接清楚。

（6）康乐部相关场所未开场前，服务人员应主动问候客人，耐心回答客人的问题，并做到准时开场。如因超员需要限制人数，服务人员应向客人解释，并对客人的配合表示感谢。

（7）在进行对客收发钥匙时，要提醒客人妥善保管好自己的钥匙，避免因丢失带来麻烦，递接时要注意礼貌，一定使用双手。

（8）客人进入更衣室后，更衣室服务人员应微笑致意、主动问好，用规范的手势为客人指示更衣柜的位置。客人更衣时，服务人员应适时回避。

8.4.2 游泳池服务礼仪

很多酒店都会配置游泳池以便为客人服务。

游泳池设计要合理,面积大小、深度及池内设施与国际比赛标准相适应;游泳池定期换水,保持干净无污染;室内游泳池照明充足,光线柔和;游泳池旁边要配备与接待能力相应档次与数量的男、女更衣室,淋浴室和卫生间;各配套设施墙面、地面均满铺瓷砖和大理石,有防滑措施;游泳池随时清洁,池内、池外无杂物;所有用品及用具摆放整齐、规范。

1. 游泳池的服务礼仪要求

(1) 当客人到来时,服务人员应对客人表示欢迎,办理必要手续后送上更衣柜钥匙和毛巾,引领客人到更衣室,请客人妥善保管好自己的物品。

(2) 客人更衣后,主动引导客人进入游泳池。

(3) 客人在中间休息时如需要饮料,应热情为客人提供塑料软包装的饮料,不提供玻璃瓶装饮料等易碎包装饮料,以确保客人安全。

(4) 客人离开时,礼貌地提醒客人不要遗忘随身携带的物品,应将客人送至门口,并向客人表示感谢,欢迎客人再次光临。

(5) 将使用过的毛巾送洗衣房更换新毛巾,放入消毒箱消毒。准备迎接下一批客人的到来。

2. 救生员服务礼仪

(1) 救生员应备有两套以上工作服,工作时应穿着整洁的工作服并佩戴标识,保持良好的个人卫生,勤洗澡、勤换衣、勤理发,不得留长指甲和涂指甲油。

(2) 严格执行有关游泳规定,维持正常秩序,礼貌劝阻非游泳客人在游泳池范围内休息、拍照。对饮酒过量或患有皮肤病的客人谢绝入内,并提醒客人若患有心脏病、高血压、中耳炎等疾病或在过饥过饱、剧烈运动后等情况下,不宜下水。

(3) 要坚守岗位,经常围绕游泳池巡视,观察客人情况,在客人游泳过程中要加强巡视,时刻注意其动态,特别对老年人和酒后的客人要多加注意,以免发生事故。

(4) 要提醒带小孩的客人注意看管小孩;身高 1.4 米以下儿童要劝说其到浅水池游泳。

(5) 负责客人的游泳安全,密切注意池内客人的动态,发现险情及时处理,并向有关管理人员汇报。

8.4.3 健身教练服务礼仪

酒店健身房设计应合理,面积大小与健身房规模相适应;跑步机、脚踏车、划船机、健骑机、漫步机、滑雪机等运动器材和设备,应符合国际统一使用标准;健身器材安全耐用;室内照明充足,光线柔和。健身教练的服务礼仪有以下几点内容。

(1) 上岗前应先自我检查,做到仪容仪表端庄、整洁,符合上岗要求;主管或领班提前到岗分配工作、提出要求并检查员工仪容仪表。

(2) 当客人到来时应热情礼貌地向客人问好,主动向客人介绍健身器材设备的种类及性能,并向客人介绍《健身房运动须知》。

（3）当客人需要健身活动时，健身教练应热情地介绍各种设备的操作方法，必要时给予其示范指导（图 8.7）。

（4）细心观察场内情况，及时提醒客人应注意的事项，当客人变更运动姿势或加大运动量时，健身教练应先检查锁扣是否已插牢，必要时须为客人调试设备。

（5）当客人进行健身活动时，应密切注意客人健身动态，随时给予正确的指导和健身保护，对危险动作要进行礼貌劝止，确保客人安全以防意外。当客人发生不适或损伤时要及时处理（一般备有小药箱，严重时要送往酒店医务室或医院）。

图 8.7　健身教练指导服务

（6）有的项目（乒乓球等）需要陪练时，应热情地请客人办理付费手续后陪练。

（7）如客人希望做长期、系统的健身运动，健身教练可按照客人的要求为其制订健身计划，并为客人做好每次健身记录。

（8）如客人需要，在其运动时可播放符合其节奏的音乐。

（9）随时巡视客人，及时补充毛巾和水杯，提供饮料服务，及时给客人提供必要的帮助。

（10）当客人健身活动结束后，要热情地送客道别，并表示欢迎客人再次光临。

（11）及时清扫场地并整理物品。

8.4.4　桑拿浴服务礼仪

酒店桑拿浴的服务礼仪有以下几点内容。

（1）服务人员须礼貌劝阻有皮肤病的客人进入浴室，善意劝阻高血压、心脏病患者进入桑拿房。

（2）当客人到来时，要热情问候表示欢迎。为客人递送毛巾、手牌、更衣柜钥匙，并请客人更换拖鞋。提醒客人如有贵重物品，应存放在前台。为客人打开更衣柜，协助客人挂好衣物，提醒客人锁好更衣柜，引导客人入浴。

（3）主动询问客人要求，向客人说明桑拿浴的费用标准。

（4）把桑拿浴室的温度控制在客人所需要的温度上。如果是初次来的客人，要认真介绍桑拿浴的方法和注意事项，然后根据客人的要求调好温度。

（5）每隔 10 分钟要从玻璃窗口观察客人的操作是否适宜，密切注视客人的动态，防止发生意外，以保证客人的安全。

（6）客人在桑拿浴中如需要搓澡等其他服务，需记录服务项目及手牌号，并请客人签字，记录单及时传到桑拿浴前台。

（7）客人桑拿浴毕，在其要求下可以帮其擦净身体，送上浴服，请客人进入休息厅或包间休息。

（8）服务人员引导客人就座，并为客人盖上毛巾，递上棉签、纸巾，帮助客人调好电视节目。询问客人是否需要酒水和小食品。主动介绍其他配套服务，为其安排技师，记录好手牌号，并请客人签字，记录单及时传到前台。

(9）服务人员做好休息厅及包间的清洁、整理工作，及时补充酒水和小食品。

(10）客人准备离开时，服务人员帮助客人打开更衣柜，协助客人换好服装后，提醒客人带好随身物品，引领客人到前台结账。

拓展视频 8-4

(11）服务人员根据手牌取出客人的鞋，交给客人，并迅速、准确地计算客人的消费金额，请客人核对、结账。

(12）向客人道别致谢，欢迎其再次光临。

(13）客人离开后，服务人员应该迅速地更换浴巾、清洁茶几、清洗烟灰缸，做好环境卫生及用品的清理工作。

本 章 小 结

随着我国旅游业的不断发展，酒店业也有了长足的进步，为旅游业和各地经济作出了积极的贡献。本章主要介绍酒店服务工作中的礼仪常识，使服务人员端正服务态度，增强服务意识，提倡敬业精神，恪守职业道德，学会并掌握酒店服务工作中所常用的基本礼仪和行为规范，培养良好的职业习惯，以真正实现持续提供优质服务的酒店宗旨。

复习思考题

一、判断题

1. 迎宾员对所有客人都应主动开启车门，并提供护顶服务。（　　）
2. 行李员引领客人进入房间之前，无须敲门，可以直接进入。（　　）
3. 总服务台人员在进行推销时，只需要推销酒店产品。（　　）
4. 总服务台人员在为客人办理入住登记、分配客房时，为保证准确性，速度一定要慢，以求稳妥。（　　）
5. 为客人倒茶时，应右手握茶壶，左手按壶盖，将茶水缓缓斟入杯中，茶水约七分满即可。（　　）

二、简答题

1. 总服务台接待礼仪主要有哪些要点？
2. 前厅部服务人员在仪容仪表方面有哪些严格规定？
3. 客房部的推销礼仪有哪些？
4. 住宿服务礼仪的要点有哪些？
5. 客房的空调已被客人调至一定的温度，服务人员还能动吗？为什么？
6. 在清扫客房时，如果房内的电话铃响了，服务人员应如何处理？
7. 如果服务人员在客房清扫中，客人回来了，服务人员该怎么办？
8. 在楼层遇到客人迎面走来，服务人员将如何招呼？
9. 酒店餐厅的值台服务礼仪有哪些内容？
10. 中餐上菜时的顺序是什么？
11. 酒店康乐部的服务礼仪有哪些？
12. 游泳池的服务礼仪有哪些？

实 训 项 目

一、总服务台服务技能训练

1. 训练目的

（1）能流利地使用一门及以上的外语与客人交流。

（2）熟知酒店有关情况及酒店管理知识。

（3）掌握时政、地理、历史、经济、旅游、交通等相关知识。

（4）懂得外事接待礼仪礼节，具有较强的口头表达能力，沟通协调能力。

2. 训练准备

（1）物品准备：记录本、住客资料、酒店宣传册、市区地图等物品。

（2）场地准备：选择客流量较小的时段，在酒店总服务台训练，也可以在教室内训练。

（3）分组安排：每组6人，其中1人进行总服务台服务练习，1人扮演客人，另外4人参照技能考评标准进行评议，6人轮流练习。

3. 训练步骤

（1）问候客人。（2）确认客人有无预订。（3）灵活进行信用验证（总经理有权对重要客人和有影响的客人实行优惠）。（4）登记。（5）安排客房，并提供相应的房价。（6）确定付款方式。（7）完成入住登记手续。（8）建立相关的表格资料（将客人资料输入电脑以便建立入住档案、标注《次日抵店客人名单》、制作客房状况卡条并插入显示架内、制作客人账单）。

4. 训练评价

（1）请学生注意要点。倾听时，要听清楚客人查询的主要内容，尽量少让客人重复问题；记录时，详细记录客人回答的内容，注意备案；询问时，问清楚客人的详细信息。

（2）学生演练，教师及时点评，可以参见总服务台服务技能训练评价表（表8-2）。

表8-2 总服务台服务技能训练评价表

考评内容	总服务台服务技能训练			
	内容	分值/分	自我评价/分	小组评论/分	实际得分/分
考评标准	按规范的站姿要求，站立服务	10			
	耐心回答客人提出的各种问题	20			
	客人较多时，服务工作忙而不乱	30			
	为客人代办时要按客人的要求去办，如有困难要耐心解释，征得客人谅解	30			
	语调柔和、亲切	10			
	合计	100			

注：1. 实际得分=自我评价×40%+小组评议×60%。

2. 考评满分为100分，60~74分为及格；75~84分为良好；85分以上为优秀（包括85分）。

二、客房服务技能训练

1. 训练目的

（1）客房是具有私密性的地方，要熟悉客房服务礼仪，规范服务程序。

（2）正确掌握客房服务礼仪，并灵活运用于工作当中。

2. 训练准备

（1）物品准备：客房服务工作车。

（2）场地准备：空客房或实训室。

（3）分组安排：3~4人一组，分组进行。1人实训，1人扮演客人，其余人员参照技能考评标准进行互评，而后轮换。

3. 训练步骤

（1）进门前，先看清房门是否挂有"请勿打扰"的牌子或亮着"请勿打扰"信号，如有则绝对不可擅自入门。

（2）进门时，不论门是否开着，必须首先敲门，用中指和食指的第二关节有节奏地轻敲房门三下，同时自报"客房部服务人员"，当听到客人回答并征得客人同意后，或确信客房里无人后方可入内。

（3）如客人在客房内，要征求客人同意，可以说："对不起，打扰了，我是客房部服务人员，请问现在可以打扫房间吗？"

（4）如客人不愿意打扫，应向客人道歉并退出房间。

（5）如客人同意，应向客人表示感谢。

（6）在客房内工作时，要把房门敞开到90°，工作车横放堵住客房门，避免无关人员误入。

4. 训练评价

（1）请学生注意，服务人员需要进入客房时，进客房前不管是否知道房内有人无人，都一定要先敲门；若客房门上挂着"请勿打扰"牌或正亮着"请勿打扰"信号，则不应打扰；敲门时，服务人员要站立在客房门外正中位置，正对着门镜；敲门时，客房无人应答，服务人员进门以后发现客人在客房，若客人穿戴整齐，要立即向客人问好，并征询客人意见，是否可以为其提供服务，若客人衣冠不整，应马上道歉，退出房间，把门关好；敲门时，客人正要开门进客房或者出客房，要有礼貌地向客人问好，并征得客人允许，方可进入；敲门声要做到音量适中，太轻听不见，太重打扰客人，要频率适当，太慢不易被发觉，太快会让客人产生紧张感；如客房房门半掩着，不可从门缝往里瞧；如不进入该客房工作，要提醒客人关好房门。

（2）教师可进一步进行评价，可以借助客房服务技能训练评价表进行评价（表8-3）。

表8-3 客房服务技能训练评价表

考评内容	客房服务技能训练				
	内容	分值/分	自我评价/分	小组评论/分	实际得分/分
考评标准	敲门前的观察和站位	10			
	敲门的音量和节奏	20			
	敲门的动作和自报家门	20			
	不同情况下的服务礼仪	40			
	房门打开角度和工作车的置放	10			
	合计	100			

注：1. 实际得分=自我评价×40%+小组评议×60%。

2. 考评满分为100分，60~74分为及格；75~84分为良好；85分以上为优秀（包括85分）。

三、餐厅值台服务人员服务技能训练

1. 训练目的

（1）熟悉提供餐厅服务的相关礼仪。

（2）掌握值台服务人员的礼仪要求。

2. 训练准备

（1）物品准备：以 10 人标准宴会所需物品为例，直径 1.8 米圆形餐桌 1 张、转台 1 个、餐椅 10 把、台布 1 块、菜单 2 本，葡萄酒杯 10 个、白酒杯 10 个、水杯 10 个、烟灰缸 5 个及其他餐饮器皿。

（2）场地准备：场地应是能容纳 40～50 人进行技能训练的实训室。

（3）分组安排：将学生分成若干小组，每组 8 人，其中 1 人作为值台服务人员，4 人作为客人，另外 3 人参照技能考评标准进行评议，以此 8 人轮流练习。

3. 训练步骤

（1）热情迎宾。当客人走近餐桌时，要主动迎上，微笑问候，按先主宾后东道主、先女宾后男宾的顺序拉椅助坐。拉椅的动作要适度，用双手和右脚尖轻捷地将椅子向后撤，待客人屈膝入座时轻推椅，使客人坐好坐稳。要注意顺应客人入座的节奏进行，做到平稳、自然，切勿操之过急，以免碰伤客人。

（2）客人需脱衣摘帽时，应给予协助，并按顺序挂好。切勿将衣服倒提，以防口袋内的物品掉落。贵重衣服要用衣架挂好，以防衣服褶皱走样。

（3）恭请点菜。观察客人点菜的示意，及时地用双手将菜单从左侧递上；不催促客人点菜，同时保持适当的距离，让客人有充分的时间选择和商量决定；接受客人点菜时，应始终面带微笑地站在客人左侧，上身稍向前倾，手持点菜簿，认真听取客人选定的菜品、点心，并做好记录，杜绝差错。

（4）席间服务。取出餐巾，礼貌地放在客人腿部。递香巾，斟茶。

（5）斟酒服务。征得客人的同意，为客人斟酒。斟酒时应先主宾再东道主，然后按顺时针方向依次绕台斟酒。如果是两名服务人员服务时，应一个人从主宾开始，另一个从副主宾起，依次绕台斟酒。

（6）上菜服务。讲究效率，节约客人时间。一般来说，客人点菜以后 10 分钟内凉菜要摆上台，热菜不超过 20 分钟。

（7）结账送客。客人即将用餐完毕，服务人员可礼貌地询问客人，征求意见；客人餐毕，应把账单放在垫有小方巾的收款盘上或账单夹内，账单正面朝下，反面朝上，从客人左侧递上，表示礼貌和敬意；账单一般放在东道主的餐桌边，不要直接交到客人手里，并小声说："先生/女士，请您过目，共计××元。"如果是住店客人签字，服务人员要立即送上笔，同时有礼貌地请客人出示房卡或房间钥匙，检查要认真，过目要迅速。无论是签单还是付现金，服务人员都应向客人道谢。要将客人送至餐厅门口，可以说："再见""欢迎再来"等，并可视情况躬身施礼，目送客人离去。

4. 训练评价

（1）请学生注意技能训练中容易出错的地方。如：客人点菜时，切不可随意地把菜单往客人手上一塞或随意扔在餐桌上，这是极其不礼貌的行为；如客人点的菜品已售完，不可简单地回答："卖光了""没有"，应礼貌地致歉解释，求得谅解，并婉转地向客人建议点其他类似的菜品；不要用手直接把账单递给客人，应将其放在收款盘上或账单夹内。

（2）教师可进一步进行评价，可以借助餐厅值台服务人员服务技能评价表进行评价（表 8-4）。

表 8-4　餐厅值台服务人员服务技能评价表

考评内容	餐厅值台服务人员服务技能训练				
	内容	分值/分	自我评价/分	小组评论/分	实际得分/分
考评标准	微笑迎宾	5			
	为客人拉椅助坐	5			
	递香巾、斟茶服务	5			
	点菜服务	10			
	推销菜品服务	5			
	斟酒服务	10			
	上菜服务	10			
	派菜服务	10			
	撤盘服务	5			
	提供软饮料服务	5			
	更换烟灰缸服务	5			
	提供咖啡、茶糖、奶的服务	5			
	提供冰咖啡服务	5			
	提供甜食服务	5			
	其他服务	5			
	送客服务礼仪	5			
	合计	100			

注：1. 实际得分=自我评价×40%+小组评议×60%。
　　2. 考评满分为 100 分，60~74 分为及格；75~84 分为良好；85 分以上为优秀（包括 85 分）。

拓 展 课 堂

冬奥接待酒店总服务台张琼：客人的笑脸就是满意答卷

作为北京 2022 年冬奥会和冬残奥会官方接待酒店，北京金隅八达岭温泉度假村早早进入了"冬奥时间"。张琼是北京金隅八达岭皇冠假日酒店的总服务台负责人，主要负责协调配合总服务台与各部门工作、接待及服务住店客人。"每一位客人的笑脸就是此次冬奥闭环服务我交上的满意答卷。"这是她此次工作的最大感受。

作为总服务台负责人，张琼每天都能接触到不同国籍的客人，让她印象最深刻的是，有一次她碰到了一名想去便利店购买冬奥礼品的外籍客人，但在与其的沟通过程中，她发现对方不会说英语，这增加了沟通难度。张琼打开手机翻译软件，并用手势耐心地与客人沟通购买前扫码注册进入商店的流程，但在注册环节时尝试多次均失败。看到客人略感失望的神情，张琼立刻去咨询专业人士，最终成功地用客人的手机完成了一系列注册流程，帮助对方成功购买到了心仪的冬奥礼品，客人也露出了满意的微笑（图 8.8）。

图 8.8　张琼为客人提供真诚服务

有温度的酒店服务让客人感受到了来自北京的温暖。冬奥会期间，总服务台服务人员遇到的各种"小插曲"不断。一位外籍客人抵达酒店后，告诉张琼自己的手套丢在返程的大巴上了，希望她可以帮忙寻找，张琼向客人获取了手套的照片，答应会尽力帮其寻找。因为每天往返的车辆较多，客人仅记得回程时间和路线代码，不记得车牌号，所以没有办法联系到具体的司机，且当时酒店处于闭环状态，无法外出到车辆消杀处寻找，只能静等结果。

第二天晚上，车辆管理处告知酒店没有找到手套，得到消息后，次日早晨张琼在酒店大堂告知客人没有找到手套的消息，客人还是很坚持，希望再帮忙问一问手套是不是被别的客人捡走了，有没有交到失物招领处。此时客人告知这是一副特殊的定制手套，可以触屏且价格昂贵，因为该客人是一名记者，工作需要长时间拍摄，延庆山上的天气十分严寒，如果不佩戴这副手套可能没有办法长时间工作。

张琼在了解情况后告知客人会继续努力寻找，送客人离开后，她立即在网上查询了类似的可以触屏的手套，自费在网上下单购买了触屏手套，并且快速写好物流申请单，希望能尽快通过合理流程将物品配送进酒店。手套最终顺利通过审批进入酒店，她将手套送给了客人，客人表示非常感激也非常感动，表示会佩戴这副手套拍下冬奥会的精彩瞬间，并且认可酒店工作人员付出的努力。

自 2022 年 1 月 4 日开始，北京金隅八达岭温泉度假村进入全封闭式管理，承接冬奥会期间国内技术官员、媒体记者、制冰师等相关人员的住宿餐饮服务保障工作。在此之前，该度假村统筹协调各方资源，严格按照冬奥会服务标准，加强组织建设，配齐配强队伍，强化专业培训，完善设施设备，保障物资供应，全面做足充分准备，全方位提升服务水平，践行首都国企的责任担当。

拓展视频 8-5

资料来源：http://beijing.qianlong.com/2022/0215/6872380.shtml（2022-02-15）[2023-05-21].（有改动）

课 后 阅 读

了解国际金钥匙组织

国际金钥匙组织（以下简称"金钥匙"）是一个国际性服务品牌，拥有先进的服务理念和标准，是服务的专家、服务的榜样、服务的网络。国际金钥匙组织起源于法国巴黎，自 1929

年至今,是全球唯一拥有 90 多年历史的网络化、个性化、专业化、国际化的品牌服务组织。自 1995 年被正式引入中国以来,金钥匙在中国已发展 30 年左右,并覆盖到 190 多座城市,1200 多家高星级酒店和高档物业,金钥匙的服务标准已被我国文化和旅游部列入国家星级酒店标准。

该组织初始的英文名为"Concierge"。关于"Concierge"一词的来源有两种很有趣的说法,第一种说法是它来源于拉丁文,语意为"保管""管理"或是"仆人";第二种说法,该词源于古代法语"Comtedescierge"(蜡烛伯爵,即保管蜡烛的人)。古时,在那些荒无人烟的边境地区,照顾过往的旅行商队的人,被称为"Concierge",随着时间流逝,最终在中世纪传到欧洲,在一些知名的政府建筑、宫廷和城堡里,"Concierge"变成"钥匙的保管人"。

20 世纪初,旅游业欣欣向荣,现代酒店的"Concierge"诞生了。1929 年 10 月 6 日,在法国巴黎建立了金钥匙协会,该协会章程允许酒店服务人员通过提供服务而得到相应的小费,他们发现这样可以提高对客服务效率,随之还建立了城市内的联系网络。欧洲其他的国家也相继开始建立类似的协会。1952 年 4 月 25 日,来自 9 个欧洲国家的代表在法国夏纳举行了首届年会并创办了"欧洲金钥匙大酒店组织"(Union Europeene des Portiers des Grand Hotel),简称"UEPGH"。1970 年,UEPGH 成为"国际金钥匙大酒店组织"(Union International Portiers Grand Hotel),简称"UIPGH"。该组织的成立象征着不仅在欧洲,而且来自全球的不同国家都在争取加入金钥匙组织。在 1994 年,"UIPGH"又变成"UICO",最终在 1997 年变成沿用至今的名称——国际金钥匙组织"UICH"(Union Internationale des Concierges d'Hotels)。

欧洲人早在 80 年前已经认识到金钥匙的重要性,而美洲人在 50 年前也开始学习和运用金钥匙服务并体会到金钥匙的价值所在。在美国,一家酒店很受人喜爱,通常是因为大家对其提供的金钥匙服务非常熟悉和认可。在 20 世纪末,亚洲的酒店中也在迅速推广这种个性化的品牌服务。

金钥匙服务的内容涉及面很广:向客人提供市内最新的流行信息、时事信息和举办各种活动的信息,并为客人代购歌剧院和足球赛的入场券,或为团体会议制订计划;满足客人的各种个性化需求,包括计划安排在国外城市举办的正式晚宴;为一些大企业制定旅程安排;照顾好那些外出旅行客人和在国外受训的客人的子女;甚至可以为客人把金鱼送到地球另一边的朋友手中。

金钥匙的服务理念有以下几点。

第一,服务宗旨:在不违反法律和道德的前提下,为客人解决一切困难。

第二,为客排忧解难,"尽管不是无所不能,但也是竭尽所能",要有强烈的为客服务意识和奉献精神。

第三,为客人提供满意加惊喜的个性化服务。

第四,工作口号是"友谊、协作、服务"。

第五,组织哲学是:在客人的惊喜中找到富有乐趣的人生。

如今,金钥匙已拥有超过 4500 名来自 34 个国家的金钥匙服务人员。对比欧洲和美洲,亚洲男性选择从事这一职业占有一定比例人数。中国是该组织的第 31 个成员,在中国一些大城市里,金钥匙委托代办服务被设置在酒店大堂,他们除了照常管理和协调好行李员和迎宾员的工作,还负责许多其他礼宾职责。

金钥匙的国际性标志(图 8.9)为垂直交叉的两把金钥匙,代表两种主要的职能:一把金钥匙用于开启酒店综合服务的大门;另一把金钥匙用于开启城市综合服务的大门。也就是说,金钥匙成为酒店内外综合服务的总代理。金钥匙利用遍布全球的会员所形成的网络,从而使金钥匙服务有着独特的跨地区、跨国界的优势。

如今，在中国的酒店里也出现了这样一群年轻人：他们身着一身考究的西装或燕尾服，衣领上别着一对交叉的"金钥匙"徽章，永远彬彬有礼，永远笑容满面，永远机敏缜密。金钥匙的服务宗旨，是在不违反法律和道德的前提下，使客人获得满意惊喜的服务。从接待客人订房，安排车到机场、车站、码头接客人，根据客人的要求介绍各特色餐厅，并为其预订座位，联系旅行社为客人安排好导游，当客人需要购买礼品时帮助客人在地图上标明各购物点等。最后当客人要离开时，在酒店里帮助客人买好车、船、机票，并帮客人托运行李物品，如果客人需要的话，还可以订好下一站的酒店并与下一城市酒店的金钥匙服务人员落实好客人所需的相应服务。

图8.9　金钥匙的国际性标志

对客人而言，金钥匙服务人员是酒店内外综合服务的总代理，一个在旅途中可以信赖的人，一个充满友谊的忠实朋友，一个解决麻烦问题的人，一个个性化服务的专家。让客人从接触到酒店开始，一直到离开酒店，自始至终，都感受到一种无微不至的关怀。从这，人们不难想象金钥匙服务人员对城市旅游服务体系、酒店本身带来的影响。拥有金钥匙服务人员对高星级酒店而言，是管理水平和服务水平一种成熟的标志。这是在酒店具有高水平的设施、设备以及完善的操作流程基础上，更高层次酒店经营管理艺术的体现。

金钥匙在中国的影响力日益显著，这符合我国经济形势的发展，以及旅游总体水平发展的需要。"金钥匙"将成为中国各大城市旅游体系里的一个品牌，即代表着热情好客、独具酒店特色的一种服务文化。

金钥匙对中国旅游业而言，将对其服务体系的形象将产生深远的影响。这是因为，金钥匙服务人员是由一群富有服务经验，对中国旅游业发展和酒店发展负有历史使命感和责任感的人组成的，他们共同的任务是使中国旅游业、酒店业能够和国际接轨，同时能够在国际上竖起一块牌子："中国的酒店的服务是非常优秀的"。这样，中国会吸引更多国际客人的光顾，企业就有效益，行业就有发展。他们不仅给各城市的旅游业创新服务注入了新的活力，而且对中国旅游业的健康良性互动发展来说也是一种动力。

资料来源：根据相关网络资料整理。

第9章 旅行社服务礼仪

教学要点

知识要点	学习程度	相关知识
旅行社办公室咨询服务礼仪	熟悉	掌握旅行社办公室咨询服务礼仪的要求,提高服务质量;了解特殊团队服务礼仪,提高个性化服务水平
旅行社导游服务礼仪	掌握	掌握导游准备工作、迎客服务、游览服务、沟通协调、购物服务、处理突发事件、送客等服务礼仪,提升带团技能及服务水平
旅行社商务接待与拜访礼仪	了解	掌握旅行社商务接待与拜访礼仪的要求,与客户融洽、有效沟通;了解旅行社国际商务洽谈礼仪的要求,提高跨文化商务活动服务质量

技能要点

技能要点	学习程度	应用方向
旅行社不同岗位的礼仪要求和禁忌	掌握	旅行社不同岗位的对客服务

第9章 旅行社服务礼仪

 导入案例

全国特级导游张洋："彰显文化自信，讲好中国故事"

2021年的全国特级导游考评是时隔24年后重新启动的第三次考评。相比前两次，此次考评在参评人员的选拔条件、知识储备、专业能力等方面要求更高，如要求外语参评者精通跨文化交流、外语翻译等知识。而精通跨文化交流、具备较强的外语翻译水平正是张洋20多年来在实践中逐渐形成的个人风格。

1997年，毕业于国际关系学院英语专业的他，因为大学期间一次在故宫兼职的经历爱上了导游这个职业，毕业后，他毅然选择从事旅游业。

1998年，张洋接待了导游职业生涯中的第一个荷兰旅游团，那是他第一次意识到外语导游所承担的责任。那是一个中国历史文化研究学者访问团，一路上，张洋出色的讲解和周到的服务赢得了客人的赞赏。送别客人那天，团里一对年过花甲的老夫妇特意把他请到房间表示感谢。老先生还盛情邀请他来年一定要到荷兰看一看。"那位老先生说：'从你的讲解中我们感受到了你对于祖国的自豪和骄傲，看到了一个历史厚重、快速发展的美丽中国。我想请你去我们的国家看一看，因为我们也为祖国感到自豪和骄傲。'那一刻我明白了，原来导游讲解能够激发外国游客对于民族自豪感的共情。作为外语导游，不单要讲解好、服务好，还要与客人进行更多文化层面的交流，产生互动、形成共鸣。"张洋说。

回顾张洋的人生轨迹不难发现，他从不放过学习的机会，每一次"偶然"都会成为推动他坚持学习的"必然"。而这种坚持也必然会有所收获。从2015年开始，中青旅国际旅游有限公司全力塑造专家型导游品牌，希望打破由外方派领队、地接用英语导游的传统团队接待模式，在接待波兰旅游团时，推出了由张洋在中国全境以波兰语讲解的品牌游产品。多年来，张洋以扎实的语言功底和厚重的知识积累，获得了游客"全优"的评价。很多游客在来中国之前就认识他了，因为他接待过的一位客人是波兰非常有名的摄影家，他把在中国和张洋一起旅游的故事写成游记，得到了波兰旅行社和有关媒体的一致推荐。所以，很多客人一下飞机就能叫出他的名字。

党的二十大报告提出："讲好中国故事、传播好中国声音，展现可信、可爱、可敬的中国形象。"从事跨文化交流的一线导游是讲好中国故事、推广中国文化、扩大中国国际影响力不可忽视的力量，是中国旅游业和跨文化交流中肩负重任、名副其实的民间外交官。导游应积极开拓文旅新阵地，坚守品质与匠心，打造"用心服务"的专家服务品牌，力争在弘扬中华优秀传统文化的文旅融合大背景下，为中国的文旅事业发展和跨文化交流工作作出更大的贡献。

拓展视频 9-1

资料来源：https://mp.weixin.qq.com/s?__biz=MjM5MDA0NzA0MA==&mid=2650402620&idx=3&sn=a293530f1337a6269b57b95314b84475&chksm=be478113893008050033e790d6d47024600c9941209fe6497523caf3f90760eac5e5e04e556f&scene=27（2022-07-28）[2023-05-23].（有改动）

旅行社是旅游活动的组织者、安排者和联系者，是旅游业的一个重要窗口。旅行社作为一个综合企业，有导游、销售人员、管理人员等不同岗位的工作人员。只有提高旅行社的服务质量和水平，才能争取更多的客源，才能不负旅行社工作人员"民间大使"的光荣称号。因此，旅行社工作人员的服务礼仪在日常工作中显得尤为重要。

9.1 旅行社办公室咨询服务礼仪

旅行社办公室是具有专门接待职能的组织机构,是连接旅游业与公众关系的枢纽。旅行社办公室咨询服务是塑造旅游业形象,搞好旅游公关的重要一环。

> **实用小窍门 9-1**
>
> ### 旅行社办公室的"5S"管理
>
> "5S"管理起源于日本,是日本工业成功的管理方法之一,近年来在我国国内及东南亚地区的企业中比较流行,旅行社办公室也可以借鉴。因为该管理方法的日语罗马拼音均以"S"开头,所以简称"5S"管理。
>
> 清理(Seiri)——坚决清理不必要的东西,腾出有效使用空间,防止工作时误用或掩盖需要的物件。
>
> 整顿(Seiton)——合理放置必要的物品。
>
> 清扫(Seiso)——及时清扫,进行制度化、规范化并监督检查。
>
> 清洁(Seiketsu)——彻底清洁工作场所内的物品,防止污染源(污迹、废物、噪声)的产生,达到四无(无废物、无污迹、无灰尘、无死角)标准。
>
> 素养(Shitsuke)——培养员工良好的职业习惯,积极向上的工作态度和状态。从小事做起,养成良好的习惯,从而创造一个干净、整洁、舒适、合理的工作场所和空间环境。
>
> 资料来源:徐兆寿. 旅游服务礼仪[M]. 北京:北京大学出版社,2013.(有改动)

9.1.1 办公室服务礼仪

1. 环境布置礼仪

办公室咨询服务是旅行社的工作之一,是旅行社的"脸面",影响着旅行社在客人心目中的"第一印象"。旅行社办公室作为旅行社的"脸面",环境应该典雅、幽静、舒适,空气应清新畅通,温度、湿度应该适宜,通信、音响设备和服务用品、宣传资料要齐全。

2. 服务礼仪

(1)保持职业形象。

员工应穿着工装,佩戴工牌,注意仪容、仪表。

(2)业务熟练。

员工面对客人,应站起来,使用礼貌语言,如"您好""请坐",并献上茶水、饮料等表示欢迎。对熟悉的客人还可以适当寒暄,询问一些有关生活、工作的近况,调动气氛。对初次来访客人的咨询不管是出于报团的目的还是好奇的目的,员工都应礼貌作答,要采取一定的询问技巧,了解其单位、身份、来意。对涉及重大问题的来访,更要慎重验看对方证件。客人陈述问题要做必要的记录。对客人的愿望和要求,合理的、能够答复的,要尽快给予其明确答复。不合理的或不便马上答复的,应予以委婉拒绝或进行必要的推托。需请示主管解决的问题,要和主管一起研究解决方案,并予以妥善安排。

有客人未预约来访时,不要直接回答其要找的人在或不在。而要告诉客人:"我看看他是否在。"同时委婉地询问客人来意:"请问您找他有什么事?"如果客人没有通报姓名则必须问明,尽量从客人的回答中,充分判断能否让他与同事见面,如果客人要找的人是主管,就更要谨慎处理。

客人咨询完毕后,应热情送行,并表示欢迎再来。如果需要,分别时要留下今后相互联系的地址和电话。

(3)礼貌待客。

客人较多时,对晚到的客人打过招呼后,可递上宣传资料,安排其坐下休息等候,然后按先后顺序进行接待。在接待客人的过程中如需接听电话,应先向客人表示歉意:"对不起,请稍等,我接一下电话。"为客人办理旅游手续时,应提醒客人一些填写的注意事项和细节,并在核对后将证件双手交还客人。

(4)处理投诉。

处理客人投诉时,还要注意热情礼貌地接待,应边倾听边记录,并及时安慰客人,能当面答复的尽量当面答复,不能当面答复的应告知客人会尽快向主管汇报,调查处理后向客人答复。

9.1.2 电话服务礼仪

电话服务是旅行社办公室的重要任务,员工在电话服务中给对方留下美好的印象,赢得对方的好感,对旅行社整体形象同样起着极其重要的作用。

1. 接电话

(1)电话铃响时,接听电话以铃响三声之内接最适宜。不要铃响许久,才姗姗来迟,也不要铃响一次,就拿起听筒,这样会让打电话的客人大吃一惊。如因有特殊原因致使铃响过久才接电话的话,须在通话之初向客人表示歉意(图9.1)。

(2)拿起话筒要用礼貌、谦和的语言说:"您好,这里是某某旅行社。"注意不要问:"你是哪儿?你找谁?"若这样与西方人打电话,对方很可能会觉得旅行社员工不懂礼貌而挂电话。

(3)接听电话时,声音应柔和,语调要亲切,语速快慢要适中,根据不同的通话对象,要恰到好处地掌握说话速度,对有急事的客人,不能给他一种慢条斯理故意拖延时间的感觉。语言应清晰、简练、准确、热情。

图9.1 接电话的礼仪

(4)认真倾听客人讲话,既不要贸然打断,又不可沉默不语,要根据内容不断随以"是""对"的应声。

2. 代接电话

当电话响起而被呼叫的员工不在座位上时,邻座员工可以帮忙代为接听,或接听时可以参考以下应答:"您好,请问您是找某某吗?他/她临时有事走开了,需要我代为转达吗?"(或"请您稍后再来电话好吗？"）切记不要只说："不在。"应做好电话记录代为转达。电话记录牢记"5W1H"原则，何时（When）、何人（Who）、何地（Where）、何事（What）、原因（Why）、如何做（How）。永远不要对打来电话的说："我不知道！"这是一种不负责任、非常不专业的表现。

3．拨打电话

（1）时间：一般的公务电话最好避开节假日、21点至次日6点、临近下班时间等时间点或时间段。

（2）空间：一般来讲，私人电话在家里打，公务电话在办公室里打。还有一点，打电话如果要在公共场所的话实际上是一种噪声骚扰，一个有教养的人是不能在公共场所打电话的。

（3）内容一般有以下几点。

① 问候对方："您好！请问是某某单位某某部门吗，请问怎么称呼您？"
② 自报家门："我是某某旅行社的某某。"
③ 所谓何事："我打电话的主要目的是……"
④ 必备用语："请问您现在说话可方便？"
⑤ 告别语："打扰您了，非常感谢！"

应用案例 9-1

接听电话的两种不同态度比较

接听电话时，用生硬、粗鲁的态度与有礼貌的态度，给人的感受是完全不同的。那具体有哪些区别呢？请详见表9-1。

表9-1　不同态度的区别

序号	生硬、粗鲁的电话接听	有礼貌的电话接听
1	喂！你找谁？	您好！××旅行社，请问有什么事吗？
2	你是谁？	怎么称呼您？
3	你再说一遍，我好确认。	（复述一遍后）请问是否正确？
4	你找的人不在。	抱歉！他现在不在，等他回来后我会转告他，请问您需要留下联系方式吗？
5	没有这个人。	对不起，没有您说的这个名字，您还有其他信息可以提示我吗？我再查一下。
6	不知道。	抱歉，这件事我不是很清楚，需要帮您问问吗？

资料来源：王雪梅. 服务礼仪[M]. 重庆：重庆大学出版社，2021.（有改动）

4．挂断电话

如果自己正在开会、不宜长谈，或另有电话打进来，需要中止电话，应说明原因，告知对方："一有空，我马上打电话给您。"免得让对方误以为厚此薄彼。

中止电话时应恭候对方先放下电话，不宜"越位"抢先。一般下级要等上级先挂电话，晚辈要等长辈挂电话，被叫等主叫先挂电话，不可只管自己讲完就挂断电话。

9.1.3 特殊团队服务礼仪

特殊团队是指有别于一般旅游、观光，具有其自身特点的旅游团队。在组织安排服务特殊团队时，不能等同于服务一般旅游团队的操作，应根据他们的自身特点，有针对性地服务。

1．旅游代理商或新闻记者服务礼仪

旅行社在服务旅游代理商或新闻记者时，目的是介绍本社的旅游线路，使其通过观察、了解并熟悉本社的业务和旅游目的地的旅游业情况，产生组团消费本社旅游产品的愿望，宣传并介绍本社的旅游业务。旅行社在服务旅行代理商或新闻记者时需注意以下几点。

（1）精心设计出最佳的、打动人心的旅游线路。旅行社应派专人预先按线路走访一下，并落实各地的准备工作。每个地方突出什么，交通、食宿、参观游览、文娱活动怎样安排等，需要反复检查确认。

（2）旅游代理商或新闻记者旅游的线路安排，尤其是交通、食宿、参观游览、文娱活动等，应与将来旅行社组团的安排基本一致。

（3）配备最佳导游。所选导游的好坏是此次旅游成功与否的关键。要选择有经验且学识丰富的导游，讲解既深入浅出，又诙谐动听，妙趣横生，让旅游代理商或新闻记者体会到这是一次绝妙的艺术体验，有助于他们回去后更好地宣传，起到扩大影响、吸引游客的作用。

2．大型团队服务礼仪

服务大型团队的旅游活动，其难度及要求比一般旅游团队都要高。工作人员必须具备较高的业务水平、较强的控制能力与严谨的工作作风，才能够圆满完成工作任务。

服务大型团队应注意以下几点礼仪。

（1）与各有关单位确认活动日程和确切的时间。

（2）检查工作人员准备的情况，确保已将车号、人数、房号等通知每位工作人员。

（3）主管亲临机场或码头察看迎接大型团队的场地、乐队站立的位置、停车点。

（4）事先安排专人提前到达下榻酒店，与酒店客房部经理等共同检查房间内各种设施是否完好可用。

（5）与车队联系好，确定出车顺序，车号及相关标识应贴在车内的醒目位置。

3．残疾人团队服务礼仪

服务残疾人团队时，最重要的是要满怀热忱，随时注意不能伤害到其自尊心。在生活服务方面，一定要细心周到，想方设法为他们提供方便，应尽全力满足他们的要求。

9.2 旅行社导游服务礼仪

旅行社导游（以下简称导游）是为游客提供旅游服务的主体，同游客交往时间最长、联系最多，是旅行社的灵魂。导游服务礼仪表现和服务质量状况直接影响到游客旅游舒适愉快的程度，对整个旅游服务工作起着至关重要的作用。因此，导游在服务过程中，要始终为游客提供礼貌、热情、周到的服务，尤其是在迎客、游览沟通协调、购物服务、处理突发事件、送客等环节中，更应注重提供符合礼仪规范的服务。

9.2.1 导游的基本礼仪规范

在游客的心目中，导游往往是一个民族、一个地区乃至一个国家的形象代表，因此，导游在不断提高个人综合业务技能的同时，应自觉加强礼仪修养并遵守基本的礼仪规范。

1. 守时守信

由于游客参观游览都有一定的行程安排并有较强的时间约束，因此为了确保旅游团队活动的顺利进行，导游必须尽早将每天的日程安排清晰无误地告知每位游客，并随时提醒。同时，导游应按照规定的时间提前达到集合地点，按约定的时间与游客会面。

2. 尊重游客

导游在带团的过程中，应尊重游客的宗教信仰、风俗习惯，还应特别注意他们的习惯和禁忌。对游客应一视同仁，不厚此薄彼，但对旅游团队中的老弱病残孕等特殊人员应给予更多的关照，做到体贴有加而非同情、怜悯。

3. 互敬互谅

导游工作只是整体旅游工作的一个组成部分。如果没有其他相关工作人员，尤其是随团的汽车司机、旅游景点工作人员、购物商场工作人员以及酒店工作人员等一系列为游客提供直接和间接服务的工作人员的大力支持与通力合作，导游工作就无法圆满完成。因此，导游应尊重每位相关工作人员，体谅他们的工作处境与困难，积极配合他们的工作，这是做好旅游服务工作的前提保障，也是导游良好礼仪素养的又一体现。

▎应用案例 9-2

没有准时到达旅游团队集合地的导游

小徐是从××外语学院德语专业毕业后到旅行社从事导游工作的。这天，他接了一个德国旅游团队，和旅游团队约定好 8:00 在酒店大厅集合。7:30，他就跨上自行车去游客下榻的酒店。小徐想："从家里到酒店骑车 20 分钟就到了，应该不会迟到。"然而，当经过铁路道口时，开来一列火车，把他拦住了。待火车开过去时，整个道口已挤得密密麻麻，大家都急着赶时间去上班，自行车、汽车全然没有了秩序。越是没有秩序，越是混乱，待交通警察赶来把道口疏通，已过 8:00。8:10，小徐才到酒店。这时，离原定游客出发时间已晚了 10 分钟，只见等候在大厅里的那些德国游客个个脸露不悦，领队更是怒气冲冲，走到小徐面前指着手腕上的表，意思是说："现在几点了？"

资料来源：徐兆寿. 旅游服务礼仪[M]. 北京：北京大学出版社，2013.（有改动）

9.2.2 导游的准备工作礼仪

1. 形象准备

（1）仪容整洁端庄。

导游的仪容应保持整洁，外出活动后要随时洗脸，经常沐浴。男导游面部化妆和发型不宜过分随便或过分个性。女导游最好选择在露天场合不宜被风吹乱而又容易梳理的发型。女导游若化妆要淡雅适度,不宜浓妆艳抹,佩戴首饰要适度;男导游应修脸、刮胡子,指甲和鼻毛也要修短。

(2)服饰得体恰当。

导游的服饰应符合自己的身份,导游应明白自己是旅游服务工作人员,是为游客提供服务的,不要过分突出自己,服饰不应喧宾夺主。同时导游的服饰应符合自己的职业特点,要整洁、整齐、大方、自然。导游的工作主要在户外和旅游车上进行,导游应选择适合这类活动的服饰。另外导游的服饰应符合自身的年龄特点,突出自己的风韵和气质。年轻的导游要彰显青春气息,年长的导游则要穿出成熟的魅力。如果旅游计划中安排有会见、宴会、舞会等,要准备好适合这些场合的服饰。

2. 物质准备

带团前,导游应到旅行社相关部门领取旅游团队接待计划表(电子行程单)、旅游服务质量反馈表、旅游团队成员名单、旅游餐饮结算单、旅游团队费用结算单等。准备好必备的工作物品,包括导游证、导游身份标识、导游旗、扩音器、接站牌、旅游车标志、宣传资料、行李牌、通讯录以及按旅游团队人数发放的物品等。同时准备雨伞、遮阳帽、润喉片、常备药物、记事本等个人物品。

3. 知识准备

导游要根据旅游计划确定的参观游览项目,做好有关知识和资料的准备,尤其是计划中所列新开放景点知识的准备。主要包括以下几个方面,第一,有关沿途各站的政治、经济、历史、地理、民俗风情、各游览景点等方面的概况介绍。第二,准备即时信息。如天气情况、热门话题等。当前的热门话题、国内外重大新闻等旅游团队可能感兴趣的话题,全都可以将其作为一个专题进行细致深入全面的准备,这是与游客进行良好沟通的重要基础。第三,旅游途中活跃气氛的节目的准备。第四,如果是专业旅游团队,则还须在该专业知识、术语等方面做相应准备。

4. 业务准备

导游要熟悉旅游计划,了解旅游团队服务的特殊要求和注意事项,适时核对车辆、就餐安排、游览项目、交通购物、自由活动、会见项目、住宿等计划内项目的落实情况,确定与旅游车司机的接头时间与地点,并督促司机将车身和车内清洗、清扫干净。备好醒目的接团标志,若是服务私人定制旅游团队,导游最好事先了解游客的外貌特征、性别、装束等。凡导游到机场、车站、码头迎接游客,必须比预订的时间早到等候游客,而不能让游客等候导游。

应用案例 9-3

事先了解欠充分,迎接仪式成泡影

小唐去机场接一个政务旅游团队。航班正点抵达了,游客出来后小唐清点好人数,举起导游旗说:"我是导游小唐,现在大家跟我一起上车吧!"说完,他就在游客前面带队。走出好长一段路,小唐回头一看,几乎没有几个游客跟上来。他有点疑惑,问身边的一位游客怎么回事。

这位游客告诉他,该政务旅游团队活动的主办单位在机场出口处要进行一个小型的迎接仪式,内容包括送鲜花、致欢迎词和照集体相,而且还有几家媒体准备现场采访。小唐这么一招

呼，大家走散了，没法集中，主宾双方领导和媒体记者不知所措。小唐见状，当即停下脚步并返回出口。该团的几位领导对他的行为很不满，上车之后气氛一度不太愉快。

资料来源：王晓宁，易婷婷. 导游实务案例与分析[M]. 北京：中国人民大学出版社，2014.（有改动）

9.2.3 导游的迎送服务礼仪

迎送旅游团队是导游的一项十分重要的工作，分为迎客礼仪和送客礼仪，这两者之间还包含若干环节。迎客的礼仪是否周全，直接影响到旅行社和导游本人在游客心目中的第一印象；而送客则是带团的最后一项工作，如果前面的工作游客都非常满意，但送客工作出现了礼貌不周的问题，同样会破坏旅行社和导游在游客心目中的整体形象，并使陪团前期的努力前功尽弃。为此，做好迎送服务礼仪是十分重要的。

1．导游迎客礼仪

（1）热情接待。

游客到达后，导游要佩戴导游胸卡，持接站牌在出口醒目位置热情迎接旅游团队。导游应尽快从出站游客的外貌特征、衣着、组团的徽记等来分析、判断或上前委婉询问，主动认找自己的旅游团队，准确使用礼貌用语和问候语，要特别注意用词须谦虚、谨慎。如该旅游团队有领队、全陪时，导游应及时与领队、全陪接洽、确认，避免出现漏接、错接等情况造成游客抱怨、投诉，影响游客情绪。

接到旅游团队后，导游应认真核实实到人数，主动协助本团游客将行李集中放在比较安全的位置，礼貌地提醒游客检查其行李是否完好无损。若旅游团队配备了行李车，与领队、全陪（或酒店行李员）共同清点行李。行李核对无误后移交给酒店行李员，双方办好交接手续。若无行李车，迅速引导游客来到已安排妥当的旅游车旁，指导游客有秩序地将行李放入行李舱后，再招呼游客按次序上车。

（2）乘车服务。

游客上车时，要提醒游客带齐自己的随身物品，如游客所带物品过多要主动帮其分担。导游要恭候在车门旁，如有老人、小孩等游客，要扶携、照料。等游客上完车后，导游自己再上车。游客全部上车后，导游要帮助游客将放在行李架上的手提行李整理齐顺，以免意外掉落砸伤游客。游客就座后，礼貌地清点人数，无误后请司机开车。清点游客人数时要默数，切忌不礼貌地用手指点游客。下车时，导游先下车，在车门口协助游客下车。

（3）致欢迎词。

欢迎词是导游给游客留下良好第一印象的重要环节，等到全体游客上车之后，导游要向游客致欢迎词。致欢迎词时，如果旅游车的车型允许，导游应该采取面向游客的站立姿势，站在车厢前部，使全体游客都能看到。欢迎词的内容应视旅游团队的性质及游客的文化水平、职业、年龄及居住地区等情况有所不同，注意用词恰当，给游客以亲切、热情、可信之感。欢迎词可以有不同形式但应包括以下内容：代表所在旅行社、导游本人及司机欢迎游客光临本地；介绍自己的姓名及所属单位；介绍司机；表示提供服务的诚挚愿望；预祝旅途愉快顺利。致欢迎词时应注意音调轻柔，举止大方。

> **应用案例 9-4**

欢迎词范例

范例 1

尊敬的各位游客,大家好!我代表天津旅行社的全体员工对大家的到来表示热烈的欢迎。很荣幸有这次与各位合作的机会,我将陪同各位走过一条非常美丽的风景线。我姓尚,是大家天津之旅的导游,相信有小尚在此陪同,大家在天津一定会玩得开开心心。坐在前方驾驶位置上的司机王师傅是我们旅行社的老司机,王师傅驾驶技术娴熟,大家对行车安全尽管放心。这几天,就由我和王师傅一同为大家服务。俗话说:"百年修得同船渡",那我们今天就是"百年修得同车行"。如果大家在旅途中有什么问题,尽管向我提出,我会竭尽全力为您解决,我的服务宣言是"永远不说 NO"!最后,预祝大家玩得开心,游得顺意。

资料来源:钟素平,胡建英.导游业务:理论、实务、实训[M].天津:天津大学出版社,2014.(有改动)

范例 2

尊敬的来自韩国的朋友们,上午好!我们中国有句老话:"有朋自远方来,不亦乐乎!"今天我特别高兴,代表××国际旅行社及司机欢迎你们来到享有动感之都美誉的花园城市南昌。南昌有两千多年的建城史,如今的南昌是城在水中、水在城中、人在画中,四季分明、树木苍翠、花香四溢,是中国幸福感最明显的城市之一。我姓赵名×,司机姓李名×,我们可以叫他李师傅。在南昌旅游期间,我和李师傅将尽最大的努力为各位朋友服务,在此期间我祝大家旅途愉快!

资料来源:杨媛媛,刘霞.导游业务[M].重庆:重庆大学出版社,2017.(有改动)

(4)沿途讲解。

致完欢迎词后导游应根据车程时间长短进行首次沿途讲解,以满足游客的好奇心和求知欲。首次沿途讲解是显示导游知识、技能和工作能力的好机会,精彩的首次沿途讲解会使游客产生信任感和满足感,有助于导游树立良好的形象。为帮助游客熟悉观光地,可准备一些有关的出版物供游客阅读,如报纸、杂志、旅游指南等。

注意观察游客的精神状况,如游客精神状况较好,在前往酒店途中,可向游客介绍酒店情况、活动日程,可就沿途街景介绍当地民俗风情、旅游景点等。沿途讲解内容要简明扼要,语言要节奏明快、内容清晰,重视景物的取舍,学会触景生情,善于随机应变,见人说人,见物说物,力争做到与游客的观赏同步、反应敏捷、掌握时机。如游客比较疲劳,则可让游客休息。

(5)安排食宿。

到达酒店后导游应尽快协助领队办理好入店手续,导游要掌握领队和游客的房间号并将自己的联系方式告诉领队,以便有事时及时联系。导游要认真地向游客介绍酒店设施,让游客及时了解酒店的基本情况和入住的注意事项,帮助游客入住房间并取到行李,并通知游客当天或第二天的活动安排,带领旅游团队用好第一餐。在离开酒店之前,导游应与领队确定第二天的叫早服务,通知酒店总服务台或楼层服务台叫早时间,在将所有游客安排妥当后导游方可离开酒店。

(6)贵宾的迎接。

迎接贵宾时,应事先在机场(车站、码头)预订贵宾休息室,并准备好饮料、鲜花。如有条件,在贵宾到达之前可将酒店客房号码或乘车牌号通知贵宾方人员。派专人协助办理出入关手续。

贵宾抵达前,应通知酒店总台,在贵宾入住的房间内摆上鲜花、水果。贵宾抵达酒店后,一般不宜马上安排活动，应留一些时间让贵宾休息。

2. 导游游览服务礼仪

游客在游览过程中的舒适愉悦体验程度与导游的服务水平、敬业精神、礼仪修养息息相关。具体来说，导游在游览过程中要遵守以下几点礼仪要求。

（1）出发前的礼仪。

导游应修饰自身形象，每天出发前，应提前 10 分钟到达集合地点。首先，向游客主动、热情打招呼，但不要主动与游客握手，当游客伸手时应热情大方地与其握手。其次，核实清点人数后，准时集合登车。最后，提醒注意事项，重申当日活动安排。

（2）讲解服务礼仪。

导游在讲解中，讲解景点的背景材料必须准确，要有根据，有出处，不能胡编乱造，对民间传说也要有据可查，不可信口开河，对说法不一的内容可忽略不讲或有选择地将具有代表性说法介绍给游客。

导游在讲解中要注意条理分明、脉络清晰、符合逻辑，把所讲的内容交代清楚，同时注意语言的趣味性与感染力，适当使用幽默、充满活力的语言打动游客，营造一种轻松、愉快的气氛。

导游在讲解时要有针对性，要因人、因时、因地而异，不能千篇一律，应根据不同的对象决定讲解的内容、顺序、语言的方式、音量的大小等。导游要了解游客的背景，做好准备工作，包括知识准备和心理准备，根据游客的年龄、职业、爱好、文化程度、宗教信仰等，选择适当的讲解方法和内容，使特定景点的讲解适应不同游客的文化修养和审美情趣。

在讲解过程中，导游应善于利用各种媒介，如动作、表情、图片等，把信息有计划地与游客进行传递和交流，同时还应了解客源地的民族历史、生活方式、风俗习惯、文化艺术等，与游客建立起共识以达到有效交流。

导游还可根据游客的特点、兴趣、要求穿插一些历史典故、社会风情的讲解，以增强游客的兴致。导游也可以同游客讨论一些他们感兴趣的热点问题，或组织适当的娱乐活动，如猜谜语、讲故事、变小魔术和唱歌等，以活跃途中气氛，增进感情交流。

导游在讲解服务中，对游客提出的合理但不可能实现的要求或不合理的要求应给予回绝。在拒绝游客时，要注意给他们一个体面的台阶、一个合理的解释，不能伤害游客的自尊，特别是在他们的要求合理但不能满足时，最好先肯定其动机，然后婉言回绝。

（3）讲解服务礼仪。

导游的讲解服务是一个语言传播的过程，在这个过程中，应使用规范化语言，将知识性、思想性、趣味性相结合，达到传播知识、沟通思想、交流感情的目的。

导游在讲解时要学会并善于运用一些修辞手法，如比喻、比拟、夸张、对比等来美化自己的语言，切忌死板、老套、平铺直叙，这样才能把所讲的内容如故事传说、名人轶事、自然风物等讲得鲜明生动、风趣活泼，才能打动、吸引游客领会导游的意图，并体验所创造的意境。

导游在讲解时应文明优雅，把美传递给游客，注意不要使用不文明的词语，以免给游客留下粗俗的印象；不使用游客忌讳的词语，以表示对游客的尊重；不讲黄色故事、黄色笑话，避免影响自身形象和行业形象。

导游讲解应具有较强的现场感。一是多使用具有现场感的词语，如"现在""今天""刚才""马上"等，提醒游客集中注意力；二是多使用引导性的语言，如"请猜一猜""现在大家看到的是……""谁愿意试一试""这就是我们神驰已久的……"等，使用这类语言，可加强现场感和互动性。

导游应随时注意对自己思维能力和表达能力进行锻炼，做到讲解时思路清晰、口齿伶俐，避免紧张、对所讲内容不熟悉、思维不敏捷导致思维出现空白或出现不良的习惯性口语，不自觉地用"这个""喂""啊"等无意义的字眼来延长时间，妨碍讲解内容的连贯性，影响游客的心情。

导游在讲解中还要善于使用体态语，包括表情、姿态、动作，帮助导游传递有声语言无法传递的信息，起到补充和强化有声语言的作用，如：善意的微笑、抱歉的眼神等。

大部分游客旅游的目的是放松、休闲和娱乐，一旦离开原来的生活环境，解放感油然而生，导游在讲解过程中，应当就可能发生危及游客人身、财物安全的情况，向游客作出真实说明和明确警示，提醒时语言要尽量委婉，多用"请"，少用"不准""不许""必须"等命令性语言，以免游客反感。

导游应留意游客走向，防止游客走失，要特别注意游客安全，特别要照顾好老、弱、病、残、孕等特殊游客。要经常清点人数，运用恰当的语言，提醒游客注意安全并保管好自己的贵重物品。

导游服务工作繁杂多变，导游的主观失误或相关部门服务上的欠缺，以及不可抗拒的自然因素都会造成工作上的失误，引起游客的不满和抱怨甚至投诉。一旦出现不愉快的体验，无论原因是主观的还是客观的，无论责任在不在导游身上，导游都应妥善处置，同时采取恰当的语言真诚并及时地向游客道歉，以消除误会，平息怨气，求得谅解。

应用案例 9-5

不能说"不"

某年秋季的一天，北京的导游郭先生陪同一个十多人的美国旅游团队去八达岭长城游览。大家在八达岭长城玩得很开心。下午参观完定陵后，有些游客提出要继续参观长陵。郭先生告诉他们旅游计划上没有安排，况且时间也不够用，因此不能满足他们的要求。游客听后，仍坚持要去长陵，并讲自己另付门票也愿意去。经与司机商议后，郭先生同意了游客的要求。由于去长陵游览了，晚饭很晚才吃上，但游客没有怨言，仍要求在适当的时候再去慕田峪长城游览。这回郭先生没有像上一次那样直接拒绝他们的要求，而是对他们说，可以去与旅行社沟通一下，尽量满足大家的要求。第二天，他对游客讲，已经与旅行社联系过了，由于旅游日程安排太紧，无法抽出时间去慕田峪长城游览，希望大家谅解。游客见他确实为此事尽了心，便没有坚持去慕田峪长城。

评析如下。

在旅游服务过程中，经常会遇到游客提出某些难以办到的要求，例如，游客在旅游旺季要购买去旅游热点的机票、车票，游客要求在短时间内去参观长距离的旅游景点，游客要求在不增加费用的情况下增加旅游项目等。遇到此类情况导游应该注意以下几点。

第一，不能直接说"不"，因为这很容易伤害游客的自尊心，会使游客感到导游对工作不负责任。

第二，导游要表现出尽心的姿态，并通过行动让游客看到，导游确实是在为他们提出的要求而努力。

第三，导游不能马上说"不行"，也不要急于解释原因，否则游客不但不会接受，甚至还会引起反感。

上述案例中的郭先生在游客第一次提出要求时，就是因为急于向游客解释不能去长陵的原因而没能得到游客的理解。第二次游客要求去慕田峪长城时，他采取了积极的态度，让游客感到他确实为此事尽了力，终于得到了游客的理解。可见，只要通过努力，尽管事情没有办成，游客是会理解导游的。经过努力后的解释，不但不会引起游客的不满，还会赢得游客对导游的信任。当然，对于游客提出合理的要求应尽力满足，而对不合理的要求则应说明原因或向旅行社汇报。无论如何，导游要重视游客的要求，并对此作出积极的回应。

资料来源：https://www.51test.net/show/478841.html（2009-01-03）[2023-05-26].（有改动）

（4）文明旅游礼仪。

导游的示范、及时提醒和引导能有效提升旅游活动中游客的文明意识，进而对旅游活动产生积极影响。一方面，为游客做好文明的榜样，尊老爱幼，在进出房间、上下车时，要让老人和儿童先行，对老弱病残孕等特殊群体应主动给予必要的协助与照料。导游应注意尊重他人隐私，政治、宗教等敏感话题也不要谈论。游客提问时，要耐心听取，及时解答。在游览过程中，导游要平均分配自己的注意力，尽量照顾全体游客，不可冷落任何一位游客，要照顾、配合全体游客行走的快慢。在带团过程中，导游与游客在一起的时候，不得抽烟，不吃有异味的食品。与游客交谈时，话题应愉快、轻松、有趣。对游客不愿回答的问题，不要追问；遇到游客反感或回避的话题，导游应表示歉意，并立即转换话题。同时，做好同其他旅游服务工作人员的配合。

另一方面，导游要引导游客文明旅游。导游要向游客告知和解释文明行为规范、不文明行为可能产生的后果，劝阻游客违反法律法规、社会公德、文明礼仪的行为。提醒游客注意基本的礼仪规范：仪容整洁，遵序守时，言行得体。提醒游客不在公共场合大声喧哗、违规抽烟，提醒游客依序排队、不拥挤抢争。引导游客在旅游过程中保持良好心态，尊重他人、遵守规则、恪守契约、包容礼让，展现良好形象。

知识链接 9-1

导游引导游客文明旅游是职责所在

导游不仅要引导游客感受山水之美，给游客提供食、宿、行等方面的服务，还要引导游客文明旅游。原国家旅游局于 2015 年发布的《导游领队引导文明旅游规范》已明确对导游提出"一岗双责"的要求。《导游管理办法》也明确提出，导游要向游客告知和解释文明行为规范、不文明行为可能产生的后果，引导游客健康、文明旅游，劝阻游客违反法律法规、社会公德、文明礼仪的行为。近年来旅游市场的许多不文明行为都指向导游这个群体，诸如导游擅自安排购物活动、强迫或者变相强迫游客购物、恐吓辱骂游客等，严重违背了导游的职责。因此，加强文明旅游建设，导游就要认真履行好引导游客文明旅游这一职责。

资料来源：根据相关网络资料整理。

拓展阅读 9-2

拓展视频 9-3

3．导游的沟通协调礼仪

导游的服务对象非常广泛，在与各类层次不同、品质各异、性格相左的中外人士打交道的过程中应能够礼貌有效地进行沟通协调，熟练运用相关知识随机应变，处理问题，在待人接物时自然、得体，搞好各方面的关系。

（1）真诚与游客沟通。

导游应较快地在游客心目中树立起良好形象，较为深入地洞悉游客的希望和想法，为安排好日程、提供有针对性的服务创造前提，尽快缩短与游客之间的心理距离，融洽彼此之间的关系，这样有利于沟通协调工作的开展。良好形象可以通过良好的仪容仪表和自信的仪态来树立。导游待人要自然大方，办事果断利索，站、坐、行有度，与人相处直率而不鲁莽，活泼而不轻佻，自尊而不狂傲，工作紧张而不失措，这样导游才能较为容易地获得游客的信任。

由于旅游服务工作的性质特殊，导游要培养自己活泼、外向的性格，使自己在工作岗位上永远情绪饱满、有爱心、待人诚恳、富于幽默感、有自信，在旅游过程中遇到问题有能力解决，让游客感到可信赖和可依靠。

导游应随时能够调动游客的积极性，使游客顺着导游的思路去分析、判断、欣赏和认识，从而体会旅游的乐趣，得到美好的享受；导游可以熟练地运用丰富的知识、幽默的语言、抑扬顿挫的语调、引人入胜的讲解以及有节奏的活动来征服游客，使游客沉浸在欣赏美的愉悦之中，自觉配合导游的工作。

在整个服务过程中，导游应经常真诚地与游客进行沟通。与游客进行沟通包括意见沟通和情感沟通两个方面。意见沟通是指当导游在旅游服务过程中与游客产生意见分歧时，导游应及时排除分歧，以求得与游客的意见趋于一致。为此，导游要把自己的意图明确表达出来，让游客了解自己，同时要设法让游客说出自己的真实想法，以相互了解，在此基础上求得意见的一致。情感沟通是指导游要促进与游客之间的情感共鸣，即一方面要满足游客正当的情感需要，如自尊的需要、友爱的需要等，另一方面尽量使自己的情感频率与游客的情感频率趋于一致，即乐游客之所乐，急游客之所急。

在旅游服务过程中，为了使旅游活动顺利进行，使绝大多数游客获得旅游的愉悦、美的享受，导游要善于处理好一些关系，如：强弱关系、多数与少数的关系、劳和逸的关系等。

（2）协调旅游团队关系。

旅游团队能顺利完成旅游活动，离不开导游、领队、景区景点讲解员和司机等旅游服务工作人员的辛勤工作，特别是导游、领队的密切合作，精诚团结是旅游团队圆满完成旅游的重要保证。导游要诚心诚意地尊重并服务游客，支持他们的工作，尽量避免与他们发生正面冲突。

（3）与旅游服务单位的沟通协作。

旅游产品是一种组合性的整体产品，不仅包括沿线的旅游景点，还包括沿线提供的交通、食宿、购物、娱乐等各种旅游设施和服务，需要旅行社、酒店、景点和交通、购物、娱乐部门等旅游服务单位的高度协作。各旅游服务单位的相互协作，是导游工作得以顺利进行的重要保障。导游应及时沟通协调好和旅游服务单位的对接工作，应在共同的工作原则之下，坚持原则，互利合作，平等协商。遇到合作的旅游服务单位随意改变日程，增加购物等不正确的做法，应尽量说服对方按协议执行计划，如对方一意孤行，则要采取必要措施保护游客的利益。

4．导游的购物服务礼仪

■ 应用案例 9-6

拓展视频 9-4

东北"刘诗诗"杭州当向导：从不宰客在杭州买两套房

胡娜娜来自黑龙江大兴安岭地区，2013年来到杭州。她从2010年就开始做导游工作，现在是一名"当地向导金牌导游"。刚开始导游工作时，胡娜娜每天早上六点就出门，晚上十一二点才回家。一个人带四五十人的大团，即使很努力也很难服务好所有游客。而当时很多人把"导游"和"宰客"联系在一起。

国家网约导游试点政策出台后，胡娜娜看到了机遇。她成立了自己的"胡娜娜工作室"，旗下导游也从几人发展到几十人。胡娜娜精心研发路线，反复推敲讲解，钱塘美景，她如数家珍。推崇品质服务的胡娜娜工作室，提供导游服务的价格从每天600多元到1500元不等。她绝不宰客、甩团、强制购物，给每位游客提供个性化定制旅游服务。有了好口碑，胡娜娜工作室从不缺订单。这种新型的服务方式，让她的收入翻了几番。

在携程当地导游平台的 10000 多名导游中，"90 后"占比 24%，"80 后"占比 50%，其中 300 多名导游是"95 后"，刚毕业就投身旅游业。凭借自己的努力，胡娜娜在改变自己所处的行业环境的同时，努力让自己过上更好的生活。

资料来源：https://www.sohu.com/a/312579905_100122986?sec=wd（2019-05-08）[2023-05-27]. （有改动）

1）积极正确地引导

（1）购物到指定商店。

导游要态度诚恳地提醒游客不要随便购物，不要到非旅游定点商店去购物。若购买古玩或仿古艺术品，导游应带其到文物商店去购买，并提醒游客保存好发票，不要将物品上的火漆印去掉，以便海关检验。

（2）客观真实地介绍旅游产品。

导游要以客观公正的态度，介绍旅游产品，介绍要留有余地，引导游客按自己的需要进行购买。

（3）尊重游客的选择。

导游应尊重游客的选择，只有游客自觉、自主的选择才是合理的选择。

2）耐心细致的服务

（1）不要主动为游客当参谋。

导游要了解游览地区的特色产品，并根据游客的基本信息，间接揣摩出游客的购物心理，根据不同游客的特点，进行服务。注意，导游不要主动为游客当参谋，以防自己卷入无端的购物纠纷中。

（2）处理好购物和观光游览的关系。

提高工作效率，处理好购物和观光游览的关系，正确认识购物是旅游计划的组成部分，合理安排购物的时间和次数，维护游客的合法权益，使购物和游览相互补充，提高游客满意度，提高自己的工作效率。

（3）遵守职业道德。

带游客购物时，应严格遵守职业道德，应将游客带到商品质量良好、价格公平合理的商店，而不应该唯利是图，为了一点"好处费"昧着良心违背职业道德，损害游客利益。

应用案例 9-7

全国首例导游强迫交易入刑案

由最高人民法院与中央广播电视总台联合举办的"2018 年推动法治进程十大案件"评选活动进行网络投票。由云南省景洪市人民法院审理的全国首例导游强迫交易入刑案成功入选。

基本案情如下：2017 年 12 月 13 日至 15 日，被告人李某受昆明云迪国际旅行社聘用，在云南省景洪市为所带游客提供导游服务并带游客到定点商家消费过程中，为达到迫使游客消费的目的，采取辱骂、威胁、对不参加消费的游客不发放房卡、对与其发生争执的游客驱赶换乘车辆等手段，强迫 8 名游客购买商品、消费"傣秀"自费项目，强迫交易金额达 15156 元，情节严重。被告人李某强迫交易的视频于 2017 年 12 月 17 日在网上发布，截至同年 12 月 29 日，该视频被 60 余家媒体网站、论坛和微信公众号转载报道，阅读总量达 17000 余次，相关帖文 680 余条，转发 8250 余次，评论 16200 余条，造成了恶劣的社会影响。景洪市

拓展视频 9-5

人民检察院提起公诉后，景洪市人民法院于2018年6月6日对该案进行一审公开开庭审理。景洪市人民法院审理后认为，被告人李云的行为已经触犯《中华人民共和国刑法》的有关规定，构成强迫交易罪，但被告人对自己的行为过错有较好认识，能主动坦白认罪，依法可以从轻处罚，遂对被告人李某判处有期徒刑六个月，并处罚金人民币2000元。被告人李某当庭表示服判，宣判后未上诉，取得了较好的法治效果和宣传效果。

强制购物作为一种乱象，一直是旅游业屡禁不止的顽疾。作为国内乃至世界的重要旅游目的地，云南省得天独厚的气候条件、神奇美丽的自然景观和多彩多姿的文化风情，每年都吸引着来自天南海北的游客。通过人民法院的审判工作净化旅游业，是司法机关发挥职能助力社会经济发展大局的重要举措。该案是云南省乃至全国首例导游强迫交易入刑案，该案的审结维护了社会的公平正义，也为全国旅游业的依法文明开展经营和提供服务标定了底线，对进一步净化云南旅游业经营环境，完善旅游业规则，具有示范效应和意义。

资料来源：https://www.hkfy.gov.cn/index.php?c=show&id=29147（2019-02-12）[2023-05-28]. （有改动）

5．处理突发事件的礼仪

由于旅游活动中有较多的不确定性，加之涉及需要协调、衔接的部门、环节较多，因此很难预料在过程中，会发生怎样的突发事件。一旦发生突发事件，导游应该如何面对呢？

（1）做好计划。

导游尽量在带团出游前对游览计划、线路计划、搭乘交通工具、景点停留时间、沿途用餐地点等进行周密细致的安排，并根据以往的带团经验充分考虑容易出现问题的环节，准备好意外出现问题时所采取的对策及应急措施。

（2）准备应急物品。

应准备一些常用的药品、针线及日常必需品，但导游不能擅自给生病的游客提供药品。将应对突发事件需要联系的电话号码（如急救、报警、交通票务服务、旅行社负责人、车队调度等）随时带在身上。

（3）遇事沉着、冷静。

出发前导游应亲切询问游客的身体健康状况，对老年人尤其要细心。游览有危险因素的景点或进行有危险的活动，如爬山、攀岩、游泳等，一定要特别强调安全问题，并备有应急措施。事件发生以后要沉着冷静，时刻警惕，临危不惧，头脑清醒，既要安抚游客，稳定游客情绪，又要快速安排周密的处理方案，尽量减少事件带来的负面影响。

6．导游送客礼仪

送客是导游工作的最后一环，导游要善始善终地做好送客工作，力争给游客留下美好的最后印象。在本地游览过程中若曾出现过不愉快的事，应尽量弥补，努力让游客愉快地结束旅行。

（1）核实交通票据。

在旅游团队离开的前一天，导游应认真核实旅游团队离开的机票（车票、船票），核对团名、代号、人数、去向、航班（车次、船次）、起飞（开车、启航）时间、在哪个机场（车站、码头）等事项。

（2）商量出行时间。

首先，导游应先了解旅行社行李员与酒店行李员交接行李的时间（或按旅行社规定的时间），然后与酒店礼宾部商量交接行李的时间。确定后再通知游客，并向其讲清有关行李托运的具体规定和注意事项（如不要将护照、贵重物品等放在行李中）。普通旅游团队若不安排行李车，游客的行李随车运送，导游通知游客出发时间时一并提醒游客带上行李。

其次，商量集合出发时间，由于司机对路况比较熟悉，所以出发时间一般由导游首先与司机商量。为了安排得更合理，导游还应与领队商量，确定后应及时通知游客。

最后，导游应与领队商量叫早和早餐时间，并及时通知酒店有关部门和游客。

（3）提醒结账。

导游应及时提醒、督促游客尽早与酒店结清与其有关的各种账目，如洗衣费、长途电话费、饮料费等；若游客损坏了客房设备，导游应协助酒店妥善处理赔偿事宜，若无特殊原因导游应在中午12:00之前带领游客办理退房手续。

（4）特色礼品。

赠送的礼品要注意携带方便，突出地方特色，具有保存价值。送客时导游应尽量帮游客将行李安顿好。

（5）致欢送词。

行程即将结束，与游客道别前，在行车途中或在机场（车站、码头），导游向游客致欢送词，以加深与游客之间的感情。致欢送词时语气应真挚、富有感情，欢送词的内容一般包括：回顾旅游活动，感谢大家的合作；表达友谊和惜别之情；诚恳征求游客对导游工作的意见和建议；若在旅游活动中有不顺利或旅游服务有不尽如人意之处，导游应借此机会再次请游客谅解；表达美好的祝愿。

应用案例 9-8

令人难忘的欢送词

重庆一位导游在送别一个日本东京汉诗研究所旅游团队时所致的欢送词：两天来，由于各位的盛情和通力合作，我们在重庆的游览就要结束了。在此，谨向各位表示深深的谢意！重庆和东京相距几千公里，但中国和日本是一衣带水的友好邻邦，我唯一的遗憾是不能按照日本古老的风俗，给你们一条纸带，一头牵在你们手里，一头系在我们手里。船开了，纸带一分两半，但却留下不尽的思念，虽然没有这条有形的纸带。但却有一条无形的彩带，那就是友谊的彩带……中国有句古话说："人惟求旧，物惟求新。"东西是新的好，人还是旧友好。这次我们是新知，下次各位有机会再来重庆，我们就是故交了。祝各位万事如意、健康幸福、一路顺风！谢谢各位。

资料来源：徐兆寿. 旅游服务礼仪[M]. 北京：北京大学出版社，2013.（有改动）

（6）返回。

旅行车到达机场（车站、码头）后，导游应提醒游客带齐随身的行李物品，照顾全体游客下车后，要再仔细检查车内有无游客遗漏的物品。

送乘坐国内航班（火车、轮船）的游客离站时，导游应等旅游团队所乘交通工具启动后方可离开；送乘坐国际航班（火车、轮船）出境的游客时，导游要在旅游团队进入安检区域后方可离开。如果导游自己有其他事情需要处理，不能等候很长时间，应向游客说明原因并表示歉意。

应用案例 9-9

关于导游送客礼仪的思考

清晨8时，某旅游团队全体游客已在汽车上就座，准备离开酒店前往火车站。导游员A从酒店外匆匆赶来，上车后清点人数，又向领队了解全团行李情况（领队告诉他全团行李一共16

件已与酒店行李员交接过），导游 A 随即讲了以下一段话："女士们、先生们，早上好！我们全团 15 个人都已经到齐。好，现在我们去火车站。今天早上，我们乘 9 点 30 分的××次火车去×市。两天来大家一定过得很愉快吧。我十分感谢大家对我工作的理解和配合。相逢何必曾相识，短短两天，我们增进了相互之间的了解，成了朋友。在即将分别的时候我希望各位女士、先生今后有机会再来我市旅游。人们常说，世界变得越来越小，我们肯定会有重逢的机会。现在，我为大家唱一支歌，祝大家一路顺风，旅途愉快！（唱歌）。女士们、先生们！火车站到了。现在请下车！"

请运用所学知识分析导游员 A 在这一段工作中违反了哪些导游送客礼仪。

分析提示：在旅游团队离开酒店时，导游应提前到达酒店，及时提醒、督促游客尽早与酒店结清与其有关的各种账目，做好行李的交接工作，然后恭候在车门旁，协助游客上车；全体游客到齐后，导游应提醒游客再检查清点一下随身携带的物品，如无遗漏方可开车离开酒店；导游在向游客致欢送词时语气应真挚、富有感情。欢送辞的内容应包括：回顾旅游活动，感谢大家的合作；表达友谊和惜别之情；诚恳征求游客对导游工作的意见和建议；若在旅游活动中有不顺利或旅游服务有不尽如人意之处，导游应借此机会再次请游客谅解；表达美好的祝愿。

资料来源：https://www.daodoc.com/fanwen/qitafanwen/3738684.html（2020-02-28）[2023-05-31]. （有改动）

9.3　旅行社商务接待与拜访礼仪

9.3.1　旅行社商务接待礼仪

旅行社商务接待是其日常工作中的重要组成部分。有客来访，尤其是业务伙伴的到访，预示着新一轮的业务合作即将开始。作为接待方，旅行社必须全力体现良好的企业形象，增强其可信度。

1．注重微笑与行礼

微笑是客户的阳光，微笑是最好的服务，作为旅行社的商务接洽人员，要时时保持饱满的精神状态并面带微笑，秉持关心客户的态度。行礼则是诚心的表现，商务洽谈最讲究真诚信用，所谓美丽优雅的行礼，不但是指在外形上要有规矩，而且还要有诚心诚意的内涵。对客户存有感谢并亲切招呼的心态，对客户的行礼自然地就能表现得得体合宜。

2．问候、说话要谦和亲切

对于来访的同行或业务伙伴，应该像招呼老朋友一样热情亲切地问候，让其感到对他们的重视。但是这种热情也要把握住分寸，过分热情只会取得适得其反的效果，让客户产生高度戒备的心理。因此，对待不同的客户，要视具体情况的不同，方式或程度也不同。

3．要认真细致地做好准备工作

当商务接洽人员确知旅行社将有客户来临，首先要去会客室检查一下应该准备的事物是否有所遗漏。在与客户约定的时间到来之前把一切准备工作做妥。

4. 平等待客，慎重洽谈

应该平等对待来访旅行社的客户，有差别地对待客户是很不礼貌的行为。客户未离开时不要谈论该客户的事。有些客户来访的真正目的不在于进行商务洽谈，而在于打听情报或商业机密。因此，对于客户的询问要慎重处理。接待客户时，说话要谨慎，在会谈中有其他来客，要用字条代替传话，一来避免打断会场气氛，二来可保守机密。

5. 随时等待客户

进行商务洽谈活动时，如果不方便在旅行社接待，可以约客户到合适的场所会晤。必须注意的是，约客户见面，应该提早到达约定的场所，宁可等候客户也不可让客户等候。"出迎三步，身送七步"是迎送客户的最基本的礼仪。每一次的见面结束，都要以"再次见面"的心情恭送客户离开。

6. 用握手表现诚意

商务接待礼仪最基本的是要有发自内心的诚意。以诚感人，笑脸迎客，能得到客户的好感，而且会使客户感到亲切。如果再加上很有礼貌的握手，则更能增添彼此间的亲密感。诚意是人际关系的基本要求，能表现出诚意的礼仪才是真正的礼仪。在握手的时候应注意：握手姿势要端正，并正视对方的眼睛。不要一边握手一边行礼鞠躬。如果对方是长辈应由对方先伸手；如果对方是女士，除非她先伸手，否则自己不主动伸手。

7. 姿态要优雅、规矩

一个人的言行举止就是其人格的表现。优雅的坐姿、规矩的站相、稳健的步伐是完善人格的基本表现。培根说："形体之美胜于颜色之美，而优雅的行为之美又胜于形体之美。"优雅端庄的体态，敏捷协调的动作，优美的言语，大方的修饰，甜蜜的微笑和具有本人特色的仪态，会给人留下美好的印象。

9.3.2 旅行社商务拜访礼仪

旅行社的商务洽谈活动是双向的，客户来访，应该热情真诚地接待。有时，为了抓住商机，旅行社也需要主动到相关单位拜访，争取业务合作。旅行社的商务拜访同样要注重礼貌礼仪，给对方留下一个好印象。

1. 拜访应先预约，尽量避免失约

上门拜访及商讨相关事宜，是日常工作中常遇到的。应该注意拜访前要先去电联络，并且事先约定时间及地点。去拜访时，应提前10分钟左右到达。因为许多人都以是否守时作为判断对方能否信任的标准。失约、迟到将失去别人的信赖。预知约定有变更时要尽早联络。

2. 举止端庄、称呼得体

在进行商务洽谈时，要随时注意自己的举止和称呼。一个人的外在举止行动，可直接表明其态度。如果一个人在商务洽谈时双手抱胸或颓然躺在椅子上，显然他对商务洽谈的内容是漠不关心甚至反感的；相反，如果一个人事先做了很好的准备，在商务洽谈前先整理了自己的仪

容仪表，例如漱好口，洗好手，整理好头发，随身携带好手帕或卫生纸，然后用舒畅清爽的心情与他人交流，则说明他对商务洽谈非常重视，这也是商务洽谈的基本礼貌。在拜访客户时，如果不知道对方的姓名或职务，应到服务台先作自我介绍并说明来意，礼貌地询问需要拜访的客户的姓名及职务。见面时，待确定对方身份后，主动打招呼，称呼其姓氏加上职位；若是拜访熟人，见面时应该面带微笑热情地招呼对方，另外，适当的寒暄也是必不可少的。

3．注意喝茶时的礼节

如果去拜访客户，怎样喝茶，不仅事关礼仪礼貌，而且也是一门艺术。对方恭恭敬敬地奉上茶水时，却视而不见并兀自吸烟，这是没礼貌的行为。对奉茶过来的人不要忘记说声："谢谢"。并且趁热时浅尝一下。对方特意奉上的东西一点都不沾也很失礼。喝茶时不要把茶垫一起捧上来，而要一边注意茶垫，一边用单手端起茶杯喝茶；喝茶时要做一次深呼吸，心平气和，这样才能保持清醒的头脑进行商务洽谈，所谓"做事要积极，议事要和气"就是这个道理。

4．以真诚的服务态度打动客户

无论做生意或交际，最要紧的是要取得对方的信赖。凡事都要有肯为对方代劳的服务态度，这是取得信赖的先决条件。因此真诚的服务态度才是拓展生意的法则。旅行社的商务接洽人员对客户要有诚心诚意的服务态度，拜访时要站在客户的立场，处处考虑并设法满足客户的需要。只是形式上的礼仪，不但会马上被识破而且还会因此被鄙弃。唯有诚心诚意才令所有人接受。

5．利人利己，尊人尊己

俗语说：利人则利己，尊人则尊己。在现实的生活工作中，要尊重客户，关心客户的心情，做好礼让客户的礼仪，相信这会为自己的工作带来方便。旅行社的商务洽谈往往是为了某个目的，而这个目的往往是想获取经济利益，同样，客户与旅行社洽谈也希望从双方的业务合作中获取有利可图的空间，因此在拜访客户时，应秉持"利人利己，尊人尊己"的原则，与客户达成一致。

9.3.3 旅行社国际商务洽谈礼仪

旅行社分为国内旅行社和国际旅行社。国际旅行社既可从事国外游客的入境旅游业务，也可从事国内游客的出境旅游业务。要做好国际旅游业务，则免不了要与外国同行打交道。因此，了解并掌握旅行社国际商务洽谈中的礼仪对国际旅游业务而言至关重要。

1．记住客户的姓名

在人与人的交往中，能否记住某人的姓名常常表现出对此人的重视程度。在进行商务洽谈时，见面后的第一件事是互通姓名。因此，要学会记住客户的姓名。不同国家的姓名有不同特点，在称呼时也应注意加以区分。在国际商务洽谈中，学会记住客户的姓名并正确地称呼客户是旅行社商务接洽人员必须掌握的本领。

2．正确地使用名片

与外国人打交道，名片是敲门砖，也是旅行社商务接洽人员给客户留下深刻印象的辅助工具。进行国际商务洽谈，客户非常注重旅行社商务接洽人员的身份、地位以及所在旅行社的实力，以此来判断业务合作的前景。

（1）带足名片。

不能忘记携带名片，还要注意名片的内容与正确地递接名片。在名片上不要使用缩写，包括旅行社的名称、旅行社商务接洽人员的职位、头衔。如：副总裁、总经理、副董事长等。如果去非英语地区，最好印制有当地语言的名片。

（2）双手递送。

在东南亚的大部分地区、非洲地区、中东地区（以色列除外），不能用左手赠送名片。在日本，不仅要用双手赠送名片，还要将名片的正面对着客户，以便其能一眼看清名片上的字。

（3）小心收藏。

准备一个合适的名片夹。接受客户的名片后，不要随意放到口袋中，而应看一遍名片的内容，根据名片上的职务称呼客户，并询问其是否正确。待客户确认后将名片收入名片夹放入上衣口袋。

3．掌握客户的风格和节奏

一个想要取得巨大成功的旅行社的商务接洽人员，必须用外国人所能接受的方式与之打交道。美国人办事快速并不拘礼节，但这种风格并不表明美国人缺乏工作的责任心。近几年来北欧人如瑞典人、挪威人和丹麦人也效仿美国人的办事风格。但许多其他国家的人认为，美国人在商务洽谈中仅用名字来称呼人是一种无礼的行为。尤其是在法国，法国人很注重礼节，尽管两个人在一起工作了好多年，已经非常熟悉，但仍然用姓名来互相正式称呼。大多数阿拉伯人不喜欢在没有获得两到三次机会了解商务洽谈客户之前就进行严肃的商务洽谈，也不喜欢被催促，不喜欢有最后通牒式的期限。

4．协调与客户的时间观

不同国家的人在商务洽谈中表现出的不同特点，主要源于他们各自时间观的不同。人类学家霍尔将不同国家的人的时间观分为单色时间观与多色时间观。

（1）单色时间观。

单色时间观（Monochromic Time），其含义是指：人们倾向于在一段时间里由一个人负责集中做一件事。他们将时间分成许多小的单位，如工作时间、停留时间、休息时间等，关心工作的时间效率。属于低个人间关系文化类型国家的人，一般都信奉单色时间观。

（2）多色时间观。

多色时间观（Polyehromie Time），其含义是指：在一段时间里同时做几件事，有许多人负责或参与这件事。属于高个人间关系文化类型国家的人，一般都信奉多色时间观。

显然，当受单色时间观影响的人和受多色时间观影响的人在进行商务洽谈时，为了创造一种和谐的气氛，双方都要进行调整。如我国旅行社商务接洽人员在与德国人打交道时要注意守时，在与巴西、墨西哥人打交道时要能容忍谅解他们的迟到行为。

5．接受客户推荐的食物

进行商务洽谈，吃饭、宴请有着特定的意义。在餐桌上，人们不仅可以交流信息，还可以联络感情。在这种特殊场合，挑食是绝对不允许的，吃饭时不能轻易说："谢谢，但是不……"之类的话，不管说得多么婉转，多么巧妙，拒绝某种食物总会造成不太好的影响。接受放在盘子里的东西，就等于接受东道主，接受他的国家，接受他的企业。因此，不管食物多么不合口味，多么粗糙，也要接受。正如一位经常环球旅游的人所说："旅游时要带一副钢铁般的肠胃，走到哪里，就吃哪里的饭菜。"

即使东道主推荐的食物令人作呕，也不要拒绝，无论如何也要吃几口。桌上有什么，就吃什么，东道主吃什么，就吃什么。

本 章 小 结

随着现代旅游业的发展，旅行社服务的内容和方式正不断发生着变化。本章介绍了旅行社办公室服务礼仪、旅行社导游服务礼仪，接着梳理了旅行社商务接待与拜访礼仪。目的是提高旅游服务工作人员的素质，来应对日益激烈的市场竞争。

复习思考题

一、单项选择题

1. 接听电话时，宜在电话铃响（   ）接听。
   A．一听见响就接听　　　　　　B．三声以内
   C．四五声　　　　　　　　　　D．什么时候方便什么时候接
2. 客人到达酒店后，应以（   ）为主办理入住手续。
   A．导游　　　　　　　　　　　B．客人
   C．领队　　　　　　　　　　　D．酒店工作人员
3. 如旅游团队中有穆斯林，导游安排饮食时，一般不安排（   ）。
   A．凉菜　　　　B．酒　　　　C．鲤鱼　　　　D．鸭子

二、多项选择题

1. 导游带团前的准备工作包括（   ）。
   A．形象准备　　B．物质准备　　C．知识准备　　D．业务准备
2. 导游接团后，途中导游要致欢迎词，欢迎词应包括（   ）。
   A．介绍自己及旅行社　　　　　B．表示欢迎
   C．介绍司机　　　　　　　　　D．征求客人意见
3. 购物活动是旅游活动的重要环节，导游在带领游客购物时应做到（   ）。
   A．态度积极　　B．熟悉商品　　C．夸大宣传　　D．因势利导

三、简答题

1. 旅行社办公室服务礼仪有哪些要求？
2. 导游服务礼仪应遵循哪些规范？
3. 简述导游沟通协调的礼仪要求。
4. 简述导游的购物服务礼仪。

实 训 项 目

一、旅行社办公室员工电话礼仪技能训练

1. 目的是掌握接听、拨打电话礼仪规范标准,掌握电话礼仪的服务技能。

2. 具体方法:两名学生为一组,模拟旅行社办公室员工接打电话的情景,掌握电话接听、拨打的方法与礼仪,以及电话交谈的技巧及礼貌用语。

3. 技能训练评价表如表9-2所示。

表9-2 旅行社办公室员工电话礼仪技能训练评价表

内容	技能标准	评价结果			
		优秀	良好	合格	不合格
接电话	(1)以铃响三声之内接最适宜; (2)要用礼貌、谦和、简练、清晰、准确、热情的语言; (3)声音应柔和,语调要亲切,语速快慢要适中; (4)认真倾听对方讲话; (5)代接电话要做好电话记录代为转达				
拨打电话	(1)最好避开节假日、晚上21:00至次日6:00、临近下班时间等时间点或时间段; (2)选择合适的场所; (3)语言准确、恰当				
挂断电话	(1)需要中止电话,应说明原因; (2)中止电话时应恭候对方先放下电话				

二、旅行社员工沟通协调礼仪技能训练

1. 该训练的目的是通过对学生沟通协调技能的训练,帮助他们能清楚准确、生动有趣、幽默活跃、符合礼仪地完成旅行社各个岗位的工作。

2. 具体方法有:(1)从旅行社各个岗位收集在工作中经常遇到的沟通难题;(2)学习回答提问的技巧和礼仪;(3)学会原则问题是非分明、诱导否定、曲语回避等回答问题的技巧;(4)教师结合学生实际训练情况,指出沟通过程的问题。

3. 技能训练评价如下。

(1)学生先进行自评,然后相互之间点评;

(2)结合学生实际训练情况,教师进行点评,指出误区。

三、导游迎客礼仪技能训练

1. 教师准备较宽敞的场地及一些模拟导游的用具。学生分组训练,熟悉导游迎客的礼仪规范知识和实操技能。

2. 具体方法有:(1)请学生根据设定情景代表旅行社和个人向旅游团队致欢迎词,概括性地介绍本地旅游资源,有重点地介绍沿途街景等;(2)避免不良的手势、动作与举止,及时纠错并示范;(3)学生之间互相监督提醒,随时以最佳状态出现在众人面前;(4)自觉充当形象大使,以良好的气质和风度影响身边的每一个人。

3. 技能训练评价表如表9-3所示。

表 9-3　导游迎客礼仪技能训练评价表

内容	技能标准	评价结果			
		优秀	良好	合格	不合格
礼仪礼貌	（1）容貌：发型整洁，面部干净，口无异味； （2）服饰：大方得体，端庄整齐； （3）举止：美观、规范、大众化，手势及其他肢体语言应用适当与适度； （4）表情：眼神自然，目光平视，面带微笑				
热情接待	（1）佩戴导游证、持接站牌在出口醒目位置热情迎接旅游团队； （2）认找旅游团队，防止错接、漏接和空接； （3）核实人数； （4）集中检查行李，帮助游客放行李				
乘车服务	（1）提醒游客带齐自己的随身物品； （2）站在车门旁，搀扶或协助游客上车； （3）帮助游客将放在行李架上的手提行李整理齐顺； （4）礼貌地清点人数，无误后请司机开车； （5）下车时，导游先下车，在车门口协助游客下车				
致欢迎词	（1）根据旅游团队的性质及其游客的文化水平、职业、年龄及居住地区等情况而有所不同，但内容要完整，用词要恰当； （2）要掌握时机，等游客安放好物品，情绪稳定下来后，再讲解； （3）感情真挚自然，富有亲和力； （4）语调自然，节奏合理				
沿途讲解	（1）根据游客的精神状况，调整内容； （2）内容要简明扼要，语言要节奏明快、清晰，力争做到与游客的观赏同步，反应敏捷、掌握时机； （3）语言生动，有激情、有吸引力，现场感强				
安排食宿	（1）协助领队办理好入住手续； （2）向游客介绍酒店设施； （3）带领旅游团队用好第一餐； （4）处理游客入住后的有关问题； （5）确定叫醒时间				

四、导游处理突发事件礼仪技能训练

1. 教师准备较宽敞的场地及一些模拟导游的用具。根据学生分组情况分小组进行导游处理突发事件礼仪技能的训练，掌握处理突发事件的规范礼仪。

2. 具体方法有：（1）设定游客生病、中途退团、旅游安全事故、自然灾害等突发事件的不同场景，以导游的身份模拟解决；（2）避免不良的手势、动作与举止，及时纠错并示范；（3）学生之间互相监督提醒，随时以最佳状态出现在众人面前；（4）以良好的礼仪和实际行动来维护自己的职场形象。

3. 技能训练评价表如表 9-4 所示。

表 9-4 导游处理突发事件礼仪技能训练评价表

内容	技能标准	评价结果			
		优秀	良好	合格	不合格
导游处理突发事件礼仪	（1）做好防护工作，准备应急物品； （2）遇事沉着、冷静； （3）采取措施安抚游客，稳定游客情绪； （4）快速制订周密的处理方案和步骤； （5）符合导游服务规范，及时通知旅行社相关人员； （6）处理善后事宜				

五、导游送客礼仪技能训练

1. 学生分组训练，提高礼貌待客的服务能力。
2. 具体方法有：（1）设定核实交通票据、商量出行时间、礼貌提醒结账、赠送特色礼品、致欢送词等送客的不同场景，以导游的身份模拟训练；（2）避免不良的手势、动作与举止，及时纠错并示范；（3）小组互评，教师综合点评，展示良好的导游送客礼仪。
3. 技能训练评价表如表 9-5 所示。

表 9-5 导游送客礼仪技能训练评价表

内容	技能标准	评价结果			
		优秀	良好	合格	不合格
核实交通票据	认真核实旅游团队离开的机票（火车票、船票），核对团名、代号、人数、去向、航班（车次、船次）、起飞（开车、启航）时间、在哪个机场（车站、码头）等事项				
商量出行时间	（1）导游与酒店礼宾部商量，与领队、酒店行李员商量交接行李的时间； （2）导游与领队商量集合出发时间； （3）导游与领队商量叫早和早餐时间				
提醒结账	（1）及时提醒、督促游客尽早与酒店结清与其有关的各种账目； （2）若游客损坏了客房设备，导游应协助酒店妥善处理赔偿事宜				
特色礼品	赠送的特色礼品要注意携带方便，突出地方特色，具有保存价值				
致欢送词	（1）内容要完整，用词恰当，富有感情； （2）要掌握时机； （3）语言生动，有激情、有吸引力，现场感强				
返回	（1）提醒游客带齐随身的行李物品，照顾全团游客下车； （2）协助办理离站手续； （3）旅游团队过安检口进入隔离区后，导游方可离开				

拓 展 课 堂

榜样，给人力量——张晓旭：坚守初心、变中求进

张晓旭于 2008 年加入山西导游队伍。2019 年 9 月，她在第四届全国导游大赛中夺冠，为山西导游树立了先锋形象。2020 年，张晓旭导游创新工作室正式挂牌成立，为山西新生代导游培养提供坚实基础；同年，她积极参与山西省文化和旅游厅两大系列线上文旅直播活动，为数百万全国游客推介大美山西。

拓展视频 9-6

十余年的导游职业生涯里，她始终秉承"游客为本，服务至诚"的行业精神，坚守在一线岗位。不忘来时路，笃定向前行，她用实际行动刻画了山西优秀导游最美的模样，为提升导游团队的素质、服务质量以及提升山西文旅业的知名度、美誉度作出了突出贡献。

初心不改，游客至上，坚守匠心做精导游服务

导游是一份服务型的职业，责任重大，使命光荣。十余年的导游生涯，张晓旭接待过 300 余个旅游团队，服务过上万名游客。虽然日复一日的工作使流程早已烂熟于胸，但她仍然秉承"把每一次带团都当作第一次"的使命，始终坚持"游客至上"的服务理念，用坚实的脚步书写着导游生涯。

为了让自己的讲解更具特色，她一直坚持学习文史知识，收集和整理大量的史书文献，把山西历史编写进自己的导游词中，深入浅出，让游客耳目一新；为了能给游客留下更美好、更有趣的山西旅游体验，她还丰富着自己的才艺，大同的数来宝、太原的莲花落她都信手拈来。2019 年 9 月，她代表山西省 1.8 万名导游，参加第四届全国导游大赛，一举夺冠，荣获"全国金牌导游员"称号。2019 年 10 月，山西省文化和旅游厅在全省导游行业开展了向"全国金牌导游员"张晓旭学习的活动，呼吁全省导游学习张晓旭的时代精神、专业能力、职业素养。

一路上，张晓旭把导游职业当作事业来做，将自己的理想和国家文旅发展融为一体，从一名向导、讲解员，成长为了历史文化的传播者、文明旅游的倡导者、游客安全的守护者、绿色环保的志愿者，在多种角色转换中扛起导游职业的使命和担当，用实际行动发扬和践行导游"工匠精神"，讲述和传播着山西故事、中国故事。

转换身份，精准决策，"多点开花"传播山西好声音

如今，作为公司主要决策者之一，张晓旭的身份也在发生着改变。除了带团，她还在品牌旅游产品设计、优秀导游团队建设以及利用直播方式传播山西美景等方面下足了功夫，并卓有成效，有力地提升了山西旅游景区的知名度和美誉度。

为了能做优、做好山西旅游推广，真正落实好"游山西·读历史"山西旅游品牌建设，张晓旭带领团队设计了亲子系列产品"寻觅三晋地质之旅"，中老年产品"一路奇迹阅晋陕"，青年客户产品"新山西，新玩法"等各类山西旅游线路，获得了良好的行业和社会口碑，让更多人通过多角度了解山西，爱上山西。

张晓旭始终铭记重托，不忘为山西的文化和旅游事业添砖加瓦。2020 年，张晓旭导游创新工作室正式挂牌成立，她积极带动身边的优秀导游组成团队，创新学习形式，将行业经验、基础知识、导游行业正能量传递给新生代的导游。该工作室积极完善管理方案与培训体系内容，

开展培训活动 400 余课时，不断为山西文旅业输送导游人才，为山西省导游整体的素质和业务水平的提高作出了积极贡献。

2020 年新冠疫情期间，张晓旭一边通过互联网会议平台组织员工培训，让员工"停工不停学"，一边带领公司骨干员工，参加由山西省文化和旅游厅主办的"谁不说俺山西美，金牌导游带您游"活动，并与知名学者共同参与"游山西·读历史"大型访谈类节目《山河天地间》等活动，她"变身"网络旅游达人，带着数百万粉丝一同"云"游山西，并登上了"学习强国"平台，参与多场山西文化和旅游推介活动，用实际行动践行山西优秀导游的职责，及时提振、激活疫情防控常态化后山西旅游市场，为释放旅游消费潜力作出了积极贡献。

资料来源：https://baijiahao.baidu.com/s?id=1720354614464184569&wfr=spider&for=pc（2021-12-28）[2023-06-01].（有改动）

课 后 阅 读

常用导游礼仪

一、礼貌动作

当导游给游客分发旅游团体证或标志时，如果有礼貌地双手呈上，那么，游客也会以同样的姿势接过去，并道一声谢。可见，一个礼貌动作不仅反映了导游对游客的尊重，也赢得了游客对导游的尊重。在与游客的交往中，应时时注意各种礼貌行为的细节。例如，清点人数时，导游常常习惯性地拿着小旗指指点点，或用手在每位游客的肩头按一下，这种既不礼貌又不雅观的行为应该尽量避免。

二、问候方式

导游见到游客应主动热情地打招呼。早晨可以说："您早""早上好""昨晚休息得怎么样"等；如果游客正在用餐可以说："祝大家胃口好"；宣布节目安排好后可以说："祝大家玩得开心"。"您好"一般每天只用一次，再次碰面含笑点头即可。

问候语和问候方式是灵活多变的，并不一定拘泥于某种固定形式，但对游客不理不睬是极为无礼的，必须避免。

有时问候语和方式要选择游客容易接受的。例如：一位游客前一天晚上稍有不适，第二天仍起床了，就不必再提他的病，而说："您看上去气色好多了，能和我们一起出去吗？"

三、迎客礼仪

导游与游客的交往从迎接开始，导游应在集合地点醒目处迎接游客，并为他们安排等候出发的休息区域。上车时导游可站在旅行车靠近车头的车门一侧逐个迎接游客，而不要站在一边让游客自己上车。

迎接游客时，导游的态度要亲切而热情，可以通过握手或欠身，颔首向游客致意，寒暄的话有"您好""欢迎您""旅途愉快"等。当全体游客到齐，旅游开始时，导游应该致一个简短的欢迎词，根据职业要求，导游应站在靠近车头的车门一侧，迎接游客上车，这样既便于迎接游客，同时也能保证游客的安全，还能及时给游客一些必要的帮助。

四、告别礼

旅游结束时，应该安排一个比较正式的告别仪式。通常是在最后一个节目之前，或是在最后一次聚餐时，导游真诚地向游客的配合致谢，并希望游客有机会再度光临。游客离去时，导游还应该在可能的情况下与他们一一道别。

五、致谢

致谢时可以欠身或拱手,并说:"谢谢"。作为导游的礼貌用语,也可以将致谢作为对游客提出要求或建议的结尾。例如:"我们明天要上山,希望大家早点休息,谢谢!"

六、应酬

导游应很快熟悉游客,记得怎样称呼他们而不要搞混。无论在哪里,导游都应该用各种方式表达对游客的关心,不要让游客有被冷落之感,哪怕是一两句应酬的话,都能给游客带来温暖。

资料来源:徐兆寿. 旅游服务礼仪[M]. 北京:北京大学出版社,2013.(有改动)

第10章 旅游景区服务礼仪

教学要点

知识要点	学习程度	相关知识
旅游景区接待服务礼仪	了解	做好旅游景区接待工作,对于旅游景区员工及其服务设施都有较高的要求。因此,旅游景区员工要了解接待工作各个环节的服务要求,加强训练,重视礼仪素养的提升
旅游景区讲解服务礼仪	掌握	旅游景区提供的人员解说、视听节目、展示与陈列、出版物等,能够为游客提供基本信息和导向服务,提高旅游景区的经营管理水平,促进旅游资源的保护,促使游客获得更高的体验价值并获得新知识
旅游景区质量管理	熟悉	提升旅游景区环境质量要做到:土地分区合理,加强旅游景区绿化,减少环境污染,落实安全防火措施,维持旅游景区秩序;提升旅游景区服务质量,要求服务设施及环境必须配套,旅游景区员工要具备良好的素质并具有全局意识
游客失礼行为管理	掌握	面对游客的失礼行为,旅游景区员工要倡导游客开展健康有益的旅游活动,保护旅游资源和景区公共设施,同时加强游览安全管理

技能要点

技能要点	学习程度	应用方向
旅游景区讲解服务	掌握	提高旅游景区员工的讲解水平,提升游客游览的满意度和体验度
游客失礼行为管理	掌握	正确处理游客失礼行为,减少纠纷

第10章 旅游景区服务礼仪

张学良旧居陈列馆开展文明旅游志愿宣讲活动

近日，张学良旧居陈列馆开展了一场别开生面的文明旅游志愿宣讲活动，志愿者们身着统一服装，手捧鲜花，面带微笑，热情洋溢地迎接着每一位到场的游客。

宣讲活动中，志愿者们首先通过播放精心制作的文明旅游宣传片，向游客展示文明旅游的重要性。随后，志愿者们走近游客，用生动的语言和真实的案例，阐述了文明旅游的具体内涵和实践方法，向游客强调了尊重历史、爱护文物、保护环境的重要性，呼吁大家在游览过程中遵守旅游景区规定，不乱丢垃圾，不随意触碰展品，共同维护文明、和谐的旅游环境。

为了让游客更加深入地理解和践行文明旅游理念，志愿者们还邀请游客做文明旅游的践行者和传播者，并为他们送上鲜花。在活动现场，游客们纷纷表示，通过参加这次宣讲活动，更加明白了文明旅游的意义和价值，也将在以后的旅游过程中，积极践行文明旅游理念，为营造一个美好的旅游环境贡献自己的力量。

请问：志愿者们通过哪些方式向游客宣讲文明旅游？

资料来源：https://www.syd.com.cn/newscenter/content/2024-03/13/content_66277.html （2024-03-13）[2024-06-18]．（有改动）

旅游景区是由若干个自然或人文景观相互结合、组合并辅以旅馆、餐厅、交通、商业网点、邮电通信等设施而形成的相对独立的具有较大环境空间的区域，如洛阳的龙门石窟景区、安徽的黄山风景区等。由此可见，旅游景区由多种要素构成，主要包括旅游吸引物、线路、娱乐设施、生活设施和管理设施等。例如，罗马尼亚的黑海海滨游览区，在从康斯坦察港以北的玛玛亚到曼加利亚80公里长的海岸线上，主体吸引物是72公里的沙滩，日照时间长达11小时，那里有十几处休养院、疗养院，几百家旅馆，餐厅、酒吧、舞厅、歌剧院和各种体育设施全面配套，海滨除游泳和日光浴外，还有水上自行车、沙滩摩托车、高尔夫球和网球等活动。

由于旅游景区是一个复合群体和多元空间，因此其必须向游客提供综合性的旅游服务。一方面它向游客提供娱乐、休闲、餐饮、购物等物质享受方面的服务，另一方面它还提供满足游客增长知识、丰富体验、升华素质、陶冶情操的服务。能不能提供综合性服务，是现代旅游景区与传统"风景区""旅游地"的区别所在。提供的服务内容越齐全，服务质量越高，说明旅游景区的现代化程度越高。

旅游景区服务可以分为接待、咨询、讲解、餐饮住宿等。本章主要介绍接待、讲解服务礼仪，并延伸介绍旅游景区服务质量管理和对游客失礼行为的管理，这两点是旅游景区开展服务工作的基石，也是提升游客体验的关键。

10.1 旅游景区接待服务礼仪

旅游景区接待工作是一种公关行为，是旅游景区联系内外的桥梁和纽带，是充分展示旅游景区文明、好客、热情和友善的窗口。旅游景区接待人员应树立"人人代表景区形象，一言一行体现文明素质"的工作理念，增强做好接待工作的主动性和自觉性，确保高质量地完成每一次接待任务，力争让每一位游客，全面享受到热情周到、精心细腻的高水平接待服务，成为宣传旅游景区、宣传地方文明形象的使者。

首先，严格接待工作环节，确保有序进行。制定相关配套的旅游景区接待工作管理办法和重大接待工作方案、流程，对接待的组织、联络、服务、安全等诸多环节作出明确规定，使有关单位和部门各司其职、相互配合，确保重大接待工作万无一失。在实际接待工作中，对牵扯到的每个环节，不管事情大小，接待人员都要严格按照规定办理，杜绝盲目性和随意性。

其次，完善协作，形成接待工作合力。旅游景区接待工作涉及点多、线长、面广，这对安全和服务保障工作提出了较高要求。为确保接待安全，旅游景区应积极与各级安全部门协调，建立健全安全保障协作机制。加强沿线安全警戒与巡逻，及时检查和维护相关旅游设施。认真执行接待工作方针，自接到有关部门安排的接待工作起，主动加强与交办方的联系，针对不同的季节特点、游客的爱好兴趣及身体状况等因素，提前拟定游览线路、车辆、接待人员安排等方案，供交办方参考，确保让游客满意。旅游景区应与酒店、机场、火车站等接待窗口单位建立良好的工作关系，整合各方面接待优势，尽最大可能为游客提供便利服务，确保游客住宿、饮食、交通等方面的便捷顺畅。

最后，加强监管，展示旅游景区文明形象。随着近年来各个旅游景区接待游客数量的不断攀升，给旅游景区接待工作提出了严格要求，也带来了很大压力。应全面加强软硬件建设，彻底摆脱接待工作仅限于迎来送往、安排食宿的低层次状态，使旅游景区接待工作全面提升到一个新水平，丰富接待工作的内涵。

10.1.1 旅游景区接待人员服务礼仪

（1）使用闭路电视、摄影机，或者加强人员巡视，积极、主动维护景区秩序，为游客创造良好安全的旅游环境。

（2）在某些危险、特殊地区，善意提醒游客禁止从事某种活动或禁止在某时间段从事某种活动。

（3）科学组织游客游览，根据景区容量，限制游客的数量、团体的规模和停留的时间等，以保证游客的旅游体验。

（4）在门票、景点宣传品、路牌等醒目处，均可安排适当的旅游宣传教育内容，形成一种遵守旅游道德的氛围。旅游宣传教育的语言可使用富有情感、富有文化底蕴的倡导性口号，以理服人，以情动人。

（5）对于需要告知游客禁止烟火、触摸、捕猎，禁止超出游览步道行走，禁止损害旅游资源和旅游设施，禁止乱丢废物，禁止各种反动、黄色和有伤风化的活动时，要注意语气、语境和方法。要通过适当的环境解说服务和广告，使游客乐于倾听、乐于接受，从心里认同旅游景区的规定，自觉自发地遵守旅游道德，形成游客在旅游景区的行为约束。

（6）对于游客的乱涂乱刻行为，应加以引导或转化，例如，设置一些参与性的项目，专门供游客刻画留名，以示纪念。

总之，在旅游景区接待工作中，要从游客心理出发，注意使用礼貌的语言和行为引导、尊重游客。

10.1.2 旅游景区接待服务礼仪与训练

1. 游客到达前的准备礼仪

（1）接收游客的预订信息。

在接收游客的预订信息之后，研究接待内容，制订一份有针对性的接待方案，内容一般包括相关游客的基本情况、成员名单等。要熟悉游客的基本情况，如到达时间、团队人数、接待规格、姓名、性别、职业、年龄、国籍、宗教信仰、特殊要求（如讲解过程中的语言禁忌）并关注特殊游客（老、弱、病、残、孕）等。根据游客要求，充分沟通，确定接待方案。

（2）协调各部门做好接待准备。

首先，与安保部门协调加强游客及旅游景区安保工作；其次，与餐饮部门协调安排游客用餐，了解特殊游客用餐忌讳；再次，与客房部门协调安排游客住宿；最后，在游客未到旅游景区前一个小时内，安排妥当一切接待事宜。重要团队要配备素质优秀、经验丰富、反应灵活的讲解员；国际旅游团队要选配外语好且具备专业知识的讲解员；学习考察团队要选派知识丰富的讲解员；一般参观团队要选派活泼、热情、开朗的讲解员。

2. 游客到达时的服务礼仪

（1）到达旅游景区正门迎接客人。

在掌握游客所乘车辆及到达时间后，安排相关人员进行迎接，并有保安人员引领车辆停入旅游景区停车场。

（2）引领游客游览。

讲解人员与游客见面后要礼貌热情、言简意赅，向游客作自我介绍，代表旅游景区对游客表示欢迎，预祝游客旅途愉快等。

（3）讲解内容要丰富。

旅游景区讲解除了涉及各个景点外，还应提及本地气候、历史地理、政治经济、风土人情、著名特产等，如果有沙盘，可以借助沙盘讲解该景区内景点分布和各个景点的基本情况。

（4）做好特殊游客服务。

对有宗教信仰的游客讲解时，切勿向他们宣传"无神论"，要避免涉及有关宗教问题的争论，更不要将宗教和政治联系起来；对儿童游客讲解时，可加入适当的童话和儿童故事，但要把握分寸，不宜重视儿童而冷落成年游客，不宜给儿童买食品、玩具，也不宜单独带儿童前往某景点活动；对老年游客，要注意在游览时放慢行进和讲解速度，关心其身体健康。

（5）注意保留重要客人的纪念性资料。

对于重要客人，应准备签名卷轴，请其签名留念，并留下影像资料。

3. 游客离开时的服务礼仪

（1）送别游客。

旅游景区接待工作应自始至终热情周到，并重视在游客离开前的结束工作。真诚表达对游客的感谢和惜别之情，诚恳倾听游客提出的宝贵意见和建议，对服务不周之处表示歉意，期待再次重逢，祝游客旅途愉快。

（2）整理游客资料并存档。

游客离开后应整理好各种文字及图片资料并存档。向游客或旅行社征求意见，并希望今后进一步合作。一旦有问题出现，应及时反馈解决。对有价值的接待活动，经批准后要撰写稿件并及时在新闻媒体上发布。

（3）定期召开有关部门总结会。

接待工作结束之后，及时召集相关部门人员，总结接待经验，找出不足，及时改正，并表扬提供优质服务的部门和个人。

10.2　旅游景区讲解服务礼仪

讲解服务最早起源于美国国家公园服务中心的解说事业，第二次世界大战以后，它发展成为在那些科学价值高的旅游景区或公园内的专门服务。美国国家公园管理局在美国公园内部规划设计了功能完备的国家公园解说和教育系统，每一个公园都要向游客提供良好的讲解和服务设施。此后，讲解服务在英国也得到普遍的应用。英国提倡环境保护运动，让公众认识到乡村和工业遗迹的价值。由此，美国和英国都将讲解纳入到本国的环境教育运动中，并且渐渐地变成了旅游景区管理的重要内容之一。

讲解服务的直接目的在于教育。通过这种教育方式，提高人们对自然界的认识，有助于人们认识自然、保护自然。现在，"讲解"这个概念适用于整个旅游目的地，旅游目的地讲解就是运用某种媒体和表达方式，使特定信息传播并到达信息接受者中间，帮助信息接受者了解相关事物的性质和特点，并达到服务和教育的基本功能。旅游景区构成了旅游目的地吸引旅客前来旅游的重要因素，因此，旅游景区的讲解是旅游目的地讲解的重要组成部分。旅游景区的讲解运用标牌、视听、书面材料等媒介，将旅游景区的信息视觉化和听觉化，以便强化和规范游客在旅游景区的行为活动，同时提高旅游景区的文化品位。旅游景区应通过有效的讲解让游客认识到旅游景区的重要性、意义及主要特征。

10.2.1　旅游景区讲解的目的

1．提供基本信息和向导服务

旅游景区的讲解可以提高游客游览和观赏的效果，增强游客体验，是旅游景区服务的重要组成部分。

2．提高旅游景区的经营管理水平

旅游景区是否有完善的讲解服务以及讲解质量的高低，是衡量旅游景区管理水平高低的重要标志。每一个旅游景区，无论是以自然旅游资源为主的，还是以文化旅游资源为主的，都有自己独特的自然和文化价值，经营管理好的旅游景区，配有完备的文字、图片、工作人员、讲解等，甚至还设置了更为现代化的讲解设施。

3．促进旅游资源的保护

讲解有助于文化古迹的保护，因为，它是旅游资源和游客之间信息交换的桥梁。游客通过讲解提高对旅游景区景物价值的认识后，会改变对环境的态度和行为，减少破坏资源和设施的事件，并自觉地支持旅游景区各项政策和措施，主动配合旅游景区的保护。

4．促使游客获得更高的利用价值

一般游客在旅游景区看到的只是某种名胜古迹的外在轮廓，这一视觉感知十分表面化，对于没有或缺乏相关文化积累的游客，只能外行看热闹，不能深入到有关的文化内涵中去。讲解使游客对旅游景区内的旅游路线、景观及整个环境更为熟悉和了解，帮助游客了解并欣赏旅游景点景区的资源价值，指导游客发现平时自己不太注意的东西。例如，南京珍珠泉风景区内的珍珠泉，只有当人们拍手或叫喊时才会从湖底喷出串串似珍珠的气泡，非常奇特，但许多人对此一无所知，因而漏赏这一奇观，甚为遗憾。讲解能使游客在对景物更加细致、更加深入的了解中，得到充分的旅游体验，提高其旅游活动的质量和愉快程度，增强旅游体验。

5．可以使游客在讲解中获得新知识

良好的讲解可采取各种方式，让游客获得有关历史、考古、生物、地理、民俗风情和生态等方面的知识，使游客对旅游景区旅游资源及其所具有的科学和艺术价值有较深刻的理解。旅游景区的相关知识能满足游客对新事物的好奇心。例如，农业旅游景区的讲解，可以让生活在城市中的游客了解有关农业生产的知识，了解农产品与自己的关系。

应用案例 10-1

旅游景区讲解不能编故事

我国旅游需求从"打卡签到式"变为"深度体验式"，旅游景区讲解服务也应提质。

"这'天地一家春'是指皇帝从江南找来春、夏、秋、冬四位美女陪伴""这是香妃沐浴处，那是还珠格格墓地"……正史不提，野史来凑，想必很多游客在旅游景区参观游览时都曾碰到过类似的讲解。这些讲解以野史、宫斗、传说、段子为噱头，信口开河、真假不分、缺乏内涵，有些甚至歪曲历史、庸俗荒诞、低俗露骨，令人生厌。

这样不靠谱的讲解，说到底是在传播错误的知识和观念，对游客特别是青少年群体造成误导。历史文化遗迹是中华民族精神传承的载体，游客观瞻历史遗迹，是在了解国家和民族的记忆。如果讲解都是"伪历史"，游览古迹的价值就大打折扣，更有可能让青少年先入为主地形成错误的历史观、文化观，贻害无穷。

有些讲解员、导游觉得"戏说"才有趣，才能满足游客的猎奇心理。这样的论调还真低估了游客素养。中国青年报社调查显示，97.4%的受访者认为旅游景区讲解最常见问题是偏离该景区本身和胡编乱造、前后矛盾；81.9%的受访者希望听到更多有事实根据的讲解。可见广大游客对现有旅游景区的讲解水平并不满意，这些段子、噱头或许能引来一些人哈哈一笑，却无法打动游客的心。

"上车睡觉、下车拍照"已经过时，了解人文典故、丰富历史知识成为游客新需求。旅游景区讲解是旅游服务的重要组成部分，也是历史文化传播的重要手段，面对游客需求的升级趋势，旅游景区讲解服务也应提高质量，多一些挖掘文化内涵、忠于史实的靠谱讲解。

有些人认为，讲科学、讲历史就会枯燥无味，事实上，好的讲解员能把讲知识和讲故事很好地结合起来。国家博物馆讲解员袁硕（网名"河森堡"）认为："讲解员不能当'背词机'，能打动人的永远是故事和细节。"这背后需要讲解员阅读大量历史读物、学术论文等获取更多信息，并将其转化为生动有趣的讲解词，给游客带来收获新知的快乐。

现实中，制约旅游景区讲解水平提升的，正是讲解员队伍素质的参差不齐。有些旅游景区对讲解员不仅培训教育不到位，还采用不正当的激励方式让讲解员把心思都放在了推销商品上。还有些旅游景区开发讲解机或者手机应用，虽然机器可以自动播放讲解内容，但像念电器说明书一样讲解旅游景区历史文化，没有精彩故事，更没有问答互动，无法给游客满意的旅游体验。

资料来源：http://travel.people.com.cn/n1/2018/0914/c41570-30292551.html（2018-09-14）[2023-06-03].（有改动）

10.2.2 讲解的方式

讲解的方式很多，目前普遍采用的有人员讲解、视听节目、展示与陈列、出版物等。各种讲解方式具有不同的特点，适合不同的讲解内容和讲解对象，旅游景区应根据具体的内容灵活运用。

1．人员讲解服务

这是指在旅游景区的入口、接待中心、观赏点进行讲解，也可沿途进行讲解。在我国，大多数博物馆、纪念地等设有专门的讲解员，一些含有众多文物古迹的旅游景区，也设有自己的讲解员，他们除沿途引导，还负责各自旅游景区自然景观和文物古迹的讲解。当然，有些旅游景区的讲解服务是旅行社的导游提供的。

讲解员必须对旅游景区的自然景观和文物古迹非常熟悉，达到一定的深度，这样才能满足不同游客的需求。有些旅游景区在一些重要的观赏点配备讲解员，例如，我国"四大石窟"之一的甘肃天水麦积山石窟，其中重要的石窟，每窟配备一名讲解员。我国有些旅游景区内，对讲解服务管理不善，对不合格讲解员管理不严。有些未经培训的讲解员，知识贫乏，除带领游客到达某重要观赏点，告诉这是什么地方，无任何其他内容奉告，就算完成了讲解服务。这种做法不仅不能使游客获得知识，而且也严重影响旅游景区的形象。

2．视听节目

这种方法主要通过电影、实景演出、幻灯片、触摸屏和录音等方式将旅游景区的有关内容传达给游客。例如，"画山秀水肇庆游"光碟，对肇庆著名的国家级风景名胜区"七星岩"和"鼎湖山"进行了详细的介绍。该光盘解说画面效果好，游客乐于观看，有助于提升这些旅游景区的知名度和游客满意度。

3．展示与陈列

这类讲解服务主要采用照片、图表、模型、标本等方式，向游客提供旅游景区的有关知识，一般分为室内和室外展示陈列两种。例如，美国国家公园往往在游客中心设置博物馆，使其成为国家公园的主要组成部分。

4．出版物

出版物指旅游景区的简介、小册子、导游图、明信片、画册和书籍等，一般分赠阅和出售两种。旅游景区有着丰富多彩的自然景观和文物古迹，由于游客在每一景点的停留时间有限，在极短的时间里难以详尽领会，因此便有购买介绍该景区的书籍或其他书面材料带回家中加深了解的愿望。

■ 应用案例 10-2

用好红色资源 讲好革命故事 赓续红色血脉

2024年2月2日，习近平总书记在考察平津战役纪念馆时强调："对中国革命战争史要学而时习之，珍惜来之不易的红色江山，发扬革命传统，增强斗争精神，勇于战胜前进道路上的各种艰难险阻。"革命文物是历史的见证，文物收藏是纪念馆的硬功。平津战役纪念馆（图10.1，以下简称"平津馆"）高度重视革命文物的征集、研究、收藏、保管工作，坚持把保护放在第一位，在保护中发展、在发展中保护，多措并举充实完善展线内容，千方百计丰富扩大馆藏文物，让每件文物说话发声，让每个故事发挥最大教育功能。平津馆现有藏品1.1万余件（套），馆藏文物3161件（套），其中国家一级文物25件（套），包括"朱德在抗日战争和解放战争时期使用的皮箱""罗荣桓在平津战役期间使用的手表""刘后同在北平和平解放期间的日记《北京古城和平纪略》"，此外还有二级文物40件（套）、三级文物274件（套）。为保管好这些藏品，平津馆建设了"藏品和数字资源管理系统"，在现有智慧化系统基础上，通过数字化手段提升革命文物的保护与利用水平，基于云端一体化混合式平台模式构建平津馆数字资源库，利用大数据、云计算、AI人工智能、智能化大数据处理等现代信息技术手段，实现红色文化资源的汇聚展示、数字管理、高效应用和共建共享，为数字赋能红色基因传播提供智慧支持，让革命文物和红色资源绽放时代光彩。

平津馆以党的二十大精神和习近平文化思想为指导，积极落实习近平总书记提出的"增强表现力、传播力、影响力，生动传播红色文化"的要求，围绕新形势下的爱国主义和国防教育需求，抓宣传、造氛围、创品牌，打造"六进"巡展宣讲新平台，形成了立体式宣教工作新格局。2023年国际博物馆日，平津馆与天津航空联合打造了"平小津红色讲堂进机舱"主题活动，在航班上开设"空中党课"，开创了天津"六进"活动的先例；联合中尚传媒利用全市地铁电视媒体资源，发布了"平小津移动数字课堂"，自2023年8月，已先后在地铁1、2、3、

图10.1　平津战役纪念馆

6号线进行投放，覆盖播映设备9768台，辐射人数已达1000多万人次；与南开大悦城金逸影院联合打造的"平小津红色影厅"已于2024年1月31日正式揭牌，将以平津战役胜利75周年、建党103周年、新中国成立75周年等三个重要时间节点为亮点贯穿整个宣传期，通过多方位、大密度宣传，打造观众记忆热点。此外，平津馆还利用新媒体平台推出"中国精神展"专题云展览，促进革命文化传播，成为弘扬伟大建党精神的线上"加油站"和"孵化器"。

资料来源：https://www.huaxia.com/c/2024/02/21/1883902.shtml（2024-02-21）[2024-06-19].（有改动）

10.2.3　讲解技巧与礼仪

一名合格的讲解员，仅有热情和信心是不够的，还要有专业知识的储备并具备一定的专业技能。讲解员因人施讲，会针对不同民族、年龄、职业、性别、文化水平的游客，组织不同的语言。有能力的讲解员要尽量掌握或熟悉一门非母语语言，特别是外语讲解员、哑语讲解员和方言讲解员更应灵活运用语言，结合实际有效的表达。在具体的工作中，以下几个方面的讲解技巧和礼仪需要特别注意。

1. 讲解技巧

在讲解服务中运用适当的语言技巧，可使讲解工作更圆满，更理想。

（1）讲解员力求说话轻松幽默，使游客受艺术化的语言影响而被打动。这些艺术性的语言可以使游客集中注意力，避免讲解过程出现冷场。讲解员也可以灵活利用地方特色的语言，增强生动性。

（2）注意表情、气质、音色、态度和仪容仪表等的综合应用，这些都会影响讲解员的讲解效果。

（3）讲解员在讲解时应居明显位置，声音清晰洪亮，以大多数人能听到的音量为准，语速不急不慢，急则游客听不清楚，慢则容易使人注意力不集中。在语言的运用上，适当地运用抒情性的演讲方式，跌宕起伏，引人入胜。对一般的游客主要在于引导，使其对旅游景区具有一定的认识，对特殊的游客，要尽量满足要求，积极回答其提问。

（4）讲解主题力求不断变化。在介绍了一个主题之后，最好能穿插一些与之有关的话题，一味地选择一个主题易显枯燥无味。例如，在讲解与人物有关的景观时，可以插入一些与该人物有关的故事，引起游客的共鸣。此外，讲解是在人们处于休闲的状态下进行的，在讲解中不时地插入一些轻松的话题，减少游客的枯燥感。

（5）可以通过提出疑问或提问的方式开始讲解，造成一种悬念，引起游客的好奇心，进而引起其求知欲。在讲解过程中向游客提出一些问题，让游客参与回答，加深他们对问题的印象，同时缩短了讲解员与游客之间的距离。

（6）提供与游客切身利益有关的知识，例如，面对特殊情况的紧急处置，碰到旅游景区顽猴挡路时该怎么办，遇到生病或跌伤时该怎样急救等。

（7）注意游客的反馈。人员讲解最大的优点是双向式沟通，讲解员应注意从游客的反馈中，了解游客对解说主题的了解程度、关注程度，及对旅游景区的意见，以便调整下一步的讲解内容，并改进旅游景区的服务和管理。

2．讲解礼仪

（1）仪容仪表端庄大方。着装得体、整洁，做到持证上岗、挂牌服务。在为游客提供服务时，做到微笑迎客、主动热情。

（2）讲解准确顺畅。熟悉业务，知识面广。讲解内容健康、规范，热情介绍、答复游客的提问或咨询，耐心细致、不急不躁；对游客的提问，尽量做到有问必答、有问能答；对回答不了的问题，致以歉意，表示下次再来时给予满意回答；与游客进行沟通时，说话态度诚恳谦逊，表达得体，例如：'请您随我参观''请您抓紧时间，闭馆时间到了''欢迎您下次再来'等。

（3）当遇到游客投诉时，应保持谦逊、克制的态度，认真倾听对方的要求，对其合理要求应及时予以解决，对不合理要求应该礼貌而委婉地拒绝。

（4）主动热情地关心和帮助老弱病残孕等有特殊需要的游客，积极帮助他们解决实际困难。

（5）尊重游客的宗教信仰、民族风俗和生活习惯，并主动运用他们的礼节、礼仪，表达对他们的友好和敬重。

（6）路遇危险状况时，主动提醒，并按规程及时对游客进行安全疏散，保证游客安全。

（7）不介绍游客参加不健康的娱乐活动；旅游中，不诱导、强拉游客购物；不擅自改变计划，降低服务标准；善意提醒游客文明旅游。

（8）讲解内容要健康。对自然景观和文物古迹的解说要正确真实，向游客宣传美与善。胡乱攀扯、任意附会、哗众取宠、故弄玄虚、荒诞迷信及低俗下流的故事不仅无法使游客增长见识、陶冶性情、愉悦身心，反而败人雅兴，倒人胃口。

拓展视频 10-1

应用案例 10-3

《红色旅游经典景区服务规范》节选

6.4 游览讲解

6.4.1 讲解词

红色旅游经典景区的讲解词应符合以下要求。

（1）应由专业人员编写，经主管部门审定。

（2）撰写应严谨，尊重历史，区分详细讲解词、一般讲解词、特殊游客讲解词。

（3）内容真实，语言准确，观点鲜明，逻辑严谨地表述展陈内容。

（4）不应虚构历史，不应涉及绯闻、不应谣传不良信息。

6.4.2 讲解形式

红色旅游经典景区的讲解形式应符合以下要求。

（1）讲解形式应包括讲解员讲解、电子讲解和专题讲解等形式。

（2）宜史物结合，利用多媒体展示手段充实讲解内容，增强吸引力和感染力。

（3）宜提供外语、少数民族语言、方言或哑语讲解。

（4）宜提供多语种电子讲解设备。

（5）宜邀请专家学者、先进人物、老党员等开展专题解说。

6.4.3 讲解要求

红色旅游经典景区的讲解应符合以下要求。

（1）讲解前，讲解员应做好讲解准备，应服装整齐、整饰妆容、查验讲解设备。

（2）讲解应贯穿整个景区游览过程，对展馆外的革命历史建筑、景观风貌做正确讲解。

（3）控制讲解进程，避免因讲解员相互干扰而影响参观氛围。

（4）举止大方、端庄、稳重，手势运用规范、适时、准确。

（5）关心老幼病残孕，做到主动、耐心、周到、热情。

（6）随时维护参观秩序，避免游客拥挤、碰撞，防止人员伤害和文物损坏。

（7）讲解员应根据对象做好讲解小结，包括致谢礼仪、讲解反馈、后续服务导引等。

资料来源：https://www.sohu.com/a/124110721_447655（2017-01-12）[2023-06-23].（有改动）

10.3 旅游景区质量管理

10.3.1 旅游景区工作人员的素质管理

素质是指一个人的文化修养和分析问题、解决问题的综合能力。目前，应加大旅游景区工作人员的素质教育，努力建设出文化层次高、业务能力强、综合素质过硬的专业工作团队。

根据旅游景区工作人员所从事的岗位和具体工作内容的不同，一般可分为管理人员和其他工作人员。

1. 旅游景区管理人员的素质管理

旅游景区是一个具有较强开放性的小社会，它的管理人员应该与其他企业的领导干部不同，对其管理能力有以下几点要求。

（1）应具有完善而高尚的人格，不仅体现在中华民族谦虚谨慎、知书达理的思想观念上，而且还表现在勇于创新、敢于开拓的开放性意识上，体现一切为游客服务的精神。

（2）应具有领导才能，这种才能表现在两个层面：在组织层面，能够对旅游景区的工作切实有效地进行组织安排；在凝聚力层面，能够将大多数工作人员团结在自己周围，以人格魅力影响他们。

（3）心胸开阔，具体表现为：工作第一，不计较个人得失；能倾听各种意见，态度随和，坦诚待人。

（4）有协调能力，能够协调与各方面的关系并解决内部矛盾。

（5）有丰富的业务知识和熟练的服务技能，还要熟悉服务工作的一些专业知识，以便进行工作组织和指挥。

（6）要有开拓精神。旅游业是一个与市场紧密联系的行业，市场需求时有变化，新的热点不断出现。因此，旅游景区管理人员必须具有开拓精神和创新精神，不能以不变应万变。

旅游景区的经营管理是一项专业性很强的工作，其管理人员必须具有较强的业务素质，具体的业务素质要求包括以下几个方面。

（1）旅游业的总体知识。
（2）旅游资源和景观知识。
（3）旅游开发的基本理论。
（4）客源市场的分类知识。
（5）客源市场的变化规律知识。
（6）经济管理和税法知识。
（7）涉外管理知识。
（8）服务理论和服务技术知识。
（9）礼仪素养知识。

2. 旅游景区其他工作人员的素质管理

旅游景区其他工作人员一般可分为大致三类：技术人员、旅游服务人员和其他服务人员。对于其他工作人员的品德素质要求一般有以下几点。

（1）树立正确的人生观和世界观，全心全意为游客服务。
（2）具有良好的职业道德修养，能够遵守旅游景区内各项规章制度。
（3）了解并遵守涉外纪律，具备对外国游客服务的能力，并且熟悉主要客源国的风土人情、礼节礼貌和交往禁忌。
（4）满足仪容仪表礼仪的要求，对待游客热情友好、文明礼貌，提供优质服务。
（5）对前往旅游景区的游客能够做到一视同仁、不卑不亢。
（6）不断巩固提高专业知识和礼仪修养，热爱并努力做好本职工作。

对其他工作人员的业务素质要求有以下几点。

（1）能够熟练地使用普通话，吐字清晰、语言流畅、表达准确、声音动听。
（2）具有一定的外语能力，可以为外国游客提供简要的旅游景区介绍。
（3）具有深厚的文化修养，能把旅游景区的自然美与人文美，用艺术语言准确、生动地表达出来。

（4）熟知本岗位的业务和工作要求，了解相关知识，有积极向上、努力进取的精神，并能不断地钻研对客服务、提高服务技能。

（5）服务游客真诚公道、信誉第一。

10.3.2 旅游景区配套设施管理

（1）在旅游景区设置接待中心或咨询台，可提供旅游景区综合服务。内设售票室、导游室、讲解室、咨询室、投诉办公室、警务室、邮政代办所、影视厅等，有专人为游客提供全面周到的服务，如信息咨询、预订接待、资料导览、物品寄存、失物招领、影视休息、投诉处理、邮政代办、旅游购物、安全保卫等。

（2）旅游景区不仅为游客提供该景区全景导游图、游览线路、讲解服务，还可提供电动轮椅、手动轮椅、婴儿车、拐杖等物品。

（3）旅游景区工作人员主动帮助游客，积极、热情地提供相应的咨询服务，可以使游客得到真实、准确的信息和热情的服务。

（4）在旅游景区醒目位置设置告示牌或指示牌，语言不仅要有中文，还要根据该景区主要客源情况，适当选择英语、法语、韩语或日语等语言。

（5）在游步道、广场等地均设供游客休憩的椅凳。

应用案例10-4

最大最美最宠你！哈尔滨冰雪大世界5项"之最"，为全球冰雪游"打样"

约会"尔滨"，松花江北岸一方缤纷的冰雪童话世界永藏记忆。2024年大年初六24时，随着最后一名游客从超级大滑梯上滑下后走出大门，华丽缤纷的第25届哈尔滨冰雪大世界正式闭园。作为世界最大的冰雪主题乐园，第25届哈尔滨冰雪大世界（图10.2）开园61天，为271万名中外游客带来大、新、奇、特、美、宠的旅游体验，在景区规模、游客同比增长量、景观建设、娱乐项目、演艺互动方面创下5项历史之最。

景区规模最大，获评"世界最大冰雪主题乐园"

在"2024中国冰雪旅游发展论坛"上，园区面积81.66万平方米的第25届哈尔滨冰雪大世界成功挑战吉尼斯世界纪录，获得"世界最大的冰雪主题乐园"称号。第25届哈尔滨冰雪大世界占地81万平方米，总用冰和雪量25万立方米。园区有三大分区共计八大网红爆款，超级冰滑梯、滑雪体验区、梦想大舞台、雪花摩天轮、冰雪欢乐汇、冰雪汽车芭蕾秀、冰雪秀场和四季游乐馆引爆冬日欢乐与热情，打造了世界共享、全民狂欢的冰雪欢乐王国。第25届哈尔滨冰雪大世界使用存冰量达10万立方米，打破了历史纪录。存冰不仅展现了哈尔滨在冰雪产业上的领先地位，也彰显了哈尔滨冰雪大世界的科技实力和创新魅力。

图10.2 第25届哈尔滨冰雪大世界

游客增长量最多，春节假期最热门旅游目的地之一

据同程旅行发布的《2024年春节旅行趋势预测报告》，哈尔滨成为2024年春节假期最热门的旅游目的地。据统计，第25届哈尔滨冰雪大世界在元旦假日期间，接待游客16.32万人次，同比增长435%，创下同比增长量之最。自开园共计营业61天，第25届哈尔滨冰雪大世界累计接待游客271万人次，尽情为海内外游客展示了独属于这个冰雪童话世界的魅力与风情。这些数字不仅证明了哈尔滨冰雪大世界受游客喜欢的程度，也显示了中国冰雪旅游的巨大潜力。

单体景观数量最高，主塔高达43米相当于14层楼高

第25届哈尔滨冰雪大世界用25万立方米的冰和雪打造了1000余处冰雪景观，创历届单体景观数量最高纪录。其中主塔"冰雪之冠"的高度达到了43米，相当于14层楼高，用冰量达1.3万立方米。这一气势恢宏的冰建筑刷新了哈尔滨冰雪大世界的纪录，成为冰城新地标。游客都愿意在这里拍照留念，感叹哈尔滨人鬼斧神工的创造。

超级冰滑梯长度最长，成为"人气王""排队王"

任风声在耳畔嘶吼，拦不住速度与激情的碰撞。第25届哈尔滨冰雪大世界"人气王""排队王"超级冰滑梯从上一届的8条滑道增加到了14条，最长滑道长达521米，在规模、长度和占地面积上均创历届之最。园区内同时打造了雪圈滑梯、迷你冰滑梯、冰迷宫等，为游客提供了更多的选择和更丰富的体验。无论是家庭出游，还是朋友结伴，都能在这里找到适合自己的冰雪娱乐项目。

演艺人数最多，12个国家50位艺术家参与"哈冰秀"

冰雪与艺术的深度融合，让第25届哈尔滨冰雪大世界不仅拥有冰与雪的硬实力，还使游客可以欣赏到"哈冰秀""龙江冰秀""冰雪汽车芭蕾秀""梦想大舞台""万人蹦迪狂欢"等精彩演艺，感受到浓厚的冰雪文化氛围。"哈冰秀"作为哈尔滨最具特色、最具国际水准的顶级演艺，长期以来备受国内外游客的关注和期待。2024年的"哈冰秀"演出主题为"辉煌盛宴"，邀请了来自俄罗斯、美国、白俄罗斯等12个国家的50位优秀外籍表演艺术家参与其中，人数达到历届之最。此外，第25届哈尔滨冰雪大世界与完美世界等IP跨界合作，以雪雕形式还原剧目、游戏、动画的经典角色、动作与场景等，合作数量、形式、规模均创历届之最。

作为中国冰雪旅游的重要组成部分，哈尔滨冰雪大世界提升了中国冰雪旅游的国际形象和知名度，也为全球冰雪旅游的发展提供了宝贵的经验。哈尔滨冰雪大世界登上新媒体平台热搜榜榜一46次，成为名副其实的冰雪旅游行业领跑者。

资料来源：https://m.gmw.cn/2024/03/04/content_1303678603.htm.（2024-03-04）[2024-06-23].（有改动）

10.3.3 旅游景区环境质量管理

1. 合理分区并管理

将整个旅游景区分成各种功能区进行分区管理，是认识和保护旅游景区的基本步骤，是旅游景区经营旅游资源的重要措施。分区管理，可以将环境整体分成几个部分，分别制定保护方案。例如，可在旅游景区内划分一定的保护区、预留区、禁止开发和粗放使用的地区。为便于游客观赏景观，允许在旅游景区的粗放使用地区适当建设道路、步道、风景眺望点和食宿等设施。

2. 加强旅游景区环境绿化

环境绿化工作是旅游景区环境管理的重要内容。绿色植物通过光合作用吸收二氧化碳，放出氧气，这对人类身体健康极其重要。环境绿化可以净化空气，美化环境和景观，使得游客在游览过程中身心愉悦。

3. 环境污染控制

环境污染控制，是指将噪声污染、水污染、空气污染、辐射、恶臭等各种污染控制在环境标准范围以内的措施，为游客营造一个良好的卫生环境，使游客在愉快的心情下，进行各种旅游活动。

4. 制定有效的防火措施

旅游景区必须制定有效的防火措施，包括防火设施、防火制度及游客防火注意事项等，尽可能杜绝火灾隐患，将火灾发生的可能性降低到最低限度，并在火灾突发时，及时采取有效的应变措施。这对于森林公园类和古建筑类的旅游景区尤为重要，通过对游客可能引起火灾的行为进行有效管理，可以防止山火的发生，杜绝火灾隐患。

5. 规范旅游景区的市场经营

旅游景区往往为游客设立了各项服务，例如，摊担、旅游纪念品出售、摄影等。规范旅游景区的市场经营，可以使得旅游景区秩序井然，树立良好的旅游景区形象，提高游客的满意度。

10.3.4 旅游景区服务质量管理

1. 旅游景区服务质量管理的内容

提升旅游景区的服务质量，无论是服务设备、设施的质量，还是服务劳动的质量，最终目的都是要满足游客娱乐性和享受性的精神消费需求，并使旅游景区的收入上涨。旅游景区服务质量管理的内容主要有以下几个方面。

（1）服务设施和设备质量管理。

服务设施、设备保证供应是提升旅游服务质量的基础。在游客未到来之前，它反映旅游景区的服务能力；在游客到来之后，它是旅游景区有形服务的表现形式；在为游客服务的过程中，服务设施和设备的完好度、舒适度、美观度都直接和间接地影响着该景区旅游服务的质量。

在旅游景区醒目位置，可以设置《中国公民国内旅游文明行为公约》、"社会主义核心价值观"等标识文明旅游的宣传栏（牌）、电子屏，对游客进行文明旅游宣传，安装相关文明旅游的提示牌并且提示牌的大小、形状应该和周边环境相和谐。

（2）服务环境质量管理。

良好的服务环境是满足精神需求的重要前提，良好的服务环境能够给游客提供舒适、方便、安全、卫生的服务，它是旅游景区服务质量的重要组成部分。服务环境的质量主要表现为服务设施和服务场所的装饰布置、环境布局、空间构图、灯光气氛、色调情趣、清洁卫生和外观形象等方面的质量等。

（3）服务用品质量管理。

服务用品包括旅游服务工作人员使用的各种用品和直接满足游客需求的消费用品，后者是满足游客物质消费需求的直接体现,如餐厅的餐具、旅游交通工具等。服务用品的质量必须符合相关行业的等级规格,做到服务用品清洁规范、定额配备、供应及时,如此才能提高服务质量。

(4)实物产品质量管理。

实物产品质量是满足游客消费需求的重要体现,其内容主要表现为饮食产品的质量和满足游客购物需求的商品质量。前者包括产品风味、原料选择、原料配备、炉灶制作、食品卫生等,后者以商品本身的内在质量为主。

(5)劳务活动质量管理。

劳务活动质量即以劳动的直接形式创造的使用价值的质量。各种实物形式的服务质量最终都要靠劳务活动来实现,这也就是说,在实物产品配备完成的基础上,其质量主要是由劳务活动来创造。因此,劳务活动质量是旅游服务质量的主要表现形式,其内容包括旅游服务工作人员的服务态度、服务技能、服务方式、仪容仪表、服务语言、礼节礼貌、行为举止、服务规范、劳动纪律、服务效率、职业道德等。

(6)游客满意程度。

游客满意程度的高低是旅游服务质量高低的最终体现。旅游服务是为游客提供的,其质量高低主要表现为游客在旅游过程中享受到的服务劳动的使用价值,即得到的物质和心理上的满足。前文所述服务设施和设备、服务环境、服务用品、实物产品、劳务活动五个方面的质量高低最终都通过游客满意程度的高低表现出来。因此,提高旅游服务质量必须从游客的消费需求、消费心理出发,有针对性地提供各项服务,重视游客的满意程度,并随时掌握游客的心理变化,不断改进旅游服务工作,以取得高水平的旅游服务效果。

2. 旅游景区服务质量管理水平的提高

旅游活动是一项综合活动,旅游服务也是一项综合服务,这种综合性既体现在旅游服务内容上,也体现在旅游服务的表现形式上。因此,旅游服务质量是一种整体体现,具有综合效果。旅游景区服务综合运用现代化管理手段和方法,通过建立完善的旅游服务质量标准和体系,不断提高旅游服务质量的管理水平。确定旅游服务质量标准化管理工作应以贯彻国家和地区的质量标准为中心,并结合本旅游景区的实际情况。旅游服务质量标准化管理主要表现在以下三个方面:一是旅游服务质量标准化;二是后勤保障标准化;三是管理工作标准化。

根据旅游景区旅游活动和服务的特点提高旅游服务质量,重点应解决以下三个方面的问题。

(1)旅游服务设施、设备及环境必须配套。

旅游服务横断面宽,综合性强。任何旅游景区提高服务质量都是以提升其服务设施、设备及环境为基础的。只有做到设施配套、设备舒适、环境优美,符合旅游景区的等级规格,满足其目标市场的需要,才能为提高旅游服务质量提供良好的物质条件,为保证旅游服务质量的整体效果夯实基础。

(2)旅游服务工作人员必须具备良好的素质。

在旅游业中,游客所需要的各项服务主要是由旅游景区各部门、各企业的旅游服务工作人员来提供的。其自身素质的高低,执行"游客至上,服务第一"经营思想的自觉程度等都直接影响着旅游服务的质量。只有整个旅游业和各级各类旅游景区都对旅游培训给予足够的重视,努力提高旅游服务工作人员的素质,如此才能提高旅游业整体的服务质量。

(3)旅游服务质量管理必须具有全局意识。

旅游服务质量的整体效果是与旅游活动有关的各部门、各行业及旅游服务工作人员共同创造的。树立全局观念、提高旅游服务质量的整体效果包括四个层次：一是国家旅游主管部门对旅游服务质量管理必须面向全行业，统一制定方针政策，做好各地区、各部门、各行业的联系工作；二是各旅游服务企业、各上级主管部门必须树立全局观念，切实贯彻国家旅游主管部门行业颁布的有关方针政策，顾全大局；三是各级各类旅游企业，尤其是旅游景区要加强联系和配合，及时沟通情况，互相支持，特别是要保证旅游团队旅游日程安排的顺利实施；四是各旅游企业的旅游服务工作人员要树立"一盘棋"思想，做好每一个环节、每一个岗位的工作，确保旅游服务质量的整体效果。

应用案例 10-5

用心服务不让一位游客受委屈

2021年，在湖北省十堰丹江口市"十佳新时代文明实践"系列评选中，武当山"小红帽"志愿服务项目光荣上榜。在武当山景区，"小红帽"志愿服务队真正的名称是景区综合执法大队，由于执法队员都身着黑色制服，头戴红色贝雷帽，被游客亲切地称呼为"小红帽"志愿者。"小红帽"志愿服务队以服务热情周到、管理严格规范为工作标准，一手抓设施建设，一手抓服务管理，成为武当山景区一道靓丽的风景。

"小红帽"志愿服务队以经营秩序、环境整治为龙头，以"创先争优""文明创建"等活动为着力点，一手抓宣传，一手抓整治，依法依规严厉打击影响景区形象的不文明行为。

围绕"讲文明，树新风"的宗旨，"小红帽"志愿者积极开展"文明创建"宣传活动，通过与驻景区经营户签订《诚信经营责任书》，利用景区广播系统、LED大屏系统、流动宣传车等多种形式大力宣传，加强与经营户的交流与沟通，营造文明经营、诚信服务的良好氛围。

在优化景区旅游环境方面，"小红帽"志愿者对全景区实行划片分段管理，实施"三定"（定岗、定人、定责），做到每个岗位都有"三顶帽子"，即"红帽子"（执法员）、"黄帽子"（保洁员）、"迷彩帽子"（护林员），实现"三顶帽子"相互监督，齐抓共管，使每个岗位有责任、有动力、有压力，力争把每个责任区打造成和谐区、文明区、示范区。

"小红帽"志愿者还积极开展"进村入户"活动，协同景区办事处所辖八个村，主动贴近群众解难帮困，积极引导景区群众树立"人人都是景区形象，事事关乎景区发展"意识，并深入群众家中及时帮助他们解决生活困难，化解实际矛盾。

"小红帽"志愿服务队始终坚持"以人为本"的志愿服务理念，把"不让一位游客在武当山受委屈"作为一切工作的出发点和落脚点，不断创新服务内容，拓展服务领域，提升服务水平。

2014年10月1日，一名年近八旬的老人在武当山明神道徒步登顶时，因体力不支不慎从两米多高的台阶上摔下山崖。接到求助电话时，家属介绍受伤老人已陷入昏迷状态，在执勤的"小红帽"志愿者立即带着担架与景区值班医生一起，冒着大雨奔袭3000米的山路赶到现场，医生首先对老人进行简单处理。"小红帽"志愿者随即抬起担架将老人送往琼台以便乘车就医。在"小红帽"志愿者的护送下，老人被及时送上急救车，最后顺利脱离生命危险。

据统计，自成立以来，截至2022年初，"小红帽"志愿服务队及时救助遇险遇难、走失走散游客达600余人次，帮助游客找回丢失物品500余件，挽回游客经济损失共240余万元。"小红帽"志愿者对待游客"有呼必应、有难必帮"，日渐成为中外游客的"平安使者"。

资料来源：http://news.sohu.com/a/511349629_120099890（2021-12-24）[2023-07-01].（有改动）

10.4 旅游景区对游客失礼行为的管理

游客在旅游过程中，绝大多数是为了求知求异、充实人生、陶冶情操，但是有些游客在旅游过程中会出现失礼行为，表现为污染环境、破坏旅游资源、损坏旅游公共设施、在公共场合举止不文明、对当地习俗不尊重而形成与居民的冲突等。旅游景区工作人员有义务、有责任向游客提倡健康有益的旅游活动、向游客提倡保护旅游资源和公共设施，并负责游客的旅游安全管理等。

10.4.1 提倡健康有益的旅游活动

游客的失礼行为会对旅游景区产生不良影响。

首先，降低环境质量。游客造成的废物污染，破坏了环境的优美，破坏了旅游景区的美感美境，降低了环境质量。

其次，缩短旅游景区的生命周期。游客的失礼行为，加重了旅游资源的破坏及旅游基础设施的损耗，使旅游景区的形象受到一定的损害，吸引力下降，从而减少游客数量，致使旅游景区较早进入生命周期的衰退阶段。优良的环境是旅游景区生存和发展的基础，旅游景区环境恶化之日，就是其走向衰退之时。

最后，游客的不良行为也降低了旅游景区的档次。

旅游景区游客管理的重要任务之一，就是通过适当的组织管理，引导游客在旅游景区内进行健康有益的活动，体现社会主义的物质文明和精神文明。通过游览优美的自然景观，陶冶游客情操，通过自然和文物古迹的游览，增加游客科学文化知识；通过新颖、有趣、惊险的娱乐和体育活动，使游客的身心得到放松。旅游景区要坚决抵制和反对有害健康、违法犯罪的活动，例如赌博、抢劫偷盗等。

拓展视频
10-2

10.4.2 保护旅游资源和公共设施

部分游客在旅游过程中会做出一些破坏环境和损害公物的行为，如采摘名贵花木，袭击和猎捕珍奇动物，在文物古迹上乱刻乱画，乱扔废物，污染水源，破坏旅游景区娱乐设施等行为。通过旅游景区工作人员的有效管理，能阻止游客在旅游景区损害环境和设施，减少游客对环境的破坏和污染。

10.4.3 旅游安全管理

旅游景区是游客旅游的最终目的地和重要集散地，面临的环境相对复杂，要确保游客和旅游景区工作人员的人身与财物安全，确保旅游景区能够持续稳定地发展，安全管理是不容忽视的重要环节。

（1）建立健全各种安全制度，做好旅游景区范围内的治安保卫工作，避免造成游客的人身伤害或财物损失，同时也避免对旅游景区本身产生不良影响，给游客创造一个安定的环境。

（2）正确引导和约束旅游景区内游客的游览行为，防止其不安全行为导致事故。例如不顾各种安全警示，跨越安全栏、随意攀爬、接近危险水源等；在漂流、滑雪、泡温泉等过程中，不遵守相关的安全规定，不按照规定的操作执行等；不在指定的吸烟区域吸烟，或在禁火的区域乱丢烟头等。

（3）在游客进行一些特殊旅游活动时，如悬崖陡坡、深林蹊径、激流深洞、河谷漂流等，加强安全活动管理，一定要有安全措施和急救系统，应有清晰的警示牌，提醒游客注意人身安全。

（4）旅游景区旅游设施操作人员要严格按照规范进行操作，防止违章作业导致事故。例如，负责漂流的船工在急流转弯河段操作不当造成翻沉，负责客运索道的工作人员因操作不当导致停止运行，负责游船或大型游艺机的工作人员因操作不当而造成人员受伤等。

（5）在旅游景区危险处设立明显的标志。如在江阴鹅鼻嘴公园有一条又窄又矮的通道可以去江边看长江风光和江阴长江大桥，该景区在通道的入口和拐角处均有提醒游人小心慢行的标志。在旅游景区的简介上印制安全注意事项，也不失为一种明智的做法。

（6）规定游客在合适的时间进行旅游活动。恶劣的天气会给旅游带来不便，甚至造成危险。如遇到大雾、大雪和大风等恶劣的天气，应限制旅游车辆的通行。

（7）如实、详细地告知游客旅游活动中存在的危险因素和相应的防范措施，个人防护用具和救生用具的正确使用方法，游乐活动的规则和安全注意事项，以及发生事故时的应急措施等。

应用案例10-6

故宫：升级线上线下服务 回应暑期游览热情

故宫门票怎么"抢"？"进宫"前去哪儿"做功课"？"进宫"后如何选择最优游览路线？订不到票如何实现线上深度游故宫？暑期游客出游热情高涨，故宫一票难求。故宫通过优化票务、接待服务，升级线上游览服务和内容，更好地满足游客需求。

优化线下服务

"故宫目前实行预约参观，门票于参观日7天前20时开始预售，售完为止。"故宫博物院保卫处票务科工作人员建议，广大游客在暑期等旅游高峰时段，提前通过故宫博物院网络售票网站或微信上的故宫博物院官方服务号实名预约门票。

进入暑期，北京天气炎热、降雨增多，为服务好参观游客，故宫推出了一系列保障措施。故宫博物院开放管理处工作人员介绍，一方面增加了外岗服务人员和巡逻人员，加强对人流的疏导和对突发状况的应对；另一方面，在珍宝馆、御花园等地增加了30把路椅，供观众休息乘凉，并为游客准备了一次性雨衣。

线上服务往深里走

如果结合"数字故宫"小程序在故宫进行游览，游客还将获得不一样的体验。

据了解，2020年，故宫发布了"数字故宫"小程序，游客可在上面浏览"故宫名画记""数字文物库""全景故宫"等平台上的藏品、建筑信息，还可第一时间获取故宫博物院的相关资讯。

"小程序上的'游故宫'和'赏物'两个频道，不仅聚合了紫禁城建筑和院藏文物资源，还结合线下开放路线为观众提供便捷的导览服务。"故宫博物院数字与信息部工作人员介绍，目前在用户喜欢使用的路线中排名前三的是"一日游""夏日纳凉""东路游览"。"夏日炎炎，观众大多选择通过逛展览、走树荫来避暑，但又不想错过经典游览区域，这三个路线便成了'夏日爆款线'。"其实，如果想在酷暑中避开客流高峰，线上游故宫也不失为一个好选择。故宫正在采取多种措施，让这种游览体验往"深"里走。不太熟悉故宫路线的观众，直接点击导航提示的宫殿名，就能前往想去的大殿，甚至可以看到目前未开放的区域；想到宫殿室内一探究竟的用户，通过"全景故宫"可以"进入"大殿内，数一数太和殿内宝座上的雕龙有几条；还有导游利用"全景故宫"进行直播，带大家360度无死角逛故宫，代入感极强。

"去过几十次故宫了，每次都有新发现、新惊喜。它就像是一座宝库，吸引你不断探寻，看得越多，就越觉得自己了解得还太少。"网友"梦之仲夏"说，她下载了很多关于故宫的App，如每日故宫、故宫展览、紫禁城600，还关注了故宫尚书房、故宫文化创意馆等微信公众号和小程序。"只为让每一个不能前往故宫的日子，都能在掌中与它相遇。"

创新传播故宫文化

党的二十大报告指出："坚持以文塑旅、以旅彰文，推进文化和旅游深度融合发展。"故宫蕴藏着历史、建筑、天文等多个领域的丰富知识，是学生们在暑期开展研学活动的热门去处。为满足更多游客需求，故宫策划暑期故宫知识线上课堂。以"文物与自然"为主题，故宫于2021年8月11日至20日连续推出20节课程，每个课程围绕故宫的一件文物展开。比如，围绕浑天仪讲解古代天文学知识；围绕欹器讲解其背后的物理学知识及蕴含的"满则覆"的人生哲理；围绕《耕织图》解读养蚕缫丝的奥秘；围绕大禹治水玉山，讲述清宫玉石的相关历史及玉器制作知识。

"我们希望通过多样化的讲授，让深宫里的藏品真正活起来，让艰涩难懂的文物信息转变为轻松好玩的科普知识，带领学生们探索人物与自然、文化与科技、历史与当下的交融，让故宫与自然、社会建立起关联，真正走进百姓生活。"故宫博物院宣传教育部工作人员说。

近年来，故宫宣传教育部通过线上线下多种途径为观众提供教育服务，策划出版了多套青少年图书，如《哇！故宫的二十四节气》绘本、《我要去故宫》插图书、《故宫思维训练大挑战》游戏书等。

资料来源：http://www.ctnews.com.cn/paper/202107/29/node_02.html（2021-07-29）[2023-07-03].（有改动）

本 章 小 结

旅游景区服务是旅游服务中的重要环节之一。本章的学习，可以使学生全面掌握旅游景区的服务内容、服务流程和礼仪要求，有助于学生了解旅游景区各个岗位和工作，为日后在旅游景区开展服务工作打下良好的基础。

复习思考题

一、判断题

1. 旅游景区工作人员只需要了解该景区情况，做到对游客有问必答，有礼有节即可。（　　）
2. 旅游景区为了突出该景区的原生态，不需要向游客提供休憩的椅凳。（　　）
3. 前往旅游景区参观的重要团队要配备活泼、热情、开朗的讲解员。（　　）

4．旅游景区工作人员有效地管理游客，可以减少游客对环境的污染。（　　）
5．为了旅游景区的经营利润，没有必要如实、详细告知游客漂流存在的危险。（　　）
6．在给儿童讲解过程中，可以适当赠送些食品或玩具。（　　）
7．旅游景区工作人员可以浓妆艳抹。（　　）
8．讲解服务中需要根据游客的年龄来调整不同的语速。（　　）
9．大雾天气，旅游景区工作人员应限制旅游车辆的通行。（　　）
10．在讲解服务中，讲解员可以用手对客人进行指点。（　　）

二、简答题

1．对旅游景区工作人员的素质要求有哪些？
2．旅游景区工作人员有哪些服务礼仪？
3．旅游景区接待礼仪的程序是什么？
4．人员讲解礼仪有哪些？
5．旅游景区从哪些方面提高服务质量？

实 训 项 目

一、旅游景区服务训练

1．在教师的指导下，学生分组进行现场实战演练。
2．具体步骤如下。
（1）将学生进行分组，5～7人一组；
（2）教师帮助学生选择学校附近的旅游景区，让学生以组为单位，对旅游景区整体情况和旅游景区工作人员服务情况进行观察了解，总结该旅游景区在服务质量方面存在的问题并提出改进对策；
（3）教师对每组的汇报进行点评。

二、沟通技巧训练

1．该训练主要让学生熟练掌握沟通技巧，以便在旅游服务场合灵活运用，发挥语言魅力。
2．训练方法如下。
（1）课前5分钟即兴主题演讲，例如旅游景区接待咨询、讲解、劝阻游客失礼行为等；
（2）绕口令、吐字发音练习；
（3）创设语境，让大家投入旅游景区不同岗位角色，聊天交谈，或设置精彩开场白、热情寒暄，或简洁打电话，或在讨论会上明智发言，或巧舌推销，或激情讲解等；
（4）会听，会看，会想，会自控，经常练；
（5）语言能力测试；
（6）语言与文化结合。

三、旅游景区游客中心模拟训练

1．在教师的具体指导下，学生分组进行模拟。
2．训练方法如下。
（1）模拟旅游景区接待人员有礼貌地迎宾和问候服务；
（2）模拟旅游景区接待人员咨询服务；
（3）模拟旅游景区接待人员送客服务。

拓 展 课 堂

颐和园打造系列红色文化服务 传承"进京赶考"精神

益寿堂是颐和园万寿山东侧山麓的一处知名度不高的院落，但这里却是1949年3月25日毛泽东率领中共中央"进京赶考"抵达北平的首个落脚地。2021年，颐和园益寿堂北京市爱国主义教育基地正式挂牌，为古典皇家园林增加了一抹红色印记。在益寿堂正式挂牌北京市爱国主义教育基地后的第一个纪念日，2022年3月25日，颐和园益寿堂举行"'铭记红色历史 礼赞光辉时代'党中央'进京赶考'73周年主题活动"，邀请多位民主党派代表走进益寿堂，重温那段风云激荡、肝胆相照的历史。

在活动中，一场由颐和园职工编排的党史学习教育"微党课"将现场带回到1949年的北平：一名年轻的"解放军小战士"与当代青年上演了一场跨越时空对话；颐和园金牌讲解员带来的《一张拼桌话和平》《毛泽东与柳亚子》等历史讲解展示，将现场带回新中国成立之前。

目前，颐和园内坐落着两处北京市爱国主义教育基地，分别为颐和园耕织图水操学堂和颐和园益寿堂。自2019年推出颐和园益寿堂红色文化定制"六个一"服务后，颐和园围绕优质的红色文化资源，先后打造了一批红色文化旅游线路，并重点推进红色文化讲解等便民服务落地。游客可以通过团体预约等形式，在颐和园学习红色文化、聆听红色讲解。仅2021年，颐和园益寿堂全年接待预约参观团体493个，服务散客、团体超过4.1万人次。颐和园还将继续整合红色文化资源，提升颐和园爱国主义教育水平，打造系列、综合的红色文化服务项目，并采取数字化手段推动线上体验建设，提高游客在颐和园的红色文化游览体验。

资料来源：http://bj.people.com.cn/n2/2022/0325/c233088-35192472.html（2022-03-25）[2023-07-05].（有改动）

课 后 阅 读

践行"五员一体"，云台山人这样做

2018年2月18日中午11时55分，一名台湾游客在云台山小寨沟景区匆忙地拉住了该景区工作人员求助，称她的孩子在该景区内走失。得知情况后，小寨沟景区管理所即安排人员根据孩子的体貌特征开始寻找。小寨沟各入口人员、检票处人员迅速通过对讲机通报情况，仅仅用了6分钟，就在小寨沟景区出口处找到了与家人走失的台湾小朋友。见到孩子的那一刻，孩子母亲激动得泪流满面，连连感谢云台山景区工作人员的尽职尽责。这是发生在云台山的真实事件，更是全心全意为游客服务的云台山人的真实写照。

自2017年6月以来，云台山景区建立了"2000名员工人人都是安全员、保洁员、服务员、救护员、宣传员"的"五员一体"服务体系，力图打造中国最让游客安心的景区。

我是您的安全员

在这里，游客安全是第一要务。

牢固树立"安全第一，游客至上"的安全生产理念。

实现全年安全责任零事故标准。

我是您的保洁员

在这里，人人都是保洁员。

每看到一片垃圾我们都会主动捡起。

因为我们要让游客，在景区可视范围内不能看到垃圾。

我是您的服务员

在这里，我们坚持以游客为中心。

用真心、真情换您满意笑容。

用工匠精神树立服务的标杆。

真正让"感动服务"成为景区的"金字招牌"。

我是您的救护员

在这里，我们视游客为亲人。

人人掌握安全急救知识。

当游客需要救助时及时施以援手。

我是云台山的宣传员

在这里，人人都是云台山品牌的宣传员。

人人都是云台山故事的传播者。

可爱的云台山人每天在平凡的岗位上，演绎着云台山不平凡的故事。

资料来源：根据相关网络资料整理。

第11章
涉外服务礼仪

教学要点

知识要点	学习程度	相关知识
国际交往礼仪的原则	了解	了解国际交往需要注意的各种原则
国际交往礼仪的基本知识	掌握	重点掌握国际交往中有关礼宾次序、国旗礼仪和国歌礼仪及注意要点

技能要点

技能要点	学习程度	应用方向
国际交往中的基本原则及基本知识	掌握	旅游服务工作人员能运用有关国际交往礼仪方面的知识，做好涉外接待工作，了解并做好几种仪式的具体操作工作

 导入案例

合影排位非小事

1995年3月，在丹麦哥本哈根召开了联合国社会发展世界首脑会议，出席会议的有近百位国家元首和政府首脑。同年3月11日，与会的国家元首与政府首脑合影。照常规，应该按礼宾次序名单安排好每位国家元首、政府首脑所站的位置。首先，这个名单怎么排，究竟根据什么原则排列？哪位国家元首、政府首脑排在最前？哪位国家元首、政府首脑排在最后？这项工作实际上很难做。丹麦和联合国的礼宾官员只好把丹麦政府首脑（东道国）、联合国秘书长、法国总统以及中国、德国总理等安排在第一排，而对其他国家领导人，就任其自便了。好事者事后向联合国礼宾官员"请教"，答曰："这是丹麦礼宾官员安排的吗？"并向丹麦礼宾官员核对，得到的答复是"根据丹麦、联合国双方协议，该项活动由联合国礼宾官员负责。"

资料来源：根据相关网络资料整理。

我国古代礼仪典籍《礼记·曲礼上》就记载："入竟而问禁，入国而问俗，入门而问讳。"目前，全世界有200多个国家和地区，2000多个民族，各个国家、地区、民族之间由于文化背景、种族差异、宗教信仰的不同，其风俗习惯和礼仪礼节也不尽相同。习近平主席在2014年联合国教科文组织发表演讲时强调：文明因交流而多彩，文明因互鉴而丰富。文明交流互鉴，是推动人类文明进步和世界和平发展的重要动力。作为旅游服务工作人员，要让来自五湖四海的宾客满意，在旅游服务中不仅要学习一般的服务礼仪知识，还要遵循一些国际交往的礼仪原则，认识和了解不同国家宾客的生活习俗和礼仪禁忌，这对促进我国旅游业的发展，是十分必要的。

11.1 国际交往礼仪的原则

1. 信守时间

在国际交往礼仪中，一般应遵守信守时间原则。

根据国际交往礼仪原则，信守时间、遵守约定，是用以取信于人的一项基本要求。在国际交往中，不遵守时间的人，就是不尊重交往对象的人。关于这一点，在国际社会中，人们早已达成了共识。要遵守此项原则，重要的是要做好以下几点。

（1）在有关时间的问题上，不要吞吞吐吐、含含糊糊、模棱两可。

（2）与对方交往的时间一旦约定，即约定一经成立，就应该千方百计予以遵守，而不宜随便加以变动或取消。

（3）对于双方之间约定的时间，只有"正点"到场方为得体。早到与晚到，同样都是不正确的做法。

（4）万一失约，务必向对方尽早通报，解释缘由，并为此而向对方道歉。绝不可以对此得过且过，或者索性避而不谈，显得若无其事。

2. 勿碍他人

在公共场合中，一般遵守勿碍他人原则。

根据这项原则,在公共场合活动时,绝对不可以忘乎所以、为所欲为。无论有无熟人在场,均须严于律己。

在公共场合中,不可以高谈阔论、放声谈笑。在大庭广众之前,特别是在陌生的异性面前,不可以整理衣饰、化妆或补妆。

在公共场所,不宜打量、窥视或者围观与自己不相干的陌生人。指点、议论对方,甚至不约而至地自动加入对方的谈话。

3. 女士优先

在社交活动中,一般应遵守女士优先的原则。在国际社会里,人们早已普遍认为,在社交活动中,遵守女士优先原则的男士才称得上是绅士。

■ 实用小窍门11-1

如何做到女士优先

在女士面前,男士是不许说脏字,开无聊玩笑的。

在发言开始前,讲话者提及听众时,必须以"女士们、先生们"作为"合礼"的顺序。在问候其他人时,男士必须优先问候当时在场的女士。

在女士面前,男士必须脱下帽子,而且未经允许不得擅自吸烟。

在同行时,男士应自觉地请女士优行一步,以便将选择行进方向的权利留给女士。有必要并排行走时,出于安全方面的考虑,男士应主动走在外侧,而请同行的女士走在内侧。当通过门口时,男士有义务为女士开门或关门,如图11.1所示。

图11.1 男士有义务为女士开门或关门

上车时,男士应先打开最近的一扇车门(一般是后座右边的车门),待女士坐定后,关上车门,绕过车,再自己开门坐进车内;下车时,男士先开车门,绕过车身,替女士开门,待女士完全离开车后再关车门,然后跟上。

进入电梯时,男士须先替女士按住按钮或挡住电梯门,女士进入后,自己按下欲去的楼层。抵达该楼层时,也须用手挡住电梯门,待女士完全走出后方才跟上。

上下楼梯或是电扶梯时,男士应走在女士后,万一女士跌倒时可以搀扶;下楼时则相反,应由男士领前,其道理与上楼梯时相同。

向他人致意时,男士若面对的是女士,必须起身站立,而女士若面对的是男士,则不必如此。

资料来源:根据相关网络资料整理。

该原则的本意，是要求每一位成年男士，在社交场合里，都要尽自己的一切可能来尊重女士、体谅女士、帮助女士、照顾女士、保护女士，并且随时随地义不容辞地主动挺身而出，替女士排忧解难，使其避免处于尴尬与难堪的境地。外国人强调女士优先的主要原因，并非因为女士被视为弱者，值得同情、怜悯，最为重要的是，他们将女士视为人类的母亲。

4. 维护隐私

在国际交往中，一般应遵守维护隐私原则。

在国外，人们普遍崇尚个性、尊重个性。其基本做法，就是主张个人隐私不容干涉。个人隐私，泛指一个人不想告知于人或不愿对外公开的个人情况。在许多国家，它受到法律的保护。

一般而言，在国际交往中，下列七个方面的私人相关问题，均被视为个人隐私的问题。

第一，收入支出。在国际社会中，人们普遍认为：任何一个人的实际收入与其个人能力和社会地位直接存在着因果关系，忌讳直接或间接地打听他人个人收入。

第二，年龄大小。人一般都希望自己永远年轻，因而对于"老"字讳莫如深。外国人特别是外国女士，最不希望外人了解自己的实际年龄。所以国外有一种"绅士只记得女士的生日，却记不清楚女士的年龄"的说法。

第三，恋爱婚姻。中国人的习惯是对于亲友、晚辈的恋爱、婚姻、家庭生活时时牵挂在心，但是绝大多数外国人却不会打探别人的恋爱婚姻状况。

第四，身体健康。在国外，人们非常反感其他人对自己的健康状况关注过多。

第五，家庭住址。外国人大多视自己的私人居所为私生活领地，非常忌讳别人无端干扰其宁静。在一般情况下，除非知己和至交，他们一般不邀请外人前往其居所做客。

第六，个人经历。初次会面时，中国人往往喜欢问一下交往对象："是哪里人""哪一所学校毕业的""从事什么职业"等。然而外国人却大都将这些内容看作"秘密"，并且坚决主张"英雄莫问出处"，反感询问既往经历。

第七，信仰政见。在国际交往中，不宜询问对方宗教信仰和政治见解。因此，在跟外国人打交道时，千万不要没话找话，不宜信口打探对方的个人情况。尤其是发现对方不愿意回答时，就应适可而止。总之，尊重个人隐私这条原则在国际交往中永远都是不能遗忘的，都是必须遵守的。

5. 以右为尊

在国际位次排列中，一般应遵守以右为尊原则。

所谓以右为尊，即在国际交往中，一旦涉及位次排列，原则上都讲究右尊左卑，右高左低。如在并排站立、行走或者就座的时候，为了表示礼貌，主人理应主动居左，请客人居右。男士应当主动居左，请女士居右。晚辈主动居左，请长辈居右。职位、身份较低者应主动居左，请职位、身份较高者居右。

宾主正式会晤时，主人往往会安排主宾在自己右侧的尊贵位置上就座。

大家一同用餐时，请客做东的主人均会请主宾坐在自己的右侧。

并排行走或搭乘轿车时，右边的位置亦非主宾莫属。

6. 不必过谦

在涉外交谈中，一般应遵守不必过谦原则。

在外国人看来，做人首先需要自信，对于个人能力、自我评价，既要实事求是，也要用语大胆肯定。在与外国人打交道时，千万不要过分谦虚，特别是不要自我贬低，以免被人误会。

在国际交往中，下述情况不必过谦。

当外国人赞美自己的相貌、服饰、手艺时，一定要记住落落大方地说一声："谢谢！"这么做，既展现了自己的自信，也是接纳对方的表现。

当外国人称赞自己的工作、技术或服务时，同样要大大方方予以认可。

当需要进行自我介绍，或者对自己的工作、学习、生活、服务、能力、特长等进行介绍时，要敢于并且善于表达。

当自己同外国人进行交往应酬时，一旦涉及自己正在忙什么、干什么的时候，无论如何都不要说什么自己是"瞎忙""混日子""什么正经事都没有干"。这样有可能被对方看作不务正业之人。

当自己身为东道主，设宴款待外国人时，应当在介绍席上菜品的过程中，有意识地说明"这是本地最有特色的菜""这是这家菜馆的招牌菜""这是我们为您特意精心准备的菜"，这样会使对方感到备受我方的重视。

7. 热情有度

在涉外交往中，一般应遵守热情有度原则。

热情有度是要求人们在参与国际交往、同外国人打交道时，不仅待人要热情而友好，更为重要的是，还要把握好热情的分寸。具体来说，包括以下4个方面。

（1）关心有度。

不宜对外国人表现得过于关心，不要让对方觉得管得过宽。中国人在相互之间一向倡导"关心他人比关心自己更重要"。可是，在国外，人们大多强调的是个性独立，自强自爱，绝对自由，反对让别人对自己的过分关心。

（2）批评有度。

对待外国人的所作所为，只要其不触犯我国法律，不有悖于伦理道德，不有辱我方的国格人格，那么通常就没有必要去评判其是非对错。

在国际交往中，反对多管闲事。外国人大多认为，除法律明文禁止做的事，其他任何事情自己都有权去做，别人无权干涉。由于中外文化、习俗本身有差异，双方在日常生活中的许多方面，是非曲直的标准未必一致，有时甚至大相径庭。

（3）距离有度。

中国人多在交往中对于双方的交往距离不太讲究，有时，为了表示亲近，还喜欢有意靠近对方。但在国际交往中，交往距离是很重要的，处理不好会使人有"被侵犯"的感觉。

在国际交往中，人与人之间的交往距离大致可以划分为以下四种，它们各自适用于不同的情况。第一，私人距离，小于0.5米，仅适用于家人、恋人与至交，因此有人称其为"亲密距离"。第二，社交距离，大于0.5米，小于1.5米，适合于一般的交际应酬，故亦称"常规距离"。第三，礼仪距离，大于1.5米，小于3米，适用于会议、演讲、庆典、仪式以及接见，意在向对方表达敬意，因此又称"敬人距离"。第四，公共距离，在3米开外，适用于公共场所同陌生人相处。

（4）举止有度。

在心理学中，人的举止动作被称为"形体语言"，它能够真实、准确地反映人的心理活动。因此，每个人都要有意识地对自己的举止多加注意，切勿因为自己的举止过分随意，从而引发误会或失敬于人。

在国际交往中应注意以下两点。一是不要随意采用某些意在显示热情的动作。在中国，朋友相见时，彼此拍拍肩膀；长辈遇见孩子时，抚摸一下对方的头或脸蛋等，都是常见的表示亲热、喜爱的动作，但在国际交往中不要采用这些动作。二是不要采用不文明、不礼貌的动作。例如当众挖耳朵、抓痒痒、伸懒腰、对人指指点点、高跷二郎腿、乱晃乱抖等。

应用案例 11-1

关心过度

王丽在上海一家五星级酒店做楼面值台服务员，因为她亲切热情、服务周到，所以在她所负责的楼层入住的宾客对她的印象都很不错。

有一天，一对来上海做生意的德国夫妇外出后回店。由于这对夫妇入住已有好几天，王丽和他们比较熟悉，所以在问候他们以后，王丽如同对待老朋友那样，随口问道："你们去哪里玩了？"夫妇俩此时还比较有耐心地回答："我们去南京路了。"王丽又问："你们逛了什么商店？"对方被迫答道："上海华联。"王丽一时兴起，越问越多："上海华联挺不错的，你们买了些什么呀？"这回德国夫妇没有作答，说了声再见后转身离开。之后，这对德国夫妇向酒店提出更换楼层。理由是："王女士令人不解，她对宾客的私生活太感兴趣了。"

资料来源：根据相关网络资料整理。

11.2 涉外接待的礼宾规格

在涉外接待中，礼宾规格是首要大事。确定涉外接待的具体环节与具体程序时，首先必须确定礼宾规格。俗话说："没有规矩，不成方圆。"规格，是指与某一事物相关的规定或者标准。所谓礼宾规格，具体是指涉外人员在对外交往中礼待外方来宾的一系列具体规定，即在涉外接待的具体过程中所必须遵守的、已被正式规定的具体要求或具体标准。

在各式各样的涉外接待工作中，没有事先确定礼宾规格，或者不遵守已经确定的礼宾规格，往往就会出现这样或那样的差错。因此，从事具体接待工作的涉外人员在任何情况下都应当重视礼宾规格的重要性。

1. 礼宾规格的原则

有关礼宾规格确定与操作的基本原则主要有以下 4 项。

（1）服从外交。

礼宾规格直接或间接地与中国同有关交往各方的国家和地区及其政府之间的关系相关。国家与国家、地区与地区、政府与政府之间的关系，一般属于外交范畴。外交无小事，在任何时候，在确定礼宾规格或具体操作时，均应首先服从于本国外交的大政方针。服从外交原则的具体含义，主要是指中国涉外接待中礼宾规格的具体安排要服从本国总体外交工作的需要，礼宾规格的操作必须为本国的总体外交工作服务。

（2）身份对等。

依照国际惯例，在涉外接待中，双边关系讲究对等。对等在双方交往中的含义，就是要求交往双方礼尚往来：你方如何待我方，我方即可如何待你方。所谓身份对等，具体是指在确定接待外方来宾的礼宾规格时，应与外方来宾的具体身份相称，同时还应参照外方在接待我方身份相仿人员时所采用的具体礼宾规格。也就是要求我方所给予来访的外方来宾的礼遇应当恰到好处，以免我方人员在出访对方时受到怠慢。

(3) 一律平等。

依照国际惯例，在涉外接待中，多边关系讲究平等。在接待来自多方的外方来宾时，相应的礼宾规格，是要明确平等待客的正确理念，对有关各方真正做到一视同仁。一律平等原则的具体要求是，在确定和操作用以接待来自多方的境外人士的礼宾规格时，一定要不论其国家大小，不分强弱，不看贫富，不讲亲疏，严格地、无条件地平等相待，做好有关各方的平衡。

(4) 有所区别。

在强调身份对等与一律平等两项原则的同时，在为外方来宾安排具体的礼宾规格时，还应充分尊重对方的风俗习惯以及其他方面的特殊做法，绝对不要一厢情愿，不强人所难，不强加于人，不勉强行事，否则会事与愿违。

有所区别，在此即指我方在确定和操作用以接待来自与我方存在习俗差异及其他差异的外方来宾的礼宾规格时，必须充分考虑双方的这些差异，具体情况具体对待，不能千篇一律。

2. 礼宾规格的特征

礼宾规格具有礼宾性、规范性、稳定性、差异性、简约性等主要特征。在涉外接待中，涉外人员必须对礼宾规格的这些具体特征有所了解。

(1) 礼宾性。

礼宾规格是专门用来接待来宾的，在涉外接待中，它专门用来接待外方来宾。因此，礼宾性是礼宾规格的主要特征之一。

(2) 规范性。

作为一种专门规定、专项标准或者具体要求，礼宾规格的规范性很强。它对于我方人员在涉外接待中具体应当"如何有所为""如何有所不为"，通常都规定得一清二楚。因此，可以称其为"礼宾规范"。

为了使之制度化、正规化、标准化和易于操作，礼宾规格通常都由国家的外交、外事部门明文规定。有时，它也有可能出自国际惯例或者是本国对外交往中约定俗成的做法。

(3) 稳定性。

如果从总体上进行考察，礼宾规格绝对不可能一成不变。在某些时候，各国乃至各单位、各部门，都会根据自身情况对其进行调整。不过在一般情况下，对它所作的调整往往都属于微调。它的变化，通常也是局部的、个别的。相对而言，礼宾规格往往比较稳定，是轻易不会变更的。正因为其具有轻易不变的"刚性"而不是动辄改变的"弹性"，礼宾规格才有规矩可言。

(4) 差异性。

在确定和操作涉外接待的礼宾规格时，在基本要求不变的大前提下，其具体做法经常因人而异。也就是说，在接待不同的外宾时，往往有着许多不同的规定或要求，这就是礼宾规格的差异性。在某些特定的情况下，当交往双方的关系发生重大变化或受到某些因素左右时，我方用来接待外方的礼宾规格也会与既往的做法略有不同。这都是其差异性的表现。

(5) 简约性。

自20世纪90年代以来，各国礼宾工作都发生了一定程度的变革。就礼宾规格而言，此种变革的主要趋势，就是不断地使之简化、再简化。总体上来看，中国用以涉外接待的礼宾规格同样也在不断简化。与过去相比，现在中国涉外接待的简约性表现得十分明显。

3. 礼宾规格的操作方式

在涉外接待中，一般有5种礼宾规格方式，涉外人员可以根据情况选择其一或综合使用。

(1) 执行明文规定。

在许多情况下，对于涉外接待中的具体礼宾规格，有关部门对其中的常规性问题，通常都作出了明文规定。这些规定，有的出自中国各级政府，有的出自各类企事业单位，有的则出自涉外部门。

这类明文规定的礼宾规格，其规范性、操作性往往较强。因此，在具体的涉外接待中，涉外人员必须对其全面地、一丝不苟地贯彻执行。

（2）实施常规做法。

在涉外接待的具体工作过程中，对许多礼宾规格的细微之处是不可能一一作出规定的。因此处理这些问题时，各单位、各部门往往都有一些自己的补充、变通或其他规定的做法。只要行之有效，并且不与有关的明文规定相抵触，那么就是可被采纳的。

（3）采用国际惯例。

在确定或操作用于涉外接待的礼宾规格时，还可以直接采用通行于国际社会的做法，即采用国际惯例。此种方式，既易于被双方所接受，又易于我方人员操作。

采用有关的国际惯例时，需要注意下述两点：一是不应与我方的外交方针相抵触；二是不应有违外方的相关习俗。

（4）参照对等做法。

当一时难以确定接待外宾的礼宾规格时，我方人员还有一种方式可循，即可以参照对等的做法。此种方式具体是指，我方可参照外宾在此之前接待我方身份相仿人员时所采用的礼宾规格执行，以示双方有来有往、礼遇相当。

（5）比照他方先例。

若上述方式均难以实施时，我方人员还可参考国内其他机关、单位、部门以前接待外宾时所采取的成功的接待经验。这种做法，往往可以使我方"兼听则明"，在涉外接待中少走弯路。在学习其他机关、单位、部门成功经验的同时，还须及时而慎重地吸取其失败的教训，避免出现同样的错误。

11.3　涉外接待的礼宾次序

所谓礼宾次序，亦称礼宾序列、礼宾排列或名次安排。在国际交往礼仪中，它是指在正式的、多边性质的涉外接待过程中，东道主一方对于在同一时间到达现场的，来自不同国家、不同地区、不同单位、不同部门、不同组织，具有不同职级、不同人数的外宾，应依照既定的规则，安排涉外接待的先后顺序或者位次。

1. 礼宾次序的要求

涉外人员在安排礼宾次序时，应重视以下几个方面。

（1）认识重要性。

遵守礼宾次序，不仅有助于我方涉外接待的顺利开展，而且也可使外方进一步了解我方。

有经验的涉外人员都清楚，在多边交往中，同一时间到场的外宾越多，排列其顺序、位次的必要性就越突出。在多边活动中，参与活动的各方往往都会十分在意东道主对待自己和对待他方的态度是否友好，是否公正。按礼宾次序办事，其公正性有目共睹，必定会使外宾心悦诚服。

（2）遵守相应要求。

从根本上讲，要真正安排好同时接待多方外宾的礼宾次序，关键是既要重视"尊卑"有序，又要兼顾平等待客。在多边涉外接待中，有许多时候，需要对来自不同国家的外宾进行必要的顺序、位次的排列。例如，在介绍外宾时，必定存在着先后之分。在安排外宾座次时，亦有尊卑之别。即使在口头交谈或书写函件时，通常也不能忽略顺序、位次的排列。因此，在多边涉外接待中，必须重视"尊卑"有序。

在多边涉外接待中还讲究平等待客，这主要体现在以下几个方面。

一是遵守礼宾次序，这就意味着我方在多边涉外接待的具体过程中必须平等待客。在多边涉外接待中，我方人员必须无条件地遵守礼宾次序，而不允许自行其是，或者擅加变动。

二是在多边涉外接待的具体过程中，我方人员对所有的外宾都应一视同仁地表示尊重、友好，并且热情相待。我方人员对外宾的尊重、友好与热情相待，从来都不会因存在国家、民族、宗教、性别、年龄、职级、贫富之别而有所区别。

三是在操作礼宾次序的整个过程中，我方对于各方所提出的意见、建议或要求，只要有其合理性，都会充分予以考虑，并在力所能及的前提下予以满足，不应厚此薄彼。

（3）重视具体事项。

在礼宾次序操作的具体过程中，有一些相关的注意事项必须被涉外人员高度重视。

第一，细致周到。在具体拟定或执行礼宾次序时，涉外人员一定要力求细致入微、面面俱到。尤其是在拟定礼宾次序时，对有关细节以及我方可能面临的种种突发性问题，考虑得越全面越充分越好。

第二，认真执行。任何一位涉外人员，无论其具体行政职务高低，在执行礼宾次序时，都必须不讲个人好恶，不谈个人见解，不凭个人兴趣，认认真真地令行禁止，照章办事。

第三，提前通报。无论我方在多边涉外接待中具体确定采取何种礼宾次序，通常都应当提前向有关各方进行通报，以便对方先做到心中有数。

第四，轻易不变。在具体的涉外接待过程中，用以接待多方外宾的礼宾次序一旦确定，通常不宜再作重大变更，否则容易引起外宾对我方权威性的质疑。

2. 礼宾次序的常规排序

礼宾次序的常规排序方式主要有以下6种。

（1）按外宾具体行政职务的高低排序。

进行正式的官方交往时，如进行正规的政务活动、商务活动、学术活动乃至军务活动时，均应采取此种方式进行礼宾次序排列。在这种情况下，礼宾次序排列只讲具体人员行政职务的高低，并不需要考虑其男女、长幼之别。

例如：在接待不再担任现职的外宾时，一般可根据其所担任的最高或最后的行政职务作为排序的依据。但若该外宾与担任现职的外宾同时到场的话，则应位列对方之后，以示"现任高于原任"，这是因为现任毕竟是在实际工作中担负主要责任的。若需要同时排列多位曾原任同一职务者时，一般应以任职时间的早晚为序，将任职较早者排列在前。在接待多方外宾团队时，一般不注重其人数的多少，而是按其团长或领队的行政职务的高低排序。

（2）按外宾所在国家、地区、组织或者所在单位的名称拼写字母的先后排序。

一般而言，在国际组织进行活动，或者举行国际会议、进行体育比赛时，此种方式是进行礼宾次序排序时最为通行的。

第一，按照国际惯例，此处所说的字母顺序通常是指拉丁字母顺序，而非某国法定文字的字母顺序，这样做主要是为了维护国与国、地区与地区之间的平等。第二，如果进行排序的两个或者两个以上的国家、地区、组织、单位名称的起始字母相同，则应以其第二个字母作为排序依据；若其第二个字母依旧相同，则应以其第三个字母作为排序依据，以此类推。

（3）按外宾正式抵达活动现场的具体时间的前后排序。

这种排序方式，通常称为"以先来后到为序"。在涉外接待中它主要适用于一些特定的外交场合、各类非正式场合，以及上述两种排序方式均难以运用的场合。

（4）按外宾正式通报其决定参加活动的具体时间的早晚排序。

这种排序方式，俗称"以报名早晚为序"。它的主要范围有：跨国举行的各种招商会、展示会、博览会、陈列会等大型商贸类活动。上述几种排序方式均不适用的时候，也可采用此种排列方式。

（5）按宾主双方或宾或主的具体地位的不同排序。

在多方涉外接待中，有时除东道主，难免会有国内其他组织或单位的人士到场。此刻，即可采用此种方式排序：外宾一方应当居前，东道主一方应当居后，此亦称为"先宾后主"。

（6）不进行任何正式的顺序排列。

这种方式一般称为"不排列"或者"不排序"。实际上，它也是一种特殊形式的排序。在多方涉外接待中，此种排序主要适用于以下两种情况：第一，没有必要进行排序。第二，实在难以进行其他任何方式的排序。

11.4　国旗礼仪与国歌礼仪

升挂国旗、奏唱国歌，是人们表达民族自豪感以及对祖国无比热爱的方式，在涉外接待中，有助于维护本国的尊严和荣誉。各国对其都有一套通行的做法，并且逐渐形成了使用惯例，这就是国旗礼仪与国歌礼仪。

1. 国旗礼仪

《中华人民共和国宪法》（以下简称宪法）规定："中华人民共和国国旗是五星红旗。"依照权威部门的解释，在五星红旗上，旗面的红色象征着革命；旗上的五颗黄色的五角星及其相互关系，则象征着中国共产党领导下的革命人民大团结。中国国旗的形状、颜色应两面相同，旗上五星两面相对。旗面应为长方形，旗杆套应为白色。

根据中国人民政治协商会议第一届全体会议主席团公布的《国旗制法说明》，中国国旗的通用尺寸应为以下五种，各界酌情使用：其一，长 288 厘米，高 192 厘米；其二，长 240 厘米，高 160 厘米；其三，长 192 厘米，高 128 厘米；其四，长 144 厘米，高 96 厘米；其五，长 96 厘米，高 64 厘米。

每一名执行公务的涉外接待人员，乃至普通中国公民，在日常工作生活中均应自觉维护中国国旗。《中华人民共和国国旗法》（以下简称国旗法）正式规定："中华人民共和国国旗是中华人民共和国的象征和标志。每个公民和组织，都应当尊重和爱护国旗。"

（1）升旗仪式操作。

在涉外接待中，涉外人员时常有可能参加升旗仪式。所谓升旗仪式，指的是在正式场合里以一系列的规范化程序郑重其事地升挂本国国旗的整个动作过程。操作升旗仪式的涉外人员，对有关基本程序与主要环节，必须一清二楚，并认真遵守相应的操作规范。

举行正式的升旗仪式时，通常应包括以下五项基本程序。

第一，全体肃立。

第二，宣布升旗仪式正式开始。

第三，出旗。出旗是指国旗正式出场。出旗应由专人负责，其操作者通常由一名旗手和双数的护旗手组成。出旗时，通常为旗手居中，护旗手在其身后分列两侧随行，大家一起齐步走向旗杆。

第四，正式升旗。升旗者可以是旗手，亦可由事先正式指定的各界代表担任。

第五，演奏国歌或演唱国歌。升旗时，若演奏国歌，宜与升旗同步进行，一般讲究旗升乐起，旗停乐止。若演唱国歌，则也可在升旗之后进行。

（2）国旗的悬挂。

为了维护本国的国家尊严，任何主权国家均不允许在本国国境之内随意悬挂或摆放外国国旗。除国际法的有关规定，我国目前仅允许在下列几种场合升挂或摆放外国国旗。第一，外国国家元首、政府首脑、议长、外交部部长、国防部部长、总司令、总参谋长、率团的正部长、国家元首或政府首脑派遣的特使，以本人所担任公职的身份单独或率领代表团来华进行正式访问时应当升挂该国国旗。第二，在重大礼仪活动场所，如欢迎仪式、欢迎宴会、正式会谈、签字仪式等，升挂中国国旗和来访国国旗。第三，国际条约和重要协定的签字仪式可以升挂中国国旗和有关签约国国旗。第四，国际会议，文化、体育活动，展览会、博览会等，可以升挂中国国旗和有关国家的国旗。第五，民间团体在双边和多边交往中举行重大庆祝活动时，可以同时升挂中国国旗和有关国家的国旗。第六，其他外国常驻中国的机构、外商投资企业，凡平日在室外或公共场所升挂本国国旗者，必须同时升挂中国国旗。第七，外国公民在中国境内平日不得在室外和公共场所升挂其国籍国国旗，如遇其国籍国国庆日，可以在室外或公共场所是升挂其国籍国国旗，但必须同时升挂中国国旗。

在我国境内悬挂外国国旗，乃是我国给予对方的一项礼遇。依照国际惯例，我国规定：在中国境内悬挂外国国旗时，必须同时升挂中国国旗。在同时升挂中外国旗时，其高度要相等，其面积要大致相似，以示彼此相互平等。

升挂或摆放中外国旗的常规是：如并排升挂两国国旗，应以国旗自身面向为准，以右为上，以左为下。例如，我国举行国宴时，一般将外国国旗升挂在右侧，而我国国旗升挂在左侧。

并排升三面或三面以上国旗时，依然讲究以右为上。应当按照礼宾序列，自右而左，依次升挂。通常，东道国国旗往往居于末尾，即最左侧。不过在举行国际会议时，按惯例无宾主之分，因此东道国国旗不必居后。

应该强调的是，因为国旗象征着国家，因此在涉外交往中升挂国旗，绝不容许任何一方的国旗弄错或挂错。此外，按惯例不允许使用有污损的国旗，不准倒挂国旗，不准在墙壁上交叉悬挂或竖挂国旗。

2. 国歌礼仪

中国现行的正式国歌，是田汉作词、聂耳作曲的《义勇军进行曲》。1982年第五届全国人民代表大会第五次会议决定，恢复《义勇军进行曲》为我国国歌。2004年3月14日，第十届全国人民代表大会第二次会议所通过宪法修正案，正式规定：中华人民共和国国歌是《义勇军进行曲》。2017年9月1日，《中华人民共和国国歌法》在第十二届全国人大常委会第二十九次会议中表决通过，于该年10月1日起正式实施。

（1）演唱国歌的场合。

一般情况而言，在一个主权国家的管辖范围之内，只准许演奏或者演唱本国国歌。在中国，规定可以正式演奏或演唱国歌的场合大致包括以下几种。

其一，举行正规的升挂中国国旗的仪式时；

其二，举行隆重的庆典活动时；

其三，举行国际性的、大型政治性集会时；

其四，举行重大的外交活动时；

其五，举行大型体育运动会或进行重要的体育比赛时；

其六，举行特殊的维护国家尊严与荣誉的活动时。

根据国际惯例和国内有关规定，其他任何国家的国歌均不得在中国境内随意演奏或者演唱。但有以下几种情况属于例外。

其一，举行正式的官方外交活动时；

其二，举行重要的国际会议时；

其三，举办形式严肃的国际性文艺演出时；

其四，举行国际性体育运动会或国际性体育比赛时。

（2）演唱国歌的注意事项。

在演唱国歌时，涉外接待人员必须注意以下三点。

第一，全体肃立。除身体健康状况欠佳者，在公共场合里正式演唱国歌时，任何人都不得或坐或卧，而应起身站立。

第二，态度认真。演唱国歌时，每一个人都必须认真对待，确保演唱正确无误。在众人齐唱国歌时，还必须力求节奏适当，与大家保持一致。不允许演唱国歌时丢三落四、自由发挥、更改歌词。也不允许发出怪声怪调、含糊不清，或者有意拖腔。

第三，放声歌唱。演唱国歌时，一般均应放声高唱。不要闭口不唱或低声哼唱，或者吐字发声时不清晰、不大方、不准确。演唱中国国歌时，不应任意使用外语或方言、俗语。

在正式场合演奏或演唱国歌时，在场人员必须全体肃立，神情庄重。

11.5 涉外迎宾礼仪

涉外迎宾礼仪，指的就是在涉外接待活动中，当我方身为东道主之时，落实迎宾礼仪而进行的一系列活动，又称礼宾活动。礼宾活动的核心点，是要礼待外宾，通过给予外宾以与其身份、地位相符的礼遇，来对外宾表达东道主的热情好客之意。

1. 涉外迎宾前的礼仪准备

涉外迎宾的准备工作，除了确定礼宾规格和安排相应的礼宾次序，还要做到以下两个具体方面。

（1）需要拟定接待计划。

在接待外宾之前，应当认真草拟一份周详的涉外接待计划，以便使涉外接待减少周折，可以更好地按计划进行。

在拟订涉外接待计划之前，要充分了解外宾有无特殊的要求。本着互助互利、交往平等的原则，在力所能及的情况下，应当尽可能地满足外宾一切正当而合理的要求，并且将其列入涉外接待计划之中。

在一般情况下，一份涉外接待计划，就是涉外接待的指南和行动纲领。它大体上应当包括膳食住宿、交通工具、会见会谈、参观访问、文娱活动、异地游览、新闻报道、记者招待会、安全保卫、突发事件、礼品准备、人员配备、经费预算等基本内容。

正式的涉外接待计划已经拟定，应尽快报请上级主管部门批准。此后，应立即报送与涉外接待有关的外事、公安、安全、新闻、接待等具体工作部门。有必要时，还需向其告知我方驻外机构。

与此同时，亦应将我方涉外接待计划的主要内容通报给外方，并听取其建议、意见或要求。

(2) 要掌握人员状况。

毋庸置疑，在包括涉外接待在内的一切国际交往中，最重要、最活跃的因素是人。因此，要做好涉外接待，就必须具体掌握好外方与我方的有关人员的状况。一方面，对于来访的外宾的基本情况，尤其是其中最主要人物的基本情况，我方必须尽可能地有所了解。对于外宾的姓名、性别、年龄、婚否、籍贯、民族、宗教信仰、政治倾向、所属党派、职务级别、学历学问、业务能力、专长爱好、主要禁忌等，涉外接待人员一定要事先有所了解。若外宾以前曾经来华进行过访问，则最好对当时我方的接待规格、接待方案进行必要的借鉴。

另一方面，则应对我方涉外接待人员进行精心的选择。在准备涉外接待时，必须确定专门负责此事的人员。如有必要，还须组成专门的接待班子，专司此事、专负其责。在选涉外接待人员时，尤其是挑选那些直接面对外宾的迎送人员、翻译人员、陪同人员、安全保卫人员以及司机时，要优中选优，切勿滥竽充数。除了仪表堂堂、身体健康、政治可靠、业务上乘外，还应将反应敏捷、善于交际、责任心强列入选人的基本条件之内。

2. 涉外迎宾时的礼仪操作

(1) 举行欢迎仪式。

各国的欢迎仪式不尽一致，大体上有以下程序。

① 东道国身份相当的领导人和若干高级官员在现场迎候，接到通知的对方驻东道国使节及其他外交官参加欢迎仪式。

② 有的国家在外国元首或政府首脑的专机进入国境或离机场100公里处，派战斗机为专机护航。战斗机向主机发致敬信号，编队飞行至机场上空。护卫主机下降后，战斗机绕场一周后离去。但是，这种护航的安排已日渐减少了。

③ 外宾下舷梯（火车）后，东道国领导人上前握手（拥抱）问候。少年儿童或女青年向外方来宾献鲜花。

④ 当东道国领导人陪同外宾在检阅台或其他位置站定后，乐队开始奏两国国歌，先奏外方国歌，后奏我方国歌，并开始鸣放礼炮，外宾为国家元首21响，为政府首脑19响，为副总理级领导人17响。歌乐落炮停。

⑤ 检阅仪仗队。仪仗队队长趋前报告，请求检阅，外宾在东道国领导人陪同下检阅海陆空三军仪仗队。接着，军乐团将依照先宾后主的顺序演奏两国国歌。

⑥ 检阅后，有的国家还安排致欢迎辞或答辞，也有的由外宾讲话。

⑦ 为了表示盛情隆重，可安排群众欢迎场面，人数越多，夹道越长，气氛越热烈，表明对外宾的礼遇越高。

以外国国家元首和政府首脑到访我国首都北京的欢迎仪式为例：外宾抵达机场或车站时，由国家指定的陪同团长或外交部级领导人及级别相当的官员赴机场或车站迎接。外宾抵达北京的当日或次日，在人民大会堂东门外广场举行隆重的欢迎仪式。如天气不适宜举行此项仪式，则在人民大会堂东门内的中央大厅举行。我方出席相当的国家领导人和有关部门负责人，不邀请各国驻华使节出席。广场挂两国国旗，组织少年儿童欢迎队伍，少年儿童手捧鲜花，奏两国国歌，鸣放礼炮，检阅三军仪仗队。

外宾离京返国或到外地访问时，我方出面接待的国家领导人到宾馆话别，由陪同团团长或外交部级领导人陪同外宾前往机场、车站送行或陪同赴外地访问。

(2) 举办专门宴会。

按照国际惯例，在接待外宾时，应为之举办专门的宴会。为外宾专门举办的宴会，最常见的有两种。第一种是在外宾抵达之后所举行的宴会，称为欢迎宴会。第二种则是在外宾离去之前所举行的宴会，称为送别宴会。目前，我国为简化涉外迎宾礼仪，节省人力物力，一般只安排欢迎宴会，而不安排送别宴会。提前计划好菜单、座次，并且安排好我方出席宴会作陪的人员。在这些重要的细节上精益求精，到时候才不会方寸大乱。

凡举办正式宴会，务必提前发出请柬。

为外宾所举行的宴会的具体程序主要有：在宴会正式开始前，东道国涉外接待人员应当排列成行，专门在宴会厅或休息厅门口迎接外宾。双方见面后，可前往休息厅内稍事交谈或休息，或者直接步入宴会厅。

当东道国主要领导人陪同主宾一行进入宴会厅，并在主桌上就座后，宴会即可宣告开始。当宾主一同入场时，其他出席宴会作陪的人员应起立鼓掌。在宴会正式开始前，应由东道国主要领导人首先致欢迎词，然后再请主宾致答辞。此后，即可开始用餐。

宴会结束时，主宾可起身向东道国主要领导人赠送礼品。此后，东道国主要领导人应向主宾回赠礼品。接下来，外宾即可告辞离去。

主宾起身告辞后，东道国主要领导人应陪同其走出门外，并与之握手道别。原列队于门口迎宾的人员，可以按原定顺序再次排列于宴会厅门口，与其他外宾握手话别。

本 章 小 结

本章通过对国际交往礼仪的原则、涉外接待的礼宾规格、涉外接待的礼宾次序、国旗礼仪与国歌礼仪，以及涉外迎宾礼仪等的阐述，较为全面地介绍了国际交往中的礼仪礼节，这对我们处理涉外接待将提供极大的帮助。

复 习 思 考 题

一、判断题

1．当进行正式宴会时，一定要在东道国主要领导人宣布开饭之后再动手吃饭。（   ）
2．拒绝邀请只说对不起而不交代理由是不礼貌的。（   ）
3．在涉外接待中，需悬挂双方国旗时，按照国际惯例，以左为上，以右为下。（   ）
4．一般的官方活动，经常是按身份与职务的高低安排礼宾次序。（   ）
5．目前我国欢迎外宾的正式仪式，内容主要有三项。分别是奏国歌、鸣礼炮和检阅仪仗队。（   ）

二、简答题

1．国际交往礼仪的原则一般有哪些？
2．涉外礼宾规格的原则是什么？
3．涉外礼宾规格的特点是什么？
4．谈谈礼宾规格的一般操作方式。
5．什么叫礼宾次序？礼宾次序的排列方式有哪几种？
6．升挂国旗应注意哪些有关事项？
7．演唱国歌的场合有哪些？
8．举行欢迎仪式应注意什么礼仪程序？

实 训 项 目

一、情景举止训练

1. 步骤和要求

教师根据学生情况设计一些具体的场合,如欢迎仪式、升降国旗、演奏国歌等。

具体方法有:(1)学生按照自己设定的情景进行表演;(2)避免不正确动作、程序的出现,及时纠错并示范;(3)学生之间互相监督提醒,随时以最佳状态出现在众人面前。

2. 每位学生自觉充当形象大使,以良好的气质和风度影响身边的每一个人。

二、欢迎宴会布置

1. 欢迎宴会布置技能训练准备

(1)物品准备:对应场景的各种餐桌、餐椅、餐具等。

(2)场地准备:设置能够容纳2~3张圆桌或长桌的实验室。

(3)分组安排:学生3~4人一组,1人实训,其余同学参照下列技能训练考评标准进行互评,而后轮换。

2. 欢迎宴会布置技能训练评价表(表11-1)

表11-1 欢迎宴会布置技能训练评价表

考评对象					
考评地点					
考评内容	欢迎宴会布置				
考评标准	内容	分值/分	自我评价/分	小组评议/分	实际得分/分
	桌次安排	35			
	座次安排	35			
	宴会现场气氛布置	30			
	合计	100			

注:实际得分=自我评价×40%+小组评议×60%。

拓 展 课 堂

北京奥运会国宴展中华饮食文化

2008年,北京奥运会的盛况依然记忆犹新。2008年8月8日中午12点30分,时任中国国家主席胡锦涛同志在人民大会堂二楼的宴会厅举行了隆重的宴会(图11.2),热烈欢迎来京出席北京奥运会开幕式的五大洲政要。这次国宴的规格被所有媒体用"空前""盛举""中华第一宴"等词汇形容,一些外媒更是以"中国搭起最大的外交舞台"来盛赞此次国宴的成功。

80多个国家的元首齐聚此次国宴,无论是级别还是规模不仅在中国是空前绝后,同时在世界范围内也甚为罕见。如何让每一位外宾都感受到宾至如归实是一项难题,为此,我国外交部礼宾司在此前做了精心而细致的准备。无论是菜品的选择,还是外宾的座次,抑或是国宴上播放的音乐都是深奥的学问。

此次国宴共设九大桌,每张桌子并没有采用原有编号的方式,而是别出心裁地以鲜花为名,分别为牡丹、茉莉、兰花、月季、杜鹃、荷花、茶花、桂花、芙蓉。这九种鲜花都是我国为世人所熟知的美丽的花卉,其中尤以牡丹为最,它是富贵、繁荣、幸福和吉祥的象征。此次国宴用鲜花命名餐桌,寓意着向世界人民体现出百花争艳的繁荣景象,更是体现出对外宾的礼遇,让他们既不会有因为座次编号产生的尴尬,又有置身于芬芳花海中的感觉。此次国宴上,还特别选择了曾在20世纪80年代由李谷一唱红的《迎宾曲》作为宴会音乐:"花城百花开,花开朋友来,鲜花伴美酒,欢聚一堂抒情怀……"

80多个国家的外宾人数众多,如何安排领导人座次和菜品成为其中最为突出的难题。座次的选择是门大学问,要顾忌的事情很多,比如说,要避免出现政治对手甚至敌人比肩而坐的尴尬场面。而菜品的选择也是要注意到每个国家在饮食上的禁忌,不要有引起争议的菜式。

图11.2 北京奥运会国宴——欢迎宴会现场图

拓展视频 11-2

此次国宴的餐单一度是社会各界热议的重点。在这场被誉为"中华第一宴"的国宴上,中国为外宾准备的热菜为三菜一汤,三菜为荷香牛排、鸟巢鲜蔬、酱汁鳕鱼,汤为瓜盅松茸汤,北京烤鸭则作为附加的小吃提供给外方来宾。社会各界对餐单的选择给予了高度评价:"务实、清廉、朴素实则体现了我国领导人的政风和作风。"

此次国宴再次将中国的友好与礼仪展现给全世界,成功地弘扬了我国形象。自新中国成立以来,举办的国宴可谓无数,形式和内容也随着时代的进步而越来越简约并与国际接轨,却始终保持着细致与精致并存、礼仪与文化并重的良好风范。习近平同志曾经要求:中国的外事外宣工作,应当发出中国好声音,讲好中国好故事。在涉外接待中,每一次交流、每一次接待,都是一次重要的对外展示中华文化的窗口,每一名涉外接待人员都应该意识到:自己的所作所为,都会被外宾视为"中国人的所作所为"。

资料来源:根据相关网络文献整理。

课 后 阅 读

趣谈国际交往中的礼物

俗话说"礼轻情义重",礼物在人们的交往中起着分量不小的作用。自古以来,人们就用赠送礼物的方式来表达相互的祝贺、敬畏、友谊、爱情、感谢、慰问等。它是表达情谊的一种方式,是相互交往的一种礼节。在国际交往中,相互赠送礼物,也是一种表达友好和敬意的重要方式,有利于促进友好关系的发展。

　　国家领导人之间赠送礼物被称为"国礼"。"国礼"当然要经过精心选择,它具有相当的分量和一定的特色,能反映双方的友好关系,烘托出热情友好的气氛,并且所选的礼物要投其所好,具有人情味,才能取得预期的效果。比如在18世纪末,时任西班牙国王查理三世送给时任美国总统华盛顿的礼物是一匹白色的战马,这件礼物对于身经百战,率领美国人民创立独立国家的英雄是非常合适的。当这位马上将军看到这匹矫健的战马时,精神为之一振,脸上露出了会心的微笑。而美国前国务卿舒尔茨送给离任的苏联驻美大使多勃雷宁的礼物是一把椅子。这把椅子是多勃雷宁在舒尔茨的办公室里见到的,他见到后非常喜欢,称赞几句。这让细心的舒尔茨记在心里,并自掏腰包买了下来,在多勃雷宁离任时送给了他,使他大为激动,感慨不已。英国前首相撒切尔夫人也曾经送过"好礼"。她独具匠心地把第二次世界大战期间,在英国拍摄的影片中搜集到的里根照片集,赠送给时任美国总统里根,并在赠送时温情地说:"你还同那个时候一样英俊!"这种富有人情味的礼物,不可不说是新颖而温馨的,也极大地促进了双方的友情。被选为礼物的物品,不仅要具有特殊的意义和浓厚的人情味,而且也要符合受礼国的风俗、习惯甚至法律,避免引起误会。送礼"好手"撒切尔夫人就曾因为疏忽而犯过一个不小的错误。1989年她送给时任法国总统密特朗一本英国作家狄更斯1859年撰写的小说《双城记》。本意是为了赞美密特朗的文学修养但却忽略了小说的内容。这部小说把法国大革命时期的暴力和恐怖同当时英国生活的平静作了比较。因此密特朗对此毫不领情,且大为不满。好在问题并不严重,也无伤大局。

　　在国际交往中,除了领导人之间赠送的"国礼";还有很多国家间、政府间、组织间赠送礼物的情况,这时最好的礼物不一定是很贵重的、价值连城的,而是那些能够表达本国对他国尊重、友好的礼物。1972年,时任美国总统尼克松访华,打开两国关系正常化的大门,当时中国政府赠送给美国的是中国的国宝——大熊猫玲玲和兴兴,表达了中国人民对美国人民的友好,这起到了非常好的效果,一下子就拉近了两国人民之间的感情距离。再比如,20世纪90年代初,中国政府送给缅甸的礼物是一座能容纳一千人的剧院,这帮助缅甸政府丰富了缅甸人民的娱乐生活;越战结束后,菲律宾送给越南政府的礼物是一批高产水稻的种子,这种注重实效的礼物一时传为佳话。

　　在国际交往中,赠送礼物是不可缺少的一项活动,礼物的选择代表了某种温馨的情谊,拉近了两国领导人、两国政府、两国人民的友谊,很多礼物也因此成为了佳话。

　　资料来源:根据相关网络文献整理。

第12章
主要客源国和地区的习俗礼仪

教学要点

知识要点	学习程度	相关知识
主要客源国和地区概况	了解	了解我国主要客源国和地区与我国的历史与文化背景差异
亚洲主要国家和地区的习俗礼仪	熟悉	亚洲主要国家和地区的社交礼仪、饮食习惯、节庆习俗、礼仪禁忌
欧洲主要国家和地区的习俗礼仪	熟悉	欧洲主要国家和地区的社交礼仪、饮食习惯、节庆习俗、礼仪禁忌
美洲主要国家和地区的习俗礼仪	熟悉	美洲主要国家和地区的社交礼仪、饮食习惯、节庆习俗、礼仪禁忌
大洋洲主要国家和地区的习俗礼仪	熟悉	大洋洲主要国家和地区的社交礼仪、饮食习惯、节庆习俗、礼仪禁忌
非洲主要国家和地区的习俗礼仪	熟悉	非洲主要国家和地区的社交礼仪、饮食习惯、节庆习俗、礼仪禁忌

技能要点

技能要点	学习程度	应用方向
主要客源国和地区的习俗、礼仪禁忌	掌握	旅游工作服务人员在涉外交往中要了解各个国家的习俗礼仪，以免产生误会，以期提供更优质的服务

导入案例

餐桌风波

国内某家专门接待外国游客的旅行社，有一次准备接待来华的美国游客。该旅行社在某老字号酒楼准备了丰盛的筵席款待这些美国游客，旅行社的工作人员为美国游客点了当地特色菜品——清蒸鲈鱼、叫花鸡、毛血旺、泡椒凤爪、鱼香肉丝等。但是，没想到餐桌上的美国游客议论纷纷，表现出了失望和不满。眼看留给美国游客的第一印象就这样让一顿饭毁了，导游小王急忙给在某高校教授社交礼仪课程的高老师打电话请教。在高老师的指点下小王赶紧把这几样菜换成了：糖醋里脊、炸春卷、宫保鸡丁、麻婆豆腐、扬州炒饭、腰果虾仁、北京烤鸭。没想到当这几样菜一上餐桌就得到了美国游客的高度赞赏，一个劲地说："Good！Good！"一场餐桌风波终于平息了下去。

事后小王又打通了高老师的电话，向他求个明白。原来，根据美国人的饮食习惯，给美国人上鸡一定要去头去脚再端上来。鱼也尽量不要点活鱼活虾，因为对于他们来说，看见脑袋在盘子里面是非常恐怖的事情。同时美国人是不怎么吃动物内脏的，喜欢吃成块的肉，不喜欢把肉切成肉丝、肉末吃。小王听了高老师的话后若有所思地说："看来下次接待外国游客时一定要做足功课，这样才能使他们满意。"

资料来源：根据相关网络文献整理。

礼仪是文化的载体。世界不同国家和地区有文化背景的差异，使礼仪形式也大不相同。旅游服务工作是面向世界的工作，旅游服务工作人员必须了解世界各地，尤其是我国旅游客源国和地区的习俗礼仪，才能使旅游服务工作开展得更顺利，也才能使旅游服务工作中的礼仪达到最高的层次。

12.1 亚洲主要国家和地区的习俗礼仪

亚洲位于东半球的东北部，面积约为 4458 万平方公里，约占世界陆地面积的三分之一，是世界第一大洲。截至 2023 年，人口约 47.60 亿人，其主要种族是黄色人种。亚洲是现代三大宗教——基督教、伊斯兰教、佛教的发源地，同时也是印度教、儒教、犹太教、道教等宗教的最大传播区，宗教文化发达。其习俗礼仪具有浓郁的东方色彩。在历史上亚洲各国家和地区之间交往频繁、关系密切，因此相互影响大，许多国家和地区的习俗礼仪都有相似之处，习俗礼仪的内容十分丰富。

12.1.1 日本

拓展视频
12-1

1. 基本概况

日本国，简称"日本"，位于亚洲东部、太平洋西侧，全境由本州、北海道、九州、四国四个大岛和许多小岛组成。日本全国总面积约 37.8 万平方公里，截至 2023 年，总人口约 1.26 亿人，主要由大和族与阿伊努族组成，大和族是日本的主体民族，约占日本全国总人口的 99%。日本的主要宗教是神道教和佛教。

2. 习俗礼仪

（1）社交礼仪。

日本人初次见面最主要的礼节是鞠躬礼，在鞠躬的角度、时间的长短、次数等方面还特别讲究。一般分为15°、45°和90°三种。不同的场合要使用不同角度的鞠躬礼。一般在说"早上好""晚上好"时行15°鞠躬礼；说"欢迎光临"或表示感谢时行45°鞠躬礼；初次见面或对对方表示十分恭敬时行90°鞠躬礼。

在日本，拜访他人一般避开清晨、深夜以及用餐等时间。在进入日本房屋时，要先脱鞋，脱下的鞋要整齐放好，鞋尖向着房间门的方向，这在日本是尤其重要的。同时，通常拜访他人要带些礼物，过去多为酒或是鱼干之类，现在送一些土特产和工艺品更受欢迎。礼物一般送奇数，因为日本人习惯以奇数表示"阳""吉"等，偶数则表示"阴""凶"等。礼物的颜色也很讲究，吉事礼物应为黄白色或是红白色，不幸事礼物应为黑色、白色或灰色。

称呼日本人可称"先生""小姐"或"夫人"，也可以在男士姓氏之后加一个"君"字，但在正式场合称呼日本人必须使用全称。在向别人介绍自己时，一般都是用自谦的口气，而称呼别人都是用尊敬或抬高对方身份的语言。日本人还非常善用礼貌语言，常见的有"您好""打扰您了""对不起""请多关照"等。

日本人在交际应酬中对穿衣打扮十分注重。在正式场合，通常穿西式服装。在隆重的社交场合或节庆日，时常穿着和服。

（2）饮食习惯。

日本人以米饭为主食，多吃鱼，喝酱汤，喜欢清淡，除油炸食品，使用油的菜很少，一般都是低热量、低脂肪，而且营养也均衡的菜品。日本的传统料理有生鱼片、寿司、天妇罗（油炸菜、虾、鱼等）、寿喜锅（日式火锅），还有各式各样的鱼饼、海菜制品，讲究新鲜的配料。日本人很少吃肥猪肉和猪的内脏，也有一些人不喜欢吃羊肉和鸭肉。

日本料理素有"五味五色五法菜肴"之称。"五味"即甜、酸、辣、苦、咸；"五色"为白、黄、红、青、黑；"五法"乃生、煮、烤、炸、蒸。一方面不失材料的原味，另一方面讲究色香味，同时还重视春、夏、秋、冬的季节感，注重材料的时令性。

日本人非常爱喝酒，西洋酒、中国酒和日本清酒，他们通通中意。在日本，斟酒讲究满杯。日本人也爱好饮茶，特别喜欢喝绿茶。讲究"和、敬、清、寂"四规的日本茶道，有一整套点茶、泡茶、献茶、饮茶的具体方法。

（3）节庆习俗。

日本多节庆，法定节日就有16个。新年1月1日，庆祝方式类似我国春节。新年的前一天晚上全家团聚，吃过年面条，"守岁"听午夜钟声，新年第一天早上吃年糕汤，下午举家走亲访友。1月第2个星期一是成人节，庆祝男女青年年满20周岁，一般会举办成人仪式。女性过成人节时都要穿和服。2月11日建国纪念日，2月23日天皇诞生日，3月21日前后春分日，4月29日昭和日，5月3日宪法纪念日，5月4日绿化节，5月5日儿童日，7月第3个星期一海之日，8月11日山之日。9月第3个星期一敬老日，9月23日前后秋分日，10月第2个星期一运动日，11月3日文化日，11月23日勤劳感谢日。除以上法定节日，各地还有数量众多、富有特色的民间节日。例如，3月3日女孩节，又称"雏祭"，凡有女孩子的家庭都要陈设民族服装和玩具女娃娃。3月15日至4月15日樱花盛开的时候，日本人喜欢举办樱花节，在此期间人们多倾城出动赏花游园，饮酒跳舞，喜迎春天。

（4）礼仪禁忌。

日本人忌讳绿色，认为绿色是不祥的颜色，忌荷花图案。探望病人时忌讳送菊花、山茶花、仙客来花，对金色的猫及狐狸极为反感，认为它们是"晦气""贪婪"与"狡诈"的化身。日本人有着敬畏"7"这一数字的习俗。可是对于"4"与"9"却视为不吉。原来，"4"在日文里发音与"死"相似，而"9"的发音则与"苦"相近。在三人并排合影时，日本人谁都不愿意在中间站立。他们认为，被人夹着是不祥的征兆。

日本人吃饭一般用筷子，有八忌，即：舔筷、迷筷、移筷、扭筷、剔筷、插筷、跨筷、掏筷。

日本人很爱给人送小礼物，但不宜送下列物品：梳子、圆珠笔、T恤衫、火柴、广告帽。在包装礼物时，不要扎蝴蝶结。同他人相对时，日本人觉得注视对方双眼是失礼的，通常只会看着对方的双肩或者脖子。日本人不给人敬烟，即使是吸烟者，日本人也不愿意别人给自己敬烟。

应用案例 12-1

我错哪儿了

今天是一位来自日本的旅游团在青岛呆的最后一天，下午三点他们就要乘飞机离开了。作为该团的导游小李想尽一下地主之谊。于是，他去商场买了一个看起来非常漂亮，嵌有荷花图案的旅游纪念品送给了该团的领队。没想到的是，领队接过礼物后大为不快。这时小李觉得丈二和尚摸不着头脑，不知道为什么会出现这样的效果，心里觉得非常委屈，自言自语道："我错了吗？"

大家认为他错在哪里啦？

资料来源：根据相关网络文献整理。

12.1.2 韩国

1. 基本情况

大韩民国，简称"韩国"，位于亚洲东北部的朝鲜半岛南部，北接朝鲜。隔海与中国相望，韩国的总面积约为 10.33 万平方公里，约占朝鲜半岛总面积的 45%。截至 2023 年，韩国全国总人口约 5132.5 万人，主体民族为朝鲜族，又称韩族。韩国的主要宗教是佛教、基督教，除此之外，也有一些韩国人信奉天道教、儒教、萨满教。

2. 习俗礼仪

（1）社交礼仪。

韩国人受儒教影响，尊重长辈，长辈进屋时大家都要起立问好。父母外出回来子女都要迎接。用餐时一般要待长辈举匙后，全家方能开始用餐。年轻人不能在长辈面前抽烟、喝酒。乘车时，要让位给长辈。

见面时韩国人的传统礼节是鞠躬。晚辈、下级走路时遇到长辈或者上级，应鞠躬、问候、站在一旁，让其先行，以示敬意。男士之间见面打招呼时互相鞠躬并握手，握手时或用双手，或用右手，并只限于点一次头。鞠躬一般在生意人中不使用。和韩国官员打交道一般可以握手或是轻轻点一下头。女士一般不与人握手。

在韩国，如有人邀请你到家里吃饭或赴宴，你应带小礼物，最好挑选包装好的食品。席间敬酒时，要先用右手拿酒瓶，左手托瓶底，然后鞠躬致祝辞，最后再倒酒，且要一连三杯。敬酒人应把自己的酒杯举得低一些，用自己杯子的杯沿去碰对方的杯身。敬完酒后再鞠躬才能离开。做客时，主人不会让你参观房子的全貌，不要到处乱逛。离去时，主人送行到门口，甚至送到门外，然后向其说再见。

韩国人在交际应酬中通常都穿着西式服装。着装朴素整洁、庄重保守。邋里邋遢、衣冠不整和着装过露、过透都是失礼的。在某些特定的场合，尤其是在逢年过节的时候，喜欢穿本国的传统服装。

(2) 饮食习惯。

韩国人在一般情况下喜欢吃辣和酸。主食主要是米饭、冷面。菜品有泡菜、烤牛肉、人参鸡等。总体来说，韩国人的菜品种类不是太多，而且其中的绝大多数都比较清淡。一般来说，韩国男士的酒量都不错，对烧酒、清酒、啤酒往往来者不拒，女士则多不饮酒。平日，韩国人大多喝茶和咖啡。但是，韩国人通常不喝稀粥，不喜欢喝清汤。韩国人一般不喜欢吃过油、过腻、过甜的东西。

吃饭时，韩国人一般用筷子。不可以用筷子对别人指指点点，用餐完毕后将筷子整齐地放在餐桌的桌面上。吃饭时，不宜高谈阔论。吃东西时，嘴里响声太大，也是非常丢人的。在韩国人的家里做客时，宾主一般都是围坐在一张矮腿方桌周围。盘腿席地而坐。在这种情况下，切勿用手摸脚，伸直双腿，或是双腿叉开，这都是不礼貌的。

(3) 节庆习俗。

韩国节庆多。韩国农历与中国农历有着相似的历法，韩国农历正月初一至正月十五的节日活动类似我国的春节。在此期间，韩国人的传统饮食是种果（栗子、核桃、松子等）、药膳、五谷饭、陈茶饭等。韩国农历四月初八为佛诞节。韩国农历五月五日为端午节，家家户户都以食青蒿糕、挂菖蒲来过节。韩国农历八月十五为中秋节，韩国农历九月九日为重阳节。由此可见，韩国节日深受中国传统文化影响。除上述节日外，韩国人还很重视圣诞节、儿童节（公历5月5日）、恩山别神节（公历3月28日至4月1日）等。韩国人喜闻乐见的体育活动有射箭、摔跤、拔河、秋千、跳板、风筝、围棋、象棋等。

(4) 礼仪禁忌。

韩国人禁忌颇多。逢年过节互相见面时，不能说不吉利的话，更不能生气、吵架。韩国农历正月头三天不能倒垃圾、扫地，更不能杀鸡宰猪。渔民吃鱼不许翻面，因忌翻船。忌到别人家里剪指甲，否则两家死后结怨。吃饭时忌戴帽子，否则终生受穷。睡觉时忌枕书，否则读书无成。

由于"4"的发音与"死"相同，因此韩国人对"4"这一数目十分厌恶。受西方习俗礼仪的影响，也有不少韩国人不喜欢"13"这个数字。与韩国人交谈时，发音与"死"相似的"私""师""事"等几个词最好不要使用。将"李"这个姓氏按汉字笔画称为"十八子"，也不合适的。需要对其国家或民族进行称呼时，不要将其称为"南朝鲜""南韩"或"朝鲜人"，而宜称呼为"韩国"或"韩国人"。

韩国人的民族自尊心很强，他们强调所谓"身土不二"。在韩国，一身外国名牌的人，往往会被韩国人看不起。需要向韩国人馈赠礼物时，宜选择鲜花、酒类或工艺品。

在韩国民间，仍讲究"男尊女卑"。进入房间时，女士不可走在男士前面。进入房间后，女士须帮助男性脱下外套。男女一同就座时，女士应自动坐在下座。并且不得坐得高于男士。通常，女士还不得在男士面前高声谈笑，不得从男士身前通过。

12.1.3 泰国

1. 基本情况

拓展视频 12-2

泰王国，简称"泰国"，位于亚洲东南部，地处中南半岛的中南部。国土面积约51.3万平方公里，截至2023年9月，总人口约6790万人，由泰族、马来族、高棉族、华族等30多个民族构成。其中，泰族人占全国总人口的40%。泰国的官方语言为泰语，泰国的宗教信仰以佛教为主，全国总人口约93%都信奉佛教。

2. 习俗礼仪

（1）社交礼仪。

泰国人习惯"合十礼"（图12.1），即合掌躬首互相向对方致礼。行合十礼时，须站好立正，低眉欠身，双手十指合拢，并且同时互致问候。通常，合十的双手举得越高，越表示对对方的尊重。在一般情况下，合十礼之后，不必握手。行合十礼时，晚辈要向长辈行礼。身份、地位低的人要向身份、地位高的人行礼。对方随后亦还之以合十礼，否则即为无礼，只有佛门弟子可以不受此限制。

图12.1 合十礼

泰国人大都彬彬有礼。很难看到有人大声喧哗或者吵架，因此说话时应压低嗓门，无论发生了什么，不要当众发脾气。泰国人跟外国人打交道时，喜欢面含微笑。在交谈时，总是低声细语。泰国人非常爱清洁，随地吐痰、扔东西被认为是非常缺乏教养的行为。并且还非常注重卫生间的整洁，因此无论是外出还是在酒店，都应该注意保持整洁。

泰国通常称呼人名时，在名字前加一个"坤"字，无论男女均可用，表示"先生""夫人""小姐"之意。在社交场合，习惯以"小姐""先生"等国际上流行的称呼彼此相称。在称呼交往对象的姓名时，为了表示友善和亲近，不称呼其姓，而是称呼其名。

在正式的社交场合，泰国人都讲究穿着自己本民族的传统服饰，喜用鲜艳之色。在泰国，有用不同的色彩表示不同的日期的讲究。例如，黄色表示星期一，粉色表示星期二，绿色表示星期三，橙色表示星期四，淡蓝色表示星期五，紫色表示星期六，红色表示星期日。因此，泰国人常按不同的日期，穿着不同色彩的服装。由于天气炎热，因此泰国人平时多穿衬衫、短裤与裙子。但在参观王宫、佛寺时，穿背心、短裤和超短裙是被禁止的。去泰国人家里做客，或是进入佛寺之前，务必要记住先在门口脱下鞋子。另外，在泰国人面前，不管是站是坐，忌讳把鞋底露出来，尤其不能以其朝向对方。

（2）饮食习惯。

泰国是一个临海的热带国家，盛产大米、绿色蔬菜、甘蔗、椰子，渔业资源也很丰富。因此泰国菜用料以海鲜、水果、蔬菜为主。泰国人的主食是大米，副食是鱼和蔬菜。泰国正餐大多以米饭为主食，佐以一道或两道咖喱料理、一条鱼、一份汤以及一份蔬菜沙拉。泰国人的口味特点是：爱辛辣，喜欢在菜品里放鱼露和味精，但不喜欢酱油，不爱吃红烧食物，也不爱在菜品里放糖。

泰国人喜欢吃咖喱饭，它是用大米、肉片（或鱼片）和青菜调以辣酱油做成的。泰国人爱吃鱼、虾、鸡、鸡蛋等，一般不爱吃牛肉，不喝酒。用餐顺序没有讲究，随个人喜好。餐后点心通常是时令水果或用面粉、鸡蛋、椰奶、棕榈糖做成的各式甜点。泰国菜色彩鲜艳，红绿相间，视感极佳，不管是新鲜蔬菜、水果的艳丽清新，还是大虾鱿鱼等海鲜的质感，都让人们品味佳肴的同时大饱眼福。

（3）节庆习俗。

1月1日，也是泰国人的元旦，这一天举国欢庆。泰历4月13日至15日为宋干节，俗称泼水节，这一节日是泰国最隆重的节日，节日活动内容丰富，主要活动是泼水。此时正当干热时节，急需降雨，可以毫无顾忌地互相泼水。5月9日是春耕节，这一天由国王主持典礼，农业大臣开犁试耕，祈求风调雨顺、五谷丰登。泰历12月15日为水灯节，也叫佛光节，人们用香蕉叶或香蕉树皮和蜡烛做成船形灯，放进河里，让其随波逐流，以感谢水神，祈求保佑。此期间的河岸也是男女青年追求爱情的场所。

（4）礼仪禁忌。

泰国人视头部为神圣之地。因此不要随便触摸别人的头部。抚摸对方头部或挥手越过别人的头顶，被视为有污蔑之意，是禁止的动作。忌讳用脚指物或人，即便是坐着时，也不允许将脚尖对着别人，特别是脚底不要直冲着佛像，此举被视为不礼貌的做法，也不要用脚开门关门。

泰国人认为右手是高贵的，而左手只能做一些不干净的事，因此，给别人递东西时都要用右手，以示敬意。在比较正式的场合还要双手奉上，用左手则被视为是鄙视他人。女士若想将东西奉给僧侣，宜托男士转交。如果亲手送赠，那僧侣便会张开一块黄袍或手巾，承接该女士递来的东西，因为僧侣是不允许触碰女士的。

应尊重其宗教信仰。寺庙是泰国人公认的神圣地方，因此凡入寺庙的人，衣着必须端庄整洁，不可穿短裤、迷你裙或者其他不适宜的衣服。在寺庙内，可以穿鞋，但进入佛殿时，必须脱下鞋子，并注意不可脚踏门槛。每尊佛像，无论大小或是否损坏，都是神圣的，绝对不可爬上佛像拍照，或对佛像做出失敬的动作。

不要在公共场合做出伤风化的举动，例如在公共场合应避免和泰国人接吻、拥抱或握手。除在某些海滩允许穿着清凉晒日光浴，在其他地方，泰国人不喜欢这种行为，尽管未触犯法律，但是违背了泰国人的佛教理念。

应用案例12-2

迎宾员的失礼之举

张红是某旅行社的导游，在她刚参加工作的一段时间里，许多亲身经历让她深切体会到了解不同国家、地区、民族礼仪习俗的重要性。让她记忆犹新的一次旅游服务工作是这样的。这次张红被安排带领一个泰国旅行团队游览。某天，张红带两名队员乘坐出租车外出购物回到入住的宾馆，迎宾员看到出租车停靠在宾馆大门口，就一只手打开后排右座的车门，然后另一只手做好护顶，请客人下车。此时，张红突然意识到没有跟迎宾员解释，这两位是泰国客人，但是为时已晚。两名客人满面怒容，向张红大声抱怨着，而迎宾员也非常疑惑，不明白到底发生了什么。

资料来源：根据相关网络资料整理。

12.1.4 新加坡

1. 基本情况

新加坡共和国，简称"新加坡"，位于东南亚马来半岛的南端，是一个由60多个大小岛屿组成的岛国。截至 2022 年，新加坡的国土面积约 733.2 平方公里，全国总人口约 564 万人。新加坡是一个移民国家，其中华族所占比例最高，约为 74%，除华族，新加坡人口较多的民族还有马来族和印度族。新加坡的主要宗教为伊斯兰教，除此之外，信徒较多的宗教还有佛教、印度教和基督教等。

2. 习俗礼仪

（1）社交礼仪。

新加坡十分讲究礼仪，以讲礼貌、讲卫生为其行为准则。华族见面以鞠躬为礼；马来族则大多采用其本民族传统的"摸手礼"。对某些失礼之举，新加坡有明确的规定，比如，在许多公共场所，通常竖有"长发男士不受欢迎"的告示，以示对留长发的男士的反感和警告。同时，对讲脏话的人深表厌恶。

新加坡人时间观念强，与人会面要事先约定，准时赴约。同时，与新加坡人打交道，以姓称其为"某先生""某太太""某小姐"。

新加坡的国服，是一种以胡姬花为图案的服装，在国家庆典和其他一些隆重的场合，新加坡人经常穿着自己的国服。华族的日常着装多为长衫、长裙、连衣裙或旗袍；马来族最爱穿"巴汝"、纱笼；印度族则是男士缠头，女士身披纱丽。在许多公共场所，穿着过分随便者，比如穿牛仔裤、运动装、沙滩装、低胸装的人，往往被禁止入内。

（2）饮食习惯。

新加坡华族口味喜欢清淡，偏爱甜味，讲究营养，平日爱吃米饭和各种海鲜。粤菜、闽菜和上海菜，都很受他们的欢迎。马来族忌食猪肉、狗肉、自死之物和动物的血，不吃贝壳类动物，不饮酒；印度族则绝对不吃牛肉。在用餐时，不论马来族还是印度族都不用刀叉、筷子，而惯于用右手直接抓取食物，绝对忌用左手取食物。新加坡人，特别是新加坡华族，大多喜欢饮茶，对客人通常喜欢以茶相待。

（3）节庆习俗。

新加坡人过春节相当隆重，也过元宵节、端午节、中秋节等。印度族过"屠妖节"。马来族最重要的节日当属开斋节，每年伊斯兰教历九月，马来族从日出到日落都要禁食，戒食一个月后见到新月才开斋。

（4）礼仪禁忌。

新加坡人不喜欢"4"，因为"4"的发音与"死"相似，而"7"则被视为一个消极的数字。

与新加坡人攀谈时，不能口吐脏字，且更多使用谦辞、敬语。新加坡人对"恭喜发财"这句祝颂词极其反感。他们认为，这句话带有教唆别人去发不义之财、损人利己的意思。在商业活动中，宗教词句和如来佛的图像也被禁用。

在新加坡，人们不准嚼口香糖，过马路时不能闯红灯，"方便"之后必须拉水冲洗，在公共场合不准吸烟、吐痰和随地乱扔废弃物品。不然的话，就必受处罚，须要缴纳高额的罚金，搞不好还会吃官司，甚至被鞭打。

12.2 欧洲主要国家和地区的习俗礼仪

欧洲国家和地区众多，人口密集，民族多，语言按语系分类。习惯上，人们把欧洲细分为东、西、南、北、中 5 个区域，其中北欧的瑞典、芬兰、丹麦、挪威、冰岛，西欧的英国、荷兰、法国、比利时，中欧的德国、奥地利、瑞士以及南欧的意大利、西班牙等国家不但自然环境优美、文化古迹多，而且工业相当发达，国民生活水平高。欧洲的礼仪习俗有较多的现代文明的内涵，人际关系比较符合现代交际的需要，其衣食住行既有同一性，又各有特色，生活禁忌相对比较一致。

应用案例 12-3

因价值观不同造成的语言冲突

由于西方人崇尚年轻而有活力，因此，在旅游服务中要尽量避免用"老"字。如一些导游在带领外国游客浏览八达岭长城时，常讲"右侧是老人路线，左侧是年轻人路线"，听后许多西方老年游客脸上总是挂满苦笑，有的西方老年游客往往半开玩笑地重复导游的话。后来一些导游发现了这个问题，改用右侧是"熟年路线"（指阅历丰富的人），他们看到西方游客脸上立即露出了会心的微笑，事后他们了解到在西方文化中，"老人"有粗俗、伤感之意，而"熟年"则有文雅、明快之意，可见价值观之差的分量。在旅游服务过程中，一些旅游服务工作人员因不了解西方游客"忌老"的人生观念，对一些年长的西方游客倍加呵护和关照，结果反而引起他们的不快，道理就在这里。

资料来源：根据相关网络资料整理。

12.2.1 英国

1. 基本情况

大不列颠及北爱尔兰联合王国，简称"英国"。英国本土位于欧洲大陆西北面的不列颠群岛，国土面积 24.41 万平方公里（包括内陆水域）。截至 2022 年，英国总人口约 6697.14 万人，居民主要有英格兰人、威尔士人、苏格兰人和爱尔兰人，其中英格兰人所占的比例最大，约占全国总人口的 83.9%。英国的主要宗教是基督教。

拓展视频 12-3

2. 习俗礼仪

（1）社交礼仪。

一般而言，英国人比较矜持庄重，不少人追求绅士和淑女风范，衣着比较讲究。英国人很少在公共场合表露自己的情感，他们喜欢庄重、含蓄、自谦，富幽默感，视夸夸其谈为缺乏教养。与英国人谈话不能指手画脚，否则会被视为不礼貌。

英国人的时间观念很强，而且照章办事。若请英国人吃饭，必须提前通知，不可临时匆匆邀请。到英国人家里去做客，不能早到，以防主人还未准备好，导致失礼。

英国人，特别是年长的英国人，喜欢别人称他们的世袭头衔或荣誉头衔，至少要用"先生""夫人""阁下"等称呼。对初次相识的人行握手礼，一般不像东欧人那样互相拥抱。女士优先在英国比其他国家都明显，如走路要让女士走在前面。

英国男士在上班和出席社交场合时，多穿西服，系领带或领结；参加宴会、音乐会或看戏剧的时候，则打扮得更加考究，有时还要穿晚礼服。一些英国男士仍然戴圆顶帽，而鸭舌帽在乡村很流行。英国年轻人的衣着则较随意，平时喜欢穿牛仔裤。英国女士通常穿西装裙，但也有不少英国女士穿工装裤上班。她们有的时候也穿潇洒的流行服饰，但观看歌剧的时候要穿长的晚礼服。大多数英国女士至今仍保持在公共场所戴帽子的传统习惯，如戴着帽子参加婚礼、游园会和赛马会等。

（2）饮食习惯。

英国人在用餐上很讲究。一天通常是 4 餐：早餐、午餐、下午茶点和晚餐，有极个别地区的人还要在 21 点以后再加一餐。正规的晚餐至少上 3 道菜，最常见的主菜就是烤炙肉类、浇肉汁，以及牛排、火腿、鱼等，通常是每人一大块肉（鸡肉、羊肉、猪肉、牛肉等），一盘拌了黄油的土豆泥，一盘青菜（沙拉等）。另外，饭前每人有一盘汤，饭后有点心和冰激凌以及水果。晚餐时一般要喝啤酒或葡萄酒。

下午茶点一般在 16 点左右，以红茶为主，同时吃一块蛋糕或一些饼干等。英国人称此为"茶休"（Tea Break），时间为 15~20 分钟。不少英国人还有喝上午茶的习惯。

（3）节庆习俗。

英国除了宗教节日还有不少全国性和地方性的节日。在全国性的节日中，国庆和除夕之夜是最热闹的。英国国庆按历史惯例定在英国国王生日的那一天。每年 12 月 31 日除夕之夜，全家团聚，举杯畅饮，欢快地唱着"辞岁歌"。除夕之夜必须瓶中有酒，盘中有肉，象征来年富裕有余。丈夫在除夕之夜还赠给妻子一笔钱，作为新的一年缝制衣物的针线钱，以表示在新的一年里能得到家庭温暖。在苏格兰，人们提一块煤炭去拜年，把煤块放在亲友家的炉子里，并说一些吉利话。

（4）礼仪禁忌。

当你去访问一个英国人时，得先在门口敲门，一直等到他说："请进"，才能进去。男士们进屋脱帽，而女士们则不必在室内脱帽。英国人在日常生活中经常谈论的话题是天气，往往这也是第一个话题。英国人绝不从梯子下走过，在屋里不撑伞，不把鞋子放在桌子上。

去英国人家里做客，最好带点价值适中的礼品，因为花费不多就不会有行贿之嫌。菊花在任何欧洲国家都只用于万圣节或葬礼，一般不宜送人。白色的百合花在英国象征死亡，也不宜送人。

在英国购物，最忌讳的是砍价。

英国人忌讳的数字是"13"与"星期五"，当两者恰巧碰在一起时，不少英国人都会有大难临头之感。英国人还忌讳"3"这个数字，特别忌讳用打火机和火柴为他们点第 3 支烟。

应用案例 12-4

对"时间观念"理解的偏差

李燕刚刚来到英国留学，这一天，李燕接到一位同学的邀请，去参加她的生日宴会。李燕非常高兴，准备了礼物和鲜花，前去赴宴。考虑到英国人的时间观念都很强，李燕提前 15 分钟就来到同学家门口，她觉得提前一点儿到，可以表示对同学的尊敬。但是，按了门铃好久，也没有人给她开门。她以为同学没有听到，就又一次按了门铃。过了一会，门打开了，同学出现在门口，但是接过李燕送上的礼物的同学显得不太高兴，她对李燕说："你这么早就到了？我还没有化好妆呢。"

12.2.2 法国

1. 基本情况

法兰西共和国，简称"法国"，位于欧洲西部，总面积约为 67.5 万平方公里（含海外领地），截至 2024 年 1 月，法国总人口约 6840 万人，有法兰西人、布列塔尼人、科西嘉人、阿尔萨斯人等，其中法兰西人是主体民族，约占法国总人口的 90%。法国的国语是法语，主要宗教是天主教，还有少部分人信奉基督教、犹太教或伊斯兰教。

2. 风俗习惯

（1）社交礼仪。

法国人性格比较乐观、热情，谈问题开门见山，爱滔滔不绝地讲话，讲话时喜欢用手势加强语气。法国人爱自由，纪律性欠佳。法国人见面所采用的礼节，主要有握手礼、拥抱礼和亲吻礼。亲吻礼，使用最多、最广泛。法国人与交往对象行亲吻礼，意在表达亲切友好。为了体现这一点，在行礼的具体过程中，他们往往要同交往对象在对方的双颊上交替互吻三四次，而且还讲究亲吻时一定要连连发出声响。

法国人对礼物非常重视，一般初次见面不赠送礼物。送礼物时宜选择有艺术品位和纪念意义的物品，不宜送刀、剑、剪刀、餐具或是带有明显的广告标志的物品，忌给关系一般的女士赠送香水。接受法国人的礼物一定要当着送礼人的面打开，否则会被认为无礼。

法国人常用的敬称主要有三种。其一，对一般人尊称"您"。其二，对官员、贵族、有身份者称"阁下""殿下"。其三，对陌生人称"先生""小姐"或"夫人"。"老人家""老先生""老太太"，都是法国人忌讳的称呼。

法国人十分重视服饰，把服饰看作身份的象征。在正式场合，法国人通常要穿西装、套裙或连衣裙。女士在参加社交活动时，一定要化妆，并且要佩戴首饰。佩戴首饰的话，一定要选"真材实料"。男士对自己仪表的修饰相当看重，他们中的许多人经常出入美容院。在正式场合亮相时，剃须修面，头发"一丝不苟"，身上略洒一些香水。

（2）饮食习惯。

法国是"世界三大烹饪王国"之一。法国人很讲究吃，而且舍得花钱，对菜品和酒的搭配也很有讲究，他们认为：饭前一般要喝度数不高的甜酒，习惯称之为"开胃酒"；吃饭时要喝不带甜味的葡萄酒或玫瑰酒；吃肉时一般喝红葡萄酒；吃海味时喝白葡萄酒或玫瑰酒；饭后要喝一点儿带甜味的"消化酒"；每逢宴请还要喝香槟酒，以增加席间欢乐的气氛。法国菜有口味突出的特点，尤为偏重菜品的鲜嫩程度。因为他们一般都喜欢吃略带生口、极为鲜嫩的美味佳肴。法国人十分讲究佐料的搭配，并精于此道。大多数法国人喜欢吃奶酪，每人每年平均消费 26.3 千克奶酪，居世界首位。

法国人喜欢喝咖啡，一日三餐都少不了。法国的大街小巷均设有咖啡馆，人们边喝咖啡边聊天，其乐融融。

（3）节庆习俗。

1 月 1 日是元旦，这一天也是亲友聚会的日子，家中酒瓶里不能有隔年酒，否则会被认为不吉利。元旦的天气还被认作新年光景的预兆。月圆后第一个星期天为复活节。复活节后 40 天为耶稣升天节，复活节后 50 天为圣灵降临节。4 月 1 日为愚人节，这一天人人都可骗人。11 月 1 日为万灵节，祭奠先人及为国捐躯者。12 月 25 日为圣诞节，是法国最重大的节日。

法国重要的节日有：3 月的第一个星期天是体育节，人们都自愿为心脏的健康而跑步；5 月 8 日是第二次世界大战西欧战场结束纪念日；5 月 30 日是贞德就义纪念日；7 月 14 日为法国国庆节，全国放假一天，首都将举行阅兵式；11 月 11 日是第一次世界大战停战日。

（4）礼仪禁忌。

法国人忌讳数字"13"与"星期五"。给女士送花时，宜送单数，但要记住避开"1"与"13"这两个数目。在一般情况下，法国人绝对不喜欢 13 日外出，不会住 13 号房、坐 13 号座位，或是 13 个人同桌进餐。

法国人忌讳黄色，对墨绿色也极为反感。他们视孔雀为祸鸟，认为仙鹤是蠢汉的象征，还视菊花为丧花，他们认为杜鹃花、纸花也是不吉利的。同时，法国人对核桃十分厌恶，认定它代表着不吉利，以之招待法国人，将会令其极其不满，他们对黑桃图案，也深感厌恶。法国人还把对老年妇女称呼为"老太太"视为一种侮辱性语言。他们忌讳男士向女士赠送香水，这样有过分亲热或有"不轨企图"之嫌。法国人忌讳别人打听他们的政治倾向、工资待遇以及个人的私事。对法国人来说，初次见面就送礼，会被人认为是不善交际的，甚至还会被认为行为粗鲁。在饮食上，法国人不爱吃无鳞鱼，也不爱吃辣味重的菜品。

■ 应用案例 12-5

宴会上的黄菊花

时值隆冬，北京街头已是银装素裹，大风呼啸，行人甚是稀少。可是在市中心的某大酒店里却张灯结彩，充满热闹景象。今晚这里有一盛大宴会，各国在京的大商人汇聚一堂，听取某大公司总经理关于寻找合作伙伴的讲话。

会后，客人们被请到了大宴会厅。每张桌子上都放着一盆绣球似的黄澄澄的菊花插花，远远望去，甚是可爱。客人按指定的桌位一一坐定，原先拥塞的入口处在引座小姐来回穿梭的引领下，很快又恢复了常态。客人们开始了新一轮的谈话。

引座小姐发现，左边有几张桌子前仍有数名客人站着，不知是对不上号还是有别的原因，于是她走上前去了解。原来，那些客人是法国人，由于不懂法语，只得把翻译请来，交谈获知后，法国人认为菊花是不吉利的，因此不肯入座。

引座小姐赶紧取走插花，换上红玫瑰花束，客人脸色顿时转愁为喜，乐滋滋地坐下了，引座小姐再三请翻译转达她真切的歉意。

资料来源：根据相关网络资料整理。

12.2.3 德国

1. 基本情况

德意志联邦共和国，简称"德国"，位于欧洲中部，总面积约为 35.8 万平方公里，截至 2022 年，总人口约 8379.8 万人。德国的主体民族是德意志人，此外，在德国还生活着少量的丹麦人、索布人、弗里斯兰人、吉卜赛人等。德国的主要宗教是天主教和基督教，还有少部分人信仰伊斯兰教等。

2. 习俗礼仪

（1）社交礼仪。

德国人在待人接物时表现出来的独特风格，往往会给人以深刻的印象。主要有：纪律严明，法治观念很强；讲究诚信，重视时间观念；极端自尊，重视传统习俗；热情好客，十分注重感情。

德国人在人际交往中对礼仪非常重视，通常采用握手礼作为见面礼，与德国人握手时，有必要特别注意两点：一是握手时务必要坦然地注视对方；二是握手的时间宜稍长一些，晃动的次数宜稍多一些，握手时所用的力量宜稍大一些。

由于德语语言自身的特点，在与德国人交往中还会遇到用尊称还是用友称的问题。一般与陌生人、长者以及关系一般的人交往，通常用尊称"您"；而对私交较深、关系密切者，往往用友称"你"来称呼对方。称谓的转换，标志着双方之间关系的远近亲疏。

德国人在穿着打扮上的总体风格，是庄重、朴素、整洁的。在一般情况之下，男士大多爱穿西装、夹克，并且喜欢戴呢帽。女士则大多爱穿翻领长衫和色彩、图案淡雅的长裙。在日常生活中，女士的化妆以淡妆为主，对于浓妆艳抹者，德国人往往看不起的。在出席正式场合时，必须穿戴得整整齐齐，衣着一般多为深色。在商务交往中，他们讲究男士穿三件套西装，女士穿裙式服装。

（2）饮食习惯。

德国人以面包、土豆为主食，偶尔吃大米、面条。他们喜欢吃猪肉、牛肉、猪蹄膀和以猪肉制成的各种香肠，百吃不厌。通常，德国人不太爱吃羊肉，动物内脏只吃肝脏。除德国北部地区的少数居民之外，大多不爱吃鱼、虾。即使吃鱼，在吃鱼时也不准讲话，其原因恐怕主要是担心被鱼刺扎伤。德国人爱吃冷菜和偏甜、偏酸的菜肴，对于辣和过咸的菜品则大多不太欣赏。在饮料方面，德国人最爱啤酒，人人海量，对咖啡、红茶、矿泉水，也很喜欢。在外出用餐时，德国人喜欢吃自助餐。

（3）节庆习俗。

除传统的宗教节日，德国人是世界上最爱喝啤酒的，因此还有举世闻名的"慕尼黑啤酒节"，从每年9月最后一周到10月第一周，一般持续半个月，热闹非凡。德国科隆狂欢节（每年11月11日11时11分），到来年2月才结束。元旦，也是德国人的重大日子。除夕之夜，男士按传统习俗聚在屋里，喝酒打牌，将近零点时，大家纷纷跳到桌子上和椅子上，钟声一响，就意味着"跳迎"新年，接着就扔棍子，表示辞岁。

（4）礼仪禁忌。

吃鱼用的刀叉不得用来吃肉或奶酪。若同时饮用啤酒与葡萄酒，宜先饮啤酒后饮葡萄酒，否则被视为有损健康。食盘中不宜堆积过多的食物，不得用餐巾扇来扇去。

德国人最喜欢菊花，不喜欢郁金香，忌讳用玫瑰或蔷薇送人，前者表示求爱，后者则专用于悼亡。送女士一枝花，一般不合适。德国人对黑色、灰色比较喜欢，对于红色以及渗有红色或红、黑相间之色，则不感兴趣。

德国人对于"13"与"星期五"极度厌恶。四个人交叉握手，或在交际场合进行交叉谈话，被他们看作是不礼貌的，向德国人送礼品时，不宜选择刀、剑、剪刀和餐叉，以褐色、白色、黑色的包装纸和彩带包装、捆扎礼品，也是不允许的。在公共场合窃窃私语是十分失礼的。

德国人对纳粹党党徽的图案十分忌讳，对其切勿滥用。

12.2.4 意大利

1. 基本情况

意大利共和国，简称"意大利"，位于欧洲南部，全国总面积大约为30.13万平方公里，截至2022年7月，总人口约5885万人。意大利是一个多民族的国家，主要以古罗马拉丁民族为主体，由伊特鲁里亚人、拉丁人、伦巴第人（亦译伦巴底人、伦巴德人）、希腊人、日耳曼人、阿拉伯人等长期融合而成。这些民族的语言都属于印欧语系罗曼语族，文字使用拉丁字母拼写。意大利的官方语言是意大利语，主要宗教是天主教。

2. 习俗礼仪

（1）社交礼仪。

意大利人的时间观念相对于德国这些国家来说会显得散漫一点。他们高级主管的上班时间是不规则的，而且午餐休息时间也很长。所以如果约访意大利人，一定要尽早联系，并且切忌将约会定在一大早或午餐后一两个小时内。7—8月也是意大利的年假时间，这个时间段，不要联系意大利客户。

在日常生活的社交中，意大利人习惯于身体上的接触，不过这并不代表可以首先拥抱或亲吻对方，要等到对方首先表示愿意拥抱或亲吻，然后作出回应，这样才比较合适。意大利人认为对于身体接触表示回避的人是冷酷的、不友好的、傲慢自大的。同样在意大利，无论是在社交场合还是商务场合，人与人的距离都是非常近的，他们认为近距离能更好地表达友好亲近。因此在乘坐电梯时，即使只有两个人，他们之间的距离也是非常近的。

在人际交往中，意大利人的表情丰富，他们尤其喜欢用不同的手势来表达自己的思想感情。如竖起食指来回摆动表示"不"；一边伸出手掌，一边撇嘴，表示"不清楚""无可奉告"；伸出双手，手掌向上，并且耸动肩膀，表示"我不知道此事"等。

在社交场合，称其姓氏，或与"先生""小姐""夫人"一起连称，对于关系密切者可直呼其名，意大利人往往称对方"您"，以示恭敬之意，切忌称"老人家""小鬼"。

在穿着打扮上，意大利人衣着考究，非常时髦，讲究个性，在日常生活里较少穿着其传统的民族服装，但是大多爱戴假发。平时，男士爱穿背心，戴鸭舌帽；女士则爱穿长裙，有时爱戴头巾。

（2）饮食习惯。

意大利人喜爱面食，往往将其放在第一道，做法吃法甚多，制作面条有其独到之处，各种形状、颜色、味道的面条至少有上百种，如字母形面条、贝壳形面条、实心面条、通心面条、菜汁面条等，还有意式馄饨，意式饺子等。吃意大利菜主要用刀叉，因此，意大利人在餐桌上的习惯是吃要尽可能闭嘴，吃喝尽量不发出声音，吃面条要用叉子卷好送入口中，不可吸入发出声音。

意大利临海，海鲜种类丰富，因此意大利人喜食海鲜，尤其是生的牡蛎。他们的口味接近法国人，注重浓、香、烂，偏爱酸、甜、辣。在烹饪方法上，多采用焖、烩、煎、炸，不喜欢烧、烤。肉食与蔬菜、水果，是意大利人都非常喜欢的食品。意大利人大都嗜酒，他们之中不少人鼻子红红的，据说这与饮酒过量有关。

（3）节庆习俗。

意大利的节假日天数在全世界名列前茅。1月1日是元旦，新年钟声敲响后，他们纷纷将家中旧物清理出去，以辞旧迎新。每年春分日月圆后第一个星期天为复活节，人们纷纷结伴去郊游、踏青、聚餐。复活节前40天为斋戒期，再之前数天为狂欢节，一般在2月中旬，此时期有化妆换装游行及盛大游艺活动。复活节后40天为圣灵降临节，这一天会举行各种纪念活动。12月25日为圣诞节，罗马教皇发表演说是这天最重要的环节。

（4）礼仪禁忌。

在意大利，玫瑰一般用以示爱，菊花则专门用于丧葬之事，因此这两种花不可以用来送人。送给意大利女士的鲜花，通常以单数为宜。较为忌讳紫色、仕女图案、十字花图案等。

与其他欧美国家的人相似，意大利人最忌讳的数字与日期分别是"13"与"星期五"。除此之外，他们对于"3"这一数字也不太有好感。切勿将手帕、丝织品和亚麻织品送给意大利人。意大利人认为，手帕主要是擦眼泪的，象征情人离别，属于让人悲伤之物，不宜送人。他们在与客人闲谈中，不喜欢议论有关政治方面的问题，以及美式橄榄球等话题。

应用案例12-6

礼品赠送的风波

国内某家接待外国游客的旅行社,有一次准备在接待来华的意大利游客时送每人一件小礼品。于是,该旅行社向杭州某厂订购了一批真丝手帕,每个手帕上绣有花草图案,十分美观大方。手帕装在特制的纸盒内,盒上印有旅行社社徽。中国丝织品闻名于世,该旅行社料想会受到游客的喜欢。

该旅行社接待人员带着盒装的真丝手帕,到机场迎接来自意大利的游客。欢迎词热情、得体。在车上他代表旅行社赠送给每位游客两盒包装甚好的手帕作为礼品。没想到车上一片哗然,议论纷纷,游客显得很不高兴。特别是一位女士,大声叫喊,表现得极为气愤,还有些伤感。旅行社接待人员心慌了,好心好意送游客礼物不但得不到感谢,还出现这般景象。

资料来源:根据相关网络资料整理。

12.2.5 俄罗斯

1. 基本情况

俄罗斯联邦,简称"俄罗斯",位于欧洲东部和亚洲北部,国土面积1709.82万平方公里,是世界上面积最大的国家。截至2023年,俄罗斯总人口约1.46亿人,民族194个,其中俄罗斯族占77.7%,主要少数民族有鞑靼、乌克兰、巴什基尔、楚瓦什、车臣、亚美尼亚、阿瓦尔、摩尔多瓦、哈萨克、阿塞拜疆、白俄罗斯等族。俄罗斯的官方语言是俄语,许多少数民族都拥有各自的语言文字。俄罗斯最主要的宗教是东正教,还有少数信仰伊斯兰教、佛教和犹太教的人。

拓展视频 12-4

2. 习俗礼仪

(1) 社交礼仪。

俄罗斯人非常热情、豪放、勇敢和耿直。人们初次见面时先开口问候,"早安""午安""晚安"或者"日安"是他们常用的问候之语。问候后再行握手礼,如果是非常熟悉的人,特别是在久别重逢时,大多会热情拥抱对方,有时还会与对方互吻双颊,这些对于俄罗斯人来说都是常规的见面礼仪。对于非常尊贵的客人,他们通常会献上面包和盐,这是一种极高的礼遇,客人必须高兴地接受。在社交场合,俄罗斯人还讲究与人相约准时。同时他们尊重女士,男士有帮女士拉门、脱大衣等习惯。

在称呼方面,以前俄罗斯人习惯称呼"同志",但目前随着时间的推移和社会制度的变化,在正式场合他们也采用"先生""小姐""夫人"之类的称呼。另外,俄罗斯人非常看重社会地位,因此对有职务、学衔、军衔的人,最好称呼其职务、学衔、军衔。在俄语中"您"这个称呼多用于称呼女士、长辈、师长、上司或贵族,表示尊重与客气。

前去拜访俄罗斯人时,进门之后务请立即自觉脱下外套、手套和帽子,并且摘下墨镜。前往公共场所时,则还须在进门后自觉将外套、帽子、围巾等衣物存放在专用的衣帽间里。

(2) 饮食习惯。

在饮食习惯上,俄罗斯人讲究量大实惠,油大味厚,制作上较为粗糙。他们喜欢酸、辣、咸的口味,偏爱炸、煎、烤、炒的食物。俄罗斯人日常以面食为主食,爱吃用黑麦烤制的黑面包。以鱼、肉、禽、蛋和蔬菜为副食。他们喜欢吃牛肉、羊肉，但大多不爱吃猪肉，同时，不爱吃海参、海蜇、乌贼、黄花菜和木耳。鱼子酱、红菜汤、酸黄瓜、酸牛奶等是俄罗斯的特色食品。

在饮料方面，俄罗斯人很能喝冷饮，爱吃冰激凌。具有该国特色的烈性酒伏特加，是他们最爱喝的酒。俄罗斯人还喜欢喝一种叫"格瓦斯"的饮料。同时，俄罗斯人习惯沏茶，喜喝红茶加果酱、蜂蜜。

（3）节庆习俗。

俄罗斯人除根据信仰过宗教节日，如圣诞节、洗礼节、谢肉节（送冬节）、旧历年等，还把圣诞节的传统习俗与过新年结合起来，如称圣诞老人为冬老人，代表旧岁，雪姑娘代表新年。冬老人和雪姑娘是迎新晚会的贵客，并负责分发礼物。大多数俄罗斯人喜欢在家过年，男士们通宵饮伏特加。当电视广播里传出克里姆林宫的钟响过 12 下后，男女老少互祝新年快乐。女主人则往往按照俄罗斯人的习惯，要大家说一个新年的心愿。

（4）礼仪禁忌。

葵花是俄罗斯人的最爱，被视为光明的象征。他们普遍偏爱红色，不喜欢黑色。在数字方面偏爱"7"，认为它是成功、美满的预兆，对于"13""666"与"星期五"则十分忌讳。俄罗斯人非常喜欢盐和马，认为盐有驱邪避灾的力量，马则会给人们带来好运。他们十分厌恶黑猫，极为讨厌兔子。

在俄罗斯，打碎镜子和打翻盐罐，都被认为是极为不吉利的预兆。俄罗斯人主张"左手凶，右手吉"，因此，他们也不允许以左手触碰别人，或以之递送物品。在俄罗斯，蹲在地上，卷起裤腿，撩起裙子，都是严重的失礼行为。俄罗斯人讲究女士优先，在公共场所里，男士们往往自觉地充当"护花使者"。不尊重女士，到处都会遭以白眼。

12.3 美洲主要国家和地区的习俗礼仪

美洲位于西半球大陆，可分为北美洲和南美洲，北美洲面积约为 2422.8 万平方公里，截至 2023 年，总人口约 5.52 亿人；南美洲面积约为 1797 万平方公里，截至 2023 年，总人口约 4.45 亿人。美洲地区的美国、加拿大、墨西哥、巴西、阿根廷等国家和地区的居民，大多信奉基督教或天主教，其饮食也以西餐为主，比较讲究食品的营养和卫生。

12.3.1 美国

1. 基本情况

拓展视频 12-5

美利坚合众国，简称"美国"，由本土、位于北美洲西北部的阿拉斯加半岛和位于太平洋中部的夏威夷群岛三个部分组成。美国的总面积为 937 万平方公里。截至 2023 年，美国总人口约 3.33 亿人。美国是一个多民族国家。据美国 2020 年人口普查数据显示，非拉美裔白人占 57.8%，拉美裔占 18.7%，非洲裔占 12.4%，亚裔占 6%，印第安人和阿拉斯加原住民占 1.1%，夏威夷原住民或其他太平洋岛民占 0.2%（以上比例存在重叠）。官方语言为英语。主要宗教是基督教、天主教，还有少部分人信仰犹太教、伊斯兰教等。

2. 习俗礼仪

（1）社交礼仪。

美国人给人的印象是性格开朗、乐观大方、不拘小节、讲究实际、直言不讳，因此他们乐于与人交际，而且不拘泥于正统礼仪，没有过多的客套，与人相见不一定以握手为礼，笑一笑，说声"Hi"（你好）就算有礼，而不必加上各种头衔。

美国人讲话中礼貌用语很多，"对不起""请原谅""谢谢""请"等礼貌用语不离口，显得很有教养。同时在交谈中喜欢夹带手势，有声有色，但他们不喜欢别人不礼貌地打断他们讲话。美国人崇尚自由，重视隐私权，忌讳被人问及个人的私事，交谈时与别人总是保持一定的距离，一般保持50厘米到150厘米的距离比较合适。

在称呼上，美国人很少用全称，他们喜欢直呼其名，以示双方关系密切，若非官方的正式交往，他们不喜欢称呼官衔，但乐于使用能反映其成就与地位的学衔、职称，如一位拥有博士学位的议员，称其"博士"比"议员"让他更乐于接受。

在日常生活之中，美国人大多宽衣大裤，素面朝天，爱穿T恤衫、牛仔裤、运动装以及其他风格的休闲装。讲究服饰的整洁。通常衬衣、袜子、领带要每天一换。穿肮脏、有褶皱、有异味的服饰是被人瞧不起的。

（2）饮食习惯。

美国人讲究吃得是否科学、营养，讲究效率和方便，一般不在食物的精美细致上下功夫。早餐时间，一般在8时，较为简单，烤面包、麦片及咖啡，或者牛奶、煎饼。午餐时间通常在12时至13时，有时还会再迟一点。午餐也比较简单。许多上班族、学生从家中带饭菜，或是到快餐店买快餐，食物通常有三明治，汉堡包，再加一杯饮料。晚餐是美国人较为注重的一餐，从18时左右开始，常吃的主菜有牛排、炸鸡、火腿，再加蔬菜，主食有米饭或面条等。美国人爱喝的饮料有矿泉水、红茶、咖啡、可乐与葡萄酒。新鲜的牛奶、果汁，也是他们天天必饮之物。

美国人用餐时一般以刀叉取用。其用餐的戒条主要有下列六条。其一，不允许进餐时发出声响。其二，不允许替他人取菜。其三，用餐时不允许吸烟。其四，不允许向别人劝酒。其五，用餐时不允许当众宽衣解带。其六，不允许讨论令人作呕之事。

（3）节庆习俗。

1776年7月4日是美国发表《独立宣言》的日子，该宣言正式宣布美国脱离英国独立，成为美利坚合众国。之后，美国将每年的7月4日定为美国独立日。

除了美国独立日，美国的政治性节日还有美国国旗日、华盛顿诞辰纪念日、林肯诞辰纪念日、阵亡将士纪念日等。2月14日为情人节，在这一天，恋人之间都要互赠卡片和鲜花。5月第2个星期日为母亲节，6月第3个星期日为父亲节。11月第4个星期四是感恩节，也叫火鸡节，是美洲特有的节日，这一天也是家人团聚、亲朋欢聚的日子，还要进行换装游行、劳作比赛、体育比赛、戏剧表演等活动，十分热闹；火鸡、红莓苔子果酱、甘薯、玉米汁、南瓜饼等节日佳肴让人大饱口福。12月25日为圣诞节，是美国最盛大的节日，这一日全城通宵，教徒们跟随教堂唱诗班挨户唱圣诞颂歌，装饰圣诞树，吃圣诞蛋糕。

（4）礼仪禁忌。

美国人忌讳"13""星期五""3""666"，认为这些数字或日期，都是厄运和灾难的象征。美国人还忌讳有人在自己面前挖耳朵、抠鼻孔、打喷嚏、伸懒腰、咳嗽等，认为这些都是不文明的，是缺乏教养的行为。若打喷嚏、咳嗽实在不能控制，则应将头部避开别人，用手帕掩嘴，尽量少发出声响，并要及时向在场的人表示歉意。

美国人最喜欢白色，认为白色是纯洁的象征，他们还喜欢蓝色和黄色，忌讳黑色，黑色只在丧葬活动时使用。美国人普遍喜欢狗、象、驴、鹰，但厌恶蝙蝠，认为它是吸血鬼与凶神的象征，对山楂花和玫瑰花非常偏爱。

美国人时间观念很强，各种活动都按预定的时间开始，迟到是不礼貌的。美国人也有礼尚往来的习惯，但他们忌讳接受过重的礼物，一来美国人不看重礼物自身的价值，二来法律禁止送礼过重，从家乡带去的工艺品、艺术品、酒等是美国人喜欢的礼物。美国有付小费的习惯，凡是服务性项目均需付小费，旅馆门卫、客房服务等需付不低于1美元的小费，饭店吃饭在结账时收10%～20%的小费。

知识链接 12-1

感恩节的由来

11月的第4个星期四是感恩节。感恩节是美国人独创的一个古老节日，也是美国人阖家欢聚的节日，因此美国人提起感恩节总是倍感亲切。

1620年，"五月花号"轮船载着102名清教徒及其家属离开英国驶向北美大陆，经过两个多月的艰苦航行，在马萨诸塞州的普利茅斯登陆上岸，从此定居下来。第一个冬天，由于食物不足、天气寒冷、传染病和过度劳累，使这批清教徒一下子伤亡惨重。第二年春天，当地印第安部落酋长马萨索德带领心地善良的印第安人，给了清教徒谷物种子，并教他们打猎、种植庄稼、捕鱼等。在印第安人的帮助下，清教徒们当年获得了大丰收。首任总督布莱德福为此建议设立一个节日，庆祝丰收，感谢上帝的恩赐。同时，还想借此节日加强与印第安人的和睦关系。1621年11月下旬的星期四，清教徒们和马萨索德带来的90名印第安人欢聚一堂，庆祝美国历史上第一个感恩节。男士外出打猎、捕捉火鸡，女士则在家里用玉米、南瓜、红薯和果子等做成美味佳肴（图12.2）。就这样，清教徒和印第安人围着篝火，边吃边聊，还载歌载舞，整个庆祝活动持续了三天。

图 12.2　感恩节的美味佳肴

初时感恩节没有固定日期，直到1863年，时任美国总统林肯宣布感恩节为全国性节日。

每逢感恩节这一天，美国举国上下热闹非凡，人们按照习俗前往教堂做感恩祈祷，城乡市镇到处举行换装游行、戏剧表演和体育比赛等，学校和商店也都按规定放假休息。孩子们还模仿当年印第安人的模样画上脸谱或戴上面具到街上唱歌、吹喇叭。在他乡外地的人们也会回家过节，一家人团团围坐在一起，大嚼美味火鸡。

资料来源：根据相关网络资料整理。

12.3.2　加拿大

1. 基本情况

加拿大联邦，简称"加拿大"，位于北美洲北部，其国土面积居世界第二，总面积为998万平方公里，截至2023年6月，其总人口约4000万人。作为一个"移民之国"，加拿大人来自世界各地，主要为英、法等欧洲后裔，土著居民约占 5%，其余为亚洲、拉美、非洲裔等。英语和法语同为官方语言。宗教信仰以天主教和基督教为主，也有少数信奉伊斯兰教、印度教和佛教的人。

2. 习俗礼仪

（1）社交礼仪。

加拿大人喜欢无拘无束，同时也非常讲究礼貌，他们性格开朗热情，对人朴实友好，十分容易接近，因此与加拿大人相处非常容易。加拿大人相遇时会主动打招呼，人们相见和分别通常采用握手礼，拥抱礼或亲吻礼也仅仅适用于亲友、熟人、夫妻之间。在一般场所，加拿大人往往喜欢直呼其名，只有在非常正式的场合才会连姓带名地称呼，并且加上"先生""小姐""夫人"等尊称，对于对方的头衔、学位、职务只在正式场合使用。

加拿大人在正式场合要穿西服、套裙。参加社交活动要穿礼服和时装，日常生活着装以休闲装为主，着装比较自由，随自己的喜好。在加拿大参加社交应酬活动，一定要进行仪容修饰，男士理发、修面，女士化妆，选戴一些首饰都是非常必要的，否则会被认为对交往对象不尊重。

（2）饮食习惯。

在饮食方面，加拿大人在习惯上与英、法两国相似，面包、牛肉、鸡肉、鸡蛋、土豆、番茄等是他们日常的食物，忌讳肥肉、动物内脏、虾酱、鱼露及一切带腥味的食品。在口味方面比较清淡，爱吃酸甜、清淡的食物，烹调中较少使用调料，各种调料放在餐桌上由用餐者随意选择，除炸烤的牛排、羊排、鸡排，他们也爱吃野味。

在饮料的品种上加拿大人与美国人的选择相仿，只是不像美国人那样强调"一定要冰镇"。加拿大人喜欢在喝下午茶、喝咖啡时品尝苹果派等甜食。不少加拿大人嗜好饮酒，威士忌、白兰地等都很受欢迎。

（3）节庆习俗。

加拿大的国庆日是 7 月 1 日。元旦，人们将瑞雪作为吉祥的征兆，哈德逊湾的居民在新年期间，不但不铲平阻塞交通的积雪，还将雪堆积在住宅四周，筑成雪岭，他们认为这样就可以防止妖魔鬼怪的侵入。在加拿大的魁北克，每年从 2 月的第一个周末起，都举行为期 10 天的魁北克冬季狂欢节。该狂欢节规模盛大，活动内容丰富多彩。每年三四月间，一年一度的枫糖节，几千个生产枫糖的农场装饰一新，披上节日的盛装，吸引了无数的游客。

（4）礼仪禁忌。

加拿大人在数字和日期方面，不喜欢"13""666"和"星期五"。糖槭树花（红枫叶）被他们视为国花，是加拿大的象征。枫树被定为国树。加拿大人不喜欢白色的百合花，百合花是用来悼念死者的，他们非常喜欢红色，忌讳黑色和褐色。

与加拿大人交谈时，不要插嘴打断对方的话，或是与对方强词夺理。在需要指示方向或介绍某人时，忌讳用食指指指点点，而是以五指并拢，掌心向上的手势代替。他们不喜欢外国人把他们的国家和美国进行比较，尤其是拿美国的优越方面与他们相比，更是令他们不能接受。不要贸然造访加拿大人的家或办公室，即使你是他们的好友，也应提前打电话预约或通过其他方式提前约定。

12.4 大洋洲主要国家和地区的习俗礼仪

大洋洲位于太平洋中部和中南部的广大海域中，介于亚洲和南极洲之间，陆地面积约897万平方公里，截至2023年2月，总人口约4272万人，由一块澳大利亚大陆和分散在浩瀚海域中的无数岛屿组成，包括澳大利亚、新西兰、新几内亚岛（伊里安岛）以及美拉尼西亚、密克罗尼西亚、波利尼西亚三大岛群。目前，大洋洲有14个独立国家，其余10个地区尚在美、英、法等国的管辖之下。澳大利亚和新西兰都是大洋洲比较发达的独立国家。

12.4.1 澳大利亚

拓展视频 12-6

1. 基本情况

澳大利亚联邦，简称"澳大利亚"，其国土位于南太平洋和印度洋之间，由澳大利亚大陆、塔斯马尼亚岛等岛屿和海外领土组成。国土总面积约769.2万平方公里。截至2023年7月，全国总人口约2639万人，其中约51.1%为英国及爱尔兰裔，华裔约占5.5%，土著居民约占3.2%。澳大利亚官方语言为英语，汉语为除英语外第二大使用语言。约43.9%的居民信仰基督教，还有信仰伊斯兰教、印度教、佛教、锡克教和犹太教的居民。

2. 习俗礼仪

（1）社交礼仪。

澳大利亚是一个由多国移民组成的国家，其中大部分人来自欧洲各国，因而其习俗礼仪带有鲜明的欧洲特征。澳大利亚人说话直截了当，见面时喜欢热烈握手，以名相称。路遇熟人时，除说"Hello"以示礼节，有时要行挤眼礼，即挤一下左眼，以示礼节性招呼。不过，有些女士之间不握手，女士相逢时常亲吻对方的脸。男士之间相处，大多数不喜欢紧紧拥抱或握住双肩之类的动作，使感情过于外露。但是，澳大利亚人喜欢与人交往，乐于与陌生人聊天，无论是在马路上还是在酒吧里，他们总是主动走到陌生人面前，打招呼问候，自我介绍一番，他们待人接物都很随和。

邀请澳大利亚人到家中做客，他们总是随身带一些礼物，如在自家花园摘几朵鲜花，或拿一些自家酿制的果酱等。到澳大利亚人家中做客最合适的礼物是给女主人送一束鲜花或给男主人送一瓶葡萄酒。

澳大利亚人在极为正式的场合要穿西装、套裙，平时穿的大都是T恤、短裤，或者是牛仔裤、夹克衫。由于阳光强烈，因此他们在出门之时，通常喜欢戴上一顶棒球帽来遮挡阳光。澳大利亚的土著居民平时习惯赤身露体，至多是在腰上扎上一块围布遮羞。

（2）饮食习惯。

澳大利亚人在饮食习惯上与英国人相似，主食以面食为主。在口味上喜清淡，不喜油腻，忌食辣味菜品，有的还不吃酸味菜品，但是食肉很多，喜食牛肉、羊肉、瘦猪肉、鱼、虾等，还喜欢鸡蛋和乳制品。澳大利亚的海味很多，包括在其他地方未曾碰到过的海味。他们的菜品多采用烤、炸、焖、烩的烹制方法，如烤牛排、油炸虾等。

澳大利亚人爱喝啤酒和葡萄酒，对中国啤酒甚为喜爱。此外澳大利亚人还爱喝咖啡、矿泉水，对中国红茶、花茶感兴趣。也爱吃水果，主要是苹果、荔枝、香蕉等。

（3）节庆习俗。

澳大利亚国庆日是 1 月 26 日。3 月 21 日是澳大利亚世界文化日，这是一项旨在展示澳大利亚多元文化特色的活动，通过食物、音乐、艺术和传统表演等方式，展现不同文化间的多样性。7 月的第一个周是 NAIDOC 周，这周是澳大利亚原住民的一个庆祝时段，通过活动来传播和尊重土著文化。圣诞节时，澳大利亚正值盛夏，商店橱窗里特意装的冰雪及圣诞老人与满街的夏装形成鲜明的对照，这成为澳大利亚圣诞节的特色。圣诞节夜晚，人们带着饮料到森林里举行野餐，吃饱喝足后，就跳起"迪斯科"或"袋鼠舞"直到深夜，最后在森林中露宿，迎接圣诞老人的到来。

（4）礼仪禁忌。

在数字和日期方面，澳大利亚忌讳"13""666"和"星期五"，他们最喜欢的动物是袋鼠与琴鸟，他们认为兔子是不吉利的动物，碰到兔子是厄运来临的预兆。

澳大利亚人对自己独特的民族风格而感到自豪，因此谈话中忌拿澳大利亚与英国、美国进行比较，也忌谈工会、宗教、个人问题、袋鼠数量的控制等敏感话题。

澳大利亚人爱交朋友，他们非常喜欢邀请朋友一同外出游玩，此类邀请千万不能拒绝，不然会被他们认为不给其面子。与澳大利亚人打交道不要说"外国"和"外国人"，一定要具体到某个国家，他们认为笼统的称呼会抹杀个性，是失敬的做法，还有不要在公共场所大声喧哗，尤其是在门外高声喊人。

12.4.2 新西兰

1. 基本情况

新西兰位于太平洋西南部，西隔塔斯曼海与澳大利亚相望，全国由南岛、北岛两个大岛和斯图尔特岛及其附近一些小岛组成。全国总面积约 27 万平方公里。截至 2023 年 6 月，全国总人口约 522.3 万人，其中，欧洲移民后裔占 70%，毛利人占 17%，亚裔占 15%，太平洋岛国裔占 8%（部分为多元族裔认同）。官方语言为英语、毛利语。近一半居民信奉基督教。

2. 习俗礼仪

（1）社交礼仪。

由于新西兰的欧洲移民较多，因此他们的主流社交礼仪具有鲜明的欧洲特色，在多数情况下，新西兰人与朋友见面行握手礼、鞠躬礼和面含微笑的注目礼。不过，新西兰人的鞠躬礼与我国的鞠躬礼稍有不同，他们的鞠躬是抬着头的，而不是低头弯腰的。在行握手礼时需要注意的是，与女士握手必须由女士先伸出手方可。新西兰人奉行"平等主义"，他们反对讲身份、摆架子，称呼新西兰人时要特别注意，直呼其名备受欢迎，称呼官衔却令人反感。

新西兰人的时间观念较强，约会须事先商定，准时赴约。客人可以提前几分钟到达，以示对主人的尊敬。交谈以气候、体育运动、旅游等为话题，避免谈个人私事、宗教、种族等问题。会客一般在办公室里进行。在接待新西兰人时，如果端上一盘猕猴桃，会令他们非常高兴而感到亲切，因为猕猴桃是他们的"国果"，是新西兰人最爱吃的水果，也是他们待客和出口的主要水果。与新西兰人一起用餐时应注意的是，他们一般喜欢安静就餐，不愿意边吃边聊。

（2）饮食习惯。

新西兰人以英式西餐为主，由于盛产乳制品和牛羊肉，因此他们的饮食中少不了这些食物，他们还爱吃鸡肉、鱼肉，忌狗肉。新西兰是世界上最大的奶制品国之一，其奶酪、黄油、乳酪、冰激凌品种丰富。由于环海，因此新西兰水产品也很多，这些为新西兰的餐食提供了丰富的资源。在口味上，他们喜欢清淡，不喜油腻。菜品的制作一般以烤、焖、烩的烹制方法居多。

新西兰人非常爱饮酒，很喜欢威士忌、葡萄酒和啤酒。他们也喜欢喝咖啡和红茶。他们受英国习俗的影响，每天必饮红茶，甚至有"一天六饮"的习惯，分别是早茶、早餐茶、午餐茶、下午茶、晚餐茶和晚茶。

毛利人在一般情况下都爱吃"夯吉"，它是利用地热蒸熟的牛羊肉和土豆等食物。

（3）节庆习俗。

新西兰的国庆日（怀唐伊日）是2月6日，为纪念1840年签订《怀唐伊条约》。新年是1月1日。新西兰复活节通常在4月，具体日期根据天文观测而定。澳新军团日是4月25日，为纪念澳新军团在加利波利之战牺牲的将士。新西兰劳动节是10月的第4个星期一。圣诞节是12月25日。

（4）礼仪禁忌。

受基督教、天主教的影响，新西兰人同样讨厌数字"13""666"和"星期五"，新西兰人非常喜爱动物，特别看重鸡和狗。新西兰的毛利人信奉原始宗教，相信灵魂不灭，因此他们非常忌讳拍照、摄影。

在与新西兰人聊天时，要避免涉及有关政治立场和宗教信仰以及职务方面的问题。

与新西兰人打交道，注意不要当众闲聊、剔牙、吃东西、喝饮料、嚼口香糖、系腰带，他们认为这些都是不文明的行为。另外，新西兰人在男女交往方面较为拘谨保守，男女同场活动往往遭到禁止，即使是看电影也要分男女场。

12.5 非洲主要国家和地区的习俗礼仪

非洲位于东半球西部，欧洲以南，亚洲之西，东濒印度洋，西临大西洋，纵跨赤道南北，土地面积约3020万平方公里，占全球总陆地面积的20.4%。在地理上，习惯将非洲分为北非、东非、西非、中非和南非五个地区。非洲是世界上民族成份最复杂的地区，大多数属于黑种人。居民多信奉原始宗教和伊斯兰教。非洲到目前为止仍是世界上经济发展水平最低的大洲，大多数国家和地区经济落后。

12.5.1 埃及

1. 基本情况

拓展视频
12-7

阿拉伯埃及共和国，简称"埃及"。它跨亚、非两大洲，大部分国土位于非洲东北部，只有苏伊士运河以东的西奈半岛位于亚洲西南部。西连利比亚，南接苏丹，东临红海并与巴勒斯坦、以色列接壤，北濒地中海。总面积约100.1万平方公里，全国总人口约1.04亿人。伊斯兰教为埃及国教，并且声明伊斯兰教的教义是立法的主要依据，信徒主要是逊尼派，占总人口的84%。科普特基督信徒和其他信徒约占16%。另有约1000万至1400万名海外侨民。

2. 习俗礼仪

（1）社交礼仪。

阿拉伯人好客是有名的，埃及人也不例外，尤其是住在沙漠中的人，不论贫富，都有"客留三日"的习俗，即为过路人提供膳宿的习惯。埃及人好客、慷慨大方。他们在见面打招呼时，常称对方为"阿凡提"，即阿拉伯语中的"先生""阁下"之意。到埃及人家中做客，如果您赞美主人家中的某样财物或服饰漂亮，那么主人就会把他送给您。因此，到埃及人家中要慎赞主人的东西。与埃及人交谈时，不要谈论宗教纠纷、中东政局和男女关系。

在人际交往中，埃及人见面的礼节主要是握手礼，埃及人在其他场合也会使用拥抱礼和亲吻礼。埃及人在初次见面时，喜欢双方互致问候，像"真主保佑你""祝你平安""早上好""晚上好"等都是他们常用的问候语，在埃及见面问候时，讲究年轻者先问候年长者，位低者先问候位高者，单个人要先问候多数人。

埃及在人际交往中的称呼礼仪非常有特色，为了表示尊敬或亲切，老年人将年轻人叫作"儿子""女儿"，学生管老师叫"爸爸""妈妈"，穆斯林之间互称"兄弟"，当然国际上通行的称呼他们也采用，如果能够使用一些阿拉伯语的尊称会让他们更高兴，如："赛义德"为伊斯兰教教职称谓；"乌斯塔祖"即"教授"，可用作称呼有地位的人；"穆罕迪斯"即"工程师"，可用作称呼有文化、有知识、能力的人。

埃及人不忌讳外国人家访，甚至很欢迎外国人的家访，并引以为荣。但异性拜访是禁止的，即使在埃及人之间，男女同学、男女同事也不能互相拜访。除贫困户外，埃及人家里都有客厅，卧室是不欢迎外人入内的。家访时应主动问候老人并与之攀谈，埃及人乐于天南海北地聊天，一般应在聊完一个话题后告辞。

埃及人的穿着主要是长衣、长裤和长裙。又露又短的奇装异服，埃及人通常是不愿问津的。埃及城市里的平民，特别是乡村中的农民，平时主要还是穿着阿拉伯民族的传统服装——阿拉伯大袍。同时还要头缠长巾，或是罩上面纱。埃及的乡村妇女很喜爱佩戴首饰，尤其是讲究佩戴脚链。埃及人不穿绘有星星、猪、狗、猫以及熊猫图案的衣服。

（2）饮食习惯。

埃及的主食为"耶素"，即一种不用酵母制作的扁平圆形大饼。爱吃羊肉、鸡肉、鸭肉、土豆、豌豆、南瓜、洋葱、胡萝卜等。忌食猪肉、狗肉、驴肉、龟、虾、蟹、鳝、动物的血液、自死动物等。埃及人口味偏淡，不喜欢油腻，他们特别爱吃甜食，其宴会和家庭正餐最后一道菜总是甜食。他们的甜食主要是用核桃仁、杏仁、葡萄干、甘蔗汁、石榴汁、柠檬汁和橄榄等做成的糯米团或油炸的馅饼。他们除了在一些正式场合用餐时使用刀叉和勺子，平时多用手取食，因此用餐前一定要洗手。

在饮料上，埃及人爱喝咖啡和茶，尤其爱喝一种加有薄荷、冰糖、柠檬的绿茶，认为它是解渴提神的佳品。埃及也生产红、白葡萄酒，质量都不错，但他们大多信仰伊斯兰教，忌讳饮酒。

埃及人办喜事时喜欢大摆宴席，除了邀请贵宾亲友外，有些平时与主人无甚交往者也可光临，同样也会受到热情款待。习惯上是先摆出巧克力和水果，然后诵《古兰经》，吃肉汤泡馍、米饭和煮肉。最后上甜点和小吃。

（3）节庆习俗。

4月下旬（科普特历8月中旬）是埃及传统节日——惠风节，人人都要吃象征春风绿地的生菜，象征生命开始的鸡蛋，用以驱灾免邪的大葱，和有关崇拜的尼罗河鱼。埃及的国庆节为

7月23日。8月，当尼罗河水漫过河堤时，举行泛滥节，欢庆尼罗河定期泛滥带来沃土。众人聚集在尼罗河边进行祷告，唱宗教赞歌，跳欢快的舞蹈。8月28日是尼罗河娶媳妇节，人们纷纷来到尼罗河边载歌载舞。穆斯林在斋月（伊斯兰教历9月）中实行斋戒，从日出到日落均不得进食。斋月结束后举行开斋节，连续三天，举行盛大庆祝活动，到清真寺做礼拜，亲友互相走访。这三天也是举行婚礼的吉祥日子。伊斯兰教历12月10日为宰牲节，也是盛大节日，各家各户根据经济实力，屠宰牛羊，馈赠亲友，招待宾客，送给穷人。

（4）礼仪禁忌。

埃及人在数字方面没有特别的禁忌，少数信奉基督教的科普特人忌讳"13"这个数字。对"5"和"7"非常青睐，认为它们分别是吉祥和完美的代表。

埃及人喜爱莲花，将它定为国花。喜欢猫和仙鹤，猪和大熊猫则让他们反感。在颜色方面，他们非常喜欢绿色和白色，讨厌黑色和蓝色。他们在表示美好的一天时，称为"白色的一天"，而不幸的一天，则称为"黑色或蓝色的一天"。埃及人非常看重"葱"，认为它代表真理，而忌讳"针"，"针"在埃及是骂人的字。

与埃及人打交道时要注意：一是不要主动与女士攀谈，并不能夸奖女士身材苗条，他们以丰满为美；二是不称赞埃及人家中之物，他们会以为你想索要此物。

知识链接 12-2

入乡要随俗

据报道，2000年，凤凰卫视做了一期沿途重访世界文明古国的节目，凤凰卫视的多位著名女主持人随队采访。在进入一些伊斯兰国家时，这些女主持人竟然被拒绝入境。经过询问，得到的答复是，她们没有戴面纱，脸都露在外面了，不得入境。

伊斯兰教认为，男士从肚脐至膝盖，女士从头至脚都是羞体，外人禁止观看别人羞体，违者犯禁。因此，信仰伊斯兰教的女士除了穿不露羞体的衣服，还必须戴盖头和面纱，这项规定至今仍然在一些伊斯兰国家（如沙特阿拉伯、伊朗等）施行。外国女记者虽然不是这些国家的人士，但是入乡随俗，否则将给自己的工作带来许多的不便。

资料来源：根据相关网络文献整理。

12.5.2 南非

1. 基本情况

南非共和国，简称"南非"，位于非洲大陆的最南端，全国总面积为121.91万平方公里。截至2022年，全国总人口约6060万人，分黑人、白人、有色人和亚裔人，分别占总人口的81%、8.8%、7.6%和2.6%。黑人主要有祖鲁、科萨、斯威士、茨瓦纳、北索托、南索托、聪加、文达、恩德贝莱9个部族，主要使用班图语。白人主要为阿非利卡人（以荷兰裔为主，融合法国、德国移民形成的非洲白人民族）和英裔白人，语言为阿非利卡语和英语。有色人主要是白人同当地黑人所生的混血人种，主要使用阿非利卡语。亚裔人主要是印度人（占绝大多数）和华人。南非有11种官方语言，其中英语和阿非利卡语为通用语言。约80%的人口信仰基督教，其余信仰原始宗教、伊斯兰教、印度教等。

2. 习俗礼仪

（1）社交礼仪。

在南非与不同肤色的人打交道要灵活应变，南非的黑人和白人所遵从的社交礼仪差别很大。南非黑人往往会感情外露，形体语言十分丰富，而南非白人则大多较为矜持，往往喜怒不形于色。

目前南非的社交礼仪讲究绅士风度、女士优先、守时践约等英式礼仪，见面时采用握手礼，称呼主要是"先生""小姐""夫人"。如果称呼南非黑人，在其姓氏之后加上相应的辈分，他们会非常高兴。

在服饰方面，南非人在正式场所都讲究端庄、严谨，在公务活动和商务活动中的着装遵从国际惯例，穿着深色的西装或裙装，在日常生活中大多爱穿休闲装。白衬衣、牛仔裤、短裤都是他们喜爱的，而且他们偏爱艳丽的颜色，还特别喜欢穿花衬衣。另外，南非人也有穿他们本民族服饰的习惯。

（2）饮食习惯。

南非人在饮食方面也有较大差异。南非白人主要以西餐为主，爱吃牛肉、鸡肉、鸡蛋和面包，爱喝咖啡和红茶；南非黑人的主食是玉米、薯类、豆类，爱吃牛肉和羊肉，不吃猪肉和鱼，并且不爱吃生食。南非的餐食在烹调方面上基本是欧式的，主要受荷兰和英国的影响较大。

南非有一种被称为"南非国饮"的如宝茶，备受南非各界人士推崇，它与钻石，黄金一道被称为"南非三宝"。

（3）节庆习俗。

南非节庆活动较多，新年是 1 月 1 日，人权日是 3 月 21 日，耶稣受难日为复活节前的星期五，家庭节为复活节后的第二天。自由日是 4 月 27 日，全国进行盛大的纪念活动，各族人民都有不同的活动。劳动节是 5 月 1 日，举行传统仪式及活动，和西方相似。青年节是 6 月 16 日，全国适龄青年欢庆活动，是青年迈向成年的仪式。南非的妇女节是 8 月 9 日。和解节是 12 月 16 日，举行大型纪念仪式及活动，忘怀种族之间的隔离政策。圣诞节是 12 月 25 日，友好节是 12 月 26 日。

（4）礼仪禁忌。

信仰基督教的南非人，最为忌讳"13"这一数字。对于"星期五"，特别是与"13 日"同为一天的"星期五"，他们更是忌言忌提，并且尽量避免外出。与南非人打交道一定要了解他们的宗教信仰，很多南非人都信仰本部族传承下来的原始宗教。

本 章 小 结

作为旅游服务工作人员，必须了解、熟悉主要客源国和地区的相关情况，特别要熟悉、掌握主要客源国和地区的基本情况、习俗礼仪等方面的内容，这样才能理解游客、尊重游客，在工作中更好地为游客服务，提高服务质量，促进我国旅游业的进一步发展。本章详尽地介绍了我国主要客源国和地区的基本概况、习俗礼仪等。通过学习能使学生基本掌握我国主要客源国和地区的概况。

复习思考题

一、判断题

1. 在日本，菊花备受青睐，尤其是黄色的 16 瓣菊花，被视为"日本皇族的徽号"，很显尊贵；然而在不少西方国家，菊花是常用于丧葬仪式的"葬礼之花"。（   ）
2. 在泰国地位低或年纪较轻的人，应该主动向地位高和年纪大的人致合十礼，但双手可以不必举过前额。（   ）
3. 向韩国人赠送礼品时，宜选择鲜花、酒类、工艺品。（   ）
4. 德国人注重服饰的庄重整洁，在观看演出时，男士穿礼服，女士也要穿长裙。（   ）
5. 德国人爱吃各种甜点和水果，他们更乐于在优雅、温馨的厅堂里用餐。（   ）
6. 在俄罗斯最忌讳的就是打翻盐罐或将盐撒在地上，这是因为俄罗斯人认为，盐具有驱邪除灾的力量。（   ）
7. 美国人的衣着比较随意，甚至可以穿着睡衣去迎客。（   ）
8. 一名中国导游，看见本团队的一位美国客人买了一些中国工艺品，高兴地上前对其说："哇，您真有眼光，买的东西真漂亮，花了多少钱？"（   ）
9. 在埃及，如果有穆斯林在宴席间因去礼拜而中途退席，客人则不须等待。（   ）

二、简答题

1. 请对日本的饮食习惯进行归纳、总结，并填写表格。

喜欢的食物	不喜欢的食物

2. 韩国人为什么都忌讳数字"4"？
3. 泰国人在行合十礼时，手的高度有什么讲究？
4. 泰国人忌讳什么颜色？为什么不能摸小孩的脑袋？
5. 法国人对花卉、图案、颜色有哪些忌讳？
6. 美国的典型饮食文化是什么？谈谈美国人有哪些禁忌？

实 训 项 目

一、主要客源国和地区习俗礼仪表演

1. 步骤和要求如下。
（1）教师先选择一个代表性的国家进行示范表演。
（2）表演前分好小组抽签表演。各小组学生根据抽到的国家，首先介绍该国的基本概况、习俗礼仪，其次就拜访、见面礼仪进行表演。

2. 训练目的是熟悉所学各主要客源国和地区的习俗礼仪，加强学生灵活运用所学知识的能力，提高学生的兴趣并检验教学成果。

二、主要客源国和地区游客实训演练

1. 步骤和要求如下。

（1）训练前教师把联系好的旅游团队介绍给各小组学生，并就客源情况进行简单介绍。

（2）给学生 2 天的时间陪同各国游客游览本城市有代表性的景点，品尝地方有特色的饮食，欣赏当地民俗表演。

（3）游览结束后要求各位学生总结带团记录，进行小组讨论，分析来自不同客源国和地区游客的行为举止。

2. 训练目的是分析各主要客源国和地区游客的行为举止，注意来自不同客源国和地区游客的差异，强化旅游服务工作的差异化，提高服务质量。

拓 展 课 堂

"汉服出圈"展现了人们对中国传统文化的热爱

2024 年，洛阳汉服的热度持续不减。在中国日报网的一篇文章《"情定洛阳、礼乐华章"汉服集体婚礼成功举办》中提到：这不仅是一场集体婚礼，更是对中华传统文化的传承与弘扬。

洛阳于 2024 年举办的汉服集体婚礼（图 12.3），如同穿越时空的画卷，徐徐展开了一幅幅锦绣华章。在这场视觉与文化的盛宴中，8 对新人身着唐、宋、明等不同朝代的华美婚服，或雍容华贵，或清丽脱俗，或庄重典雅，将千年历史的婚俗文化一一重现，仿佛将我们带回了那些辉煌的朝代，不仅展现了不同朝代婚服的独特魅力，更让在场的每一位嘉宾和新人感受到了中华优秀传统文化的无穷魅力和时代价值。

图 12.3　洛阳于 2024 年举办的汉服集体婚礼

此次整个汉服婚典，遵循古礼，承袭古法，从新人入场、到沃盥、对席、同牢合卺、结发、执手礼等环节，如诗如画地铺展了中华传统婚礼的瑰丽篇章。其间，古典仪轨与现代情感的交织，恰似唐诗宋词中的缠绵悱恻，细腻描绘出一幅"执子之手，与子偕老"的中式浪漫长卷，让那绵延千年的爱恋，在此刻绽放出最璀璨的文化光彩。

百对新人选择以汉服婚礼的形式喜结连理，体现了国潮青年对美好爱情的期许，显示出弘扬中华优秀传统文化的自觉，是婚礼新风尚的倡导者和践行者。伴随着社会经济的发展和互联网技术的进步，从官方到民间的交往日益扩大，国与国之间，人与人之间的交流和联系也越来越多。了解一个地方的服饰，也是在了解这个地方的地域特色和民族特点。认识和尊重各国、各地区的一般习俗，是礼仪学习不可或缺的内容。

中华民族五千年的辉煌文明史，传统服饰文化是其重要的组成部分，中国传统服饰是中华

文化的产物,也是中华文化的载体,在历史的演变中成为了中华民族生生不息的重要内容。中华文化独具东方特色,蕴含着美好的生活向往和民族的审美情趣。我们在了解世界的同时,积极、主动地学习中华传统文化,可以帮助我们更好地尊重、认可、传承中华文明,树立起健康向上的文化自信和民族自豪,激发出蓬勃的爱国热情。

资料来源:https://cn.chinadaily.com.cn/a/202408/12/WS66b9abefa310054d254ec6fc.html(2024-08-12)[2024-09-18].(有改动)

课后阅读

中西方餐桌礼仪的差异

中国餐桌上的礼仪

(1)入座的礼仪。先请主宾入座上席,再请长者入座主宾旁,其余客人依次入座。入座后不要动筷子,更不要弄出什么响声来,也不要起身走动,如果有什么事要向主人打招呼。

(2)进餐礼仪。进餐时,先请主宾、长者动筷子,夹菜时每次少一些,离自己远的菜就少吃一些,吃饭时不要出声音,喝汤时也不要出声响,喝汤用汤匙小口喝。不宜把碗端到嘴边喝,汤太热时凉了以后再喝,不要一边吹一边喝,有的人吃饭喜欢使劲咀嚼干脆食物,发出很清晰的声音来。这种做法是不符合礼仪要求的,特别是和众人一起进餐时,就要尽量防止出现这种现象。

(3)进餐时不要打嗝,也不要出现其他声音,如果出现打喷嚏、肠鸣等不由自主的声响时,就要说一声"真不好意思""请原谅"之类的话,以示歉意。

(4)如果要给客人布菜,最好用公筷,也可以把离客人远的菜肴送到他们跟前,按我们中华民族的习惯,菜是一个一个往上端的,如果同桌有领导、长者的话,每当上来一个新菜时就请他们先动筷子,或者轮流请他们动筷子,以表示对他们的重视。

(5)吃到鱼头,鱼刺,骨头等物时,不要往外面吐,也不要往地上扔。要慢慢用手拿到自己的碟子里,或放在事先准备好的纸巾上。

(6)要适时地抽空和左右的人聊几句风趣的话,以调和气氛,不要光顾着吃饭,不管别人,更不要贪杯。

(7)最好不要在餐桌上剔牙,如果要剔牙,就要用纸巾或手挡住自己的嘴巴。

(8)最后离席时,客人必须向主人表示感谢,或者就此邀请主人以后到自己家做客,以示回敬。

西餐餐桌礼仪

(1)西餐点菜及上菜顺序。西餐菜单上有几大分类,其分别是开胃菜、汤、沙拉、海鲜、肉类、点心等。应先决定主菜。主菜如果是鱼,开胃菜就选择肉类,这样在口味上就富有变化。除了食量特别大的人,其实不必配出全餐,只要开胃菜和主菜各一道,再加一份甜点就够了。

(2)位次问题。即使客人中有地位、身份、年纪高于主宾的,在排定位次时,仍要请主宾紧靠主人就座。男主人坐主位,右手是第一主宾的夫人,左手是第二主宾的夫人,女主人坐在男主人的对面。她的两边分别是第一主宾、第二主宾。现在，如果不是非常正规的午餐或晚餐，这样一男一女的间隔坐法可以不采用。

（3）刀叉的使用。使用刀叉时，从外侧往内侧取用刀叉，要左手持叉，右手持刀；切东西时左手拿叉按住食物，右手拿刀切成小块，用叉子往嘴里送。用刀的时候，刀刃不可以朝外。每吃完一道菜，将刀叉并排放在盘中，表示已经吃完了，可以将这道菜或盘子拿走。不要一手拿刀或叉，而另一只手拿餐巾擦嘴，也不要一手拿酒杯，另一只手拿叉取菜。任何时候，都不要将刀叉的一端放在盘上，另一端放在桌上。

（4）餐桌上的注意事项。不要在餐桌上化妆，用餐巾擦鼻涕。用餐时打嗝是大忌。取食时，拿不到的食物可以请别人传递，不要站起来。每次送到嘴里的食物别太多，在咀嚼时不要说话。就餐时不可以狼吞虎咽。对自己不愿吃的食物也应要一点放在盘中，以示礼貌。不应在进餐中途退席。确实需要离开，要向左右的客人小声打招呼。饮酒干杯时，即使不喝，也应该将杯口在唇上碰一碰，以示敬意。当别人为你斟酒时，如果不需要，可以简单地说一声："不，谢谢"。或以手稍盖酒杯，表示谢绝。

资料来源：根据相关网络资料整理。

参 考 文 献

"会展策划与实务"岗位资格考试系列教材编委会，2007．会展礼仪[M]．北京：旅游教育出版社．
陈福义，覃业银，2008．礼仪实训教程[M]．北京：中国旅游出版社．
丁畅，2011．社交礼仪大全[M]．长春：吉林大学出版社．
樊丽丽，2008．实用生活礼仪常识[M]．北京：中国经济出版社．
龚展，乌画，2013．基于社会控制视角的当代礼仪建设研究[J]．求索（3）：258-260．
国家旅游局人事劳动教育司，1995．旅游服务礼貌礼节[M]．北京：旅游教育出版社．
何春晖，2009．知书达礼：交往与礼仪[M]．杭州：浙江科学技术出版社．
胡静，2003．实用礼仪教程[M]．武汉：武汉大学出版社．
胡锐，1995．现代礼仪教程[M]．杭州：浙江大学出版社．
姜红，侯新冬，2009．商务礼仪[M]．上海：复旦大学出版社．
金正昆，1998．社交礼仪教程[M]．北京：中国人民大学出版社．
金正昆，2017．外事礼仪[M]．5版．北京：首都经济贸易大学出版社．
李旭香，刘军华，2011．旅游服务礼仪[M]．北京：北京师范大学出版社．
李亚非，2008．礼仪教育[M]．成都：四川教育出版社．
李祝舜，2008．旅游服务礼仪技能实训[M]．北京：机械工业出版社．
罗茜，2019．商务礼仪[M]．武汉：华中科技大学出版社．
马丽萍，2018．中国礼仪：形象礼仪[M]．沈阳：东北大学出版社．
全国导游资格考试统编教材专家编写组，2021．导游业务[M]．6版．北京：中国旅游出版社．
舒伯阳，邵晓辉，徐静，2013．现代旅游礼仪与沟通艺术[M]．2版．天津：南开大学出版社．
孙东亮，2017．旅游服务礼仪[M]．武汉：华中科技大学出版社．
孙艳红，2016．旅游服务礼仪[M]．北京：电子工业出版社．
滕新贤，2009．新编礼仪教程[M]．北京：新华出版社．
王丹，周雅颂，2018．服务礼仪[M]．北京：航空工业出版社．
王晓宁，易婷婷，2014．导游实务案例与分析[M]．北京：中国人民大学出版社．
王玉苓，2018．商务礼仪[M]．2版．北京：人民邮电出版社．
徐兆寿，2013．旅游服务礼仪[M]．北京：北京大学出版社．
薛建红，2002．旅游服务礼仪[M]．郑州：郑州大学出版社．
杨军，陶犁，2000．旅游公关礼仪[M]．2版．昆明：云南大学出版社．
杨梅，牟红，2011．旅游服务礼仪[M]．上海：格致出版社．
杨媛媛，刘霞，2017．导游业务[M]．重庆：重庆大学出版社．
袁平，2012．旅游礼仪实务[M]．上海：上海交通大学出版社．
张茹，2014．馈赠礼仪的原则与技巧[J]．东方企业文化（13）：371．
张四成，1996．现代饭店礼貌礼仪[M]．广州：广东旅游出版社．
郑莉萍，黄乐艳，蒋艳，2018．旅游交际礼仪[M]．北京：航空工业出版社．
钟敬文，1995．中国礼仪全书[M]．合肥：安徽科学技术出版社．
钟素平，2014．导游业务：理论、实务、实训[M]．天津：天津大学出版社．
朱彩云，2012．旅游服务礼仪[M]．2版．郑州：郑州大学出版社．
邹昌林，2000．中国礼文化[M]．北京：社会科学文献出版社．